友だち作りの科学

社会性に課題のある
思春期・青年期のための
SSTガイドブック

The Science of Making Friends
Helping Socially Challenged Teens and Young Adults

エリザベス・A・ローガソン 著
Elizabeth A. Laugeson

辻井正次・山田智子 監訳

金剛出版

The Science of Making Friends : Helping Socially Challenged Teens and Young Adults
by Elizabeth A. Laugeson, PsyD

Copyright © 2013 by John Wiley & Sons, Inc. All rights reserved.
This translation published under license with the original publisher John Wiley & Sons, Inc.
through Japan UNI Agency, Inc., Tokyo.

監訳者まえがき

　本書,『友だち作りの科学——社会性に課題のある思春期・青年期のためのSSTガイドブック』は,世界的に最もエビデンスのある思春期や青年期の発達障害の人たちのための社会的スキル支援のプログラム, "PEERS®"のエッセンスをまとめた書籍です。"PEERS®"は非常に有効な支援プログラムであり,発達障害,なかでも,自閉症やアスペルガー症候群の人たちが,現実の日常のなかで人とのつながりを拡げ,自分の潜在的な能力を発揮し,社会のなかで楽しい毎日を送ることができるようにする,具体的なコツが散りばめられています。

　近年,発達障害関連での多くのハウツーものの本が出版されてきていますが,本書はそれらとは一線を画する専門書であり,なおかつ,入門的に保護者が活用できるような配慮がなされています。友だち関係とは,何をすることなのか,というような具体的な問いに対して,具体的なアプローチを,いろいろな調査研究を踏まえて,回答として示しています。また,支援の効果に関しても,複数の国で検討された,UCLAだからこそ効果が出たわけではない,プログラムそのものの効果が証明されています。わが国においても監訳者の山田智子先生が支援者資格を取得して,実際に試行しています。

　監訳者らは,発達障害のなかでも自閉症スペクトラムは,基本的に,胎生期以降の脳の非定型発達によって,①多くの人たちが"当たり前"にできる社会的行動などの学習に関して,"自然な"学びが難しく,日常生活で困ってしまうことが生じ,その人に合わせた学習をしていく人たちであること,②自然には学びにくいけれど,"コツ"を覚えてうまくいく人たちであること,③だからこそ,その人たちが,日常生活のなかでうまくいく（適応的に行動できる）ように,適応的な行動やスキルを教えていって,修得してもらうことが必要で,そうしたコツを教えることを発達支援,あるいはスキルトレーニングと呼んでいます。基本的に,「治療で完治」ができるような身体疾患における診断とは異なり,アレルギー疾患などの「体質的」な疾患同様に,"治る"というタイプではなく,そのことで日常生活で困らないような適応的な行動を身につけていって,特性をもちつつ成長していくタイプなのだということを伝えています。そして,本書で主たる対象として描かれている軽度の知的障害合併や境界圏,正常知能の自閉症スペクトラムの人たちが,多くの人たちはその人なりの仕方で就労し（実際,障害者雇用枠も含めれば企業就労は現実的な選択肢となってきています）,成人期以降の支援体制整備の課題などはあるものの,その人なりの大人の生活をしているということを伝えています。そして,実際のところ,発達障害は,自閉症はもちろん,症状の表れ方は連続的（スペクトラム）で,診断がなされる条件が満たされる場合もあれば,そうではないけれど,そうした「体質」は備わっている（"傾向がある"）場合もあり,発達支援においての方向性に変わりはないと考えています。

　だからこそ,自閉症スペクトラムなどの発達障害の人たちにとっては,日常場面での大人としての振る舞いを学んでおく必要があります。監訳者らは20年以上にわたって,アスペ・エルデの

会という発達障害当事者と家族の会を主宰してきています。本書で紹介している"PEERS®"プログラムは，これまでわが国で取り組まれてきた支援内容と非常に共有性が高いものです。実際にUCLAのPEERS®クリニックでのプログラムのセッションに参加したことがありますが，日本での成人グループと本当に似たものでした。しかし，保護者や若い支援者に，支援のエッセンスをどのように伝えて育てていくかという意味で，"PEERS®"は本当に丁寧にプログラムを構築し，進めていることに驚かされました。わが国では，ベテランの臨床家から「見て学ぶ」という感じが強いのですが，"PEERS®"では，どの保護者でもできるように，丁寧にステップを踏んで取り組みを進めていくことができるように配慮されています。本書を学ぶことで，日本の臨床家は自分の臨床実践について確認することができるし，保護者は実際の効果ある取り組みを進めることができるようになるでしょう。

　エリザベス・ローガソン博士は，米国のロサンゼルスにあるUCLAで"PEERS®"クリニックを長年にわたって主宰している，自閉症スペクトラムの社会的スキル支援の世界的権威です。臨床家としても非常に優れていますが，とても優しい人柄で，ちょうど本書の翻訳の打ち合わせをしているとき，熊本での地震が起きた後で，熊本支援の様子を話していたら，ご自身の地震被災体験を語ってくださり，心から心配をされていました。実際のプログラムでの様子でも，自閉症当事者の成人の方に，とても配慮の行き届いた支援を提供していました。今回，こうして"PEERS®"のエッセンスをわが国に届けられることを嬉しく思います。

平成29年3月吉日
中京大学現代社会学部　辻井正次

序文

　あなたは自閉スペクトラム症（ASD）のお子さんの保護者ですか？　あるいは，お子さんには注意欠陥多動性障害（ADHD），不安神経症，またうつなどがありますか？　あなたのお子さんは，友だち作りや，その関係を続けていくことに難しさを抱えていますか？　もしそうだとしたら，この本はまさにあなたにぴったりです。本書『友だち作りの科学』は，科学的にその有効性が認められた10代の若者のためのソーシャルスキルトレーニング・プログラムを紹介しています。

　この"科学的な根拠に基づいている"ということは，実はとても重要なことなのです。つまりこのことは，PEERSが他のプログラムと比較して効果的であり，またその効果に持続性があるということを，プログラムを作成した研究者が検証し証明しているということを意味しています。心理療法の分野では，その実践が科学的な根拠に基づいているかどうかは，その効果を判断する重要な基準となります。科学的根拠に基づいた友だち作りのためのこのプログラムは，メンタルヘルスにおける薬物療法と同じくらい有効なものであり，私たちがお薦めできるベストなプログラムだと言えるでしょう。

　私は，診断を受けないまま大人になった自閉スペクトラム症の一人として，神経学的に異なるものをもつ人々にとって，ソーシャルスキルがいかに重要であるかを実感してきました。まず，社会的に孤立することがいかに辛いか，特に自分で望んでいないのに孤立してしまっているという感覚が，まるで大きな失敗をしたかのような思いにさせられるということを実体験してきました。そして子どもの頃に周りから拒絶された経験は，大人になってからも心の傷として私に影響を与えつづけました。自分が体験してきたこのような思いを防ぐことができるなら，私は今，子どもたちを助けるために何でもするでしょう。

　私は自閉スペクトラム症の若者の親として，保護者による子どもへのコーチングの効果がいかに大きいかを知っています。私の息子も同じ自閉スペクトラム症です。しかし彼は，自分の課題を把握しながらソーシャルスキルのコーチングを受けてきたので，それほど孤立することなく，私よりも周りの人とうまくやってきています。

　息子を育てていたとき——体験記"Raising Cubby"に書きました——私は自分の力だけで何とか息子を助けようと頑張っていました。そして，その過程で彼が悪戦苦闘し，うまくいかず困っている姿をずっと見てきました。私は彼の行動の意味を一つひとつ考えながら，私自身の限られた人生の経験を通して伝えることができる最善のアドバイスをしてきました。今日までそれが，同じような立場にある多くの人が願い，子どものためにしてあげられると考えるすべてだったのです。

　ローガソン博士は，社会的な場面での失敗につながりやすい行動を研究し，それに代わる振る舞い方を教える方法の開発に，人生をかけて取り組んでいます。何より意義深いのは，彼女がその実践を記録に残し，そこから何が有効で何がうまくいかなかったかを研究しているということ

です。

　彼女は，UCLA（University of California, Los Angeles）Semel Instituteの研究者やセラピストのリーダーとして，チームの先頭に立ち研究を進めています。UCLA Semel Instituteとは，このPEERS（Program for the Education and Enrichment of Relational Skills）を作り，その効果を研究している施設です。このプログラムは，このようなソーシャルスキルのトレーニングプログラムとしては初めて，その有効性が検証され認められているものなのです。

　そもそもこのプログラムは，2人のセラピストによって実践するものとして作られました。うち1人は子どもセッションを，もう1人は保護者のセッションを担当します。今，ローガソン博士と彼女のスタッフは，どこでもPEERSが使えるようにと世界各国で指導者を育てるためのトレーニングを行っています。しかしそれでもなお，たくさんの家族がこのプログラムを必要としながらも，まだ身近にその場がなくて待ち望んでいます。この本はそういう人たちのために誕生しました。

　本書には，PEERSの中心となる考え方について，思春期の子どもたちと保護者がどう取り組めばよいかというアドバイスとともに書かれています。もし読者が私に似ているとすれば，PEERSのレッスンは，あなた自身の生活やあなたのパートナーにも役立つということもわかるでしょう。

　この本に書かれているガイドラインに沿って取り組んでいけば，社会的な場面できっとうまくやっていけるようになると保証いたします。そして，それはあなたの幸せと人生の成功を最も予見してくれるでしょう。なぜなら私自身の人生において，このプログラムがどれだけ大きな意味があったか，いくら強調してもしすぎることはないからです。

John Elder Robinson

　著書"Look Me in the Eye : My Life with Asperger's"（テーラー幸恵＝訳（2009）『眼を見なさい──アスペルガーとともに生きる』東京書籍），"Be Different"，"Raising Cubby"
　アメリカ合衆国保健福祉省（US Department of Health and Human Services）
　自閉症調整委員会（Interagency Autism Coordinating Committee）委員

はじめに

　この本には，社会性に課題のある10代の若者のためのソーシャルスキルトレーニングについて，UCLA PEERSクリニックで実施されてきた長年の研究成果がまとめられています。私たちのところにやってくる多くのクライエントは，自閉スペクトラム症（ASD）の診断を受けています。それ以外には，注意欠陥多動性障害（ADHD），うつ，不安神経症，あるいはその他のいろいろな社会性に困難を示す障害を抱えている人たちがいます。なかにはまったく診断は受けていないけれど，どのように友だちを作って，その関係を維持するにはどうすればよいかわからず困っている人もいます。その誰もが，社会という海にただよう自分がどの方向に向かえばよいのか，その道しるべとなる手助けを必要としています。この後に続く章で提示されているのは，長年の研究に基づいて考えられた，友だちを作り，その関係を維持していくために必要なスキルを身につける方法です。UCLA PEERSクリニックは，これまで多くの10代の若者が，友だちを作り，その関係を続けていくこと，またそうすることで社会に適応することを助けてきました。PEERSは，そのカリキュラムに保護者がしっかりと関わることを特徴としており，10代の若者に友だち関係のスキルを教えるための，研究結果に基づいて作成された今ある唯一のモデルなのです。

　しっかりとした科学的な調査研究を通して，人とよい関係を発展させ維持していくうえで必要な要素を明確にし，それらの重要な行動のポイントをわかりやすい具体的なルールとステップにまとめて組み立ててあります。10代の若者が取り組みやすいように，複雑な社会的行動を段階的に分割しました。また，私たちが関わっている若者が抱えがちな問題を考慮し扱っています。たとえば，ASDやADHDの人たちには，時にステップをより細かく，わかりやすく，秩序立てて示していく必要があります。また，ASDの人たちのなかには，物事を文字通りに捉える傾向のある人たちがいます。また比喩や描写的な表現は，わかりにくいことがよくあります。同様に，社会的な振る舞いについて概念的に考えることは混乱をまねくことが少なくありません。ASDの若者に，定型発達の人たちの思考パターンを教えて彼らの苦手なことを克服させようとするより，彼らのユニークな考え方を尊重し取り入れて，ソーシャルスキルを課題としているさまざまな人たちを助けることができるプログラムを作りました。その制作過程では，特にこれまで出会ってきたASDの若者たちには助けられました。なぜなら，彼らのニーズや個性的な物の見方について考えることを通して，複雑な社会的振る舞いを具体的なルールとステップに分けるという，斬新なソーシャルスキル課題の指導法を発見することができたからです。その結果が，このPEERSであり，10代の若者にソーシャルスキルを教える研究に基づいたモデルなのです。

　読み進めていくと，難解に思える社会的行動（たとえば，会話に入って出るというような）をどのようにとらえ，どのようなステップに分けているかがわかります。複雑な社会的な行動を，小さく，より扱いやすいパーツにしていくことで，社会性に課題のある人たちに社会的な世界がどのように見えているかを読み解くことができます。そしてそれは，彼らがよりうまく社会生活

を送ることや，結果としてより豊かな人間関係を築いていくことにつながっていくことでしょう。

★アプリをダウンロードしよう！

　フレンドメーカー（The FriendMaker／iPhone と iPad で入手可）は，社会的な場面で 10 代の若者がどうすればうまく乗り切れるか，この本で教えているスキルの練習をリアルタイムで助けてくれるものです。アプリをダウンロードするには，コンピュータから iTunes を開くか，その他のデバイスで App Store を開いて，FriendMaker を検索してください。そこからダウンロードすることができます。

謝辞

　かつてある人が，良き指導者は身近なヒーローだと言いました。私にとっての指導者Andrew Leuchterには，彼が私のヒーローでいてくれていることに感謝したいと思います。この仕事は彼の指導なしには不可能だったでしょう。またあなたのサポートや指導がなければ，この本も決して生まれることはなかったですし，その基礎となった研究も行われなかったでしょう。私のヒーローでいてくれて，そして私が理想として憧れる人でいてくれて，本当にありがとう。

　またこの仕事は，私の家族や友人のサポートや愛がなければ不可能でした。私の夫であるLance Orozco，あなたにはこれまでも，そしてこれからも深く感謝しています。あなたは私にとって最大のサポーターであり，私の一番のファンであり，私の人生で知りうる最も思いやりをもった思慮深い人です。そして私の母であるJanet Tate，私はあなたの永遠の生徒です。私はいつもあなたの声に耳を傾けています。あなたは強い女性はどうあるべきか，あなた自身をそのよき例としながら教えてくれています。それから，同僚であるFred Frankel，Mary O'Connor，Blair Paleyにはいつも感謝の思いでいっぱいです。あなた方は私に研究の世界を示し，私の人生を最も意義深いものに変えてくれました。私の愛しい友達である，Jennifer Wilkerson，Carrie Raia，Dan Oakley，私はこれからもあなた方の友人です。あなた方は私に，本当の友人関係・友情の意味を教えてくれました。あなた方それぞれに出会ったことで，私はより成長することができています。

　そして，私の素晴らしいチーム，彼らの絶大な貢献に感謝することなしに，この謝辞が完結することはないでしょう。本書のもとになっている仕事は，2つの献身的で優秀な研究室の協力と努力によって達成されました。私の驚くべきUCLAの研究・臨床チーム（Team PEERS）とThe Help Group（Team Alliance）に，皆さんの絶えざる努力と，他に例をみない絶大な貢献に対して心から感謝します。特に，Shannon Bates，Lara Tucci，Ruth Ellingsen，Yasamine Bolourian，Jessica Hopkins，Jennifer Sanderson，そしてAshley Dillonの7人の皆さん。私は皆さんのこの仕事への責任感と熱意に，そして仲間への温かい思いと思いやりに深く感謝します。

　見事な俳優陣──Yasamine Bolourian，Mary Goodarzi，Lara Tucci，Alex Friedman，そしてBen Schwartzmanにとても感謝しています。彼らはソーシャルスキルのロールプレイをしていないときは自閉症研究者なのですが，この本の付属DVD制作において，ソーシャルスキルを教えるために少し戸惑いながらも見せてくれた，その素晴らしい演技力を称賛したいと思います。

　UCLAとThe Help Groupにおける私の友人，同僚の変わらないサポートと励ましに，心から感謝しています。特にBarbara Firestone，Peter Whybrow，Jim McCracken，そしてPhilip Levin。皆さんの我々の研究に対する誠実で揺るぎない支援にもお礼を申し上げます。the Friends of the Semel Instituteの友人であり同僚でもあるVicky GoodmanとSally Weil，Shapell and Guerin Family FoundationのVera Guerinと彼女の娘Dana，そしてOrganization for Autism Research（自閉症研究のための組織）に，この本のもとになっている研究を可能にしてくれたことを，本当に感謝しています。

才能ある編集チームのメンバーであるMagie McAneny, Pat Stacey, そしてTracy Gallagher。私が自分の思いを言葉に表すために，忍耐をもって粘り強く手助けをしてくれたことに心からお礼を申し上げます。Melissa Wasserman, Lyndsay Brooks, Meagan Cronin, Rohini Bagrodia, Jason Tinero, 彼らは編集作業で忙しくないときは大学院生として関わってくれていたのですが，細かなところをしっかりチェックしてくれました。その労をねぎらいたいと思います。

　最後に，人生において何が大事かを思い出させてくれ，この仕事を導いてくれている，私たちが幸運にも関わらせていただいた家族の皆さんに感謝したいと思います。皆さんはいつも私を驚かせ，笑いに満ちた多くの楽しい時間を与えつづけてくれました。あなた方がいたから，私は頑張りつづけることができたのです。私の心に感動を与え，この仕事に想像以上の深い意味合いをもたせてくれていることに，心から本当に感謝しています。皆さん，本当にありがとう。

著者について

　エリザベス・ローガソン博士は臨床心理学者であり，神経科学および人間行動学研究の施設であるUCLA Semel Instituteの精神医学・生物行動科学学部での臨床学准教授です。ローガソン博士は，UCLA PEERSクリニックの創設者であり，ディレクターでもあります。PEERSとは，医療機関における外来患者向けのプログラムであり，ASD，ADHD，うつ，不安神経症やその他の社会性に関わる障害を抱える10代の若者に保護者が関わりながら実施する，ソーシャルスキルトレーニング・プログラムです。彼女はまた，Help Group-UCLA Autism Research Alliance〔訳注：Help Group-UCLA Autism Research Allianceとは，ASDの子どもや青年の治療について臨床応用研究を開発し進めていくことを主導し，専門に取り組んでいる協同研究機関〕の監督責任者でもあります。

　ローガソン博士は，これまで幼児から青年・成人期にいたる若者のソーシャルスキルトレーニングについて数多くの研究を中心になって行うとともに，他の研究者との協同研究にも取り組んでいます。また，PEERS（Program for the Education and Enrichment of Relational Skills）として知られた，研究によってその有効性が検証されている，保護者が支援するソーシャルスキルトレーニング・プログラムのマニュアル協同開発者でもあります。このマニュアルは今日に至るまで世界各国で翻訳され，広く読まれています。

　ローガソン博士は，2004年にPepperdine Universityから心理学で博士号を取得しています。UCLAにおいては，2004年に博士号取得前のインターンシップを，その後2007年に博士特別研究員としての研究を修了しました。彼女は，世界中のあらゆる学会で，その研究を発表しています。また，その研究の成果は国内外のメディア，People Magazine，Los Angeles Times，New York Times，Washington Post，USA Today，CBS，NBC，そしてイギリスではch4で取り上げられています。

　ローガソン博士は本書で，社会性に課題のある若者が，友だち作りとその関係を続けていくうえで必要なスキルを学ぶことを助けるためにどうすべきか，これまでの研究によって効果検証された方法を紹介しています。

目次

監訳者まえがき——3
序文——5
はじめに——7
謝辞——9
著者について——11

第I部　さあ準備しましょう

第❶章
なぜ思春期の子どもたちにソーシャルスキルを教えるのか？——19
この本の目的——19
UCLA PEERSモデルの科学的証拠——21
PEERSメソッドを使う理由——23
保護者のためのヒント[この本の使い方]——24
社会的な関わりをもちたいという動機付けの重要性——27
この本を子どもたちに紹介すること——28
◗この本の目的[思春期・青年期の子どもたちのための本章のまとめ]——28

第II部　友だち関係を育て維持していくための科学

第❷章
よい友だちを見つけることと選ぶこと——33
仲間からの拒絶と無視——33
よい友だちがいる場を探すこと——36
思春期と成人期の社会的風景——36
ソーシャルグループの重要性——37
自分に合ったソーシャルグループを見つけること——38
子どもの評判を決めるものとその評判を知ること——40
ソーシャルグループを通じて友だちを見つけること——42
課外活動や社会的な趣味を通して友だちを見つけること——44

仲間が受け入れてくれるかを見極めること —— 47
友だち関係は選択である —— 48
フレッドのサクセスストーリー［友だちができそうな場を見つける］—— 49
◆よい友だち関係とは？［思春期・青年期の子どもたちと保護者のために］—— 50
◆よい友だちを見つけることと選ぶこと［思春期・青年期の子どもたちのための本章のまとめ］—— 53
◆思春期・青年期の子どもたちや保護者のためのエクササイズ —— 57

第❸章
よい会話［基礎編］—— 59
会話で他者の視点に立つこと —— 59
よい会話のルール —— 61
ランスのサクセスストーリー［情報交換について学ぶ］—— 79
◆よい会話のためのルール［思春期・青年期の子どもたちのための本章のまとめ］—— 80
◆思春期・青年期の子どもたちや保護者のためのエクササイズ —— 93

第❹章
会話を始めること・会話に入ること —— 95
個別の会話を始めるステップ —— 96
グループの会話に入るステップ —— 99
モーガンのサクセスストーリー［友人を作る］—— 103
◆会話を始めること・会話に入ること［思春期・青年期の子どもたちのための本章のまとめ］—— 104
◆思春期・青年期の子どもたちや保護者のためのエクササイズ —— 110

第❺章
会話から抜けること —— 112
会話に対する自分の興味を見極める［会話に留まるべきか，立ち去るべきか？］—— 114
受け入れてもらえないと感じたときに会話から抜けるためのステップ —— 116
最初は受け入れられ，後に会話から締め出されたと感じるときに会話から抜けるステップ —— 118
十分に受け入れられていると感じるときに，会話から抜けるためのステップ —— 120
ライアンのサクセスストーリー［会話の手がかりを読み取る］—— 123
◆会話から抜けること［思春期・青年期の子どもたちのための本章のまとめ］—— 124
◆思春期・青年期の子どもたちや保護者のためのエクササイズ —— 130

第❻章
ネット上でのコミュニケーションをうまくこなすこと —— 131
ソーシャル・メディアに共通するもの —— 131
ネット上でコミュニケーションをするための一般的なルール —— 133

電話を使うためのルール —— 139
電話を終えるためのステップ —— 141
留守番電話にメッセージを残すためのステップ —— 142
インターネットを安全に使うためのルール —— 144
安全なネット使用のために保護者が指導する際のヒント —— 147
スティーブンのサクセスストーリー［ネット上での安全を守る］ —— 148
◐ネット上での会話をするための一般的なルール［思春期・青年期の子どもたちのための本章のまとめ］ —— 149
◐思春期・青年期の子どもたちや保護者のためのエクササイズ —— 154

第❼章
よいスポーツマンシップを見せること —— 156

スポーツマンシップのルール —— 156
カーターのサクセスストーリー［勝ち負けにこだわらず公平にプレイする］ —— 166
◐スポーツマンシップのルール［思春期・青年期の子どもたちのための本章のまとめ］ —— 168
◐思春期・青年期の子どもたちや保護者のためのエクササイズ —— 171

第❽章
上手に友だちとの集まりを楽しむこと —— 172

"集まり"を計画するためのステップ —— 173
"集まり"を準備するための方略 —— 176
"集まり"を始めるためのステップ —— 179
"集まり"の間の一般的なルール —— 181
"集まり"を終えるためのステップ —— 185
ハリーのサクセスストーリー［友だちと一緒に過ごす］ —— 187
◐上手に集まりを楽しむこと［思春期・青年期の子どもたちのための本章のまとめ］ —— 188
◐思春期・青年期の子どもたちや保護者のためのエクササイズ —— 195

第Ⅲ部　仲間との対立や仲間からの拒否に対処するための科学-実践的な方法

第❾章
口論や意見のすれ違いへの対応 —— 199

口論に対処するためのステップ —— 200
マイケルのサクセスストーリー［償いをする］ —— 205
◐口論への対処［思春期・青年期の子どもたちのための本章のまとめ］ —— 206
◐思春期・青年期の子どもたちや保護者のためのエクササイズ —— 209

第❿章
からかいへの対応 —— 210
からかいに対処するための戦略 —— 211
良くなる前に，悪くなることを予測しておく —— 214
からかいの再発を予測しておく —— 215
からかいへの受け答えを避ける場合 —— 215
厄介なフィードバックを生かすための方法［隠れた贈り物］—— 216
マークのサクセスストーリー［からかいにうまく対応する］—— 218
◉からかいへの対応［思春期・青年期の子どもたちのための本章のまとめ］—— 219
◉思春期・青年期の子どもたちや保護者のためのエクササイズ —— 223

第⓫章
ネット上のいじめを報告する —— 224
ネット上のいじめの対処法 —— 225
デイビッドのサクセスストーリー［トロールにえさを与えない］—— 229
◉ネットいじめの対処法［思春期・青年期の子どもたちのための本章のまとめ］—— 230
◉思春期・青年期の子どもたちや保護者のためのエクササイズ —— 233

第⓬章
うわさやゴシップを最小限にとどめる —— 234
うわさやゴシップの標的にならないためのヒント —— 236
うわさやゴシップを広めるのを避けること —— 237
シャノンのサクセスストーリー［自分のうわさを広める］—— 244
◉うわさやゴシップに対処すること［思春期・青年期の子どもたちのための本章のまとめ］—— 246
◉思春期・青年期の子どもたちや保護者のためのエクササイズ —— 252

第⓭章
暴力的ないじめを避ける —— 254
暴力的いじめへの対処法 —— 255
ラリーのサクセスストーリー［目立たないようにおとなしくする］—— 260
◉暴力的いじめに対処する方略［思春期・青年期の子どもたちのための本章のまとめ］—— 261
◉思春期・青年期の子どもたちや保護者のためのエクササイズ —— 265

第⓮章
悪い評判を変えること —— 266
悪い評判を変えるためのステップ —— 268
その子の個性はどうなるの？ —— 273

焦らない［このステップは少し時間が必要です］——273
　サクセスストーリー［チャンドラは自分の評判を変える］——274
◉悪い評判を変えるためのステップ［思春期・青年期の子どもたちのための本章のまとめ］——275
◉思春期・青年期の子どもたちや保護者のためのエクササイズ——278

おわりに
さあ前に進みましょう［友だちは最良の薬です］——279

　あなたにとって，このプログラムは効果がありましたか？——279
　社会的にうまくやっていくための壁になりうること——279
　子どもは友だち作りについての考え方を変えるでしょうか？——281
◉さあ，前に進みましょう［思春期・青年期の子どもたちと保護者へのメッセージ］——282

文献——285
訳者一覧——291
監訳者略歴——293

-第Ⅰ部-
さあ準備しましょう

第❶章
なぜ思春期の子どもたちに ソーシャルスキルを教えるのか？

　皆さんは，これまでソーシャルスキルはアート（熟練した技・芸術）の型のようなものだという説明を聞いたことがありますか？　社交的になったり，友だちを作ったりするための技——それは先天的な資質として，あなたが生まれつきもっていたり，もっていなかったりする——があるという人もいます。会話のスキルを例にして考えてみましょう。雄弁な人と言われるような場合，多くの人はおしゃべりがうまいかどうかということを言っています。会話をする技を自然に身につけている人がいるのも事実ですが，必ずしもすべてのソーシャルスキルが，きっちりとルールが決められた柔軟性のないものではありません。では，もし会話のスキル，あるいはもっと広い意味でのソーシャルスキルが，アートではなく科学だったらどうでしょう？

　私たちは，ソーシャルスキルは科学であるという前提で，社会的困難さを抱えている思春期の子どもたちのためのソーシャルスキル・トレーニングについての研究をしています。ソーシャルスキルは，数学や科学を教えるのとかなり似た方法で教えることができると考えています。複雑で込み入っているように思えるソーシャルスキルを，具体的なルールと社会的な行動のステップに分けていくことで，ソーシャルスキルの"アートの型"を，ある程度読み解くことができます。

この本の目的

　この本は，ソーシャルスキルで困っている思春期の子どもたちが友だちを作り，その関係を維持していくことを保護者が助けるための段階的なガイドブックとして作られています。ここに示されている方法は，UCLAのPEERS（Program for the Education and Enrichment of Relational Skills）クリニックで開発されました。このプログラムは，医療機関で，自閉スペクトラム症（ASD），注意欠陥多動性障害（ADHD），うつ病，不安障害やその他の社会性に関わる障害などを抱える若い人たちのために，保護者が彼らをサポートするという形でソーシャルスキル・トレーニングを提供するものになっています。私たちが開発したスキルの多くは，私たちが思春期のASDの子どもたちと関わるなかで作り上げられましたが，そこに提示されているヒントや方法は，誰でも使うことができるものになっています。具体的なルールや社会的な行動のステップを使うことを通じて，皆さんは，友人関係を深めたり，その関係を維持したりすること，また社会的な機会を広げたり，仲間との対立や拒否にどう対応すればよいかなど，自分の子どもを助けるうえで必要なスキルについて学ぶことができるでしょう。

> この本は，友だちを作り，その関係を維持していく方法を学ぶソーシャルスキルを身につけることが難しい思春期の子どもたちを助ける段階的なテキストとなる。

✪ 社会的な行動のルールとステップ

　私たちがUCLAのPEERSクリニックで関わっている多くの思春期の若者たち，特にASDの診断を受けている人たちは，ルールが好きです。実際に，もしあなたが子どもの前でルールを守らなかったらどうなりますか？　あなたの子どもが，私たちのプログラムに参加している子どもに似ていたら，おそらく彼らはルールが破られたことに気づいて，それを指摘しないではいられない気持ちになるでしょう。私たちは，この社会的なエラーを取り締まる（Policing）と呼んでいます。私たちは，彼らがいつもルール違反を指摘したり，他の人を警官のように取り締まるような傾向があると主張するわけではありませんが，社会性に困難を抱える若者は，ルールを好むことが多く，またそれに忠実に従おうとする傾向があることがわかっています。そこで私たちは，社会的に望ましい行動の具体的なルールやステップを使ったソーシャルスキルを教えるプログラムを作りました。私たちが関わっている思春期の若者の多くは，ルールやステップを使うとわかりやすいと高く評価してくれています。なぜなら，ルールやステップは社会的な世界を見えにくくする霧のようなものを取り除き，社会的な行動のもつ意味合いを明確にし，わかりやすくしてくれるからです。あなたは自分の子どもが，どのようにルールに応じるだろうかと考えるかもしれないし，このアプローチにどう反応するだろうかと思うかもしれません。

　ソーシャルスキルを教えるうえでルールやステップが重要な理由をより理解するために，社会性に課題を抱える人たち，例えばASDや他の症状をもつ人たちはなぜルールが好きなのかを考えてみましょう。そのひとつの理由は，**予測可能である**ということです。人がルールに従っていることが前提となっていればその行動を予測することが可能になり，わかりやすくなります。例えば，私たちがUCLAのPEERSクリニックで会う社会性に困難を抱える人たち，特にASDの診断を受けている人たちは，数学，科学，工学，あるいはコンピュータ技術に強い興味をもつ傾向があります。おそらく，この嗜好は**予測可能性**と関連しています。数，アルゴリズム，公式は予測可能です。つまり，結果として何を期待することができるかわかります。しかし社会的な場，人間の感情や反応，またユーモアが存在するような場面では，行動はそれほど予測できるものではありません。いつも何が期待できるかがわかるわけではないのです。社会的な行動を具体的なルールやステップで読み解くことは，（社会的な場面での困難さや，神経学的な問題，しばしば過敏性などがある）社会性に困難を抱える人たちにとって，社会的な世界をわかりやすくしてくれます。PEERSのアプローチやこの本が，他に類をみないユニークなものになっているのはこのためです。

> 社会的な行動を具体的なルールやステップに読み解いていくことは，社会的な世界をわかりやすくしてくれる。

✪ 生態学的に有効なソーシャルスキル

　PEERSのアプローチが他のモデルと比較してユニークな別の理由は，私たちが生態学的に有効なソーシャルスキルを使っているということです。**生態学的に有効**という用語は，かなり技術的で科学のような印象を与えますが，その基本的な意味は，社会的な場面でうまくやっている思春期の子どもたちが自然に使っている，実際に有効な行動様式を教えているということです。言い

換えると，私たち大人が，若い人たちは社会的な場でこうすべきであると思っていることではなく，実際の場面でうまくいっている方法を教えているということです。保護者や専門家は，子どもたちのことをよく考えているつもりですが，時々間違いを犯しています。大人が若い人たちはこうすべきだと考えている方法をアドバイスしながら，ソーシャルスキルを指導しようとしているのです。しかし，すぐわかることですが，このアプローチの問題点は，そのアドバイスがよく間違っているというところにあります。あなたがこのような間違ったアドバイスをすることなく，生態学的に有効なルールや科学を通して考えられた，実際場面で使われているソーシャルスキルを使うことを通して，子どもが友だちを作り，友だち関係を続けていくために必要なステップを身につけていく手助けをすること，それがこの本の目指していることなのです。

✪研究により実証されたアプローチ

また，この本がよくあるソーシャルスキルについてのハウツー本と違うのは，ここで紹介されているスキルは，研究で効果が実証されたものであるということです。このことが，私たちがこの本を『友だち作りの科学』と呼ぶ理由です。しっかりとした科学的な研究を通して，社会性に課題のある若者に，友だち関係で必要なスキルを教えるための方法を明らかにしました。本書で紹介しているのは，生態学的に有効であるだけでなく，科学的な調査によって効果的だと認められた方法です。UCLAのPEERSクリニックの研究は，複数の臨床的な試みを通して，他の世界中のPEERS研究とともに，社会的に課題を抱える思春期の子どもたちにとっての友だち関係や全般的なソーシャルスキルにおける改善が証明され，唯一その効果が実証されたソーシャルスキル・プログラムとなっています。

UCLA PEERSモデルの科学的証拠

UCLA Semel 神経科学・人間行動研究所（Semel Institute for Neuroscience and Human Behavior）で取り組まれたPEERSに関わる研究では，ADHDや胎児期アルコール・スペクトラム障害（FASD），10代から成人期の知的障害の人たちなどにも，このプログラムによる同様の効果があるかが検証されてきていますが，私たちは，主にASDの思春期の子どもたちに焦点を当てています。社会性の問題はASDの特徴的な面なので，社会的な行動のルールの多くを，ASDの人たちが起こしやすい共通の過ちをもとに，社会的にうまくやっている若者や大人が使っている適切な行動と組み合わせて提示しています。

私たちの研究による知見は，地域や学校場面において，社会的な機能を測るための標準的な指標（質問紙など）を使って，保護者や教師，また子どもたちから得られました。PEERSによって社会的機能の成長がみられた点には，主に以下のようなものがあります。

・全般的なソーシャルスキルの改善
　－協力

－自己主張
　　－責任
・問題行動の減少
　　－自己コントロール
　　－外在化した問題行動
・社会的応答性の改善
　　－社会的なコミュニケーション
　　－社会的な意識
　　－社会的な認知
　　－自閉的症状の軽減
・社会的な不安の減少
・仲間との交流や親睦の機会の増加
・孤独の減少
・共感性の改善
・友だち関係の質の向上
・思春期あるいは成人期前期のソーシャルスキルに関する知識の増加

　研究論文に引用されている多くのソーシャルスキル介入プログラムと違って，私たちの研究チームは大規模なフォローアップ調査を実施しました。私たちがプログラムを通して教えたことの効果が，被験者にとって続いているかどうかを確かめるために，これらの改善された状況がどれくらい持続可能だったかを調べました。PEERSの介入が終わってから1～5年後の家族への，長期間にわたるフォローアップ研究によると，ソーシャルスキル，社会的応答性，仲間との交流の頻度，ソーシャルスキルについての知識などにおける改善は，長い期間を経ても維持されており，より向上したというケースさえありました。このように効果が長期間持続するという結果は，残念なことに，多くの場合年齢を重ねて成人期に入ると悪くなるという傾向があることを考えると，ASDの診断を受けているような社会性に困難を抱えている若い人々には，とても勇気づけられるものです。

> 長期間にわたる，PEERSの介入が終わってから1～5年後の家族へのフォローアップ研究によると，改善点は長い期間を経ても維持されており，より向上したというケースさえあった。

　ここまでお話ししたPEERSのこれまでの研究について，次のことをお伝えしておくことは，意義があることでしょう。つまり，これらの研究は，ASDの思春期の子どもたちのためのソーシャルスキル介入研究の論文として報告されているなかでは，参加者数が最も多いだけでなく，自閉症研究論文で一般的に報告されているものより，より大きな改善が見られていると指摘されています。ASDのある若い人たちへのソーシャルスキル介入研究の多くは，ほんとにわずかな，あるいは限られた効果を示すにとどまっています。そしてその効果が長期的に持続することはまれです。反対に，PEERSモデルを使った私たちの研究は，多くの人たちにソーシャルスキルの明らかな向上をもたらし，長期間にわたってその効果が持続し，より良くなった場合もあったという結

果を出しているのです。

　このような効果をもたらす明らかな要因が何なのか，確かなことが指摘されているわけではありませんが，PEERSモデルの本当のパワーは，プログラムへの保護者や教師の高いレベルの関与によるものであると強く感じています。保護者や教師を，社会性に困難を抱える思春期の子どもたちにとってのソーシャルコーチになれるように指導することによって，子どもたちがスキルを家庭や学校，地域を含む多様な場面で適用しやすくなります。そのうえ，保護者や教師がソーシャルスキルのコーチとして関与するということは，その介入がずっと続くことを保証することになり，研究が示しているように，改善点がより維持されやすくなるのです。

PEERSメソッドを使う理由

　ASDやADHD，あるいは他の課題のような社会性に困難を抱える思春期の子どもたちは，友だち関係でたびたび困難にぶつかります。彼らは，孤立したり，ひきこもったり，時に他者との関わりを避けたりすることがよくあります。人と関わりたいと思っている場合には，仲間から拒絶されるかもしれません。この状況をもっと悪くするのは，そのような孤独や拒絶が，別の精神的な問題，たとえばうつ症状や不安症状を引き起こすかもしれないということです。当然のことですが，多くの保護者は，子どもたちがソーシャルスキルを向上させるのを助けようとしますし，どんなアドバイスやサポートをすればよいかを知ろうと必死になります。

　幼い子どもたちを助けるプログラムはたくさんありますが，社会性に課題のある思春期や成人前期の人たちに焦点を当てたものはあまりありません。存在するプログラムが少ないだけでなく，そのほとんどはソーシャルスキルを向上させたいという願いをサポートするという科学的証拠も，保護者に援助を提供することもないのです。今日まで，ASDや他の社会性に困難を抱える若者のために使える，研究に裏づけられたソーシャルスキルプログラムとして知られているのはPEERSだけです。

　PEERSは，社会的にどうふるまうかというルールやステップについて，マニュアルを使って，教えられている研究をベースとしているプログラムです。主にはメンタルヘルスの専門家や教育者によって実践され，地域のメンタルヘルス機関，医療機関，学校などにおいて提供されるプログラムとして，介入マニュアルを使用することで世界中で実施可能です。トレーニングは，保護者というソーシャルコーチ〔訳注：社会性を指導するコーチ〕を使いながら，友だち関係のスキルを教える事を目指し，たいていはグループや教室の場で，保護者と子どもは別々で，しかし同時進行のグループセッションという形で行われます。

> PEERSは，社会的にどうふるまうかというルールやステップについてこの本で描かれ，教えられている研究をベースとしたプログラムである。

　PEERSは，マニュアルや専門家のためのトレーニングセミナー，そして海外各国での数えきれないほどのワークショップなどで広く普及していますが，現実的には，この科学的に実証されている介入プログラムは，すべての家族が利用できるというわけではありませんし，マニュアルも

家族のために書かれたものではありません。それが今回，家族のためにPEERSで教えるスキルについての情報を提供する本書が誕生した理由です。

保護者のためのヒント──この本の使い方

この本は，3つの主なパートによって構成されています。第Ⅰ部は，あなたが今読んでいる導入部分です。ここには，私たちのアプローチの概要と，この本の基本となっている科学的根拠について書かれています。第Ⅱ部は，人との関係を発展させたり，維持させたりするための方法についてです。このパートには，よい友だちの見つけ方，よい会話の仕方，会話への入り方や出方，電子コミュニケーションの適切な使い方，スポーツマンシップのあり方，友だちと一緒に仲よく遊ぶ方法などが含まれています。第Ⅲ部は，仲間との対立や仲間からの拒否にどう対応するかについてです。このパートには討論──言葉でのからかい，サイバーいじめ，噂やゴシップの扱い方，暴力，また悪い評判の変え方などが含まれます──にどう対応するかについて扱っています。「おわりに」には，全般的なまとめや，前に進むことについての考えなども書かれています。

第Ⅱ部と第Ⅲ部では，各章ごとに生態学的に有効なソーシャルスキルの概要を，具体的なルールやステップを使いながら説明しています。各章は，以下に示されているような別々のセクションに分けられています。

✪ 保護者へのスキルの概要説明

各章の最初のセクションは，保護者向けの各スキルについての概要説明です。このセクションでは子どもたちが友だちを作り，関係を続けて行くために必要な重要なスキルのポイントについて丁寧に説明されています。お気づきのように，このセクションは他のセクションより詳しい説明になっています。というのも，このPEERSのアプローチとして，保護者が子どもたちのソーシャルコーチとして動いていただくことを期待しているからです。私たちの実践経験から，ソーシャルコーチはスキルについての詳しい内容を知っていることが必要だと考えていますので，どうしても長くなります。関連する各章は，この本に書かれたツールを使ってどのように子どもたちに助言をすればよいかアドバイスしています。このセクションは保護者向けに書かれていますが，子どもたちも，興味があればぜひ読んでみてください。

✪ サクセスストーリー

各保護者セクションの最後には，その章で扱ったスキルに関係した短いサクセスストーリーを紹介しています。この感動的なストーリーは，PEERSプログラムを修了した家族の経験を，多くは当事者の言葉のまま掲載しています。これらのストーリーは実話であり，語られている人々は実在していますが，彼らの匿名性を守るために名前や家族を特定する情報は変更しています──もちろん，すべての家族から各自のストーリーを紹介する承諾を得ています。

✪ 思春期・青年期の子どもたち向けの章のまとめ

　次のセクションは，影付きの枠で囲まれているのでわかりやすいかと思いますが，子どもたち向けに書かれた章の内容のまとめになっています。このセクションは，子どもたちに読んでもらうように書かれていますが，もちろん保護者の皆さんも目を通してください。皆さんが，子どもたちに一方的に講義するのではなく，この本にある情報をうまく子どもたちに伝えられるようにまとめています。思春期の子どもたちは，保護者が直接その内容を講義するように話されるのはうっとうしいと感じることがあります。そのような場合は，自分で自由に各章のまとめを読んでも構いません。章のまとめではレッスンの概要を説明していますが，子どもたちが親しみやすい言葉を使っており，子どもたちとスキルについて話し合うときに知っておくべきDVD〔訳注：日本語翻訳版には含まれていませんので，原書をご覧ください〕で実演されているエピソードやシナリオも入っています。ですので，このセクションに目を通さずに飛ばすことはないようにしてください。

✪ DVDのロールプレイの実演と社会的な場面でのエピソード

　この本の付属品〔訳注：日本語翻訳版には含まれていませんので，原書をご覧ください〕として，適切・不適切な社会的な行動についてロールプレイをしているDVDがあります。もし皆さんの子どもが，私たちのPEERSクリニックに来ている子どもたちと似ているとしたら，実際の場面で有効な，あるいはよくない行動をビデオのロールプレイで見るのは，とてもわかりやすいはずです。同様に，子どもたちはちょっと変わった癖やふるまいのために，知らず知らずのうちに他の人から嫌がられているかもしれません。PEERSの研究を通して，子どもたちにより一般的な適切・不適切な社会的行動モデルを見せることは，社会性を磨き，よりよい聴き手や友だちになることを学ぶうえで効果的だとわかっています。ビデオでの実演は，興味がある家族のメンバー，特に子どもたちと一緒に見るために作成されています。このDVDで実演されているロールプレイのシナリオは，実際のエピソードのコーナーにある章のまとめに入っています。DVDが手に入らない場合は，このエピソードコーナーに他の具体例もありますので参考にしてください。

✪ 他者の立場に立って考えるための質問

　DVDのロールプレイのシナリオとエピソードは，章のまとめにある各エピソードのすぐ後にあって，対応する"他者の立場に立って考えるための質問"とあわせて見たり，読んだりするようになっています。"他者の立場に立って考えるための質問"は，DVDの各ビデオに続けて収められています。これらの質問は，子どもたちと適切・不適切な行動についての話し合いが進めやすいように助けてくれるものです。また，子どもにどう行動すればよいのかという手がかりを示し，他の人の立場に立って見られるようにサポートしてくれます。

✪ スマートフォンのためのモバイルアプリケーション

　この本や付属のDVDに加えて，保護者の皆さんや子どもたちがスマートフォンで使える，この本に合わせたモバイルアプリがあればいいのにと思われるかもしれません。フレンドメーカーモバイルアプリは，ソーシャルコーチがその場にいないときのバーチャルコーチとして役立つように作られています。このアプリは，この本で紹介されていたソーシャルスキルを使う方法をまとめていて，適切・不適切な社会的行動の実演や"相手の立場に立って考える"話し合いも含まれています。このアプリは，実際の生活場面でのバーチャルなソーシャルコーチという方法で，人による直接的なコーチよりも目立たず自然なので，多くの子どもたちが気に入っています。この本で提供されているスキルの毎日の練習として，フレンドメーカーアプリの使用を取り入れるための注意点は，各章にある子どもたち向けの練習課題のところにあります。

　☞ **ソーシャルコーチへのヒント（社会性の指導のコツ）**　このPEERSモデルのなかであなたが自由に使えるツールはたくさんありますが，この本を読むだけでは子どもを助ける魔法の道具にはなりません。皆さんの子どもたちが，私たちの提供するスキルを学びたいという動機付けがあると仮定して，この本からできるだけ多くのことを学ぶために，以下のことを子どもたちと一緒にするのがあなたの役割です。

- この本の影付きの四角いコーナーに書かれている章のまとめにあるルールやステップを子どもと一緒に読みましょう。
- 子どもと一緒に，実際のエピソードを読んで，適切・不適切な行動をDVDで見ましょう。
- "他者の立場に立って考えるための質問"を使いながら，エピソードやDVDのロールプレイについて子どもと話し合いましょう。
- この本の影付きコーナーに書かれている各章の練習課題をすることで，子どもがこれらのスキルを練習するように励ましましょう。
- 各章の練習課題をするときや，実際にそのようなことが起こった際に，社会的な行動のルールやステップについて，子どもに指導しましょう。
- 子どもが，第2章で説明されている「友だちが見つかるかもしれない場所」をさがすサポートしましょう。

　☞ **ソーシャルコーチへのヒント（社会性の指導のコツ）**　皆さんは，もしかしたらすぐにでもこのプログラムを始めたいと思っているかもしれませんが，子どもたちのほうは，私たちが提示しているスキルや練習をあまりしたくないと感じている可能性もあります。これらのスキルが子どものニーズに合っていることを知って，子どもにこの情報を強制したい気持ちにかられるかもしれませんが，もし子どもたちがスキルを学んで練習したいと思っていなければ，残念ながら実際には役立たないでしょう。子どものことを助けたいと思っているのに拒否されるというのは，当然イライラしますし，心も痛みます。けれども，あなた自身がこの本に書かれているスキルに詳しくなって，子どもたちが困ったときのツールとして大事に用意しておくことはできるのです。

現実には，多くの保護者は，子どもが望むと望まないとにかかわらず，ほぼ毎日子どもにソーシャルスキルをコーチしています。だから，もし今あなたの子どもが興味をもっていないと言ったとしても，この本に書かれているルールやステップを学んでおくことは，子どもを助ける力強いツールになるのです。

> もし今あなたの子どもが興味をもっていないと言ったとしても，この本に書かれているルールやステップを学んでおくことは，子どもを助ける力強いツールになる。

社会的な関わりをもちたいという動機付けの重要性

子どもたちが友だち作りのために必要なスキルを身につけていくことを，どのように助けていけば良いのかを探っていく前に，子どもの社会的な関わりへの動機付けがどれくらいあるか考えておくことが必要です。正直なところ，実際に一人でいることを選択している人たちもいるのだと，理解しておくことは大切です。おそらくあなたの子どももその一人です。他の人と離れていることを選んでいる人のなかには，友だち作りの方法を学びたいと思っている人がいる一方で，現状に満足していて，友だち関係に良さを見出せないという人もいます。これらの子どもたちは，とても自分指向（self-directed）で自分のしたいこと優先（self-oriented）といったタイプで，自分一人でいることを幸せだと感じているように見えます。しかしながら，このような子どもたちの保護者は困り果てていて，子どもが結婚しないのではないか，本人に合った職業を見つけられないのではないか，健康な社会生活が送れないのではないかとよく心配しています。子どもが仲間に近づき，関わっていこうとすることを願っていますが，子どものほうは望んでいないと主張するのです。

私たちのソーシャルプログラムを実施しているUCLAのPEERSクリニックでは，多くの家族がこの課題に直面しています。子どもが社会に適応し，人と関わっていってほしいと願う保護者と，うまくはいっていなくても現在の社会的な状況にあきらめてしまっている子どもたちがいます。医療従事者として，誰がこのプログラムの介入で効果が望めるのか，そうでないのかを見極めることが必要です。それを見極めるひとつの要素は，社会的な人との関わりに対してどれくらい動機付けがあるかです。もし子どもが社会的に孤立していて友だちがいないことや，家族以外の社会的な関わりがないことに満足していると言いながらも，PEERSで提供するスキルを学ぶことに興味を示しているなら，やってみる価値があるでしょう。しかしながら，もし子どもが，私たちの提示しているスキルに全く興味がないなら，何の役にも立たないかもしれません。あなたの子どもがこの本に書かれているスキルを学べるかどうかを考えるとき，子どもが本当に友だちをほしいと思っているかどうかを考える必要があります。ここで紹介されているスキルに詳しくなり，子どもによいタイミングでソーシャルコーチをすることで，たとえ子どもがスキルに興味を持っていないように思えても，少なくとも友だちができることを期待している場では，あなたの息子や娘を助けられる希望はあるでしょう。

> あなたの子どもがこの本に書かれているスキルを学べるかどうかを考えるとき，子どもが本当に友だちをほしいと思っているかを考える必要がある。

多くの社会的な課題に悩んでいる若者は，友だちを作ることを望んでいないことが問題なのではなく，どうしたら友だちが作れるかがわからないことが問題なのです。この本は，友だちを作り，その関係を続けていくための方法に焦点を当てています。社会的な関わりをもちたいという動機付けがある子どもたちのために，ここで説明されているスキルは，頑固に一人ぼっちを貫いている子どもさえ，友だち関係の世界へいざなってくれることでしょう。

この本を子どもたちに紹介すること

この本の概要を知るために，子どもと一緒に，次の影付きコーナーを読んでください。このコーナーを読んだあとで，もし子どもがもっと読みたいと言ったら，それに続いて，章のまとめや練習のところを読ませて，保護者は話し合いができるように側にいてあげてください。子どもがそれ以上読むことに興味を示さなかったら，気にせずあなた自身が読んでください。あなたが子どもの人生において一番重要なソーシャルコーチであり，あなたが新たに得た情報は，息子や娘の役に立つ可能性があるということを心に留めておいてください。

この本の目的

思春期・青年期の子どもたちのための本章のまとめ

> 次の説明は，子どもたちが，この本の目的を理解するために保護者と一緒に読むように書かれています。

UCLAのPEERSクリニックでの活動を通して，私たちは子どもたちが友だちを見つけて，その関係を続けていくことを楽しめるようサポートしています。この仕事は，想像していた以上にやりがいのあるものです。というのも，友だちがいることがどれほど大切かわかっているからです。私たち大人も友だちを作り，そのよい関係を維持するために努力しています。だからもっと楽しく関係を続けていけるように，子どもたちと一緒に考えていけることを願っています。もしあなたのゴールが友だちを作り，その人とよい関係を続けていくことにあるなら，あるいは，ただ単に友だち関係がどのように育っていくかに興味があるのだとしても，このプログラムで学ぶことはあなたの期待にこたえてくれるでしょう。

では，どうすればよいのでしょうか？　この本は，『友だち作りの科学』といいます。私たちが，科学という言葉を使っているのには理由があります。この本が他の友だち関係作りの本と違うのは，ここで紹介されているヒントや方法は，社会的な場面で有効な方法についての科学的な研究に基づいて考えられているということです。ここで教える対応策のことを"生態学的に有効な"方法と呼んでいます。これは，実際の場面で有効だということを表現しています。うまく人と関われている思春期の子どもたちが，実際の場面で使っている方法なので効果があるのです。これまで皆さんが聞かされてきたものとは違う方法もあるので，驚くかもしれません。それは私たちが，若者は社会的な場でこうすべきだと思っていることを教えようとしているのではなく，実際に使える方法を提案しようと思ってい

るからです。あなたは，ときに大人が勧めてくれた通りにしても，全くうまくいかなかったり，結局イライラしたり，どうしたらよいかわからなくなることはよくあります。大人は，よかれと思って言っているのですが，実際には正しい方法かどうかわかっていないということがあるのも事実です。私たちは，これらの方法が，間違っていないことを科学的に検証しながら，友だち作りのための正しいツールを提示したいと考えています。

　保護者は，これらの新しい対応方法を練習するサポートをするために，実際の生活場面でどうすればあなたのよいソーシャルコーチになれるかを知り，またあなたの質問に答えるためにも本書で必要なことを学びます。これらの方法を理解しやすくするために，実際にはわかりにくくて思うようにいかない社会的な場面を，有効な具体的ルールやステップに細かく分けて説明しています。また，なぜこれらのルールが適用されるのかがわかるように，そのようなルールやステップを実際にやってみせている，"相手の立場に立って考える質問"と一体になったビデオ（DVD）を用意しています。このビデオは友だち作りとその関係を続けていくためのスキルに焦点を当てていますが，多くのシーンは，YouTubeや面白いコマーシャルビデオのように，見ていて面白くて楽しめるものになっています。意図してそのように作られていますので，ぜひ楽しんでください。

　この本とDVDに加えて，スマートフォンのアプリもあります。そこではさまざまな社会的な場面で，どうすべきか，どうすべきでないかのルールとステップの概要が説明されています。フレンドメーカーアプリは，短時間で読める対応方法のまとめと，付属のDVDをもとにしたビデオが入っています。このアプリは，あなたが実際にどうすればいいか教えてほしいときや，ルールやステップを復習したいとき，バーチャルコーチとして使えるようになっています。

　DVDやアプリで説明されている対策方法には，どうやってよい友だちを見つけるのか，よい会話の仕方や新たな人に出会う方法，友だちとうまく遊ぶ方法，いじめやからかい，その他の社会的場面での問題などにどう対応すべきかなどが含まれています。私たちは，友だち作りやその関係を続けることが簡単だと思わせようとしているのではなく，そのプロセスをやりやすくするために踏むべきルールやステップを提供しようとしているのです。いじめやからかいといった現実をオブラートに包もうとしたり，このような厳しい現実が存在しないかのように言ったりするつもりはありません。その代わり，このような場面に対応できる，あなたの願う方法がうまくいくツールを提供します。

　最後に伝えたいのは，この本とそのもとになっている研究は，さまざまな社会性の力をもつ皆さんを対象にしています。これらのツールを使うことであなたの力がついていきます。辛い経験をする必要はないのです。あなたが学ぼうとしているスキルは，友だちを作ることに関心があるすべての人が使えるものなのです！

-第II部-

友だち関係を育て維持していくための科学

第❷章
よい友だちを見つけることと選ぶこと

　人と交流する活動は，ほとんどの人々にとって，大きな喜びを与えてくれる場面であると同時に，思うようにいかなくてよく悩まされる場面でもあります。つまりそれは，繰り返し何度も失敗しては学ぶ領域なのです。何歳であっても，困難な課題が何であれ，あるいはその才能にかかわらず，私たちは皆，よい友だちやパートナー，よりよい人になれるように日々学んでいます。思春期の苦悩を抱えている子どもにとってはもちろん，最も社会性を身につけているような人にとっても，他者の世界に足を踏み入れるという体験は，誰もが直面するものです。実際のところ，人と関わっていく世界でうまく進めるように道案内（ナビゲート）するのは，とても難しいことです。さまざまな研究によると，思春期の約3分の1の子どもたちが友だち関係で悩むと言われています。これらの子どもたちの多くが，報告書に記載されるような特別な課題を抱えているわけではありませんが，10代の子どもたちの約30％は，仲間からの拒絶や無視という2つの社会的な状況のために，ときに有意義な友情関係を深めたり，維持したりすることは難しいと感じています。

　大多数の中・高生の子どもたちは，よい友だち関係を築き，それを続けていくなかで適度に友だちから受け入れられるという経験ができます。しかし研究によると約3分の1の思春期の子どもたちにとっては難しいことだと言われています。その3分の1の不運な子どもたちのなかには，社会性の課題に悩み，恥ずかしがり屋で，不安や問題行動，神経発達学的な問題を抱えている子が多く，そのことが健全な社会生活を送るうえでの障害になる可能性があります。しかしそのことは，もしあなたの思春期のお子さんが，社会性を求められる人と関わる場面でうまくいかず悩んでいるとしたら，同世代の3分の1の子どもたちと同じ困難を抱えているということなので，改善する余地もあります。そして，そのためにPEERSは作られました。

仲間からの拒絶と無視

　それでは，思春期の子どもたちがどんな問題に直面しているか，より詳しく見ていきましょう。まず，何が子どもの本当の課題であるかを考えることは役に立ちます。10代の時期，仲間からどんな受け入れられ方があるかを見てみると，一般的には図2-1に示されているように，4つのタイプがあることがわかっています。約55％にあたる多くの10代の子どもたちは，平均的な数の仲間が自分のことを知っていて，好意的に受け入れてくれているという**平均的な受け容れ**と呼べる経験をしています。そして中学や高校では，みんなによく知られていて，好かれている子どもたち，いわゆる**人気者**が15％います。すべての人気者がとても好かれているというわけではないけれども，たいていは仲間から受け容れられています。最終的に，日々の生活で苦労しているのは，次の2つの大きなグループに分類される子どもたちです。研究によると，まず1つ目は思春期の子ど

もの15%にあたる**仲間から拒否されているグループ**だと言われています。つまり彼らは多くの仲間から疎外され，嫌われている可能性があります。そして，社会的な場面で苦闘している思春期の子どもたちの2つ目は，全体の約15%を占めている**社会的に無視されている**グループです。これらの子どもたちもまた，多くの仲間からは離れているのですが，意図的に周りから疎外されているというより，彼らが仲間に主体的に関わろうとしないという傾向があります。もしあなたが，子どもたちの友だち作りの能力を心配しているとすれば，社会性に悩みを抱える，これら2つのグループに属する約3分の1の子どもたちとともに，仲間からの拒否や社会的な無視と戦うことになるでしょう。

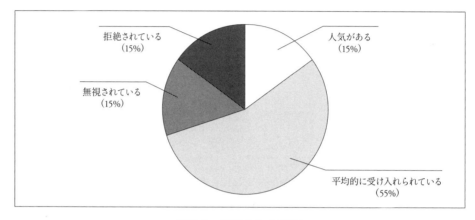

図2-1　仲間からの受容

✪ 仲間からの拒絶

　研究によれば，思春期のおよそ15%の子どもたちが，この**仲間から拒否されているグループ**に属します。仲間からの拒否が問題の主な要因である場合，社会的な壁は仲間から意図的に疎外されるという形でやってきます。そしてそれは，思春期だけでなく，成人期になっても続く可能性があります。仲間から拒否された若者というのは，活発に仲間を求め友だちを作ろうとしたけれど，積極的に拒否された人たちです。拒否される理由はいくつもあるかもしれません。おそらく彼らは，仲間から不器用だとか，"変だ"とか思われがちで，その明らかな違いのためにのけ者扱いされています。また彼らは，人と関わる社会的な場で，でしゃばりだとか，邪魔だとか思われている可能性があります。というのも，相手のことにはあまり興味を示さず，突然会話に入ってきたり，自分の興味あることばかりを話したりすることがあるからです。彼らは感情やふるまいを調整することが難しく，何も考えないで行動しているかのように，介入的で衝動的に見えます。あるいは，彼らは他の人の興味にはほとんど関心がなく，休みなく話しつづける超おしゃべりさんかもしれないのです。また仲間に拒絶されている若者のなかには，自分は教室で皆の笑いをとることが役割だと考えている子たちがいます。他の人が誰も笑っていないのに，絶えず冗談を言っては笑わせようとしています。あるいは，もし他の人たちが大げさに大笑いしているとすれば，それはその冗談を笑っているというより，拒絶されている子のことを笑っています。そのため，このようなふるまいをしている若者には，よく悪い噂が立ちます。ただまだ今は，そんな噂があ

ることが確かだとしても，必ずしも永久的なものというわけではありません。

PEERSは，仲間から拒絶されて悩んでいる若者が気持ちを落ち着かせ，社会的な関わり方についての手がかりに目を向け，それをうまく使いながら仲間と関わるゆとりを与えてくれます。そして，この本にある各章の最後の練習を通して，そのようなふるまいを最小限にとどめていくための対策を，子どもたちに教えるように構成されています。

> 仲間から拒絶された若者というのは，活発に仲間を求め友だちを作ろうとしたけれど，積極的に拒否された人たちである。

✪ 社会的な無視

社会的な場面で困っている10代の子どもたちのうち残りの約15%は，**社会的に無視されているグループ**と呼ばれます。これらの子どもたちにとって，社会性の障害は，ひきこもりや孤立という形となってあらわれ，思春期から成人期になっても，その状態は継続することがあります。社会的に無視されている子どもたちは，社会生活の場で小さな隙間に落ちてしまったかのように，仲間だけでなく，ときに先生や見守ってくれている大人たちからも気づかれないことがあります。恥ずかしがり屋や，引っ込み思案であると見られていて，彼らからはめったに人に近づいていったり，会話に入ったりすることはありません。このような子どもたちは，しばしば臆病だとか，内向的だとかみなされて，なかにはうつ状態や不安神経症を患うことさえあります。このグループの子たちは，仲間から拒絶されているグループと違って滅多に他の人たちと関わらないので，必ずしも悪い噂で困っているというわけではありません。実際，全く何の噂もないかもしれません。彼らは忘れられた存在であり，自分の世界にひきこもり，他の人の邪魔をすることもなく，たいていは気づかれないようにしています。しかし，仲間に拒絶されている子どもたちと同じように，友だちを作ることや関係を継続することがうまくいかず悩んでいます。それは，外からというより，本人の内にある気持ちから起こっているものです。

> 社会的に無視されている子どもたちは，社会生活の場で小さな隙間に落ちてしまったかのように，仲間だけでなく，ときに先生や管理職などからも気づかれないことがある。恥ずかしがり屋や，引っ込み思案であると見られていて，彼らからはめったに人に近づいていったり，会話に入ったりすることはない。

あなたが保護者として，さらには子どものソーシャルコーチとして，子どもが仲間からどのように受け入れられているかを考えることは役に立ちます。今は見えにくい状況をどう明らかにすればよいのかという具体的なヒントは，のちほど説明します。今はあなたの子どもが周りにどのように見られているのか，また他の子どもからどのように扱われているのかをはっきり知ることは，子どもがよい友だちを見つけるのをサポートするために必須事項であることを心に留めておいてください。

よい友だちがいる場を探すこと

　よく私たちは，人が社会的に成功するためにはソーシャルスキルが身に付いていることが必要だと思い込んでいることがありますが，健康的な社会生活に欠かせない大切なことは，よい友だちとのつながりがあることなのです。社会的に成功するためには，社会的な場面でどうふるまうべきなのかを知っているだけでなく，共通の興味を共有できる人とつながることも必要です。もし社会的に成功するためのレシピを，身近で有意義な人間関係を発展させたり続けていくことによって考えるとすれば，これらの2つの重要な材料を組み合わせる必要があるでしょう。

> 社会的に成功するためには，社会的な場面でどうふるまうのかを知っているだけでなく，共通の興味を共有できる人とつながることも必要となる。

　地域にある多くのソーシャルスキル・トレーニンググループでは，集めたグループのなかで友だち関係が育っていくことを願って，社会性に課題のある子どもたちを助けようとしています。私たちはこのようなプログラムを，**友だち関係をマッチングするグループ**と呼びます。基本的には友だちと付き合う手助けをするようなもので，子どもたちが集って，保護者はそこに子どもにうまく合う友だちがいることを期待しています。このようなタイプのプログラムの問題点は，友だちを作り，その関係を続けていくのに必要なスキルを教えていないだけでなく，どのように，どこで友だちに出会うことができるかも教えていないということにあります。このやり方が失敗であることは，すぐ明らかになります。というのも，子どもも大人も，この友だち関係をマッチングするグループが終わると，もはや友だちがいるような他の場につながろうとしないからです。

　PEERSの最初のステップでは，友だちを作ったり，自分に合う友だちを探したりするのでなく，自分を取り巻く社会的環境を少し離れて観察してみることを扱っています。まず，社会的な場面での周りの環境に目を向け，そこで何が起こっているのかを観察します。それから，子どもたちに合った仲間のいる場を探すのです。

思春期と成人期の社会的風景

　あらゆる社会的な環境において，どの発達段階でも仲間との交遊関係にはいろいろなレベルがあります。仲間との交友関係における一番小さな規模は，クリーク（排他的な小集団）と呼ばれるものです。これはたいてい少数の身近な友だちのことを指し，多くの場合それは親友です。次の中間規模のものは，ソーシャルグループです。これには，たくさんの仲間が含まれ，みな何らかの共通の興味をもっています。このようなソーシャルグループは，よくある呼び名やイメージで知られていて，それは共通の興味を表しています。例えば，思春期の子どもたちによく知られているソーシャルスキルグループのひとつにはジョック（スポーツをすることが大好きなアスリート仲間）があり，スポーツが共通の興味となっています。同じくらい多いのが，共通の興味はビデオゲームだというゲーマーです。研究では，社会的に受け入れられている多くの思春期の子どもたちは，異なるグループの間を行き来したり，時おりそこに親友を見つけたりしながら，複数

のソーシャルグループに属しています。最も大規模なグループは，より大きな仲間集団です。このグループは，主に同じ年齢の異なる小集団やソーシャルグループから集まった子どもたちで構成されていますが，必ずしも共通の興味をもっているとは限りません。また，一緒にどこかへ出かけたりするわけでもありません。思春期の子どもにとってこの大きな所属グループというのは，学校の生徒全員のことである場合があります。また青年期の若者にとっては，大学のすべての学生や職場でのすべての同僚を意味していたりします。

ソーシャルグループの重要性

　思春期やその後の成人期になっても，複数の規模の仲間グループが存在します。なかでもソーシャルグループ（共通の興味をもった普通規模の十数名の仲間）が，中学生時期から成人期初期の間ほど重要な意味をもつ時期はありません。一般的に，この中規模の仲間グループによって，子どもたちの社会的な生活がどんなものになるかが決まります。どのグループに所属するかが，本人の評判に影響し，誰と友だちになれるかが決まってくることになるのです。しかし，社会性に課題を抱えている若者があるソーシャルグループに入るとき，実際には必ずしもじっくり考えた上で決めているとは限りません。この思慮の浅さから，自分にどのソーシャルグループが合うかがわからず，友だちの見つかる場を探すことが難しくなるという問題が起こります。そのことから，親密な信頼できる関係をもつことが困難になってしまうのです。

> 最良の友だち関係や仲間というのは，よくソーシャルグループから育っていく。というのも，友だち関係は共通の興味によってつながり，この共通の興味はソーシャルグループのまさに中心にあるものだからである。

　多くの場合，最良の友だち関係や仲間は，このようなソーシャルグループのなかから育っていきます。というのも，友だち関係は共通の興味によってつながり，この共通の興味はソーシャルグループのまさに中心にあるものだからです。
　ここで，あなたの過去，あるいは現在の友だちのことを少し考えてみてくだい。あなたは，その友だちと共通の興味をもっていて，その興味は友だちと何について話し，何を一緒にするかに関連しているはずです。このように共通の興味は，親しい関係になるために必要不可欠なものです。なぜならそれがなければ，おしゃべりできる共通の話題が少なく，一緒に活動できることも少ないからです。UCLA PEERSクリニックに来ている保護者との取り組みを通して，まずソーシャルグループを見つけることが，友だち関係作りの最初のステップであることを何度も経験してきました。社会性に困難を抱えている若者の多くは，自分に合ったソーシャルグループを感覚的に見つけるということができません。たいていはさまざまなグループが存在していることは知っていて，周りにあるグループを具体的に挙げることもできるけれども，このようなグループにどんな機能があるかはあまり知りません。
　では，なぜソーシャルグループに所属することが，社会的な場でうまくやっていくために重要なのでしょう？　ソーシャルグループは，似たような興味や趣味をもっている友だちのいる場を見つけるためだけでなく，個別のいじめや，その犠牲者になることから自分を守ってくれます。

いじめっ子たちは、どんな子をいじめようとするでしょうか？　気づいているかと思いますが、一人でいる、無防備で、誰からもサポートされていない子がいじめっ子のターゲットになりやすいのです。一人でいるとあなたは、あなたのために立ち向かってくれたり、守ってくれたりする人がいない簡単なターゲットに見えるからです。結果として、社会性に課題をもつ若者は、容易にいじめのターゲットや仲間の犠牲者になってしまうのです。彼らがよく孤立していて、ソーシャルグループの外にいるのは、そういう理由からです。

> ソーシャルグループは、似たような興味や趣味をもっている友だちのいる場を見つけるために必要なだけでなく、個別のいじめや、その犠牲者になることから守ってくれる。

ソーシャルグループの間では、グループ間競争が珍しいことではないと知っておくことは大切でしょう。例えば、ジョックやナード（人と関わりをもたないオタク）を考えてみてください。これらのグループには、長期間ライバル意識があり、お互いを嫌だと感じていることが似ています。数えきれないほどの多くの映画やTV番組に、この対立が描かれています。グループ間のライバル意識について語るのは、あまり心地よいものではないですが、それは自然な社会的風景のひとつなのです。例えばそれは、スポーツチーム間の競争心とそれほど違いはありません。おそらく同じソーシャルグループのなかでは、絆やメンバー同志の団結はより強いでしょう。しかし、若者たちは競争しあっているときですら、受け入れられているソーシャルグループのなかに居場所を見つけ、他のグループからいじめられ、犠牲者なってしまうのを防ぐという二次的なメリットを活かしています。要するにソーシャルグループは、よい友だちを見つける場であり、守ってくれる仲間を増やす場にもなっているのです。

自分に合ったソーシャルグループを見つけること

多くの社会性に課題を抱えた若者は、自分に合うソーシャルグループを自然に見つけることが難しいのですが、これは、試みても受け入れられるグループを見つけることができないと言っているわけではありません。しかし、そのためには、まず第1のステップを踏まなければならないでしょう。つまり最初に自分に合ったソーシャルグループがどこかを明らかにすることが必要なのです。おもしろいことに、私たちは社会性に課題のある若者と関わっていくなかで、彼らが自分たちの周りの環境に存在している数多くのソーシャルグループを分類したり、名づけたりする能力に驚かされてきました。彼らは、誰が人気者か、ジョックか、チアリーダーか、ギーク（肯定的イメージのオタク）か、ナードか、ゲーマーか、スケーターか等々、簡単に特定することができます。子どもたち向けの章のまとめの欄にある表2-1（p.54）には、UCLA PEERSクリニックに来ている若者たちによって作成された共通のソーシャルグループのリストがあります。一方で、例えば若者の世界に時おり見かける薬物依存者や非行グループのように、必ずしもどれもが適切なグループであるとは限りません。このリストは、何か特定のソーシャルグループを推薦するものでもなければ、完璧なグループリストでもなく、単に私たちのグループにいる若者の多くが共通して挙げたものを紹介しています。

社会性に課題のある若者は，たいてい自分たちの世界に存在するソーシャルグループをいくつも挙げることができますが，「これらのグループの目的は何？」というとても基本的な質問には，あまり答えることができません。現実には，ソーシャルグループとは，自分より大きな何かにつながっていると感じられる場であり，友だちができる可能性があるところを見つけるうえで欠かせない場なのです。それは思春期と成人期の子どもたちにとって重要なことです。自分に合ったソーシャルグループは，彼らの興味や関心，好きな事，趣味などが何であるかによって選択されます。なぜなら，ソーシャルグループのメンバーは，いつも共通の興味を共有しているからです。例えば，ゲーマーは共通してビデオゲームを持っていて，頻繁にゲームを楽しみ遊んでいます。コンピュータオタクは，共通してコンピュータの知識や技術をもち，その面白さを一緒に楽しんでいます。

> ソーシャルグループは，自分自身以上に大きな何かにつながっていると感じられる場であり，友だちができる可能性がある場を見つけるために欠かせない。

私たちの臨床経験では，いったん共通の興味とソーシャルグループの関連がわかり，友だちのリソースが提供されるソーシャルグループの重要性がしっかり理解されると，多くの社会的な場でつながりたいという若者たち，とくにASDの診断を受けている子たちは，自然とビデオゲームやコンピュータ，技術，科学，マンガ本，アニメなど，それぞれの興味の傾向によって，ゲーマーや，コンピュータオタク，科学オタク，アニメオタクなどのそれぞれの仲間に近づいていきます。

自分にあったソーシャルグループを見つけることは，個人の選択であり，興味や趣味によってさまざまですが，ソーシャルグループの文化やその進化している特徴を理解しておくことは重要です。例えば，それほど前のことでもないですが，**オタク**というワードは軽蔑的な言葉で，ナードと同義語だと考えられていました。しかし，オタクの表す意味は，今世紀大きく進化してきています。現在，**オタク**は，ある分野において多くの知識やずば抜けたスキルをもっている人のことを言います。例えば，**ゲームオタク**は，一般的には**ゲーマー**と言われていますが，ビデオゲームを楽しみ，ゲームをするのがうまくて，自分たちのことを**ゲーマー**と呼ぶことに誇りを感じています。コンピュータオタクは，コンピュータにとても興味があり，コンピュータを使うことに長けています。そして自分たちのことを**コンピュータオタク**とか**テッキー**と呼ぶことに自信をもっています。科学オタクは，科学を楽しみ，科学の知識が豊富で，自分たちのことを**科学オタク**と呼ぶことに誇りをもっています。同じように，**マンガ本オタクやアニメオタク**は，マンガやアニメのことが，とても好きで，非常に詳しく，自分たちのことを得意げにそう呼んでいます。

2000年頃から**オタク**という言葉（そしてある程度**ナード**という言葉も）は，自分たちがそれに属すると自認している人たちによって喜んで受け入れられ，市民権を得てきています。事実，最近ではオタクであることは，かっこいいことになっています。なぜなら，それはあなたが，あることにとても興味を持っていて，それに素晴らしく長けているという意味だからです。**オタクチックやオタク仲間**のように紹介される大衆文化は，敬意を称されています。一方で，俗語フレーズである**ギークアウト**（自分の興味をもっていることを周りの様子も気にせず熱心に語ること）は似た興味をもった人々の間での，おもしろく生き生きとした会話を表すのによく使われています。ほとんどの若者は，**オタク**という言葉はもはや軽蔑的だとは思っていません。私たちのPEERSの

場では，時々**オタク**という言葉の汚名を返上し，正しい意味を説明するようにしています。というのも，私たちが関わっている多くの若者たちは，これらのソーシャルグループで友だちを見つけるからです。皆さんも子どものソーシャルコーチとして，同じことをする必要があるかもしれません。

子どもの評判を決めるものとその評判を知ること

あなたの子どもに合うソーシャルグループにオタクが含まれるかどうかにかかわらず，若者のソーシャルグループは彼らの興味や評判によって決まるということを知っておくことは重要です。これまで共通の興味の重要性についてお話ししてきましたが，あなたの子どもの評判についてはどうでしょうか？　定義では，評判というのは，ある人が他の人からもたれている一般的な評価であり，その人の良い面であろうと悪い面であろうと，性格的な傾向を表す特徴のことです。仲間から拒絶されることを経験している多くの若者は，その仲間のなかで悪い評判が立っています。これらの評判は，本人にまだ会ってもいないときですら詳細を知っている人がいて，多くの場合先に広がっています。悪い評判が立つと辛いのは，もしその噂を知って気にする人がいたら，その人たちがあなたと友だちになりたいと思う可能性は低くなるということです。なぜなら，あなたがだれと一緒にいるかということをたよりに噂が立ってしまうからです。だからもし誰かが悪い噂を立てられたら，その人と友だちになりたいと思う人は減ってしまうということになります。社会的に最も下位に位置するソーシャルグループですら，悪い評判のある人とは距離を置きます。これは，悪い評判を立てられて困っている社会性に課題を抱えた若者にとって，かなり厳しい問題となります。では，このような悪い評判がある子どもたちは，どこでソーシャルグループを見つけたり，あるいは友だちがいそうな場を探したりすればよいのでしょうか？　幸い，この悪い評判は乗り越えられる可能性があります。

> あなたの子どもに合うソーシャルグループは彼らの興味や評判によって決まる。

実際にUCLA PEERSクリニックを通して関わってきた家族を見ていると，変わりたいという動機付けがある子どもたちは，友だち作りや過去の悪い評判を変えることに成功しています。

悪い評判と戦い，克服することを試みている社会性に課題を抱えた10代の子どもたちは，次の2つのことを起こすことが必要となります。1つは，本人を取り巻く現在の環境のなかで，彼らの悪い評判を変えることに向けて，段階的なステップを踏むこと（第14章参照）。そしてもう1つは，彼らの評判を知らない，あるいは気にしていない，今の社会的環境の外にある，（友だちがいる可能性のある）別の場所を見つけることです。例えば，ビデオゲームが好きで，学校では悪い評判がある子どもは，彼の噂が静まるまでは学校のゲーマーと友だちになろうとするのは避けるべきです（第14章参照）。それまでは，彼の噂を知らないか，気にしていない地域のゲームクラブに参加すればよいのです。

友だち作りや友だち関係を維持していくことにおいて，あなたが子どもを助けるために果たすべき最も大切な役割のひとつは，友だちが見つかる可能性のある場を探す手助けをすることです。多くの場合あなたが自分の子どもが何に興味をもっているかに気づくことは簡単ですが，子ども

の評判を知ることは，もしあなたが子どもたちの生活環境にしっかり関わっていなければ，少し難しいことかもしれません。この本を読んでいるあなたの子どもは，たぶん毎分ごとに送られてくるテキストメッセージに返信している可能性が高いでしょう（あなたも知っているように，多くの子どもたちはその都度返信しています）。もしあなたが子どもの現在の噂がどうであるかがわからず苦労しているとしたら，以下の質問がその様子に気づくためのヒントを与えてくれるでしょう。もちろん，あなたの子どもが悪い評判を立てられているかもしれないと気づくのは辛いことですが，子どもはいつでも別のグループの友だちを見つけることができるし，社会的にうまくやっていくことは，これからも可能であるということを忘れないでください。例えば，もしあなたがこれまで高校の同窓会に行ったことがあるなら，まさかそれほどまでに素敵に変貌し成功するとは思っていなかった思春期時代の友人との再会に，驚いた経験を思い出すことでしょう。以下に挙げた質問は，あなたの子どもが今仲間のなかでどのような立場にあるのかを知る手助けとなります。

> 友だち作りや友だち関係を維持していくことにおいて，あなたの子どもを助けるために果たすべき最も価値ある役割のひとつは，友だちが見つかる可能性のある場を探す手助けをすることである。

- 子どもは，スクリーンネームやメールアドレス，電話番号などの連絡を取るための情報を仲間と交換していますか？
- 子どもの仲間は，あなたの子どもに連絡を取るための情報を求めてきていますか？
- 子どもの仲間は，あなたの子どもにただおしゃべりを楽しむためだけに，テキストメッセージやインスタントメッセージ，あるいはメールを送ったり，電話などをかけたりしますか？
- あなたの子どもが仲間にテキストメッセージやインスタントメッセージ，メールを送ったり，電話をかけたりしたら，相手は返事を返しますか？
- あなたの子どもは，仲間から自宅に呼ばれたり，パーティに誘われたりしますか？
- あなたの子どもが仲間を自宅に呼んだり，パーティに誘ったりするとき，その招待は受け入れられていますか？
- あなたの子どもは，昼食時間や休み時間に一人で座っていますか？
- あなたの子どもは，何か課外活動や趣味の活動に参加していますか？　そして，決められた活動以外の場でこれらのグループの仲間と一緒に過ごすことはありますか？
- 他の子どもたちは，フェイスブックのようなソーシャルネットワークサイトで，あなたの子どもに招待状を送りますか？
- あなたの子どもがソーシャルネットワークサイトで他の人に友だちリクエストをすると，受け入れられていますか？

ここに挙げたものは，あなたの子どもの噂に関する情報を集めるために尋ねることができる質問の一部です。質問の1つに否定的な回答があったとしても，あなたの子どもに悪い評判があると断定するものではありません。また，これらの質問へ否定的な回答が複数あったとしても，必ず悪い評判があるということでもありません。社会的な場で無視されている思春期の子どもには，仲間に関わろうとすらしていない子もいれば，個別の拒絶につながる社会的に間違った行動をし

ている子どもたちもいます。でも、だからといって、何も全面的に悪い評判があるということではありません。どんなケースであれ、子どもたちに特定のソーシャルグループに関わってみるよう励ます前に、今の環境での子どもの評判がどうであるか、ある程度感覚的に捉えておくことは役立ちます。教師や他の学校スタッフからの子どもについての印象も、思春期の子どもたちの親には役に立ちます。思春期の子どもの親にとって、子どもの重要なことに関わっていて、子どもの印象を伝えてくれるようなそれ以外の第三者を探すのは、もっと難しいことです。それでも、あなたの子どもの噂がどうであるかを見極めることは、子どもがどこで友だちになるかもしれない人を探せばよいのかを考えていくために大切な材料となるでしょう。

　もし子どもが、今の生活環境のなかで悪い評判があるかもしれないと疑っているのであれば、友だちを見つけるところとして他の場を探すことはとても大切です。受け容れられない環境で彼らの噂が消えるまでの間、拒絶されている仲間から離れられる地域の課外活動、社会的な活動、クラブやスポーツなどに参加することが必要なのです。最も大切なことは、これらの活動は、年齢や発達のレベルがほぼ同じで、共通の興味を分かち合える子どもたちによって構成されているということです。

> もし子どもが、今の生活環境のなかで悪い評判があるかもしれないと疑っているのであれば、友だちを見つけるところとして他の場を探すことはとても大切である。

ソーシャルグループを通じて友だちを見つけること

　あなたの子どもが仲間から悪い噂を立てられていないとして、まず子どもと一緒に子どもに合ったソーシャルグループが何かを検討したら、次は子どもがそのソーシャルグループのメンバーが誰かを確認し、彼らと接する方法を見つけることを手助けすることが重要です。では、どうやってある人がどのグループに所属しているかがわかるのでしょうか？　答えは、とても単純です。以下のことに、注意を払う必要があります。

・興味
・外見
・誰と一緒に行動しているか
・どこに出かけているか
・どの課外活動や社会活動に参加しているか

　ありがたいことに、誰かがどのソーシャルグループに属しているかを見つけるためのヒントはとても表面的で、もし何を見ればよいのかを知っていれば見つけるのは簡単です。例えばジョック（アスリート）を取り上げてみましょう。というのも、彼らは簡単に見つかります。誰がジョックであるかは、彼らが何に興味を示しているかで簡単に指摘することができます。ジョックはスポーツやスポーツをすることを話題にして話す傾向があります。外見からもわかります。ジョックはよく運動競技用のジャージやスウェット、テニスシューズ、レターマン（運動選手として優秀な成績を修め、母校の頭文字のマークをシャツにつけることを許された学生）ジャケットなど

の服装を着ています。また，彼らはスポーツの道具を持ち運んでいるかもしれません。彼らはたいてい体格がよく，スポーツマン体型です。また，彼らが誰と一緒に時間を過ごしているかによっても指摘することができます。ほとんどのソーシャルグループがそうしているように，ジョックはよくチームの仲間やチアリーダーと，ランチタイムや自由時間を過ごしています。また，どこで過ごしているかによってもわかります。彼らは，よくロッカー，ジム，または他の運動する場所の近くにいます。どの課外活動や社会活動に所属しているかによってもわかるでしょう。ジョックは，さまざまなスポーツチームのメンバーです。というのも，彼らは単にスポーツイベントを企画したり，サポートしたりしているだけではなく，実際にそのスポーツを楽しんでいます。チームのマネージャーやアシスタントであることは重要な役割です。しかし，だからといってその役割はあなたをジョックとしては認めてくれません。実際にそのチームでプレイしていなければならないという明確な区別があるのです。

　このような勘違いをしている若者は，**スポーツファン**という分類に当てはまることがよくあります。幸運にも，たくさんのフポーツファンはいますし，たいてい好きなチームのスポーツグッズを身につけ，スポーツイベントに参加しているので簡単に見つけることもできます。

　これは具体的に観察できる情報によって，よく知っているソーシャルグループを見つける方法のひとつの例です。では，いくつか他のソーシャルグループ，おそらくあなたの子どもにより合いそうなものを考えてみましょう。あなたの子どもが自分に合うと思って選ぶソーシャルグループはいくつもあるかもしれないけれども，ここではUCLA PEERSクリニックで最も共通して選ばれるグループに話を絞りましょう。

　例えば，あなたの子どもがビデオゲームに強い興味をもっていると想像しましょう。私たちは，友だち関係は共通の興味に基づいたものであると知っています。だから，子どもたちにとっての友だちの見つかる可能性のある場所は，同じようにビデオゲームが好きな同年齢の子どもたちが集まる場です。私たちは，このソーシャルグループのことをゲーマーと呼びますが，あなたの子どもはどうやってゲーマーを探すでしょうか？　ジョックのようにゲーマーも探すことは簡単ですが，何を見ればよいかを知っておくことが必要です。彼らのビデオゲームに対する興味は，ゲーマーはよくビデオゲームについておしゃべりし，そのロゴが入ったTシャツを着て，持ち運びのできるゲーム機器をもち，授業の前後やランチタイムなどの自由時間にはそのゲームをしていることからわかります。彼らはお互いどちらかの家でゲームをしていないときは，ゲーム店やモールで友だちと一緒に過ごし，学校や地域ではゲームクラブに入会しています。

　では，あなたの子どもがコンピュータやテクノロジーに興味があるとしましょう。もしあなたの子どもが**コンピュータオタク**や**テッキー**を探しているとしたら，どうやって見つければよいでしょうか？　コンピュータオタクやテッキー（技術的なことに詳しい人たち）は，コンピュータやテクノロジーのことを話すことが大好きです。だから，よくこれらの話題についてしゃべっている様子を目にします。彼らは，しばしばIT機器やコンピュータ，またラップトップ（パソコン携帯用バッグ）を持っていますし，コンピュータやテクノロジーに関係したロゴのTシャツを着ていることが多いです。彼らは，コンピュータオタクやテッキーと一緒にいて，ITにアクセスしやすいコンピュータ室などによくいます。コンピュータクラブやコンピュータの授業に登録し，テクノロジーに関わる活動に取り組んでいて，大学ではよくコンピュータサイエンスを勉強してい

ます。

　もしあなたの子どもが**科学オタク**を探しているとしたら，どうして探せばよいでしょうか？ 科学のことを話す科学オタクたちは，他の生徒や先生，あるいは教授などと科学に関する話題で話をしている場面をよく見かけます。彼らは，サイエンスフィクションが好きなことが多く，よくサイエンスフィクションの映画やTV番組，あるいは科学に関する本について長時間話しています。彼らが科学の本や教科書，雑誌等を手に持っていることを見かけるかもしれないし，サイエンスフィクションのテーマや，科学に関連するロゴのついた，ときに科学博物館やエキスポで買ったTシャツを着ているところを見るでしょう。彼らは他の科学オタクの人たちと一緒にいて，時おり学校の科学実験室の近くにいます。友だちとサイエンスフィクションの映画を見に行き，科学クラブに入っています。またサイエンスフェアに行ったり，サイエンスキャンプに参加し，他にも科学に関連したロボットクラブのような活動に加わったりしています。そして当然のことながら，彼らは大学で科学に関連した分野を学ぶ傾向があります。サイエンスフィクションに興味をもっている科学オタクは，フィクションの世界での登場人物と実際に身体を動かして演技するラープ（LARP）というライブアクションロールプレイングゲームに熱中しているかもしれません。科学オタクのなかの小さなサブグループだけが，自分たちのことをラーパーだと考えているかもしれませんが，おそらく大多数のラーパーは，自分たちのことをサイエンスフィクションオタクと考えているでしょう。

　最後に，もしあなたの子どもが**漫画本オタク**や**アニメ**（日本のアニメーション）**オタク**を探しているとしたら，どこで探したらいいでしょうか？ 漫画本やアニメのオタクは，漫画本やアニメの雑誌を読むことが好きです。彼らは，友だちと漫画本やアニメのことを話しています。アニメのキャラクターを描いたTシャツを着ていて，アニメ雑誌を持ち，時々そのキャラクターを描いたり，好きなキャラクターグッズでノートや自分の持ち物をそろえたりします。彼らは他の漫画本のオタクたちと一緒に出かけて，キャラクターについて話したり，アニメ，マンガ，オタク（アニメやマンガ，あるビデオゲームなどの魅力にとりつかれた人を指す日本の言葉）について熱い議論を交わしたりします。彼らは，自由時間には漫画本やアニメの雑誌を読み，それらのTVシリーズや映画を見に行くこともあります。漫画本クラブやアニメクラブに入会し，キャラクーの描き方を学ぶためにアートのクラスを受講したり，コミックコンのようなコミケに出たりします。そして時々そのマンガのシナリオを演じたり，その会話を繰り返したりしていますが，それはコスプレ，あるいはコスチュームプレイとも言われます。コスプレでは，参加者が好きなキャラクターの衣装を着て（たいていはアニメやマンガのキャラクター），そのキャラクター独特のしぐさや身振りを演じたりします。ちょうど，科学オタクやラーパーのように，すべての漫画本オタクやアニメオタクがコスプレをするというわけではないけれど，大多数のコスプレ仲間は，アニメや漫画本のオタクです。

課外活動や社会的な趣味を通して友だちを見つけること

　あなたが，子どもがこれらのソーシャルグループのメンバーに定期的に関わることができるようにサポートするのはとても大切なことです。そのための簡単な方法のひとつは，子どもの興味

に基づいた課外活動や趣味の活動に入会するのを助けてあげることです。課外活動に申し込んだり，参加したりするのは，自分の興味に合ったグループの人と新しい友だち関係を育てていく一番よくある方法です。例えば，ジョック（アスリート）はスポーツチームでプレイするし，これらのチームのメンバー付き合いを通して他のジョックとよく出会います。コンピュータオタクやテッキーは，しばしばコンピュータクラブに所属して，コンピュータの授業を受け，これらの活動を通して，他のコンピュータオタクと出会います。

> 課外活動に申し込んだり，参加したりするのは，自分の興味に合ったグループの人と新しい友だち関係を育てていく一番よくある方法である。

　社会性に課題を抱えた子どもたちは，何の手だてもなく自分たちだけに任されると，社会的な活動に関わろうとすることはほとんどありません。それは，たいてい彼らがどの活動に参加すればよいのかを考えられなかったり，どのように活動に加わればよいのかがわからなかったりするからです。その結果，多くの子どもたちは孤立し，団体スポーツやクラブ，課外活動に参加することはまれだということになります。その代わり，彼らは自室にこもることを選び，コンピュータやビデオゲームをして過ごしています。この孤独な生活が，友だち関係を育てていくことを難しくしています。UCLA PEERSクリニックを通して関わってきた子どもたちのなかには，ギルドやクランを通してのネット上の友だちを現実生活の代わりにして，ネット生活に引きこもっている子たちがいます。それは，マルチプレーヤーコンピュータや**マルチプレーヤーオンラインゲーム（MMOs）**と呼ばれるビデオゲームで定期的に遊ぶメンバーで構成されているグループです。これらの若者は，**アバター**を使ってセカンドライフを作っている場合があります。それはユーザーのグラフィックで描かれた姿で，自分の化身やアニメのキャラクターのようなものです。アバターを使うことで，彼らはバーチャルな世界で実際に話したりチャットを使ったりしながら，おそらく個人やグループで参加して，ほかのアバターたちと交流します。バーチャルなセカンドライフをもつことは，ソーシャルスキルに困難を抱えている多くの若者にとって，わくわくすることです。なぜなら，予測できない現実世界の交友関係にチャレンジするときのようなプレッシャーを感じることなく，人との関わりを経験する機会が得られるからです。それでも現実は，これらのアバターが実際にいるわけでなく，**ネット上の友だちは，現実生活の友だちの本当の代わりには**なりません。

　セカンドライフの存在や化身に，一部の親は戸惑いイライラすることもあるけれど，セカンドライフを操作するという前向きな社会的動機について考えることは重要です。私たちの経験では，人との関わりに困難を抱えた，ネット上で他者との関係に携わることを選ぶ思春期の子どもたちは，友だちを非常に求めてそうしていることがよくあるからです。適切なソーシャルスキルを学ぶことと，保護者によるよいソーシャルコーチを組み合わせることで，一度はそのようなセカンドライフにはまってしまった子どもたちが，そのような前向きに人と関わりたいという動機をもって，現実世界の友だちを見つける場を探すことができるのはよいことでしょう。友だちと関わるという目的を実行に移す有効な方法のひとつは，子どもの興味に合った課外活動や趣味のグループ活動に入会することなのです。

　私たちのプログラムに来る多くの思春期の子どもたちは，すでに課外活動に参加しています。

しかしながら，音楽のレッスンや家庭教師のような個人的な活動である場合が多いです。これらの活動が本質的に間違っているというわけではありませんが，これらの場所は必ずしも友だちを探すのに適した場であるとは限りません。例えば，音楽の個人レッスンは，楽器を演奏することに興味がある場合にとてもよいのだけれど，それらはたいてい音楽の先生との一対一の指導なので，友だちを見つけるのに適した場とは言えないのです。これは，この活動を諦めるべきだと言っているのではありません。そうではなく，それに加えて，あなたの子どもが似た興味をもつ友だちを見つけることができるかもしれない別の活動を探す手伝いをすることを目指すべきだということです。音楽の場合で言えば，おそらく学校のバンドやオーケストラに加わったり，地域のミュージックアンサンブルグループのメンバーになったり，あるいはバンドのキャンプに参加するということがよいオプションかもしれません。

　家庭教師は，学校の教室外での課外活動ではありますが，一般的には友だちを見つけるのによい機会にはなりません。音楽の個人レッスンと同じように，家庭教師は，大人の先生との一対一の指導関係で行われますし，友だちになれる可能性のある子どもと関わることは普通あまりありません。学習グループも，あまり友だちを探すのに適した場ではありません。なぜなら，同年齢の仲間がそのグループにいたとしても，そこに集まっている子どもたちは，学習をするために来ていて，人と関わることを目的にしていないからです。勉強への手助けが必要であることは，共通の興味ではありません。覚えていますか？　あなたの子どもが，友だちが見つかるかもしれない場を探すことを目指しているなら，友だち関係は共通の興味で成り立つので，課外活動や人と関わる活動は，子どもの興味に基づいたものであるべきでしょう。

> 友だち関係は共通の興味で成り立つので，課外活動や人と関わる活動は，あなたの子どもの興味に基づいたものであるべきだ。

　社会性に課題を抱えた若者やその家族と関わってきた私たちの経験から，保護者の多くは，自分たちは子どもにとってベストな活動が何であるかを知っています。しかし，子どもたちにとってこの選択を役立つものにするためには，どの活動に申し込むかを決定する過程に必ず子どもたちを参加させなければいけません。最も大切なことは，その活動が子どもの興味に基づいたものでなければならないということです。というのも目指すところは，共通の興味をもった，友だちになるかもしれない人につながるのを助けることだからです。もし，友だち関係が共通の興味に基づいたものであるなら，子どもが同じ興味をもった他の仲間を見つけられるように，本人の興味にあった活動を見つけることが必要でしょう。最後に，友だちを見つけて，その関係を続けていくことが目標であれば，彼らが社会的な活動に加わりたいと思っていることに疑う余地はありません。知りたいのは，どの活動に参加したいのかということです。

> 彼らが社会的な活動に参加したいのは疑問の余地はない。知りたいのは，どの活動に参加したいかということである。

　子どもが友だちを見つけられそうな場を探す手助けをするのは，保護者であり，ソーシャルコーチである，あなたの究極の責任です。もし子どもの学校にあるクラブや活動がはっきりわからな

い場合は，学校のウェブサイトを見たり，学校に電話をしてクラブのリストをもらったりしましょう。学校での活動に登録していない子どもや，学校で悪い評判が立っている子どもの場合は，地域の活動や趣味を探すことを助けてあげます。ウェブサーチは，地域にあるグループを探すのに役立ちますし，他の保護者や医療従事者，先生などに尋ねることもよい情報源になります。

最後に，子どもがどの課外活動や趣味グループに入るのをサポートすればよいかを考えるとき，子どもが友だちになる可能性のある仲間に頻繁に会えるように，少なくとも週に1回は活動があるものを選ぶのが一番です。月に2回以下しか会えないという場合は，親しい友だち関係を築くのは難しくなります。同じ年齢の仲間で，同じ発達段階，また同じ知的レベルで，受け入れてくれそうな子がいる活動を探すことを助けてあげましょう。もし，その活動に参加している子どもたちが，あなたの子どもを拒否しそうだと思うのなら，他の場を探すほうが望ましいです。

仲間が受け入れてくれるかを見極めること

いったん，あなたの子どもが適切なソーシャルグループを見つけ，本人の興味に合った課外活動や社会的な活動に入会したら，子ども自身がそのグループ内で受け入れられているかどうかを見極めるサポートをすることが大切です。言い換えると，保護者は，その場所が子どもにとって友だちになる可能性のある子たちに出会える適切な場であるかどうかを考える必要があるということです。グループからの受け入れには，2，3週間，ときに数カ月かかることもありますので，辛抱強く待つ必要があるかもしれません。仲間から受け入れられたか，拒絶されたかは，社会性に課題のある子どもたちには読み取るのが難しい，社会的な手がかりが絡んでいてわかりづらく思えるかもしれませんが，実際には具体的な行動を見ることによって判断することができます。ではどうすれば，あなたの子どもが他の子どもたちに受け入れられていると言えるでしょうか？

このことを知りたいと思い始めた親にとって，その答えを分析する過程はとても辛いかもしれませんが，実はとても単純なことなのです。以下を評価するとき，この情報は子どもたちが成長するうえで欠かせないステップとなると心に留めておくことは大切です。私たちはUCLA PEERSクリニックでの活動を通して，仲間からのひどい拒絶を経験している思春期の子どもたちとたくさん関わってきました。おそらく彼らははじめは仲間から受け入れられなかったのですが，最終的には受け入れてくれるソーシャルグループを見つけています。それには，忍耐と根気が必要です。深呼吸をして，子どもが受け入れられているかを見る以下のサインを自分自身に尋ね，正直に評価してください。

思春期の子どもたちが受け入れられているとき，個人またはグループの人たちは――

・何かをするために，個人的に，あるいはグループで，あなたの子どもに声をかけてくれます。
・あなたの子どもに話しかけてくれたり，子どもが話そうとすると応じてくれたりします。
・あなたの子どもに連絡を取るための情報を教えてくれます。
・あなたの子どもに連絡を取るための情報を尋ねます。
・あなたの子どもとおしゃべりするためだけに，テキストメッセージやメールを送ってきたり，電話をかけてきたりします。

- あなたの子どもが送ったテキストメッセージやインスタントメッセージ〔訳注：詳しくは第6章参照〕，メールや電話に返してくれます。
- あなたの子どもを何かを一緒にしようと誘ってくれます。
- あなたの子どもが相手を誘うと受け入れてくれます。
- あなたの子どもを友だちのネットワークに加えてくれます。
- あなたの子どもによい言葉やほめ言葉をかけてくれます。

もし以上のようなことが受け入れてくれているサインだとしたら，どんなことがグループに受け入れられていないサインだと言うことができるでしょうか？ あなたが知っている通りのような場面ですね。再び言いますが，現実的にはとても単純な行動パターンからわかります。思春期の子どもたちが受け入れられていないとき，個人やグループの人たちは——

- そのグループで何かをするときに，あなたの子どもに声をかけません。
- あなたの子どもを無視して，話そうとしても応じません。
- あなたの子どもと連絡を取るための情報をくれません。
- あなたの子どもと連絡を取るための情報を求められません。
- あなたの子どもにテキストメッセージやインスタントメッセージ，メールを送ることもなければ，電話をかけてくることもありません。
- あなたの子どもからの電話やメッセージに返事をしません。
- なにかをするのに，あなたの子どもを誘いません。
- あなたの子どもが誘っても，来てくれません。
- あなたの子どもが誘ったときに，「いつかまたね」のように言って，その誘いを引き延ばしますが，それが実現することはありません。
- あなたの子どもが送ったソーシャルネットワークサイトの友だちリクエストは無視されます。
- あなたの子どものことを笑ったり，からかったりします。

もし，あなたの子どもの友だち関係を評価して，子どもが仲間から受け入れられていないのではないかと感じたとしたら，それはあなただけではありません。子どもが仲間から拒否されていることに気づくのはとても辛いし，戸惑うことですが，それでも希望はあります。私たちは，UCLA PEERSクリニックで同じような環境に直面している数多くの家族を関わってきました。そして，彼らの大多数は，友だちを見つけて，その関係を続けていくことができるようになっています。だからそんなに心配しないでください。この本を信じて，書かれているスキルに目を向けていきましょう。

友だち関係は選択である

仲間からの拒絶に対応する，とても重要な最初のステップは，あなたの子どもが望まない友だちとの関係を無理に続けることをしないように手助けすることです。UCLA PEERSクリニックに

助けを求めてくる多くの思春期の子どもたちは,これまでの人生のなかで,長い間,興味がもてない人との友だち関係を自分に強要してきています。もし,あなたの子どもにもその傾向があるなら,この問題に対処するひとつの方法は,**友だち関係は選択である**（友だち関係は選ぶことができるもの）と説明することです。私たちは,すべての人と友だちになる必要はありません。またすべての人が私たちと友だちになる必要もありません。あなたが誰かと友だちになりたいという理由だけで,すぐ友だちになれるということではないし,誰かが私たちと友だちになりたいという理由だけで,私たちがそうしなければならないということではないのです。

> 友だち関係は選択である。私たちは,すべての人と友だちになる必要はない。またすべての人が私たちと友だちになる必要もない。誰かと友だちになりたいという理由だけで,すぐ友だちになれるということではないし,誰かが私たちと友だちになりたいという理由だけで,私たちがそうしなければならないということではない。

☞ **ソーシャルコーチへのヒント（社会性の指導のコツ）** この"友だち関係は選択である"という重要な決まり文句は,難しい場面に遭遇したとき,あなたの心に留めておくとよい言葉です。もしあなたの子どもが何かしようと誰かを誘ったのに,相手が拒否したら何と言いますか？ **友だち関係は選択**です。子どもが友だちと一緒に遊んでいてうまくいかなかったら,あなたはどう言いますか？ **友だち関係は選択**です。もしあなたの子どもの「友だち」が,絶えず意地悪なことや傷つけるようなことを言うとしたら,何と言葉をかけますか？ **友だち関係は選択**です。友だち選びには,よい選択と悪い選択があります。よい友だち関係がどんなものであるかを理解することは,健康的な関係を育て維持していくために大切なもうひとつのステップです。だから,子どもと**友だち関係は選択**ですという考え方について話し合いを始めるために,本章末尾から始まる影付きコーナーを利用してください。

フレッドのサクセスストーリー
——友だちができそうな場を見つける

私たちがUCLA PEERSクリニックで出会った家族のなかには,思春期の自分の子どもが本人に合ったソーシャルグループを見つけることができるかどうか,あまり自信をもてないという親がいました。長い間,仲間から拒否されてきたので,希望を失いはじめている場合があるのです。

フレッドのケースを考えてみましょう。彼は,17歳の高校生で,以前にASDの診断を受け,不安障害やうつ状態の症状がありました。フレッドの保護者は,幼少の頃から知っている別の学校に通っている友だちが2人いるだけだという彼のために何かできることはないかと,UCLA PEERSクリニックに連絡を入れました。フレッドは,もの静かな恥ずかしがり屋で,話しかけられない限り自分から話すことはほとんどなく,彼の反応はとてもゆっくりしていました。彼はよくうつむきかげんで,髪の毛で目を覆い隠すようにしていました。強制されなければ,会話をすることはほとんどなかったのです。一方でフレッドは,絵を描くことが大好きで,アーティストとしての才能がありました。アニメ雑誌に載っているキャラクターの絵を何時間も描いて過ごすことも

ありました。保護者の話では、彼が明るくなれるのは、アニメや絵のことを話しているときだけとのことでした。PEERSに参加した他の保護者と同じように、フレッドの保護者はこのプログラムに申し込むことで、また彼に失敗させることになるのではという心配をしていました。これまでの17年間の人生のなかで彼ができなかったことを期待するのは、大きな負担をかけることになるのではないかと思ったのです。保護者はフレッドが友だちをほしがっていることは知っていましたが、彼の不安や無口な様子が変わるようには思えませんでした。私たちチームは、何週間にもわたって、フレッドの保護者に安心してもらえるよう説明し、丁寧に励ましました。その結果、フレッドが2つの課外活動に登録することをサポートすることができました。1つ目は、学校のアニメクラブで、2つ目は、地域の10代の子どもたちのためのアートクラスでした。アニメクラブは活発で明るい雰囲気で、3週間クラブに所属している間に友だちが1人はできたものの、少し大人しいフレッドは戸惑っていました。一方、地域のアートクラスは違っていました。そこでは、同じように絵を描くことが好きな同世代の何人もの男子と会いました。さらに良かったのは、そのクラスはマンガを描く入門レベルのクラスでした、フレッドはそのクラスでは上級者でしたが、他の参加者とアニメに対する熱い思いを共有することができました。フレッドは、「そのクラスに行って友だちが見つかったんだ。話すことがあるし。普段は何を話していいかわからないけど、ここでは簡単だったから、難しいと感じなかったよ。マンガや『バガボンド』のことを話したんだ。面白かった。アートクラスは好きだよ」。

もしあなたがフレッドの保護者のように、子どもに期待しすぎているのではないかと感じているとしたら、その心配はしばらく横に置いておきましょう。少し楽になったら、研究の結果に目を向けてみてください。多数の研究を通してPEERSの方法は、友だちを見つけてその関係を維持していくのに効果的であるという結果が示されています。そして、フレッドの話を思い出しましょう。彼は、私たちのプログラムを修了して5年が過ぎました。今や大学を卒業し、親しい友だちが何人もできて、初めての恋人も見つかっています。

よい友だち関係とは？
思春期・青年期の子どもたちと保護者のために

次の情報は、よい友だちとの関係につながる特徴について理解するために、子どもたちが保護者と一緒に読むものです。

今あなたは、友だちを作り、その関係を維持していくために学ぼうという決意をしています。だからこそ、何がよい友だちにつながるのかについて考えることはとても大切です。UCLA PEERSクリニックでは、子どもたちに**友だち関係は選択です**（友だち関係は選ぶことができるものです）と説明します。それは、私たちの指導原則のひとつです。つまり、あなたは皆と友だちになる必要はないし、皆があなたと友だちになる必要もないということです。そして、友だち関係が選択だとすれば、必然的によい選択と悪い選択があるわけです。あなたがよい選択をしているか、悪い選択をしているかを考えることができるひとつの方法は、よい

友だちとはどんなものであるのかをよく理解しておくということです。では，何がよい友だち関係を作るのでしょうか？　その答えは，あなたが誰に尋ねるかによって変わってくるでしょう。以下に提示している9つの特徴は，思春期の子どもたちが友だちを探すうえで重要だということが明らかになっています。これらの特徴を，あなたが友だちを作っていく道を進む案内板として使ってください。

共通の興味をもつこと

　多くの友だち関係は，共通の興味によってつながっています。友だち関係を深めていくためには，似た興味をもっていることが重要です。このような共通の興味は，おしゃべりの話題や友だちと一緒にする材料を提供してくれるので，友だち関係が生き生きすることにつながります。

思いやり

　気持ちのよい友だち関係を続けていくためには，適度に相手のことを思いやるということが必要です。よい友だち関係は，お互いを大事に思い，温かい気持ちに包まれ，愛情に満ちた，思いやりにあふれた姿勢が基本にあります。また，相手に同情したり，気にかけたり，苦しいときには共感したりすることも大切です。互いへの思いやりの気持ちをなくして，友だち関係が成立することはほとんどありません。

支えること

　よい友だち関係のもうひとつの大事な特徴は，お互いに支え合うということです。必要なときに，助けたり，援助したり，辛いときには励ましたり，安心させたりします。あるいは必要に応じて，共感して話を聴くということもあります。支えるとは，友だちとの関わりの場で，相手を思いやる気持ちを実際に見せることです。

お互いを理解すること

　よい友だち関係には，お互いを理解し合うということも含まれます。これは，友だちがあなたを受け入れてくれているような感覚です。簡単に言うと，友だちがあなたの好みを理解していること，あるいは，それほど苦労せずに，あなたの考えや気持ちを理解している（ときに予測さえしているかもしれない）ということです。ある友だちが，このような理解をどの程度しているかは，実にさまざまです。友だちのことを理解するのは，難しいと感じている人もいます。相手の視点に立って考えるのは簡単ではないということに気づいているからです。それでも，最もよい友だち関係というのは，ある程度お互いを理解することが必要です。

誠実さと忠誠心

　長続きする親密な友だち関係には，基本に誠実さや，相手への忠誠心があります。誠実さ

は，あなたの友だちに，辛いときにも，お互いのためにそこにいるという無言の約束をするようなものです。忠誠心は誠実さを遂行するもので，その友だちにサポートや真心を尽くすことを表す行動です。

正直であることと信頼すること

　よい友だち関係には，ある程度の正直さと信頼感が必要です。真実を伝えることと，裏表がないことは，本当の友だち関係には必要な一面です。正直であることは，信頼を得る方法でもあります。正直でなければ，お互い信頼したり，安心感を得たりすることは難しいでしょう。友だち関係を維持するために信頼はとても大切です。友だちがあなたを助けてくれることや守ってくれることにもつながります。

平等であること

　お互いが相手のことを友だちだと言える関係は，平等で相互的なものです。平等な友だち関係では，どちらかが相手を支配することはなく，どちらのニーズも重要だし，楽しみはお互いが分かち合えるものです。一方，対等でない友だち関係は気まぐれで，片方の人のニーズが満たされないと仲たがいすることになります。

自己開示する力

　親しい友だち関係では，あなたの個人的な考えや感情，これまでの経験などを無理なく話せるということも大事な特徴です。自分のことを話すこと，あるいは秘密の共有をどれくらい抵抗なくできるかは，人によって違うでしょう。また，どの程度まで話すことが適切かは，その友だち関係がどれだけ親しいかによります。気軽な友だち関係ですら，一般的に友だち関係ではどれくらい自己開示するのかの違いはありますが，お互いの考えや気持ちを語り合うことができます。

問題解決

　友だち関係がどれだけ強固かは，友だち関係を傷つけることなく，意見の違いや対立を解決できるかどうかのひとつの基準となります。現実には，親しい間でも時に議論になったり，相手の意見に賛成できなかったりすることがあります。友だちとの問題を解決する力は，多くの場合，思いやりや誠実さ，信頼感などがどうかによって決まります。あなたは，友だち関係を続けたいと願う相手を思いやる必要があります。また，あなたが友だち関係を大事にしたいなら，相手に対して誠実でなくてはならないし，その対立を解決しようとする際には，相手を信頼し，自分が傷つくことも覚悟しなければなりません。

　友だちを作ったり，その関係を維持したりする過程では，よい友だち関係とはどんなものであるかを確認することが大切です。もしあなたが，友だちは選択であるということを覚えていれば，危険な関係に巻き込まれることはなくなるでしょう。すべての友だち関係が，こ

こに挙げた9つの特徴を兼ね備えているわけではありませんが，健康的で親しい友だち関係になればなるほど，より多くの特徴を備えていることでしょう。

　これらの特徴は，友だち関係の最も理想的な基準だということを心に留めておいてください。あなたの友だち関係は，これらの要素をさまざまなレベルで兼ね備えているでしょう。例えば，知り合い（あなたが少し知っているだけの人）の場合は，この特徴のいくつかだけをもっている可能性があります。気軽な友だち関係（交流するけれど，それほど親しくない）も，同じように一部の特徴だけをもっているでしょう。一般的な友だち関係（定期的に交流し，少し親しい関係）では，このうちの多くの特徴をもっています。一方，親しい関係や親友（頻繁に会って一緒に過ごしていて，かなり高いレベルでの親密さをもつ関係）の場合は，すべてとは言えないものの，ほとんどの特徴をもっているにちがいありません。もしこの本を読みながら，あなたや保護者が，自分がうまく友だちを選んでいるか確信をもてないと感じていたら，このセクションをもう一度復習するとよいでしょう。

よい友だちを見つけることと選ぶこと

思春期・青年期の子どもたちのための本章のまとめ

> 以下の内容は，子どもたちが読むために書かれており，この章の内容を簡単にまとめています。

　この本の各章は，友だちを作ってその関係を続けていくために求められる大切なスキルを，わかりやすく説明しています。保護者はぜひすべての章を読んでください。同じように思春期の子どもたちもすべて読むとよいですが，章のまとめや練習問題は，実際の場で役立つルールやステップの概要を教えてくれるものなのでおすすめです。またあなたに，親や他の人とスキルを練習する具体的な方法を提示してくれます。

　この章では，よい友だちを見つけたり，選んだりすることに焦点を当てています。皮肉なことですが，関係が長続きする友だちを探す最初のステップは，自分自身を知るということなのです。あなたは何に興味をもっていますか？　もしあなたが自分は何に興味をもっているのだろうかと考えはじめたとしたら，友だちになれるかもしれないグループが見つかる正しい方向に向かっていると言ってよいでしょう。なぜ自分の興味を知ることがそれほど大切かというと，友だち関係は共通の興味に基づいて築かれるものだからです。共通の興味があると，あなたに友だちと何を話せばよいか，何を一緒にすればよいかを教えてくれるでしょう。もし，友だちと共通点が何もなければ，おそらく交流することや親しくなることを考えるのはもっと難しくなります。

　それでは，どこで共通の興味をもっている人を探せばよいのでしょうか？　それはソーシャルグループの意義が遊びにつながる場所です。どんな社会的な場でも，さまざまな方法や理由で，交流するグループがあります。クリーク（排他的な小集団）は，メンバーの数は少ないですが，親しい友だちや一番大事な友だちなどです。ソーシャルグループとは

何十人もの仲間で、例えばスポーツをすることが好きなアスリートや、コンピュータに興味をもっているオタクのように、みな共通の興味をもっています。それから、学校のすべての生徒とか、職場の働いている人たちというような、もっと大きなグループがあります。もし、あなたのゴールが友だちを作ってその関係を続けていくことにあるなら、ソーシャルグループは友だちが見つかるかもしれない場として特に重要です。

あなたが友だちを作ろうとしているなら、どのソーシャルグループが自分に合っているかを考えるのは役立ちます。これは、あなたが何に興味をもっているか、あるいは何が得意かなどによって決まります。例えば、もしあなたがビデオゲームに興味をもっていて、それが上手だとしたら、ゲーマーと友だちになろうとするのはよい方法です。もしあなたがコンピュータやテクノロジーに興味があって、その分野に比較的詳しい知識をもっているなら、コンピュータオタクやテッキーと一緒に過ごしてみるのもよい選択です。もしあなたが、とても科学に興味があり、その分野のことに詳しいとしたら、科学オタクと友だちになろうとするのは、よいアイデアでしょう。あるいは、もしあなたがマンガ本好きであれば、アニメオタクと一緒に出かけるのはよい考えでしょう。ここでのポイントは、一緒に過ごすソーシャルグループを選ぶとき、ただ同じ話題に興味をもっているだけでは充分ではないかもしれないということです。その分野の情報をある程度もっていることが必要です。例えば、スポーツにとても興味をもっている人は、スポーツトリビアを知っていたりします。しかし、もし実際にスポーツをせず、スポーツチームのメンバーでもないとすれば、アスリートとは呼ばれません。彼らはむしろスポーツファンであり、スポーツをするより、スポーツのことを話すのを楽しむ仲間です。

表2-1は、学校や地域で見つけられるさまざまなソーシャルグループを紹介しています。

表2-1　思春期・青年期の子どもたちが挙げるさまざまなソーシャルグループ

アスリート仲間	オタク	薬物依存者
チアリーダー仲間	コンピュータオタク	ロックグループ
人気者グループ	ゲーマー、ビデオゲームオタク	ヒップホップグループ
生徒会メンバー	科学オタク	非行グループ
演劇クラブ	マンガ本オタク、アニメオタク	アートが好きな仲間
コーラスクラブ	数学オタク	音楽が好きなグループ
同好会（大学のみ）	バンド仲間	スケート好きな仲間
専攻によるグループ（大学のみ）	チェスクラブ仲間	サーファー仲間
パーティ好きグループ	ゴス、エモ	ヒッピー、健康食品志向者
プレッピー（お金持ちの子）	ファッションに敏感なグループ	予備役将校訓練隊*、軍隊
秀才グループ	ジャズファン	人種・文化・宗教などのグループ

※　主に大学に設置された陸海空軍および海兵隊の将校を養成する課程

このリストは、若い人たちに友だちの作り方やその関係を続けていく方法を教える研究を実施している、UCLA PEERSクリニックに参加した思春期の子どもたちが作成しました。薬物依存者や非行グループのように、必ずしもここに挙げられているソーシャルグループのすべてがよい選択をしているというわけではありませんが、あなたのような思春期の人たちの世界で時おり見られるソーシャルグループです。もう一度言うと、悪いグループは

存在しないかのようにとごまかそうとはしないということです。それより，あなたが好きなことや興味に基づいたよいソーシャルグループを見つける手助けをしたいと考えています。

　さあいくつかのソーシャルグループが見つけることができました。次に，なぜこれらのグループがあなたにとって大切なのかを考えることが重要です。友だち探しを始めたばかりの人には，ソーシャルグループが，共通の興味がある人と友だちになるかもしれない出会いの場を与えてくれます。ソーシャルグループがとても重要だという理由には，あなたを個別のいじめから守ってくれるということもあります。少し考えてみてください。いじめっ子はどんな人を選ぶのでしょう？　ひとりでいる人でしょうか，それともグループにいる人でしょうか？　おそらくあなたも気づいているように，ひとりで過ごしている人は，たいていいじめっ子のターゲットになっています。ひとりでいる人を，ターゲットにするのはとても簡単です。というのも，誰もあなたの後ろだてになって守ってくれないからです。これは恐ろしく怖いことですね。でも，幸いにも，あなたに合ったソーシャルグループを見つける方法があります。だからもうあなたは決してひとりではありません。守られています。

　ソーシャルグループのメンバーでいると，似た興味や好みをもった友だちに出会いやすいし，個別のからかいやいじめからもあなたを守ってくれます。けれども，グループ間の競争も普通のことであるとわかっておくことは大切です。例えば，一部の学校では，アスリートやオタク（ナード）はお互いのことが好きではないと知られています。グループ間に競争があるというのは，あまり心地よいことではありませんが，このような対立は社会の一側面です。このような競争がそれほど問題でないのは，同じソーシャルグループのメンバー間では絆が強まることがよくあるからです。これはスポーツファンの間に見られる様子と似ています。ライバルチームを嫌う以上に，チームを応援することでチーム内の絆を深めることができるでしょう。少なくとも，この競争はそれほどたいした問題ではなく，ソーシャルグループに入っていることの利点のほうが，はるかにまさっていると言えます。

　これであなたは，ソーシャルグループがいかに重要で，どのグループが自分に合っているかは，自分の興味に基づいて決めるとよいことがわかってきたでしょう。次に，どうすれば誰がどのグループに所属しているのか，これらのグループのメンバーがどこで見つかるのかを考える必要があります。誰がどのソーシャルグループに入っているのかを知るためには，彼らの興味，服装などの外見，誰と一緒にいるか，どこで過ごしているか，そしてどの課外活動や社会的な活動に所属しているかを考えてみることです。例えば，あなたがビデオゲームにとても興味があって，上手だとしましょう。この場合，あなたが試しに入って友だちを作ってみるとよいソーシャルグループは，ゲーマーかもしれません。ラッキーなことには，ゲーマーの人たちを見つけるために何を見ればよいかわかっていると，とても簡単に見つけることができます――そのサインに気づくことが必要なだけです。では，誰かがゲーマーであるというサインは何でしょうか？　ゲームに興味がある人は，ビデオゲームのことをよく話していて，ゲームのロゴがデザインになっているTシャツを着て，携帯用のゲーム機を持ち運び，授業の前後や学校や職場の休み時間にそのゲームで遊んでいるということが多いです。彼らは，よくゲームショップやゲーム店の並ぶ商店街でぶらぶらしていたり，学校や地域のゲームクラブに入会していたりします。だから，もしあなたがゲーマーと友だちになりたいと思っているなら，あるいは単純にビデオゲーム好きの人たちと

会いたいなら，学校や職場で，そのサインに注意して探してみるとよいでしょう。あるいは，ビデオゲームにフォーカスしたゲームクラブのような課外活動やソーシャルクラブを見つけて，活動に参加してみるとよいでしょう。

　自分に合う友だちを探して選ぶための次のステップは，友だちになろうとしている人たちに，自分は受け入れられているかどうかを考えるということです。ときに，受け入れられているかどうかを知るのは難しい場合があります。ありがたいことに，あなたが見つけたソーシャルグループから受け入れられているかどうかの手がかりとなる具体的なサインがあります。表2-2は，これらのサインを紹介しています。

表2-2　ソーシャルグループに受け入れられているときとそうでないときのサイン

あなたが受け入れられているサイン	あなたが受け入れられていないサイン
個人やグループで何かをするとき一緒にしようとあなたを探し出してくれる	何かを一緒にしようと，あなたを探さない
あなたに話しかけてくれたり，話しかけると応じてくれる	あなたが話しかけても，無視して応じてくれない
あなたに連絡を取る情報をくれる	あなたに連絡を取る情報をくれない
あなたに連絡を取る情報を尋ねる	あなたに連絡を取る情報を尋ねない
あなたとおしゃべりを楽しむためだけに，テキストメッセージやインスタントメッセージ，メールを送ったり，電話をかけたりする	あなたに，テキストメッセージやインスタントメッセージ，メールを送ったり，電話をかけたりしない
あなたが送ったテキストメッセージやインスタントメッセージ，メール，電話などに返事をくれる	あなたの電話やメッセージに返信したり，応じたりしない
何かを一緒にしようと誘ってくれる	何かを一緒にしようと誘わない
あなたが何か一緒にしようと誘ったとき，受け入れてくれる	あなたの誘いを受け入れてくれなかったり，延期したりする
あなたをソーシャルネットワークに加えてくれる	あなたからのソーシャルネットワークサイトの友だちリクエストを無視する
あなたによい言葉やほめ言葉をかけてくれる	あなたのことを笑ったり，からかったりする

　この表で，よい友だちを見つけて選ぶための鍵となる要素の概要がわかったでしょう。あなたと保護者が一緒に，各章にある練習にしっかりと取り組むことは大切です。この本に提示されているスキルは，PEERSプログラムから取り入れていることを思い出してください。あなたのような思春期の子どもたちが，友だち作りとその関係を維持していくことを自然に学んでいけるように，このプログラムが子どもたちを助けるうえで効果があるということは，多くの研究結果を通して示されています。この本や各章の練習課題で学んだスキルは，その効果が科学的に証明されているプログラムから取り上げています。もしあなたが，ガイドラインに従い，アドバイスされているようにルールや社会的なふるまいのステップを練習するなら，これまで取り組んできたあなたの先輩たちのように，このプログラムから多くのことを身につけることができるでしょう。

思春期・青年期の子どもたちや保護者のためのエクササイズ

　本の各章には，あなたが学んだスキルを生活に取り入れるためのエクササイズがあります。各章の内容からしっかり身につけるためには，これらの実践練習に取り組むことが必要です。ここにあるスキルを使って練習することがなければ，それは行動につながらず知識だけということになります。もしあなたの目指すところが，友だちを作って関係を続けていくことにあるなら，ここの練習課題をこなすことは，必須条件となります。

　あなたが新しいソーシャルグループや課外活動で新しい友だちを作ることを試みる前に，この本の最初の5章を終えることをおすすめします。第3章と第5章では，会話のスキルに関する方法を練習するので，昔からの友だちや，今友だちである人に頼りたくなるかもしれません。もし現在の友だち関係のなかで適当な人がいない場合は，あなたと保護者が各章の練習課題を読んで終えるまでは，友だちになれるかもしれない新しい関係作りにはゆっくり取り組んでいきましょう。

　子どもたちは保護者と以下の練習に取り組みましょう。

- あなたの生活環境にあるさまざまなソーシャルグループについてブレインストーミングします（表2-1参照――よくあるソーシャルグループの例）。
- あなたの興味や能力を見つけましょう（例えば，コンピュータやテクノロジー，ビデオゲームなど）。
- あなたの興味を一緒に楽しめるいくつかの種類のソーシャルグループのリストを作り（例えば，コンピュータオタク，テッキー，ゲーマーなど），以下の観点に基づいてどうやってこれらのソーシャルグループのメンバーを探すかを考えましょう。
  - 興味
  - 外見
  - 誰と一緒にいるか
  - どこで遊んでいるか
  - どの課外活動や社会的活動に所属しているか
- 同じ興味をもっている同世代の人たちと会うことができる課外活動とソーシャルクラブのリストを作りましょう（例えば，コンピュータクラブ，ゲームクラブなど）。
- 保護者と一緒に，学校や地域にあるこれらの課外活動やソーシャルクラブを探し，見つかったら入会します。以下のことができる活動を見つけましょう。
  - あなたの興味に基づいたもの
  - あなたを受け入れてくれそうな同年代の仲間がいるところ
  - あなたの悪い噂が流れていない場所で活動しているもの
  - 定期的に会えるもの（できれば，少なくとも週1回）
- これまでこれらのソーシャルグループや課外活動で友だちを作ろうとしたことがあったかどうか考えてみてください。そして，そのとき，周りから受け入れられてきたかどうか振り返ってみましょう（表2-2参照――ソーシャルグループから受け入れられているときとそうでないときのサイン）。
- もし，周りの人に受け入れられていないと感じたら，そう感じるのはあなただけでは

ないということを思い出してください。PEERS を終えた思春期の子どもたちは，似たような環境のなかでプログラムを始めていますが，最終的には友だちを作り，その関係を続けています。

・これらのスキルを学び，社会的に受け入れられているかどうかに気づくように努力する一方で，相手に友だち関係を強制することがないように気をつけてください。友だち関係は選択だということを覚えていますね。私たちは，すべての人と友だちにはなりませんし，すべての人が皆さんと友だちにはなりません。もし，ひとつのグループに受け入れられなかったら，いつだって別のグループを探すことができます。だから，がんばってください。保護者は皆さんをサポートするために，あなたのそばにいます。友だち作りは，今始まったばかりです！

第❸章
よい会話
基礎編

　よい会話スキルは，青年期や成人期に有意義な友人関係を形成したり，維持したりするために欠かせない要素のひとつです。しかし，10代，あるいは青年期，よい会話スキルを身につけることが難しいと，それが大きな社会適応の障壁となってしまいます。それでは，なぜこの時期に達すると会話スキルがそれほど重要になるのでしょうか？　そのひとつの理由は，この大人への移行期に，私たち一人ひとりが社会的に求められていることと関係しています。定型発達の幼児たちが，他者とどう関わっているかを考えてみましょう。幼児たちはどのようにして他者と交流し，打ち解けておしゃべりしますか？　一般的に，人との関わりは遊びを通して始まり，続いていきます。つまり遊びに必要なスキル，スポーツマンシップ，遊びに入っていく適切な方法などを知っていることは，幼児期を健全に過ごすために重要な社会的スキルとなります。しかし，子どもが青年期になる頃には，遊びのスキルの必要性は低くなり，その他の重要な社会的スキルに置き換わります。典型的には，交流は会話を通して開始され，維持されます。友情や恋愛関係は，他者との有意義なコミュニケーションをもとに形成され，維持されていきます。こうして青年期に達すると，よい会話スキルを身につけることは社会的成功にとって重要なものとなり，それは生涯続きます。

> 青年期に達すると，よい会話スキルを身につけることは社会的成功にとって重要なものとなり，それは生涯続く。

　UCLAのPEERSクリニックでプログラムに参加した家族とともに行った臨床経験では，社会性に課題がある若者の多くは，コミュニケーションに苦戦しています。それは彼らが会話を独占するか，個人的な関心のひとつに固執してしまうといった，社会的に失礼なふるまいをしてしまう傾向があるためです。そして，友人関係を形成することや維持することに対して社会的障壁を作ってしまうのです。しかし，この壁は必ずしも動かないものでも，永続的なものでもありません。会話の最中に犯してしまう共通した社会的な誤りを理解し，これらの誤りを適切な会話ルールに置き換えることで，これらの壁のいくらか，あるいはほとんどを取り除けるかもしれないのです。だから，もしあなたのお子さんが，多くの子どもたちのように会話で苦戦をしているとしても，絶望することはありません。お子さんが，本章で説明しているよい会話のルールを学び，やってみたいと思うなら，十分に身につけることができるのです。

会話で他者の視点に立つこと

　社会性に課題を抱えている若者は，会話する際，自分が興味をもっている話題に集中してしまう傾向があります。彼らは会話の相手には，ほとんど関心をもっていないかのように見えます。このことから自閉スペクトラム症（ASD）のある人々の場合は，会話の相手の関心にほとんど気

がつかなかったり，あるいは気づいてもそれにはお構いなく，強迫的，あるいは限局的と呼ばれるような，特別な興味に基づいたテーマで話しつづけたりすることになります。この対話が相手をどのような気持ちにさせるかということはおかまいなく，会話を独占して，一人芝居になってしまったり，あるいは一方的な講義をするような傾向があります。しかしこれは必ずしも他者に対して無関心だとか無頓着だということから起こっているとは限りません。このような社会的誤りをしている人が起こしやすいのは，自分自身の行動が相手をどのように感じさせるのか気がつかないからなのです。

あなたの子どもは，このような社会的な誤りをしてしまう傾向がありますか？ あなたはこれまで，子どもがなぜこのようなことをするのかと驚いたことはないでしょうか？ あなたのお子さんが自分の行動が相手にどのような影響を与えるかについて気がつかないのは，相手の考え，感情，希望，欲求，意図を直観的に把握する，あるいは理解するといったように，他者の精神状態を考える能力としての社会的認知に障害があるせいかもしれません。社会的認知とは，本質的には，他者の視点に立ち，相手の状況に自分の身を置いて考え，置かれた社会状況で相手がどのように考え，感じて，反応するかを想像する能力を指します。これは，お子さんが苦戦していることではありませんか？ もしそうならば，それはあなたのお子さんだけではありません。このような相手の立場に立って物事を見ることの難しさは，社会性の課題を抱えている人たちがもつ共通した特徴なのです。また社会的認知は必ずしも生まれつき，または固有で変化にしにくいものではないので，相手の視点をもつことは，ある程度まで教えることができるという研究結果があります。私たちは，UCLA PEERSクリニックにおいて，社会性の困難をもった思春期の子どもたちが他者の視点に立つことを学ぶのを助ける方法を開発しました。あなたやお子さんがこれらの方略から利点を得られるように，このアプローチを本書向けに修正しています。

これからのいくつかの章の至るところに，適切な社会的行動と不適切な社会的行動を代表するさまざまなエピソードが提示されています。いくつかの場面においては，付録のDVDで，これらのスキルや社会的誤りのビデオによる実演を見ることができます。あなたとお子さんが，それぞれのエピソードの最後にある他者の視点に立つ質問を使って，これらの対話がどのようなものであるかを考えながら，エピソードを読み，DVDを見ることが重要です。これらのエピソードやDVDは，あなたや思春期の子どもが他者の体験を考えるのに役立つでしょう。それは友だち作りとその関係維持への決定的なステップとなります。

> あなたとお子さんが，それぞれのエピソードの最後にある他者の視点に立つ質問を使って，これらの対話がどのようなものであるかを考えながら，エピソードを読み，DVDの実演を見ることが重要である。

PEERSでは，お子さんが相手の視点を理解するための思考過程を自分のものとして，身につけていくのに役立つように，多くの場合，他者の視点に立って考える質問が決まったパターンで進められています。他者の視点に立つための質問で，共通して用いられているのは以下の3つです。

・その対話は，相手にとってどのようなものでしたか？
・彼らは私のことを，どう思ったでしょうか？
・彼らは再び私と話をしようと思うでしょうか？

本書で提示されている他者の視点に立つための質問は，友だち作りとその関係維持に関わる社会的行動のステップや，いくつかの特定のルールと常に関連しています。本章では，望ましいことと避けたいと思うことの両方に基づいて，よい会話のためのルールを扱っています。前者は，生態学的に有効な社会的スキルであり，社会的にうまく適応している人たちが自然に会話で行っていることです。後者は，社会的コミュニケーションに問題を抱える人が犯しやすい共通した社会的な間違いについてです。これらのルールは両者とも，科学的知見からわかる，どうすればうまくいくか，またうまくいかないのかということに基づいています。

　よい会話のルールは，以下に示されています。多くの場合，エピソードやDVDの実演に，他者の視点に立つための質問が入っており，各章の最後にある要約のコーナーに書かれています。お子さんと一緒にこれらの例について復習し，他者の視点に立って考える質問を使って，それぞれのルールについて話し合ってください。

よい会話のルール

✪ 情報交換をする

　よい会話を実践するためには，情報のやりとりが必要です。私たちは，この社会的な行動のことを情報交換と呼んでいます。情報交換とは，少なくとも2人の人が互いに，自分の情報を交換することを言います。私があなたに，自分のことについて何か話します。あなたも，あなた自身のことについて，何かを私に話します。私は，あなたについて何かを尋ねます。あなたも，私について何かを尋ねます。この会話の交換は，まるでボールがネットを超えて行き来するテニスや卓球のゲームのようです。つまり，ボールのように会話が，私と相手との間で行き来するのです。もしボールがどちらかのコートに長くとどまっていると，我々はもはやゲームをすることができません。それはまるで，片方が長くしゃべっていると，もはや会話をすることができなくなるのと全く同じです。

　☞ **ソーシャルコーチへのヒント（社会性の指導のコツ）**　子どもたち向けの本章の要約には，情報交換の適切な例があります。あなたがお子さんと一緒にエピソードの例を読み，情報交換に関するDVDを見てください。そのあと続いて，他者の視点にたって考える質問を用いて話し合いをしてください。このような流れで会話のルールを提示することは，あなたが子どもにそのルールの重要性を伝えるのに役立つでしょう。

✪ 共通の興味を見つける

　あらゆるよい会話の目的は，情報交換することと共通の興味を見つけることです。共通の興味は，面白くて刺激的な会話を続けるための共通の土俵を作ってくれるので，コミュニケーションにおいてとても大切です。また共通の興味は，一般的に友情の基礎にもなるので重要です。あな

たが誰と友人関係にあるか（あるいは友人関係にあったか）を思い出してください。おそらくあなたはその人と共通の興味をもっているでしょうし，そのことについて一緒に話したり，何かをしたりするでしょう。私たちは，友人と共通の話題となるものを探します。というのも共通の興味は，会話を続け，ときには友情関係を育てるための土台となるものも与えてくれるからです。

☞**ソーシャルコーチへのヒント（社会性の指導のコツ）**　よい会話の最も基本的なルールは，情報交換と共通の興味を見つけることなので，この点をあなたが子どもにしっかりと伝えることは非常に重要です。この目的から外れている場合（あるいは以下に述べるような社会的な間違いを犯してしまっている場合）は，「会話の目的は何ですか？」という簡単な質問をすることで気づかせる必要があります。もちろん，その答えは，情報交換であり，共通した興味を見つけることです。子どもの犯した社会的な間違いが何であれ，この目標から外れることをしてしまった場合は，あなたは本書の概略に記されている他者の視点に立って考える質問をします。そしてさらに，社会性を指導できるような質問を投げかけて，そのことに取り組むとよいでしょう。その際，他者の視点に立つために役立つ質問には「その対話は，相手にとってどのようなものでしたか？」「彼らは私のことを，どう思ったでしょうか？」「彼らは再び私と話をしようと思うでしょうか？」などが含まれています。当然のことですが，この社会的指導は，お子さんの仲間の目に触れない落ち着いた場で行うべきです。

> よい会話の最も基本的なルールは，情報交換と共通の興味を見つけることである。

☞**ソーシャルコーチへのヒント（社会性の指導のコツ）**　いったん共通の興味が見つかったら，その後に続く鍵となる社会性を育てる質問は「もしあなたがその友だちと一緒に出かけるとしたら，その情報で何ができますか？」というものになります。その方向を目指してお子さんを導くことがソーシャルコーチであるあなたの役割です。この場合にすべきことは，子どもが友だちと何を一緒にするかを考えるために，共通の興味を生かしてどのようなプランを立てればよいかを考えさせることです。お子さんがうまく会話ができて，最終的に友人関係へとつながっていくためには，このようなコミュニケーションの目的の重要な意味を理解し，そのつながりに気づくことです。それは会話スキルの謎を解くのに有効な鍵となるでしょう。

> いったん共通の関心が見つかったら，あなたが使える続く鍵となる社会性を育てる質問は「もしあなたがその友だちと一緒に出かけるとしたら，その情報で何ができますか？」ということである。

ここでいくつかの例を挙げましょう。

- もしあなたのお子さんが，ビデオゲームが友だちとの共通の興味だとわかったら，友だちとそのビデオゲームを一緒にする，ビデオゲームについて話をする，またゲームショップやゲームセンターに出かけてもよいでしょう。あるいは彼らがやりたいと思うゲームについてネットサーフィンをするのもよいでしょう。
- もし彼らがコンピュータが共通の興味だとわかったら，一緒にコンピュータで遊んでもいい

し，コンピュータについておしゃべりしてもいいかもしれません。コンピュータショップやコンピュータエキスポに行くかもしれないし，彼らが欲しいと思っているコンピュータについてネットサーフィンをするのもよいでしょう。
- もし彼らの共通の興味が科学だったら，一緒にサイエンスミュージアムに行ってもいいですし，科学について語り合うのもいいでしょう。SFの映画を見に行くのもいいし，科学に関連したYouTubeビデオを見る，あるいは（テレビで）サイエンスチャンネルやディスカバリーチャンネルを見ることもできます。
- もし彼らの興味が漫画本やアニメだったら，お互いにアニメや漫画本を貸し借りすることができるでしょうし，漫画やアニメについて話し合うことができます。漫画やアニメに関連したテレビや映画を見る，本屋に行く，あるいはコミケに参加することもよいでしょう。

✪ 相手にその人のことを尋ねる

　もう会話の目的はおわかりいただけたと思います。では次に，実際にどのようにして情報交換し，共通の興味を見つければよいでしょうか？　情報交換とは，一般的には話している相手のことを尋ねることと，そのことと関連するあなた自身の情報を分かち合うことです。思春期の子どもたちは，しばしば話題をたくさんもっています。「最近どうしてる？」「先週末は何をしていたの？」「今度の週末はどんな予定かな？」などのよくある大ざっぱな質問は，その人の好みや関心や趣味について役立つ情報を提供してくれます。

　思春期の子どもたちの間で共通の会話になる話題には，しばしば以下のようなものがあります。学校や職場での噂話，職場・学校・家族・友人との問題，デート・パーティ・懇親会などを含む週末の活動，プロスポーツや学校の部活動，テレビ番組や映画，ビデオゲームやコンピュータゲーム，漫画本やアニメ，音楽やコンサート，ファッション，衣服，髪型，化粧などです。社会性に課題のある思春期の若者には，自分自身の関心について自然と話してしまう傾向をもっている子がいますが，ほとんどの子たちが自分たちがもつかなり専門的な関心事とは離れた話題についても話す力をもっています。多くの社会性に課題のある子どもたちは，単にそうしようと思うことなく，結果として自分の一番関心のあることについて絶え間なく話しつづけたり，固執したりしてしまうのです。しかし，もし彼らが友人を作り，その関係を維持することを目指しているなら，そのような行動を続けるより，情報交換をしたり，共通の興味を見つけたりすることで，自分の行動の誤りを修正したいという気持ちになるでしょう。

☞ **ソーシャルコーチへのヒント（社会性の指導のコツ）**　もしあなたの子どもが，ある限定的な興味をもっているとしたら，その興味以外の話題も話せるようにお子さんを手助けすることは，ソーシャルコーチとしてのあなたの責任です。お子さんと一緒に表3-1にあるような会話の話題リストを見て，これらのテーマについての情報交換の練習をすることは，よい出発点になるでしょう。実際にはあなたはすぐに，彼らがこれまで固執していた話題から離れた別の関心をもつことが

> ソーシャルコーチとして，限定的な興味以外の話題を話せるようにお子さんを手助けすることは，あなたの責任である。

できることに気づくでしょう。例えば映画やテレビ番組というのは、限定的な関心をもっている人にとっても、多くの若者が共通して関心を示す話題です。

表3-1　10代の若者のなかで共通した会話のテーマ

学校・職場での噂	ビデオゲーム・コンピュータゲーム	クラス
友人との問題	コンピュータ・技術	試験
家族との問題	漫画本・アニメ	教師・教授
学校や仕事上の問題	映画	学校の主専攻・副専攻
デート	テレビ番組	スポーツ
パーティ・気軽な集り	YouTube・バイラルCM*	車・バイク・自転車
週末の活動	インターネットのWebサイト	有名人
課外活動	音楽・コンサート	ファッション・衣服
サークル・さまざまな目的のための活動	本	買い物
趣味・関心	ニュース・メディア	化粧・ヘアスタイル

(*インターネット上の口コミで話題になることを意図して製作され、ネット配信されるCMのこと（訳注））

✪ あなたの質問に自分が回答する

いったん会話をする相手の好みや興味が明確になったら、つぎはあなた自身のことについて何か話すことが重要です。あなたの関心あることを知ろうと似たような質問をしてくれる人もいますが、相手が尋ねてくるのを待っていてはいけません。もし相手が質問をしなければ、あなたはその人だけに焦点を当てた一方的な会話をしたことになってしまいます。その代わりに、情報交換をしながら、相手に投げかけた質問に自分が回答をすることができます。例えば、お子さんが友人に最近どうしているのかを尋ね、映画をよく見ていると答えたとしたら、お子さんは話題に出た映画で見たことのあるものについて述べることで、自分自身の質問に答えることになります。このテクニックによって互いにやりとりをする会話を続けることができるので、子どもは情報交換をし、共通の興味を見つけることができます。この例では、お子さんと友人との共通した関心は同じ映画を見たことです。そのことからおしゃべりが進みやすくなり、おそらく友だち関係が深まるにつれ、一緒に映画を見に行くことにもつながるでしょう。

> いったん会話をする相手の好みや関心が明確になったら、あなた自身のことについて何か話すことが重要である。

☞ **ソーシャルコーチへのヒント（社会性の指導のコツ）**　皆さんの子どもたちのために、本章の要約では情報交換や自分自身の質問への答え方の例を提示しています。エピソード事例を子どもと一緒に読み、他者の視点に立って考える質問を用いて話し合いながら、経過を見守ってあげてください。

✪ 関連のある情報を共有する

　よい会話のためのもうひとつのルールは，お互いに話題に関連している情報を共有することです。では，会話において関連のある情報とは何でしょうか？　例えば，あなたのお子さんが古代中国の文字に特別な関心があったとすると，この情報は彼（彼女）と関連があるということになります。しかし，お子さんの会話の相手が中国の文字に関心がない場合は，その情報は関連が少なくなります。あなたの子どもにとって最終的な目標が有意義な友人関係作りであるなら，会話の目的は情報交換であり，共通の興味を見つけることであると，子どもが理解するように導いてあげる必要があります。この会話の例では，関連のある情報に中国の文字は含まれないことになります。しかしながら，会話の相手との情報交換のやりとりを続けていくなかで，お子さんが最終的にビデオゲームに関する共通の興味を見つけるかもしれません。その場合，ゲームの話題はお子さんと会話の相手との共通の興味になるので関連情報であると言えます。

✪ 追いかけ質問（Follow-up Questions）をする

　社会性に課題をもつ一部の子どもたちは，会話のなかで突然話題を変える傾向があります。彼らは時々何のつながりもなく1つの話題から次の話題へ，ジャンプすることがあるのです。話題の突然の変化は，会話している相手にとっては少々不快で，混乱することもあります。もしかしたらあなたのお子さんも，突然話題を変える傾向もあるかもしれません。そうであれば，お子さんはある話題から急に次の話題に変わっていくとき，どこに向かって変わっていくでしょうか？

　もしあなたのお子さんが限定した関心をもっているならば，（多くの人がそうであるように）おそらくその自分の特別な関心へ話題が戻る傾向があるでしょう。突然の話題転換や変化に伴う思考過程を確実に知ることは難しいけれど，もしお子さんが，会話中に話題が自分の特別な関心に飛ぶくせがあるとすれば，その話題は本人にとって話しやすく，心地よいのでそうしている可能性があります。会話の途中でついていけなくなり，どこを目指して話せばよいかわからなくなったとき，彼らはおそらく自分が一番よく知っていることに戻ることを選ぶでしょう。どんなケースであっても，話題の突然の変更は，社会性に課題がある若者が犯してしまう共通する社会的な行動の誤りであり，避けなければなりません。この間違いの代わりとなる役立つ行動は，**追いかけ質問をすること**です。

> 話題の突然の変更は，社会性に課題がある若者が犯してしまう共通する社会的な行動の誤りであり，避けなければならない。この間違いの代わりとなる役立つ行動は，追いかけ質問をすることである。

　追いかけ質問とは，私たちが情報交換しながら，進行中の話題について会話を自然に続けていくために使う質問です。例えば，お子さんが友人に週末は何をしていたかを尋ねたとしたら，彼女はあるテレビ番組の録画を見ていたと話すかもしれません。そこでお子さんが，見たテレビ番組についてさらに質問を続けたとしたら，共通の話題の発見につながるかもしれませんね。

第II部　友だち関係を育て維持していくための科学

☞ **ソーシャルコーチへのヒント（社会性の指導のコツ）**　社会性に課題を抱えた子どもたちのなかには，追いかけ質問をすることは難しい人がいるかもしれません。役立つ指導のヒントのひとつは，子どものスキルが改善されるまでは，定期的にさまざまな話題を取り上げて追いかけ質問をする練習をさせることです。これらのスキルをみがくエクササイズを行っている間，話題を頻繁に変えることは役立ちます。まずは共通の話題から始め，その後，お子さんにとってそれほど馴染みのない話題に切り替えるという方法です。なぜなら，あまり関心のない話題であったとしても社交辞令的に情報交換を行うにはどうすべきかを知っておく必要があるからです。表3-1にある，思春期の子どもたちの共通の話題リストに挙がっているテーマから始めてみましょう。例えばあなたは「まずあなたに，私の好きな映画について尋ねてもらいたいと思います。（私の話を聞いたら）5つの追いかけ質問をしてください」と言って，このエクササイズを紹介しましょう。この方法は，最初はいくぶんわざとらしく感じられるかもしれませんが，あなたのお子さんが通常の会話において追いかけ質問をする力をつけるため，あるいはその力を伸ばしていくためのよい基本練習となるでしょう。

☞ **ソーシャルコーチへのヒント（社会性の指導のコツ）**　本章の要約では，情報交換をしながら追いかけ質問をするための具体的なエピソードを提供しています。このエピソードをお子さんと一緒に読んで，他者の立場に立って考える質問を用いた話し合いをして内容を復習してください。

✪ なんでもあり質問＝自由回答式質問（Open-Ended Questions）をする

　社会性に課題のある若者たちが社会的な場面で犯しやすいもうひとつの間違いは，相手の会話から話題を続けていくことに失敗することです。この会話の失敗が起こる理由のひとつは，彼らはオンリーワン質問（たいてい「はい」「いいえ」といった形態や，多選択肢から答える質問）を繰り返す傾向があるということです。オンリーワン質問は，話している相手の答えを制限してしまうため，詳しい答えを引き出すことが難しくなってしまいます。しかし，なんでもあり質問（自由回答形式の質問）は返答を限定することはありません。このタイプの質問は，会話が継続し，自然に話題が深まっていくことになる限定しない反応を引き出します。例えば，「どんなビデオゲームが好きなの？」や「どんな映画が好きなの？」「週末はどのように過ごしているの？」といった質問は，なんでもあり質問の例です。「どんな種類の～」で始まる質問は，一般的には何でもあり質問であり，さらに話を深めることができます。また「家に帰ってから何してるの？」や「今週は何をするの？」といった一般的な質問は，話をより深めることができる，なんでもあり質問のよい例です。

> なんでもあり質問（自由回答式質問）は，返答を限定することはない。このタイプの質問は，会話が継続し，話題が自然に深まっていくことになる限定しない反応を引き出す。

　社会性の課題がある若者たちには，社会的ルールに強く固執しやすくなる傾向があるとすれば，オンリーワン質問を決してしないように助言することで，彼らを混乱させてしまうかもしれません。その代わり，オンリーワン質問は，なんでもあり質問と組み合わせて使用するとうまくいくと伝えましょう。

☞ ソーシャルコーチへのヒント（社会性の指導のコツ）　お子さんが，なんでもあり質問を使えるようになるために役立つソーシャルスキル指導のヒントは，なんでもあり質問の例を示し，彼らにいくつかの代わりとなる，なんでもあり質問を準備しておくようにすることです。例えば，あなたが「『あなたの一番好きなテレビゲームは何かな？』というオンリーワン質問があったとき，なんでもあり質問にするとどんな質問になるかな？」と言ったとします。お子さんが「あなたはどんなゲームで遊ぶの？」「どんなマルチプレイヤーゲームが好きなの？」「どんなRPG（ロールプレイングゲーム）が好きなの？」というような話題に関連した，テーマが広がる質問を考え出すかもしれません。

✪ユーモアをチェックしよう

　ユーモアは，友情を深め，人をひきつけるものだとよく思われていますが，不適切に使用されると，人との距離を隔てる一番簡単な方法のひとつとなってしまいます。両親にとっては辛い現実に直面することではありますが，あなたがお子さんのユーモアを結構面白いと思っていても，悲しいけれど他の人にとってはそうでないかもしれないと考えることは重要です。だからこそ，お子さんは自分自身がユーモアを使うことに慎重でなければならないし，つねに自分のユーモアをチェックする必要があります。自分自身のユーモアをチェックするというのは，本質的にあなたのお子さんが何か面白いことを言おうとしたり，冗談を言ったりした後のフィードバック（周りからの反応）に注意を払う必要があるということです。例えば，あなたのお子さんが冗談を言ったとき，聴衆は笑っているでしょうか？　もし笑っているならば，あなたのお子さんと一緒に笑っているでしょうか，あなたのお子さんのことを笑っているでしょうか？　愛想笑いでしょうか？

> ユーモアは，友情を深め，人をひきつけるものだとよく思われているが，不適切に使用されると，人との距離を隔ててしまう一番簡単な方法のひとつとなる。

　社会性に課題のある一部の若者たちは，ユーモアを不適切に使う傾向があります。したがって皆さんはソーシャルスキルのコーチとして，お子さんが自分自身のユーモアをチェックするようサポートすることが必要です。ユーモアを適切に使用することに苦戦している若者は，しばしば自分のことをクラスのコメディアン，あるいはひょうきん者だと自認して，誰も理解できないような，愚かで奇妙な幼い冗談を話すことに没頭します。彼らは映画やテレビ番組からの対話を，その文脈から切り離して繰り返すかもしれず，結果として聴衆はその冗談の意味がわからず混乱してしまうのです。その冗談は一度すでに聞いたことがあるものなので，もうそれほど面白くないということに気づかず，同じ冗談を何度も繰り返す傾向があります。彼らは，絶えず笑いを求めていますが，笑いを取ることができても，人が実際に自分を見て笑うのか，自分とともに笑うのか気づくことができません。このような若者にとって，ユーモアの適切な使用法を学ぶことは最重要事項になります。

　多くの社会性に困難のある若者に知られていないことですが，彼らの不適切なユーモアの使用は，彼らと仲間との間の社会的な壁を作り出しているかもしれません。つまり，友人関係の形成

と維持が難しくなってしまうのです。ユーモアが受け入れられていないことに気づけないと、もっと拒否されたり、悪い噂が流れたりするかもしれません。不適切なユーモアを定期的に使っている若者たちが、仲間から「変わっている」「気味が悪い」と思われるため、ユーモアをチェックすることは、友人関係の形成と維持に重要な要素になることがあります。

親として、他の若者たちがお子さんのことを笑っていると想像するのは辛いですが、この悲しい現実は友人関係の形成と維持に苦戦している若者にとって事実であり、かなり頻繁に起こる出来事なのです。これはおそらく若者たちからみても事実でしょう。もしそうであるならば、現実を知ることは胸が張り裂けるような思いをさせることになりえます。お子さんが全く気づいていない、仲間から拒否されるというパターンに注意を払うことが、あなたにとって気が進まないことは理解できます。しかし私たちが関わってきた家族のように、あなたがお子さんのユーモアをチェックしなければ、お子さんを辛い目に遭わせることになるでしょう。

それでは、ユーモアをチェックするための行動のサインは何でしょうか？ 人々はあなたと一緒に笑っているときは、しばしば笑顔を見せてうなずくか、「楽しいね」「いいね」というように皮肉なトーンがないコメントをするでしょう。人々があなたに愛想笑いをしたときは、固い笑いや少しとまどったような笑顔を示しますが、その冗談が面白かったという意味ではありません。人々があなたのことを笑うとき、あきれたように目をくるっと回して顔をしかめ、あなたに後ろ指をさしたり、ある人は笑ったりして、「あなたって本当に面白いね」とか、「いやー、すごく面白いよ」と皮肉なコメントをするでしょう。あなたのサポートがあれば、お子さんが人との関わりでうまくいかなかった過去から、他者とよりよくつながれる方法を見つけるように変わっていくことができると覚えておいてください。

あなたは、お子さんが友人を作り維持していくうえで、壁となってしまうような方法でユーモアを使っていないかを見極める必要があるでしょう。お子さんのユーモアが不確かな場合には、初めて誰かと知り合ったときに、やや真面目にふるまうということが原則となります。ユーモアは不適切に使われたときに、人との距離を空けてしまう一番簡単な方法となってしまうことを思い出してください。だから、お子さんには、新しい友人や知り合いに自分のユーモアをわかってもらうのは少し時間がかかるよということを知らせておきましょう。

☞ ソーシャルコーチへのヒント（社会性の指導のコツ） お子さんにソーシャルスキルの指導を行う際には、必要に応じてあなたがお子さんのユーモアをチェックするのを助けてあげることが重要となります。もし、冗談を言ったときの反応が、人々が本当に面白くて笑っているのではなく、愛想笑いをしたり、本人のことを笑ったりしていると気づいたら、あなたはお子さんにユーモアを使うかどうか考え直すよう手助けしたいでしょう。ときにこれは、お子さんにとって辛い現実をチェックすることになりますが、友人関係を妨げる可能性があると指摘することで、実際には子どもたちを守り育てていることになります。あなたが、お子さんのユーモアチェックを手助けするというのは、定期的にタイミングを考えてユーモアを使うことについて話し合ったり、不適切なユーモアの使い方について個別の場で指摘したりするということです。私たちは、このようなよいタイミングの下で、子どもに細やかなフィードバックをすることに取り組んだ家族との関わりを通して、（多くの親のお話では）周りの人に聞こえないように、そっと「ユーモアチェッ

ク」という短い言葉を使ったり，目立たない手のジェスチャーをしたりすることが，子どもたちに誤りを気づかせるのに役立つということがわかりました。どんな方法を決めたとしても，気持ちが傷ついて恥ずかしい思いをすることを避けるために，お子さんとこのユーモアに対する相手の反応について話し合う必要があるでしょう。

☞ **ソーシャルコーチへのヒント（社会性の指導のコツ）** もしお子さんのユーモアがうまく機能していないのなら，多くの若者は他者とつながろうとしてユーモアを使っているので，つながるための別の方法をわかりやすく教えていく必要があります。情報交換と共通の興味を見つけることは他者とのつながりを形成するのに最もよい方法のひとつであり，はるかに危険性の少ない行動であることを，お子さんに思い出させてあげてください。また，ユーモアを使わなくても，お子さんが他者とつながる力を失うことにはならないから大丈夫だと安心させてあげてください。むしろ，よい会話をするための方法を使うことで，お子さんが人との関係をもつことが，より自然でうまくいくことになるのです。

✪ 聞くこと

　社会性に課題を抱えている若者のなかには，聞くスキルに課題がある人もいます。このことによる問題は，彼らが話を聞いていないとき，話している相手に興味がないか，無関心であるかのように思われるということです。しかし，彼らが追いかけ質問や関連する情報を共有しながら人の話を聞けば，その情報に関心があることを示すことになります。会話では，話が途切れたときに別の話題に移ることが可能なので，実は相手が話を止めるタイミングを待っているのだけれども，聞いているように見えることがあります。他の人が話せるように間を空けることは，よい会話を続けていく重要なポイントですが，さらに言語的・非言語的コミュニケーションを通して，自分が話に耳を傾けているということを話し相手に示す必要があります。では，お子さんは話を聞いていることをどんな風に示すことができるでしょうか？　言語的方法としては，情報交換や共通の興味を見つけること，追いかけ質問を行うことは，しっかりと聞いていることを示すよい方法です。非言語的方法では，適切な場面に笑ったり，微笑んだり，そしてアイコンタクトをとり，同意を示すためにうなずいたり，不賛成を示す首を横に振ったりするなどは，関心をもって聞いていることを示すよい方法となります。相手が話したことにコメントすることや，しばらく経っても会話の詳細を覚えていることも，お子さんがよく聞いていたことを示すよい方法です。

> 追いかけ質問や関連する情報を共有しながら人の話を聞けば，その情報に関心があることを示すことになる。

✪ 適度なアイコンタクトを取る

　あなたはお子さんに「私を見て」「彼らを見て」「しっかり目を見て」という言葉を，これまでどれだけ多くの場面で口にしてきたでしょうか？　ASDの診断をもつ若者の保護者は，数え切れ

ないほど子どもにこのお願いをしてきましたかもしれません。おそらく，あなたもそうだったのではないでしょうか。お子さんが適切なアイコンタクトを取れなければ，周りの人には本人があたかも別の世界にいるかのように無関心に見えるとわかっているので，私たちはこの注意をすることが多くなります。みなさんはソーシャルスキルのコーチとして，お子さんに指導するよいタイミングをとらえて，アイコンタクトの適切な使用法を教えるように準備をしておきましょう。その際には，他の人たちの前で戸惑わせるようなフィードバックにならないように注意してください。

> 適切なアイコンタクトをとれなければ，周りの人には本人があたかも別の世界にいるかのように無関心に見える。

　適切なアイコンタクトとは，長時間会話の相手から視線を外さないようにするというのは当然のことですが，まったく視線を外さずに相手をじろじろ見ることでもありません。興味深いことにUCLAのPEERSクリニックで関わってきた若者のなかには，私たちのところに来るまでに，アイコンタクトをすることについて過剰学習している人たちがいます。もう何年もの間，彼らは家族や治療者，教師に「私の目を見なさい」と何度も言われてきています。これらの指導の努力は良かれと思って行われますが，意図せずしてアイコンタクトを過剰使用することになっているかもしれません。これがどんな風に映るか想像できますか？　めったに瞬きをせず，決して目をそらさずにあなたの顔を見つめている若者を想像してみてください。それほど熱心に見つめられるとどんな風に感じられるでしょうか？　会話の相手が瞬きをせず，視線をそらさないでいるのです。多くの人はその行動を，気味が悪いとか奇妙だ，あるいは侵襲的，狙われているような感じと表現します。見つめられる体験は，不快感や落ち着かない感じ，ときには不安や恐れさえも引き起こしやすくなるのです。

　あなたのお子さんのこの問題を改善するために，他の人に聞かれない，教えられるタイミングのときにアイコンタクトの適切な使用を指導する必要があるでしょう。よいアイコンタクトとは，どのようなものでしょうか？　一般的に人々が打ち解けて話しているとき，彼らは会話の相手と数秒間視線を合わせ，時々外します。その間隔は，おそらく1〜2秒の短い時間です。しかし，その視線を外すことによって，会話の相手に，「あなたを襲ったりしませんよ」「安全ですよ」と伝えているのです。

☞ソーシャルコーチへのヒント（社会性の指導のコツ）　あなたがお子さんとこの情報を共有するとき，大切な指導のコツは，会話の相手とアイコンタクトをすることは必要だが，じーっと見つめすぎないというルールを教えることです。このポイントを伝えるのを助けるために，あなたとお子さんが本章の要約にあるエピソードを一緒に読み，他者の視点に立って考える質問を使いながら話し合ったあとで，2つの社会的誤りのDVDに入っているロールプレイ（アイコンタクトがほとんどない例と，アイコンタクトが多すぎる例）をごらんください。

✪ 人と適切な距離を保つ

　社会性に課題のある若者が時々犯してしまう社会的誤りは，人との身体的な距離感がうまく取れないことと関連しています。あまりにも近くに，あるいは遠くに立っていると，ぎこちない雰囲気を作り上げてしまいます。会話中，誰かがあなたに近すぎる位置に立っているとしたら，どんな気持ちになるか考えてみてください。あなたはその人を変だなあとか，気持ち悪いと思うでしょう。最悪の場合には，あなたはその人のことをぞっとするくらい気持ち悪くて，襲われるのではないかと感じるかもしれません。誰かがあなたのパーソナルスペースに侵入してくるという経験は，想像以上に不快で当惑させられるものであり，ときに逃げたいような気持ちすら引き起こします。あなたのお子さんに会話中，相手に近すぎる傾向があれば，気づかずに相手を不快にさせているかもしれません。そんなことになるとは全く思わずやってしまいがちな社会的に失礼な行為ですが，お子さんが友人を作って，その関係を維持していくことを目指しているなら，この人との身体的な距離についてのルールに従わず，相手のパーソナルスペースに侵入していくことはよいスタートにはなりません。でも，落胆しないでください。我々のUCLAのPEERSクリニックでの経験では，人との身体的な距離をコントロールすることは，親がすべき単純な指導のひとつです。教えやすいタイミングを逃さず，その場で教えるように心がけておきましょう。

　身体的な距離感の弱さとも関連しますが，会話をする際に距離を意識しすぎて，逆に遠くに離れてしまう人もいます。あなたと話をしようとしている人が，部屋の隅っこにいると想像してみてください。この体験はどのように感じられるでしょうか？　多くの人が，遠く離れて2，3言以上の会話のやりとりをするのは，ぎこちなく，奇妙な感じがすると言います。他の人たちがその会話の場にいて話を聞いてしまうというよくない状況になるかもしれません。それは，むしろ気まずい体験になります。そのような場面で，あなたはこの奇妙な社会的誤りを犯している人に対してどう感じるでしょうか？　あなたは，彼らのことを変だとかおかしいなあと感じたり，あるいは彼らが戸惑っていることに気づいたりするかもしれません。いずれにしても，部屋の隅っこから誰かに話しかけたり，遠い距離から会話を続けたりするのは，社会的にほめられることではないでしょう。もしかしたらあなたのお子さんは，このような間違いをしているかもしれません。もしそうだとすれば，他者と会話する際のよい身体的距離についてあなたが教えることはとても重要でしょう。

　では，何がよい身体的な距離の要素となるのでしょうか？　会話での大まかなルールは，話している相手と片手の長さ分の距離に立つことです。約3フィート分（1m）の距離は，一般的に他者と会話するときの心地よい距離と言われています。あなたのお子さんにこの具体的なルールを教えることは重要ですが，この距離感は経験しながら学ぶべきことです。つまり，片手の長さというのは適切な距離であるけれども，誰かと話す前に相手のところに行って片手の長さ分を測るべきでないと，お子さんに明確に伝えてください。より適切な方法は，友だちや家族との会話練習（本章のエクササイズに紹介されているような）をしている間，その距離を図ることです。実際の会話の場面では，おおよその距離を予想して行います。

> 身体的距離の会話での大まかなルールは，話している相手と片腕の長さ分の距離に立つことである。

☞ **ソーシャルコーチへのヒント（社会性の指導のコツ）** 身体的な距離について社会的なルールをうまく伝えるために，保護者はお子さんと本章の要約にあるエピソードを一緒に読み，DVDで2つの社会的誤り（近づきすぎと離れすぎ）のロールプレイを見てから，他者の立場に立って考える質問を使って話し合いをしてください。よいタイミングをとらえて，お子さんが身体的な距離のルールを破ってしまうことについて指導できるよう準備をしておくことが必要です。他のスキルを教える場合と同じように，あらかじめお子さんと話し合いをしておいて，本人を当惑させたり，気持ちを傷つけたりしないさりげない方法でフィードバック（本人の行動について，それがどうであるか意見を伝える）すべきです。

✪ 声の大きさをうまく調節すること

あなたはこれまで，声が大きすぎる人と会話をしたことはありますか？　そのときのやりとりで，あなたがどのような気持ちになったかを思い出してください。あなたはまず驚き，その後，他の人に聞こえているのではと感じて少し戸惑ったかもしれません。大きな声で話す相手のことを，あなたはどのように思いましたか？　おそらく，あなたは相手のことを変わっているとか奇妙だとか，あるいは耳が聞こえにくいのかしらと思ったでしょう。いずれの場合も，おそらくその出来事はこれまでの人生の記憶のなかでよかったと思い出せる経験ではないはずです。今度は逆の場合を考えてみましょう。あなたがこれまで声が小さすぎる人と会話をしたことはありますか？　もう一度，そのときの経験とやりとりから，あなたがどんな気持ちになったかを考えてみてください。あなたはそのとき，相手が何を言っているかなかなか理解できなくて混乱したかもしれません。会話を解読することがとても難しいので，イライラしたかもしれません。あなたは話し相手のことをどう思いましたか？　あなたは，相手が恥ずかしがり屋か臆病者か，あるいは相手がとても悲しいとか落ち込んでいるのではなどと考えたかもしれません。どう考えたとしても，会話そのものが骨の折れる作業であり，楽しいものではないでしょう。声の音量調整のような単純な社会的ふるまいが，他者との関係性に大いに影響を与え，友人関係作りとそれを維持する力にさえつながる可能性があるのです。

話す音量が小さすぎる，あるいは大きすぎる傾向は，社会性に課題のある若者にはそれほど珍しいことではありません。UCLAのPEERSクリニックで関わった若者たちとの経験では，（彼らから聞いた話によると）とても大きな声で話してしまうという社会的誤りを犯してしまっていた若者が，第2章で描かれているような「仲間からの拒否」のカテゴリーにより分類される傾向がありました。彼らは仲間からしばしばイライラさせられる・不快にさせられると思われていました。静かに話しすぎる間違いをしてしまう若者は，「社会的に無視された」のカテゴリーに分類される傾向がありました。彼らは仲間から恥ずかしがり屋やひきこもっていると思われていることがよくありました。あなたがお子さんと共有すべきもうひとつの重要なルールは，他者と話しかけるときは適切な声のボリュームを使うということです。

> 話す音量が小さすぎる，あるいは大きすぎる傾向は，社会性に課題のある若者にはそれほど珍しいことではない。

☞ **ソーシャルコーチへのヒント（社会性の指導のコツ）** この重要なルールをお子さんと共有することが最初のステップですが，そのポイントを強調するのを手助けするために，よいタイミングをとらえて重ねて指導することでしょう。適切な声の大きさは文脈によって異なるので，どれくらいがよい音量かということを正確な測定値で示すことは難しいです。教えやすい機会を見つけて直接的に指導することは，そのポイントを理解させるために必要です。さらに本章の要約にあるエピソードをお子さんと一緒に読んで，DVDの2つの社会的な間違いのロールプレイ（大きすぎる声で話すことと小さすぎる声で話すこと）を見て，他者の立場に立って考える質問を使って話し合いをすることは，このルールを伝えるうえで役に立つでしょう。

✪ 会話の独り占めはしない

　社会性に課題をもつ若者が起こすよくある社会的誤りのひとつが，会話を独り占めすることです。これは，会話をするときに自分の個人的な興味に焦点を当ててしまって，その話題に他者が興味をもっているか，ほとんど注意を払わないという若者によく起こりがちです。たとえば，彼らはRPGs（ロールプレイングゲーム），MMOs（大規模多人数同時参加型オンラインRPG），FPSs（ファーストパーソン・シューティングゲーム）などについて自分がよいと思うことをしゃべり続けますが，聞き手はビデオゲームについて初歩的なことすら知りません。あるいは，同次変換，運動学，軌道生成など，聞き手がこれまで聞いたこともないさまざまなロボット工学の理論について講義をするかもしれません。

　私たちはこの社会的誤りを，**会話を独り占めする**（conversation hog）と呼んでいます。会話を独り占めされるという経験は，聞き手にとって，その会話に興味がもてず退屈だということはもちろんですが，この行為は一方的な会話と同じです。会話をする基本的な目標は，情報交換であり，共通の興味を見つけることだということを思い出してください。二者による会話のやりとりでは，二方向の会話があるはずです。しかし，もしあなたのお子さんが会話の独り占めをすると，最終的には一方向の会話になってしまいます。この場合に，会話はすべてお子さんの話になってしまい，おそらく相手と共通の興味を見つけることはうまくいかないでしょう。

　会話を独り占めするという行為は，かつて誰もが経験のあるおなじみの，学校の運動場でボールを独り占めする行為と似ています。休み時間にお子さんが仲間とボール遊びをしているとき，ボールをパスしたり，一緒に使ったりすることを拒否する場面を想像してみましょう。彼は自分自身の楽しみのために自己中心的にボールを独り占めして，チームメイトの反応に気がついていないのです。この関わりにチームメイトがどんな気持ちになるか考えてみてください。彼らはイライラするでしょうし，欲求不満になるでしょう。あるいは遊ぶチャンスをもてなかったことに対して怒ることもあるかもしれません。ボールを独り占めする少年について，彼らはどう感じるでしょうか？　彼らはその子のことをイライラさせる，失礼な，自己中心的だとみなす可能性があります。さらに悪い場合には，その子と再び遊びたいと思わなくなるでしょう。

　遊んでいるときに他者に順番を変わることを許さない子ども，校庭でボールを独り占めする子どもと同じように，会話の独り占めとは，自分だけが話し，相手が話すのを許さないことです。校庭での仲間のように，会話を独り占めされた相手はイライラし，欲求不満になり，退屈するで

しょう。そして話すチャンスがなかったことに，怒りすら感じている可能性があるのです。彼らはまた，会話の独り占めをした話し手のことを自己中心的で，無礼で，イライラさせる人だと考えるでしょう。もっと悪い場合は，友人になりたくない，あるいはもう再び話したくないとさえ考えるでしょう。他の仲間も，この会話を独り占めする傾向に気づき，その結果仲間から拒否されたり，この社会的誤りをした人に対して悪い噂を流されたりすることにつながる可能性があります。この悪い習慣を直すのは難しいように思われるかもしれませんが，UCLAのPEERSクリニックでの経験では，友だち作りとその関係を続けていくことに関心があって，人と関わる意欲のある若者たちは，会話の独り占めをする代わりに，情報交換や共通の興味を見つけることの重要性を素早く学ぶことができます。このタイプの若者が，自分の興味から離れたことを話せないというわけではありません。単に彼らは，必ずしもいろいろな話題について話そうとは考えていないということなのです。保護者の皆さんは，お子さんに共通の興味を見つけるという目標をもたせることで，最終的にはお子さんの会話のパターンの方向性を変える手助けをすることができるでしょう。

> **☞ソーシャルコーチへのヒント（社会性の指導のコツ）** 社会性に課題のある若者に会話を独り占めする傾向があるときは，この社会的誤りを避けることがいかに大切かを強調することが重要です。もしあなたのお子さんが会話の独り占めをしてしまう傾向にあるなら，教えやすい機会をとらえて，仲間の前で戸惑わせることがないように，そっとこの誤りのポイントを教えるとよいでしょう。本章の要約におけるエピソードをお子さんと一緒に読んで，DVDの2つの会話の独り占めしているロールプレイを見て，他者の立場に立って考える質問を用いた話し合いをすることも，この重要な社会的ルールを伝えるために大切です。

✪質問攻めにしない

　社会性に課題をもつ若者がしやすい共通のもうひとつの社会的誤りは，会話のやりとりをすることなく一方的に質問を繰り返すことです。例えば，どんなビデオゲームが好きなのかを尋ね，その話題に関する追いかけ質問をするのはよいのですが，もしあなたが自分自身の質問にも答えながら，あなた自身についての情報も相手と共有しなければ（この場合，ビデオゲームに関連したものですが），うまく情報交換や共通の興味を見つけられません。あなたのお子さんの目標が，情報交換を行い，共通の興味を見つけることであったことを思い出してください。それにもかかわらず，もしあなたのお子さんが自分自身の情報を相手と共有しない場合には，共通の興味を見つけることはできなくなります。お互いのやりとりをすることなく単に質問を繰り返すことは，また別のよくないタイプの一方向会話です。自分自身のことがすべてであるという会話の独り占めとは異なり，お子さんはインタビューする人になり，相手のことが話題のすべてになってしまうのです。このタイプの一方的な会話における問題は，友人関係の基礎となる共通のつながり，つまりお互いにおしゃべりし，一緒に何かをすること

> 社会性に課題をもつ若者がしやすい共通のもうひとつの社会的誤りは，お互いのやりとりをすることなく一方的に質問を繰り返すことである。

が楽しいと思うことができないということです。

☞ **ソーシャルコーチへのヒント（社会性の指導のコツ）** 会話の独り占めと同じように，もしあなたのお子さんが相手を質問攻めにする傾向があるなら，自然に教えられるタイミングが生じたとき，特に他の子どもの前で当惑させないように気をつけながら，質問攻めの具体的な例を指摘する必要があります。本章の要約にあるエピソードをお子さんと一緒に読んで，DVDの質問攻めにしているロールプレイを見て，他者の立場に立って考える質問を使って話し合いをすることも，この社会的ルールを伝えるために大切です。

✪同じ話を繰り返さない

　これまでにも述べたように，社会性に課題をもつ若者がしやすい共通した社会的誤りは，自分の個人的な関心のある話題に過剰に集中してしまうことです。これは，彼らの強迫性や限定的な興味とも関連があります。ASDの診断を受けた若者は，特に会話場面で狭い興味に注意が集中してしまう傾向があります。会話の相手の興味が何であれ，他の話題に移ることが難しいことがよくあるのです。この行動を表す専門用語は，固執性（こだわり）といいますが，PEERSで私たちはこの社会的誤りを，同じ話を繰り返すこと（being repetitive in conversation）と呼んでいます。

　この問題は，たとえ相手がその話題が共通の興味だったとしても，同じ話題を繰り返されることで内容が最終的に古くなってしまうということです。たとえば，お子さんが情報交換の過程で，会話の相手と共通の興味が同時参加型オンラインロールプレイングゲーム（MMORPG）である"World of Warcraft"（ワールドオブウォークラフト）であるとわかったとします。お子さんと友人は，始めは"World of Warcraft"の話題を楽しんで話しているかもしれませんが，もしその友人と会うたびにこのゲームのことばかり話していたとしたら，結局相手に退屈な思いをさせてしまうでしょう。同じ話の繰り返しは，お子さんにとっては面白いかもしれませんが，話し相手にはそうでないことが多いのです。なぜなら，相手は多くの若者がそうであるように，さまざまな他の話題について話すことをもっと望んでいるかもしれないからです。お子さんの会話の目標が共通の興味を見つけることだからといって，お子さんがそのことばかり話すべきだということではありません。

> 会話における繰り返しの問題は，たとえ相手がその話題に共通の興味をもっていたとしても，同じ話を繰り返されることで内容が最終的に古くなるということである。

　もしあなたが限定的な（ときには強迫的とも言われる）興味をもっている若者の保護者であれば，会話の話題を広げる力を鍛えることができたら，子どもの熱烈な興味が，友人関係や仕事での成功へとつながることは確かでしょう。有能なコンピュータプログラマーに成長したコンピュータオタク，裕福なエンジニアに成長した数学オタク，活躍するビデオゲームデザイナーに成長したゲーマーなどを想像してください。強い情熱はみな，偉大な成功につながる可能性があります。しかし，特別な興味があまりにも強迫的すぎると，それは友人関係作りや，その関係を続けてい

くうえで障壁となってしまう可能性があります。ですから，お子さんはいくつかの基本的なルールを身につけるために，あなたの手助けが必要となります。

☞ **ソーシャルコーチへのヒント（社会性の指導のコツ）** 起こりうる社会的な障壁を避けて，将来の成功への道を築くために，話題が固執的になったり，繰り返しになったりしたときには，保護者の皆さんが子どもたちにそのことを気づかせてあげる必要があります。お子さんの繰り返す傾向には，教えやすいタイミングをとらえて，他者の視点に立ってみることや何度もコーチングをすることが必要です。お子さんがいったん繰り返しをしないという社会的ルールの必要性を理解できれば，ルールを破った場合には，仲間のいないところであなたがそっと指摘するとよいでしょう。たとえば，あなたは単に「繰り返しにならないようにしよう」「繰り返しになっていない？」「繰り返しになると何が問題になるのだったかな？」と言うとよいでしょう。お子さんがこの間違いについてもっとわかるようになってきたら，あなたは単に「会話のゴールは何かな？」「情報交換している？」「どんな間違いをしてしまっている？」などと言ってもよいでしょう。これらのスキルを指導するのと同時に，教えられるよい機会をとらえて，以下の3つの他者の立場に立って考える質問を用いて簡単な話し合いも加えてよいでしょう。

・その会話は相手にとってどんなものでしたか？
・相手はあなたのことをどう思うでしょうか？
・相手はあなたと再び話したいと思うでしょうか？

☞ **ソーシャルコーチへのヒント（社会性の指導のコツ）** PEERSクリニックに参加した保護者に有効だったソーシャルスキル指導のもうひとつのコツは，少なくともお子さんがさまざまな種類の会話をより快適にできるまで，友人と関わる際に特定の話題で話したり，その活動をしたりする制限時間を決めることです。たとえば，ビデオゲームに熱中している子どもの保護者は，近々友だちと遊ぶ時にビデオゲームの話題に固執してしまうかもしれないことに心配をしています。そこで，ビデオゲームについて話したり，遊んだりする時間は50％までにするというルールを設けるとよいでしょう。子どもは保護者に対して文句を言い，遊び相手にそのルールがあることを知らせるかもしれません，しかし，特別な関心に過剰に集中することが原因で起こる退屈な時間や友だちとのトラブルを減らすことになるでしょう。

✪取り締まらない

社会性に課題のある若者のなかには，ことばの意味を固定的かつ文字通りにとらえる傾向がある人がいます。彼らは，しばしば規則やルールを厳守します。予測不可能で複雑な社会的な場というのは，彼らにとってミステリーな世界です。ルールや法則を厳守することは，この予測できない，つねに変化していく世界を生き抜くためには安全な方法なのです。もしあなたのお子さんに，ルールに忠実になる傾向があれば，自分の言ったことが相手にどのように思われ，どれほど相手を困惑させるかは気にせずに，他の人たちのルール違反を指摘したいという思いに駆られる

でしょう。PEERSクリニックで私たちはこの社会的誤りを**取り締まること**（policing）と呼んでいます。ルール違反を指摘する行為は，法律を遵守するように任命された人（警察官）のように見えるので，我々は取り締まることと呼んでいるのです。

ルール違反を指摘してしまう社会性に課題を抱えた若者は，ルール違反に対して法律違反に令状を与える警察官のように，違反を指摘することが正しく，事実に即していると考えて頻繁にこのような行動をしてしまうのです。実際には警察官ではないのに取り締まりをすると，その状況を見たり，遭遇したりした人は，しばしばそれを酷評や非難としてとらえてしまいます。そのため，もしあなたの目標が友人関係作りとその維持にあるなら，取り締まりは効果的な方略ではないのです。

☞ソーシャルコーチへのヒント（社会性の指導のコツ）　その他の社会的行動のルールと同じように，あなたのお子さんが他者を取り締まらないという社会的ルールに馴染んできたら，実際にそのようなことが起こったときに，仲間とは離れた場で，そのルール違反についてそっと指摘してあげる必要があります。もしお子さんが人との関わりに前向きで，友だち作りと関係の維持に関心があるなら，そのルールに従いたいと思うでしょう。同時に，よいタイミングで行われるソーシャルスキルの指導も，実際にはこの取り締まりと似たスタイルとなっています（お子さんはそれを素早く指摘するかもしれません）。しかしお子さんが，友人を作り，その関係を続けたいと願っていて，保護者がそのお手伝いをするという同意を本人から得ている限り，あなたがルールを破っても問題にならないでしょう。最後に，本章の要約にあるエピソードをお子さんと一緒に読み，DVDで取り締まりのロールプレイを見てから，他者の立場に立って考える質問を用いて話し合いをすることは，この重要な社会的ルールを伝えることに役立つでしょう。

✪人をからかわない

からかいは，社会的にうまくいっている若者の間で頻繁に見られる共通した社会的行動です。社会性に課題のある若者は，時おり友だちをからかうことに夢中になっていながらも，うまく周りに受け入れられている仲間に出合うことがあります。そのため，このからかい行動を友だち作りの方法で，カッコいいことだと思ってしまうのです。特に少年や大人の男性は，仲の良い友人とひやかし（からかいの一種）をしやすいと言われています。ひやかしは，友人間で行われ，楽しい，親しみを込めたからかい文句のやりとりです。ひやかしは一般的には悪意はないですし，またそう理解されていますが，それにもかかわらず依然としてリスクのある行動です。親しみをもったからかいが，エスカレートした結果，相手の気分を害してしまうという問題が起こります。比較的悪意のない1回のジャブ（ボクシングでの一撃）は，受け手がからかってきている相手に負けていられないと感じると，相手への反撃につながるかもしれません。それは，まるでそれぞれのプレイヤーが掛け金を引き上げる，イチかバチかのからかいゲームの駆け引きのようになってしまうのです。その結果，一方のプレイヤーあるいは両方が相手を怒らせたり，戸惑わせることになり，最終的には対立することにつながってしまいます。争いとなってしまう前に，ひやかしゲームから手を引くやめどきを知るには，プレイヤーが相手の様子をどう読み取るかわかって

いる必要があります。そのような微妙な社会的手がかりを見つけるのは，一般的に社会性に課題のある若者は得意ではありません。

> **☞ ソーシャルコーチへのヒント（社会性の指導のコツ）** あなたがお子さんに親しみをもったからかいの世界をうまくやっていく方法について教えるとき，以下の重要なポイントを示すのがベストでしょう。もしあなたの目的が友人を作り，その関係を維持していくことなら，他者をからかったり，ひやかしたりするのは危険です。あなたのお子さんが他者をひやかしたり，からかったりしたときに，彼らは相手を攻撃し，気持ちを傷つけ，相手を怒らせる可能性があります。あなたのお子さんにソーシャルスキルの指導を行うとき，実際に多くの人は友人をからかったりひやかしたりしているけれど，もしあなたの目的が友人を作り，その関係を維持していくところにあるなら，そこから得られるメリットよりリスクが大きくなると知らせることで，この社会的行動を標準化することが重要でしょう。私たちの経験では，人と関わりたいと思っている若者のほとんどは，このガイドラインを認めて，ルールを遵守します。最後に本章の要約にあるエピソードをお子さんと一緒に読み，DVDでからかいのロールプレイを見てから，他者の立場に立って考える質問を使った話し合いをすることで，この重要な社会的ルールを伝えることができるでしょう。

> あたなの目的が友人関作りとその関係を続けていくことなら，他者をひやかしたり，からかったりする行為にはリスクがある。

✪ 最初は個人的なことに立ち入りすぎない

　会話のスキルに関わる最後の犯しがちな間違いは，早急に個人的なことに立ち入ること，あるいは多くの情報を共有しすぎる傾向です（このことは時おり，TMI〔訳注：too much informationの頭文字〕と呼ばれます）。誰かと知り合いになる際には，早急にあまり個人的なことに立ち入らないことが重要です。相手のことをまだよく知らない時に個人的な質問をする，あるいは個人的な情報を共有しすぎることは，その人を傷つけるリスクがあります。時々，仲間から拒否された経験のある若者は，この間違いを起こしていることがあります。彼らは，誰かとつながることができ，友だち関係を育てることができそうなので，とても興奮して，手持ちのすべてのカードをテーブルに出してしまいます。つまり，それは自分自身のこと詳細に知らせること，あるいは相手の個人的な情報を聞くことを意味しています。この社会的誤りは，運動場で新しい友だちを作ろうとしている幼いお子さんが，突然親友になってくれないかと頼むことに似ています。悪意はなく，また意図は理解できることですが，青年期・成人期のこの熱心すぎる行動は，友だちになる可能性がある相手を怖がらせるかもしれないのです。

> 誰かと知り合いになる際には，早急にあまり個人的なことに立ち入らないことが重要である。

　社会性に課題がある若者の間でこの間違いが起きる一番の理由は，彼らにとって何が個人的すぎることで，何がそうでないかの判断が難しいということでしょう。ある場面から次にどんな種類の会話が適切かを推測するには，ある程度の社会的な知識を必要とします。自分が話題から離

れすぎてないかに気づく微妙な社会的手がかりを理解することにも，ソーシャルスキルが必要です。なぜなら，特にこのような判断は，しばしばその場面の状況や相手との面識の程度に応じてなされるので，ある場面から次の場面で何が個人的になりすぎているかについて具体的なルールや物差しを提供することは難しいのです。だからこそ，この特定のルールに関するソーシャルスキルの指導を提供することは非常に重要でしょう。

☞ **ソーシャルコーチへのヒント（社会性の指導のコツ）** お子さんが個人的なことに立ち入りすぎないというこのルールに初めて触れたら，まずこのタイプのあらゆるルールの違反を指摘してから，教えやすい機会をとらえて話し合いをする必要があります。あなたは「個人的な情報を話しすぎではないかな？」というような質問，最終的には頭文字を取った流行の略語で「TMI？」というシンプルな質問をするとよいでしょう。これらの話し合いには，いつもの3つの他者の立場に立って考える質問の復習も入れてください。最後に本章の要約にあるエピソードをお子さんと一緒に読み，DVDで個人的になりすぎる例のロールプレイを見てから，他者の立場に立って考える質問を用いた話し合いをすることも，この社会的ルールを実際に見せるのに役立つでしょう。

ランスのサクセスストーリー──情報交換について学ぶ

　会話のスキルはしばしばアートの一形態（生まれつきにしろ，そうでないにしろ複雑で身につけるのが難しいスキル）と考えられていますが，共通した社会的誤りとルールを結びつけた生態学的に有効なソーシャルスキルを用いることで，PEERSクリニックのアプローチでは，このアートが科学に変わります。もしお子さんが，よい会話をするためにこのルールを使えるようになりたいという動機があり，あなた自身もよいソーシャルスキルのコーチをしたいと思い，それが可能ならば，多くのことを達成することが可能でしょう。

　ランスの事例を見てみましょう。ランスはASD（自閉スペクトラム症）とADHD（注意欠陥多動性障害）の診断を受けた16歳の少年で，友人を作りたいということで，母子ともにPEERSクリニックに来ました。ランスは冗談を話すのが大好きで，注目されるとうれしいクラスのピエロだと自分から報告してくれました。ランスは友人がいなかったけれども，学校中のみんなは彼を知っていました。彼の噂は，彼自身のことより知れわたっていました。彼はクラスのピエロになろうとしていることに加えて，政治のことを繰り返し話す傾向があり，仲間が話し合いに興味があろうとなかろうと，その話し合いに夢中になりすぎてしまうことがよくありました。彼の冗談のほとんどは政治に関わるもので，彼の友だちは意味がわからないこともよくありました。ランスはほかの人に話す隙を与えず，政治について数分間も話しつづけるのでした。PEERSクリニックで最初に出会ったとき，ランスの母親は彼が自分の行動を変えていけるのか懐疑的でした。母親はこのような傾向を彼はコントロールできないだろうと思っていたのです。しかし，よい会話のルールを彼に提示し，ソーシャルコーチングや他者の立場に立って考える質問を使った話し合いを通して，ルールが強化されていき，ランスは少しずつ自分の習慣を変えはじめました。その変化がどのように起きたかについて説明するにあたって，ランス自身のコメントを紹介しましょう。「僕は，これまで情報交換をしなければならないなんて全く知らなかった。もし友だちがほしいなら，

共通の興味を見つけないといけないなんて知らなかったんだ。自分が面白いことを言ったりしたりしたら,周りの人は自分のことを好きになってくれると思っていた。だってそれは男の子がすることだから……先生が僕に『あなたはジョークを言わないほうがよい』と言ったときは,かなりがっかりしたよ。自分が好きなことだったからね。でも,ここでディベートチームの子に出会ったけど,みんなすごいんだ。一緒にいると楽しいよ」。

ランスの物語は,PEERSクリニックに通っている多くの親子の経験とそれほど違いはありません。だから,もしあなたが自分が変われると信じられないとしたら,あるいは勇気をもてないでいるなら,ランスの話を思い出して前に進んでいきましょう。

よい会話のためのルール
思春期・青年期の子どもたちのための本章のまとめ

以下の内容は,10代の若者や青年に読んでほしいものであり,本章の簡潔なまとめになっています。

本章では,よい会話のルールについて焦点を当ててきました。あなたが友人を作ったり,友人関係を続けたりするために必要とされる最も重要なスキルのひとつに,他者とうまく会話をすることがあります。もし,自分にはそれは難しいと感じてきたことだったとしても心配しないでください。あなたは一人ではありませんし,私たちが手助けをします。よい会話をするのは簡単ではありません。そこでそのためのわかりやすいルールを見つけ出しました。これらのルールは以下に挙げてあります。何をしていいか,何をしてはいけないかということも書いてあります。何が好ましくして,何が好ましくないのかを理解する手助けとして,付録のDVDにとても楽しいロールプレイが入っています。そのビデオを保護者と一緒に見て,スキルを練習する時間を設けてください。もしビデオが見られない場合は,各エピソードの台本がこのセクションにあります。これらの会話場面が他の人にとってどんなものなのかを理解する例を見た後に,保護者があなたにいくつかの質問をするでしょう。ビデオを見ることや,それについて話し合うのには,それほど時間はかかりません。ぜひくつろいで楽しみながら,よい会話のルールがどんなものか,見てみてください。

情報交換(ビデオ)

・よい会話では,話し相手との間で双方同じくらいのやりとりがあります。友だちが,自分自身のことについて何か話します。それから,あなたがそれと関連していることを話すというふうに続きます。

社会的な場面でのエピソード　情報交換すること

次のエピソードは,付録のDVDにある情報交換に関するロールプレイの台本です。

アレックスとベン:(お互い顔を合わせて,アイコンタクトをして,腕の長さの分だけ離れて立っている)

アレックス：やぁ，ベン。最近どう？
ベン：やぁ，元気だよ。君は？
アレックス：まあまあだよ。昨夜は試合を見た？
ベン：あぁ，あの試合はとてもすごかったなあ。
アレックス：信じられないね？
ベン：あぁ，ブザービーター〔訳注：試合終了直前に放たれたシュートで，終了のブザーが鳴ってからボールがバスケットに入ること。点数に入る〕だったよね。
アレックス：あれは最高だったね。実は俺，あそこにいたんだ。
ベン：まさか？　試合に行っていたの？
アレックス：あー，そうなんだ……
ベン：シーズンチケットを持っているの？
アレックス：うーん，いや。でも友だちが取ってくれたんだ。
ベン：へえ，それはすごいね。
アレックス：そうなんだ。ところでほかのスポーツは見るの？
ベン：ええと，野球はみるよ。
アレックス：あぁ，いいね。自分でもやるの？
ベン：昔はやっていたよ。高校時代かな。
アレックス：あぁ，そう。僕もやっていたよ。でも今はやっていない……やりたいなぁ。
ベン：あぁ，そうなの。じゃあ，僕らの仲間うちで土曜日に集まってやっているんだけど。来ない？
アレックス：どこでやっているの？
ベン：公園だよ。
アレックス：あっ，そうなの。たぶん行くよ。もちろんさ。
ベン：うん，それは素晴らしい。

他者の立場に立って考えるための質問
- 2人にとって，このやりとりはどのようなものでしょうか？
    答え：心地よい，楽しい，興味深い，面白い
- 彼らは，お互いについてどう感じていると思いますか？
    答え：良い，心地よい，親しみやすい，興味深い，話しやすい
- 2人は，またお互いに話をしたいと思うでしょうか？
    答え：はい

共通の興味を見つける
・会話の目的は，共通の興味を見つけることです。なぜなら，共通の興味はたいてい友だち関係を築く土台になるからです。

相手にその人自身のことについて尋ねる
・共通の興味を見つけるというゴールを目指して，話し相手にその人自身のこと，たとえ

ば趣味や興味をもっていることなど尋ねてみましょう。

相手にした質問に自分で答える

・相手があなたに関する質問をするのを待ってはいけません。あなた自身について、その話題と関連した情報を共有する準備をしましょう。

社会的場面でのエピソード　相手にした質問に自分で答える
次のエピソードは、"相手にした質問に自分で答えること"についての例です。

ジェニファー：やぁ、キャリー、しばらくぶりね。最近はどうしているの？
キャリー：特に変わりないけど。ただぶらぶらしてるかな。この週末は映画に行ったわ。
ジェニファー：そうなの？　何を見たの？
キャリー：先日話していた新しいロマンティックコメディよ。
ジェニファー：いいわね。どうだった？
キャリー：とってもよかったわよ。期待以上だった。
ジェニファー：（自分のした質問に答えて）実はその映画を今週末見に行くんだ。待ちきれないわ！

他者の立場に立って考えるための質問
・このやりとりは、2人にとってどんなものだったしょうか？
　答え：心地よい、楽しい
・2人は、お互いのことをどのように感じていると思いますか？
　答え：良い、親しみやすい、興味深い、楽しい
・2人は、またお互いに話をしたいと思うでしょうか？
　答え：はい

関連のある情報を共有する

・会話に加わっているみんなが関心のある話題について話します。

追いかけ質問（補足関連質問）をする

・もしその話題が共通の興味の場合は、新しい話題に移る前にしばらくその話題について話しましょう。

社会的場面でのエピソード　追いかけ質問（補足関連質問）をする
次に示すエピソードは、追いかけ質問の一例です。

キャリー：ところでジェニファー、先週の週末は何してたの？
ジェニファー：のんびり録画していたテレビを見ていたわ。

キャリー：（追いかけ質問をする）へぇ，何を見ていたの？
ジェニファー：あなたが教えてくれた連続ホームコメディの全作よ。
キャリー：私，あれが大好きなの。（さらに他の追いかけ質問をする）何話を見たの？
ジェニファー：第2話よ。とってもよかったわ！
キャリー：それはいいね！（さらに他の追いかけ質問をする）じゃあ，どのエピソードが一番好き？

他者の立場に立って考えるための質問
- このやりとりは，2人にとってどんなものだったでしょうか？
  答え：心地よい，楽しい，面白い
- 2人は，お互いのことをどのように感じていると思いますか？
  答え：良い，親しみやすい，興味深い，楽しい，話しやすい
- 2人は，またお互いに話をしたいと思うでしょうか？
  答え：はい

なんでもあり質問＝自由回答式質問（Open-Ended Question）をすること
- 「はい」や「いいえ」といった簡潔な答えだけを求める質問の代わりに，より話題が広がり，長い応答を引き出すような質問を試みましょう。

聞く
- 相手の話を聞いて，相手の何を言ったことを覚えておきます。
- 相手の話をしっかり聞かないと，あなたが相手に関心がないか，注意を払っていないかのように見えてしまいます。

アイコンタクトをとる
- 視線をそらしすぎないようにしてください。なぜなら，あなたが相手に関心をもっていないように見えてしまうからです。
- 見つめすぎないようにしてください。なぜなら，見つめられた相手をぞっとさせ，不快な気持ちにさせるからです。

社会的場面でのエピソード　アイコンタクトをほとんど取らない
次のエピソードは，付録のDVDにあるアイコンタクトをほとんど取らないというロールプレイの台本です。

メアリー：（アイコンタクトをとって）やぁ，ヤサミン。
ヤサミン：（左のほうを見ながら）やぁ，マリー。調子はどう？
メアリー：（ヤサミンが見ている方向に視線を向けて）元気よ。あなたはどう？
ヤサミン：（まだ左側をじっと見ている）元気よ。今週末はどうしていたの？

メアリー：（少し訳がわからない様子で）えっと，ハイキングに行ってたかな。
ヤサミン：（周りを見渡して）それはいい。ハイキングいいね。
メアリー：（混乱して，ヤサミンがじっと見ている方向を見ながら）そうね，私もハイキングが好きよ。
ヤサミン：（依然として左のほうを見つめながら）誰と行ったの？
メアリー：（困惑した様子で）姉と。
ヤサミン：（周りを見渡して）それはいいね。
メアリー：（アイコンタクトをしようと試みながら）ううん。
ヤサミン：（依然として左の方を見つめながら）海岸沿いをハイキングするのが好きなの。
メアリー：（戸惑い，ヤサミンの見ている方向を見ながら）えぇ，海岸はハイキングするのにとてもいい場所ね。

他者の立場に立って考えるための質問

- このやりとりは，メアリーにとってどんなものだったでしょうか？
  答え：混乱している（ヤサミンが自分との会話に関心をもっているか定かではない）。ぎこちない，奇妙である
- メアリーは，ヤサミンのことをどのように感じていると思いますか？
  答え：無関心である，奇妙である，おかしい
- メアリーは，またヤサミンと話をしたいと思うでしょうか？
  答え：おそらく思わない，あまりに奇妙で関心がないように見える

社会的場面のエピソード　アイコンタクトを取りすぎる

次のエピソードは，付録のDVDにあるアイコンタクトを取りすぎる例のロールプレイの台本です。

ヤサミン：（メアリーをじっと見つめながら）やぁ，メアリー。調子はどう？
メアリー：（戸惑いながら）元気よ。あなたはどう？　ヤサミン。
ヤサミン：（見つめながら）元気よ。この週末はどうしていたの？
メアリー：（不快に感じて視線を外しながら）うーんと，ハイキングに行ってたかな。
ヤサミン：（見つめながら）それはいいね！　誰と行っていたの？
メアリー：（肩をすくめて）えぇ，姉とよ。
ヤサミン：（見つめながら）素敵ね。どこを歩いていたの？
メアリー：（落ち着かない様子で，下を見ながら）それは……ええと。家の近くだけど。
ヤサミン：（見つめながら）いいわね。私もハイキングするのが好きなの。
メアリー：（肩をすくめながら）そう，いいね。
ヤサミン：（見つめながら）私の家の周りに，お気に入りの散歩コースがあるの。
メアリー：（不快に感じて目をそらしながら）あぁ……うん。
ヤサミン：（見つめながら）本当に楽しいわよ。
メアリー：（静かに）それはよさそうね。

他者の立場に立って考えるための質問

- このやりとりは，メアリーにとってどんなものだったでしょうか？
  答え：戸惑っている（ヤサミンが自分との会話に関心をもっているか定かではない）。
  ぎこちない，奇妙である
- メアリーは，ヤサミンのことをどのように感じていると思いますか？
  答え：ストーカー，捕食者，ぞっとする，奇妙だ
- メアリーは，またヤサミンと話をしたいと思うでしょうか？
  答え：いいえ，あまりに奇妙，ぞっとする

人とちょうどよい距離を取る

- 誰かと話すときは，あまりにも近くに，あるいは遠くに立たないようにしましょう。
- 片腕の長さくらい離れて立つのがちょうどよい距離です。

社会的場面でのエピソード　　相手との距離が近すぎる

次のエピソードは，付録のDVDにある"距離が近すぎる"という例のロールプレイの台本です。

メアリー：（携帯電話で文章を入力している）
ヤサミン：（メアリーのほうに歩いて行き，とても近いところで立つ）やぁ，メアリー。調子はどう？
メアリー：（驚いて，後ろに下がる）やぁ，ヤサミン。元気？
ヤサミン：（前に進んで）元気よ！　週末は何をしていたの？
メアリー：（さらに後ろに下がり）えぇっと，ハイキングに行ったわ。
ヤサミン：（さらに前に進んで）それはいいね。誰と行ったの？
メアリー：（イライラして，その場を離れようとしながら）まぁ，どうしよう……うーん。誰とだったかなあ？　そう，姉とよ。
ヤサミン：（かなり近いところに立って）どのルートを歩いてきたの？
メアリー：（困った様子で，離れようとしながら）まぁ，えぇと，よくわからないわ。覚えていないの。

他者の立場に立って考えるための質問

- このやりとりは，メアリーにとってどのようなものだったでしょうか？
  答え：不快である，ぎこちない，奇妙だ，風変わり
- メアリーは，ヤサミンのことをどう感じていると思いますか？
  答え：ストーカー，奇妙だ，風変わり
- メアリーは，またヤサミンと話をしたいと思うでしょうか？
  答え：いいえ，あまりに奇妙である，不快だ

社会的場面でのエピソード　　相手との距離が遠すぎる

次のエピソードは，付録のDVDにある"距離が遠すぎる"という例のロールプレイの台本

です。

　メアリー：（本を読んでいる）
　アレックスとララ：（携帯電話を見ている）
　ヤサミン：（部屋の反対側の隅に立っている）やぁ，メアリー。調子はどう？
　メアリー：（驚いて，困惑して）あぁ，元気よ。
　ヤサミン：（部屋の反対側の隅に立っている）先週は何をしていたの？
　アレックスとララ：（イライラして見ている）
　メアリー：（困惑して）いぇ，特に何も。
　ヤサミン：（まだ部屋の隅に立ちながら）私は水族館に行ってきたの。すごく楽しかった。今週はサメ展をしているんだけど，面白いよ。
　メアリー：（混乱して，困惑しているようにみえる）それはいいね。
　ヤサミン：（まだ部屋の隅に立っていて）えぇ，絶対に見ておくべきよ。カラフルな魚もいて，とてもカッコいいの。
　メアリー：（アレックスとララに弁解をして，部屋を見渡し，逃げ出したそうにして）それは面白そうね。
　ヤサミン：（まだ部屋の隅に立っていて）えぇ，そこはこの通りの1ブロック向こうにいったところにあるの。歩いていける距離だし。ほんとに素晴らしいから。
　メアリー：（退屈そうにイライラして）わかったわ。

> **他者の立場に立って考えるための質問**
> ・このやりとりは，メアリーにとってどのようなものでしょうか？
> 　答え：不快である，ぎこちない，困惑する，変だ，風変わり
> ・メアリーは，ヤサミンのことをどんな風に感じていると思いますか？
> 　答え：変だ，奇妙だ，困惑させられる
> ・メアリーは，またヤサミンと話をしたいと思うでしょうか？
> 　答え：いいえ，あまりにも気まずい，奇妙だ

ちょうど良い声の大きさで話す

　声の大きさは，小さすぎないように，または大きすぎないように話しましょう。ちょうどよい声の大きさで話さないと聞き手をいらだたせることになります。

> **社会的場面でのエピソード**　あまりに大きい声で話す
> 　次のエピソードは，付録のDVDにある"あまりに大きい声で話す"という例のロールプレイの台本です。
>
> 　アレックス：（とても大きな声で話す）やぁ，ベン。調子はどう？
> 　ベン：（びっくりして，後ろに下がって）あぁ，元気だよ。
> 　アレックス：（とても大きな声で話す）昨晩は何をしていたの？
> 　ベン：（イライラして，離れようとしながら）うーん，昨日はバスケの試合に行ったよ。

アレックス：（とても大きな声で話す）あっ，そうなんだ。実は僕もそこにいたんだよ。もうすごかったよな。
ベン：（周りを見渡して，耳をふさいで）あぁ，そうだな。
アレックス：（とても大きな声で）他にどんなスポーツを見るの？
ベン：（イライラしているように，耳をふさいで）野球を見るよ。
アレックス：（大きすぎる声で話す）本当？　昔，実は僕も野球をやっていたんだ。ほかには何を見る？
ベン：（縮こまって，耳をつかみながら）あっ，まぁ……フットボールかな。
アレックス：（とても大きな声で話す）あぁ，そうか。僕もフットボールが大好きなんだ。
ベン：（イライラしてその場を離れようとしている）

他者の立場に立って考えるための質問
・このやりとりは，ベンにとってどのようなものでしょうか？
　答え：イライラする，不快である，ぎこちない，困惑する
・ベンは，アレックスのことをどのように感じていると思いますか？
　答え：変だ，奇妙だ，困惑させる，たぶん怒っている
・ベンは，またアレックスと話をしたいと思うでしょうか？
　答え：いいえ，あまりに不快，イライラする

社会的場面でのエピソード　　あまりに小さい声で話す
　次のエピソードは，付録のDVDにある"あまりに小さい声で話す"という例のロールプレイの台本です。

アレックス：（ささやくように）やぁ，ベン。調子はどう？
ベン：（一生懸命耳を傾けて）何？
アレックス：（ささやくように）調子はどうかなって？
ベン：（混乱しているようにみえる）どうしてかって？
アレックス：（ささやく）あぁ。君は？
ベン：（退屈そうに）あぁ，元気だよ。君は？
アレックス：（ささやく）元気だよ。昨晩は何をしていたの？
ベン：（耳を傾けて）何って？
アレックス：（ささやく）昨晩は何をしていたの？
ベン：（いらだちをみせながら）ええと，バスケの試合を見に行ってたよ。
アレックス：（ささやくように）あっ，そうなんだ。実は僕もそこにいたんだよ。もう信じられないね。なんてすごいんだろう。試合の終わりは最高だったね。
ベン：（周りを見渡して，イライラしている感じ）何？
アレックス：（ささやくように）試合の最後，見た？　信じられないよ。
ベン：（耳を傾けて）最後？
アレックス：（ささやきながら）そう。最後……それが……
ベン：（周りを見渡して，退屈そうに）あぁ，そう。最高だったよな。
アレックス：（ささやきながら）うん，カッコよかった。ほかにどんなスポーツをみるの？

ベン：（近づいて耳を傾けながら）うーん，何？
アレックス：（ささやきながら）ほかにどんなスポーツを見るの？ ほかに君が見ているスポーツある？

他者の立場に立って考えるための質問

- このやりとりは，ベンにとってどのようなものだったでしょうか？
  答え：苦戦する，骨が折れる，イライラする，我慢できない
- ベンは，アレックスのことをどのように感じていると思いますか？
  答え：恥ずかしがりや，臆病，内向的，落ち込んでいる，悲しそう
- ベンは，またアレックスと話をしたいと思うでしょうか？
  答え：いいえ，あまりに骨が折れる，わずらわしい

会話の独り占めをしない

- 自分自身のことだけとか，自分が興味のあることだけを話すことがないようにします。
- 他の人にも話す機会を与えます。

社会的場面でのエピソード　　会話の独り占めをしない

次のエピソードは，付録のDVDにある"会話の独り占めをしない"という例のロールプレイの台本です。

アレックス：やぁ，ベン。調子はどう？
ベン：あぁ，元気だよ。君は？
アレックス：うん，元気だよ。ちょうどコミコン（コミックや大衆文化に関するイベント）をからの帰りなんだ。
ベン：へぇ，まさか……
アレックス：（割り込んで）あぁ，信じられないよね。繁華街でやっていて，みんないたよね。衣装着てさ。
ベン：僕も本当はそこに行きたかったんだけど……
アレックス：あぁ，僕の衣装もなかなかカッコよかったんだ。有名な漫画家にも会えたんだ。すごかったよ。
ベン：（会話に入る言葉を探そうとして）そうなの？
アレックス：（割り込んで）本当にかっこよかったな。みんな仮装してさ。来週も行こうと思うんだ。でも来週は仮装するかわかならないな。だって，同じものを着たくないし，おそらく新しいものを買うよ。たぶん。
ベン：（会話に入ろうとして）へぇ，実際は……
アレックス：（割り込んで）インターネットで買うと思うな。でも，みんなとてもカッコいい衣装だったな。写真をとったよ。だからたぶんそこからアイディアが得られると思う。
ベン：（退屈そうに周りを見渡しながら）あぁ，そうだね。
アレックス：週末あそこで，また別のコミコンがあると思うんだ。また行くつもりだよ。

ベン：（会話に入ろうとして）うーん。
アレックス：……そしてたくさんサインを集めるよ。
ベン：（会話に入ろうとして）じゃあ，たぶん……
アレックス：……たくさんの人とね。いずれわかるよ。そうそう。たくさんの友だちがそこに行きたがっているんだ。だから彼らと一緒に行こうと思うんだ。
ベン：（退屈そうに周りを見渡しながら）あぁ，そうなんだ。
アレックス：しばらく運転しないとだめだけどね。でもね，本当に大きなコミコンだからそれだけの価値があるよ。でも，いやぁ……とても楽しいだろうな。待ちきれないよ。
ベン：（イライラしているように見える，目をそらしている）

他者の立場に立って考えるための質問
・このやりとりは，ベンにとってどのようなものだったでしょうか？
　答え：イライラする，我慢できない，退屈だ
・ベンは，アレックスのことをどのように感じていると思いますか？
　答え：自己勝手，つまらない，不快な，自己中心的だ
・ベンは，またアレックスと話をしたいと思うでしょうか？
　答え：いいえ，あまりに不快で，自己中心的すぎる

質問攻めにしない
・あなた自身についての情報を共有しないで，次から次へと質問をしてはいけません。それは，面接や尋問のように感じられるでしょう。

社会的場面でのエピソード　　質問攻めにしない
次のエピソードは，付録のDVDにある"質問攻めにしない"という例のロールプレイの台本です。

アレックス：やぁ，ベン。週末は何をしていたの？
ベン：映画を見に行ったよ。君は？
アレックス：へえ，何を見たの？
ベン：えっと，新しいSF映画だよ。
アレックス：そうなの？　SF映画は好きなの？
ベン：（うなずいて）うん，まぁ。そうだよ。
アレックス：他には何が好き？
ベン：アクション映画も好きだな。
アレックス：（話に割り込んで）おぉ，かっこいい。
ベン：まあね。
アレックス：映画にはよく見に行くの？
ベン：（つまらなそうに見える）うん，よく行くよ。
アレックス：（話に割り込んで）へぇ，他にはいつ行くの？

ベン：（つまらなさそうに）うーん。（少し間があり）今週末に行くよ。
アレックス：（話に割り込んで）そうか，今週末に？
ベン：……まぁ。
アレックス：ああ，いいね。いいね。誰と行くんだい？
ベン：（退屈そうにみえる，周りを見渡す）うーん，たいていは友人といくんだけどね。
アレックス：どの映画館に行くの？
ベン：うーん，えぇと，わからない。
アレックス：近くの映画館，それとも遠くの映画館に行くの？
ベン：（イライラしているようにみえる）その映画を上映しているところならどちらでも。
アレックス：（話に割り込んで）週末はほかに何かしたの？
ベン：（無関心に見える）うーん，バスケをしたかな。
アレックス：ほう，どこでやったの？
ベン：あぁ，公園だよ。
アレックス：誰と？
ベン：（周りを見渡す。イライラしているようにみえる）え〜。（ため息をつく）ほかの友人と遊んだんだよ。
アレックス：それは，いいね。君たちは……勝負は厳しかった？　それとも簡単？　それで勝ったの？

他者の立場に立って考えるための質問
- このやりとりは，ベンにとってどのようなものだったでしょうか？
  答え：イライラする，疲れ果てる（骨が折れる），我慢できない，退屈だ
- ベンは，アレックスのことをどのように感じていると思いますか？
  答え：彼は軍隊の指導教官のようだ，尋問者，うるさい，イライラさせる，気味が悪い
- ベンは，またアレックスと話をしたいと思うでしょうか？
  答え：いいえ，かなり疲労した，骨の折れる仕事だった

同じ話を繰り返さない

- 同じ話題を，何度も繰り返し話してはいけません。
- 誰かと共通の興味を持っているからと言って，あなたが話せるのはそのことだけという意味ではありません。

取り締まらない

- 他者の間違いを指摘したり，非難したりしてはいけません。なぜなら，このことは相手をイライラさせますし，あなたが知ったかぶりする人に見えます。

会的場面でのエピソード　取り締まらない

次のエピソードは，付録のDVDにある"取り締まらない"という例のロールプレイの台本です。

アレックス：やぁ，ベン。調子はどう？
ベン：あぁ，元気だよ（"I'm doing good"）。
アレックス：それを言うなら "You're doing well" だよ。Well は副詞で，Good は形容詞だ。この場合は，副詞の Well を使うといいよ。
ベン：（イライラしたようにみえる）OK，ごめんね。元気だよ（I'm doing well）
アレックス：まあ，このことは君のためだからね。君にとって……
ベン：（イライラして）そうだね。
アレックス：それで，この週末は何をしていたの？
ベン：うーん，バスケをやっていたかな。
アレックス：そうか〜。
ベン：（退屈そうにみえる。周りを見渡している）
長いぎこちない間が空く。

他者の立場に立って考えるための質問
- このやりとりは，ベンにとってどのようなものだったでしょうか？
  答え：イライラする，不快だ，当惑させる
- ベンは，アレックスのことをどのように感じていると思いますか？
  答え：失礼な，横柄な，知ったかぶり
- ベンは，またアレックスと話をしたいと思うでしょうか？
  答え：いいえ，あまりにイライラする，失礼だ

からかってはいけない
- からかうこと，ひやかしは，もしあなたが友人を作り，維持しようとしているなら，リスクのある行動です。
- あなたがからかうとき，あなたは相手を攻撃して，傷つけ，当惑させるかもしれません。

社会的場面でのエピソード　人をからかわない
次のエピソードは，付録のDVDにある"人をからかわない"という例のロールプレイの台本です。

アレックス：やぁ，ベン。週末は何をしていたの？
ベン：やぁ，両親と夕食に行ったよ。
アレックス：（からかうような感じで）両親と夕食に行ったって？　冗談だろ？　君はマザコンか何かかい？
ベン：（不愉快そうに）違うよ。
アレックス：（からかって）いったい誰が週末に自分の親と外食になんか行くかな？
ベン：（小さな声で答える）それは，それはただ……
アレックス：（話に割り込んで）何，君のママはベッドに服を並べるのを手伝ってくれた？

ベン：（落ち着かない様子で）えっ，いや。う〜ん。
アレックス：（話に割り込んで）ママは君が今どこにいるのか知っているのかい？
ベン：（アレックスを避けようとして電話を出す）いや，知らないよ。
アレックス：（からかって）君のママにメールをするの？　ママですか？
ベン：（電話で）あー，違う，違う。
アレックス：（話に割り込んで）君がどこにいるのか，ママが知っているのか確かめようぜ。ママに電話をして，君がどこにいるのかを教えるんだ。心配すると思うよ。（嫌味を込めたトーンで）君のママだよ。（からかう感じで）まだおむつをはいているの？　可愛い赤ちゃん？
ベン：（電話をもって周りを見渡している，イライラしている）あ〜，こんなことありえないよ。
アレックス：どうかした？　君はいくつ？……4歳くらい？
ベン：（周りを見渡し，電話をかけているふりをしながら，不愉快そうに歩道に行く）
アレックス：（からかって）どうしたの？　ママは君がどこにいるのか知っているのかな？　確かめようか……
ベン：（不愉快に）何？
アレックス：（からかって）……ママは本当に心配してると思うよ!!

他者の立場に立って考えるための質問

- このやりとりは，ベンにとってどのようなものだったでしょうか？
  答え：怒らせる，イライラさせる，傷つく，当惑させる
- ベンは，アレックスのことをどのように感じていると思いますか？
  答え：意地悪，無愛想，親切ではない，失礼，イライラさせる
- ベンは，またアレックスと話をしたいと思うでしょうか？
  答え：いいえ，あまりにも意地悪

最初は個人的なことに立ち入りすぎない

- もしあなたが，自分の個人情報を多くしゃべりすぎたり，相手に個人的な質問を多くしてしまったりすると，相手に不快な思いをさせてしまうかもしれません。

社会的場面でのエピソード　　最初に個人的になりすぎないこと

次のエピソードは，付録のDVDにある"最初は個人的なことに立ち入りすぎない"という例のロールプレイの台本です。

アレックス：やぁ，ベン。今週末は何をするの？
ベン：母と継父のところに行く予定だよ。パーティをする予定なんだ。
アレックス：（詮索するような感じで）君の継父？　両親は離婚していたの？
ベン：あぁ，そうだよ。
アレックス：ほう，いつそうなったの？
ベン：（ためらいつつ）うーん，12歳のときかな。

アレックス：へえ，どうして？
ベン：（不愉快そうに，手を組んで）うーん，よくわからない。話題変えてもいい？
アレックス：（固執して）12歳のときか。それって大変だった？
ベン：（ためらいつつ）うん，まあ。そうだね。
アレックス：へぇ，それでご両親は君に理由を話したの？　それとも，君は知らないの？
ベン：うーん（間がある）ほかのこと話してもいいかな？
アレックス：わかるだろ？　ちょっと興味があるだけなんだ。母親と父親の家に行くなんてちょっと変な感じ？　少し興味があるんだけど。
ベン：（不愉快そうに周りを見渡す）まぁ，そうだね。
アレックス：何て？　お父さんとお母さんのどっちのほうが会いたい？　それとも，両親はお互い焼きもちやいたりする？　おかしいよね？
ベン：（不愉快にみえる，手を組んで）うーん，わからないよ。
アレックス：両親は今も君のことで言い争っているの？　気まずくない？
ベン：（黙っている，不愉快そうに見える）

他者の立場に立って考えるための質問
- このやりとりは，ベンにとってどのようなものだったでしょうか？
  答え：不愉快だ，気まずい，当惑させる，変わっている
- ベンは，アレックスのことをどのように感じていると思いますか？
  答え：奇妙だ，ストーカー，詮索する，変わっている
- ベンは，またアレックスと話をしたいと思うでしょうか？
  答え：いいえ，あまりに不愉快，奇妙だ

思春期・青年期の子どもたちや保護者のためのエクササイズ

10代の若者と青年の皆さんは，保護者と一緒に以下のエクササイズをしましょう。

- 本章で示されているよい会話のすべてのルールを使って，保護者と双方向の会話や情報交換を練習してください。
  - 練習する前に，本章にまとめられているよい会話のルールを復習しましょう。
  - あなたが情報交換をする目標は，保護者との共通の興味を見つけることです。
  - 保護者と情報交換したら，自分との共通の興味は何か，またその情報をもとに保護者と一緒に過ごすとしたら，何ができるかを確認しましょう。

- 本章で示されている良い会話のすべてのルールを使って，あなたが心地よいと思う身近にいる同年齢の人と，双方向会話や情報交換を練習してください。
  - よい会話のルールの復習から始めます。FriendMakerモバイルアプリの利用は，事前にそのステップを復習するのに役立つでしょう。
  - 情報交換の目標は，共通の興味を見つけることです。

―友だちと情報交換をしたら,保護者に会話の詳細を伝えます。そして,その友だちとの共通の興味は何か,もしその人と過ごすとしたら,その情報で一緒に何ができるかを確認しましょう。

第❹章
会話を始めること・会話に入ること

　新しい友だちの作り方を学ぶことは，人によってはわかりにくくて不思議なプロセスのように思われます。特に社会性に課題がある人は，人と関わる社会的な場を，困惑させられたり，混乱させられたりするものととらえているかもしれません。しかし，実際には友だちを簡単に作れる人たちでさえ，新しい人に出会う場に参加するステップをはっきりとわかっている人は少ないのです。友だちや知人の紹介を通じて人に会うのは別として，実は新しい人々に出会うための具体的なステップがあります。しかし実際には，その手順や方法を意識して細かく決めて行動する人はほとんどいません。

　10代の若者が，知り合いが誰もいないパーティにいることを想像してみてください。彼は他の若者と話したいのですが，どのように近づいていったらいいかわかりません。この若者が衝動性と多動性といった本人の特性から，仲間から拒否されたことがあると想像してみてください。彼が他の若者と出会うためにどうすると思いますか？　私たちの経験や研究によると，10代の若者は会話に入る際に，侵入的になる傾向があります。多くの場合，他の若者に近づいて突然会話に入り，そのとき話されている話題とは全く違うことを話しはじめます。何について話すのでしょうか？　おそらく自分が関心をもっていることを話し出すでしょう。たとえグループが話していることと違っていても。会話を奪い取られた相手の若者たちにとって，このやりとりはどのようなものでしょうか？　おそらくイライラし，腹を立てて，少し混乱するでしょう。彼らは，会話に割り込んできただけの若者のことをどう思うでしょうか？　おそらく奇妙なやつだとか，イライラさせる不快な，あまり周りの様子に気づかない人だと思うでしょう。彼らはまたこの若者と話したいと思うでしょうか？　奇妙で侵入的な形で始まる出会いが，楽しい会話となることはほとんどありません。多くの場合，そこでのグループは，元の会話に戻る前に社交辞令的に1回か2回返答するか，彼をまったく無視するか，最悪の場合は彼をからかうでしょう。この侵入的で奇妙な行動が繰り返されれば，その若者には悪い噂が立ち，よりいっそう友人関係を作っていくことが難しくなるのです。

　さて今度は，同じパーティに別の若者がいると想像してください。先ほどの若者のように誰も知り合いがいなくて，他の人たちと話したいと思っています。しかし，どのように彼らと関わっていいかわかりません。しかし今回は，この若者には過去に周りから無視されていた経験があり，一時期抑うつと不安の症状があったと想像してください。彼は他の若者とどのように会うと思いますか？　似たようなタイプの若者と関わった私たちの経験や研究が示唆することに基づけば，この若者は部屋の隅に他者とは話すことなく一人で立っているでしょう。ほかのパーティ好きの人と滅多に目を合わせないし，他の人とまったく，あるいはほとんど関わろうとしないでしょう。彼が他の若者と出会いたいと思っているとしたら，（そのような場面があるかないかわかりませんが）おそらく誰かが側に来て話しかけてくれるのを待つでしょう。彼の身体表現は，あまり人を

惹きつけるものではありません。頭は下を向き，笑顔はなく，目は人込みを見渡し，まるで1人でいたいかのように見えるのです。

では，最後のシナリオです。同じパーティに大人に連れられて来ている若者を想像してください。他の若者たちと同じように，この少年もそのパーティに誰も知り合いはいないのですが，他の人たちと知り合いになりたいと思っています。大人がこの若者に他の人と知り合う方法を教えることを，あなたはどう思いますか？ UCLAのPEERSクリニックで，どう教えるべきかについて多くの10代の若者と青年に尋ねました。すると決まって2つの回答がありました。彼らは「近くに行って，『やぁ』と言う」，あるいは「近くに行って自己紹介をする」と言いました。さて，この若者が実際にこのアドバイスに従うかを想像してみましょう。彼が信用できる若者のグループに行き，「やぁ」，「やぁ，僕の名前はダンです」といって会話に入っていく場面を想像してください。何が起きるでしょう。この入り方は会話を止めてしまうことになるでしょう。明確な理由もなく近くにやってきて，会話に割り込んであいさつをして名前を言うとなると，みんなの注意が少年に注がれます。このやりとりは，相手の若者にとってどのようなものでしょうか？ おそらく混乱し，イライラし，少しぞっとすることもあるでしょう。彼らは，自分たちのところに割り込んで入ってきた若者のことをどう思うでしょうか？ おそらく変なイライラさせる，不快で奇妙なやつだと思うでしょう。彼とまた話したいと思うでしょうか？ このぎこちない侵入的な始まりが，よい出会いにつながるとは思えません。そのグループは社交辞令的に挨拶をし，その後自分たちの会話に戻り，一般的にはこのぎこちない若者を無視するでしょう。また彼の奇妙な行動を笑うことすらあるかもしれません。この例は，善意ある大人がしばしば友人作りを教える際に，若者にしてしまうよくないアドバイスのわかりやすい例です。もしあなたがこれまで，お子さんにこの助言をしていたとしても，心配はいりません。そういうこともあるものです。そのことについて自分を責めすぎないでください。その代り，会話に入ることと始めることについて，生態学的に有効なソーシャルスキルを使用しながら，お子さんに正しい助言をすることに目を向けていきましょう。

次のステップは，社会的にうまくやっている人々がどのように会話に加わって，会話をリードしているか，科学的に証明されている研究に基づいたものです。これらのステップが社会性に課題のある10代の若者や青年だけではなく，会話を始める・会話に入る行為をする誰にでも応用可能であることがすぐにわかるでしょう。だから，あなた自身のためにも遠慮なく使ってください！

個別の会話を始めるステップ

次のステップは，あなたのお子さんが全く知らないか，よく知らない誰かと個別の会話を始めようとするときに用いられるものです。お子さんがよく知っている人との会話では，以下のステップに従うよりもむしろ，近づいて挨拶をし「最近どう？」と聞くことは全く問題ありません。よく知らない相手と以下のステップを踏む場合は，いずれのステップも飛ばすことなく，示された手順通りに行ってください。

1. **何気なくその人を見る**——お子さんが誰かと会話を始めようと思うとき，まず最初に相手の

ことを情報を集めながら，さりげなく見て興味があることを知らせることが大切です。（可能なら）相手と軽く断続的なアイコンタクトをしながら，または時おり相手を見るとよいでしょう。この行動は，お子さんが相手に関心があると示すことになります。相手をみるときには，その人をじっと見つめないことが重要です。そのような視線は，見られた人にとっては不快で，奇妙な感じを受けることになるからです。ただほんのちょっと見るだけで十分です。

2. **小道具を使う**——あなたのお子さんが何気なく視線を合わせようとしたり，相手に関心を示したりする際に，相手に気づいてはいるけれど何かに熱中しているかに見える小道具を使うことが役立ちます。たとえば，携帯電話，ゲーム機器，ノートパソコン，本，雑誌などは，その活動に夢中になっているように見えることになります。

3. **共通の興味を探す**——お子さんは何気なく相手を見ながら，相手と共有できそうないくつかの共通した興味を見つけることが重要です。たとえば，もし相手が携帯電話を見ていて，お子さんも同じものを持っていたり，持とうと考えているとすれば，このことは共通の興味になるでしょう。もし相手があるゲームのデザインＴシャツを着ていて，お子さんがたまたまそのビデオゲームを知っていて好きであれば，これは共通の興味になります。もし相手が科学の教科書を読んでいて，お子さんも科学が好きならば，またこれも共通の興味でしょう。あるいは，もし相手がマンガを持ち歩いていて，お子さんがマンガ好きならば，それが共通の興味になります。

4. **共通の興味について話す**——いったん相手との共通の興味がはっきりしたら，そのことについて話したい気持ちになるでしょう。それが共有された興味についてコメントする，質問をする，褒めるというステップにつながるのです。たとえば，もし共通の興味が携帯電話ならば，携帯電話についてコメントすることや，それが好きかどうか尋ねるのは適切な質問です。もし共通の興味が特定のビデオゲームならば，Ｔシャツのロゴのことを話題にし，その選択を褒めるとよいでしょう。もし共通の興味が科学ならば，科学の教科書についてコメントすることやどんなテーマが好きなのかについて尋ねることもよいアイディアです。あるいはもし共通の興味がマンガなら，雑誌について話したり，キャラクターやあらすじについてコメントしたりすると会話がスムーズになります。

5. **共通の興味について情報交換する**——明らかな共通の興味についてコメントをした後に，お子さんはその話題について情報交換を試みる必要があります。これには追いかけ質問や自分からした質問への回答，その話題に関連する情報を共有することなどが含まれます。共通の興味を見つけるのがこの会話の目標であることを心に留めて，ルールに従うことが重要でしょう（まだそれを始めていなかったとしても）。

6. **相手の興味を見極める**——次の重要なステップは，お子さんが話し相手の興味が何かを見極めることです。このステップは，お子さんが最初にコメントをしたときから始まり，情報交換のプロセス全体を通して続いていくものです。お子さんが気の進まない，あるいは関心がなくなった話し相手には会話を強要すべきではないので，相手の興味を見極めることは重要です。では，どのようにしてお子さんは，相手が話に興味があるかどうか知ることができるでしょうか。相手の興味について，情報を提供してくれる明らかな行動が3つあります。それは言語的手がかり，ボディランゲージ，アイコンタクトです。言語的手がかりは，相手が

お子さんに向かって実際に話しているかどうかです。もしそうならば心地よく話しかけているか，話題が広がっていっているかを見ます。ボディランゲージは，相手がお子さんに身体を向けているかどうかということを示しています。人は話に関心があるとき，たいてい話している相手に体を向けます。話に関心がないときは，冷たくあしらうように体の向きを変えてしまいます。アイコンタクトは，相手があなたのお子さんを見ているかどうかということです。人は話し相手に関心があるとき，適度に目を合わせます。笑顔さえ見せるでしょう。もし彼らがアイコンタクトをしなかったり，顔を合わせなかったり，あるいは目をくるっと回したりしているなら，会話に関心がないサインです。この見極めを簡単にするためには，お子さんに以下の質問について考えるように教えるとよいでしょう。

　　a. 彼らはあなたに話していますか？
　　b. 彼らはあなたに顔を合わせていますか？
　　c. 彼らはあなたを見ていますか？

7. **自己紹介する**——これまでにその人と出会ったことがない場合，会話に入る最終ステップは，お子さんが自己紹介をすることです。多くの大人がこれを最初にすべきだと間違って教えていますが，会話を始めるプロセスの最後の段階であることを知っておいてください。友人や知り合いなどをフォーマルに紹介されていないとき，10代の若者や青年同士の間では，お互いに知り合いたいという段階に来たら，自己紹介はちょっとした情報交換後に自然に起きるのです。例えば「ところで僕の名前はダンです」とか「自己紹介をしないといけないね。僕はダンです」というか感じで始まります。この自己紹介は握手をして始まる（普通は大人の場合）こともありますが，その状況や個人的な好みによります。もしお子さんが握手をすべきかわからないときは，相手がどう出るかを待って，その行動に従うのが一番でしょう。

☞ソーシャルコーチへのヒント（社会性の指導のコツ） お子さんと以下に示されたステップを共有し，これらの手順を，あなたや，最終的には友だちとなるかもしれない人と実践する機会を促してください。そして，本章の最後にある社会的場面例を一緒に読み，DVDにある適切な会話の入り方・不適切な会話の入り方のロールプレイを見てください。その後，相手の立場に立って考える質問を用いて，これらの例について話し合ってください。

☞ソーシャルコーチへのヒント（社会性の指導のコツ） 私たちの経験では，多くの10代の若者や青年が，ここに示されているステップに従うことができます。しかし，あなたのお子さんが全ての手順を覚えるのが難しければ，簡略版は以下の通りです。

①少し目を合わせる
②共通の興味を見つける
③共通の興味について話をする
④情報交換をする

グループの会話に入るステップ

　次に示されているのは，お子さんが2人以上の全く知らないか，あるいは少ししか知らないグループの会話に入ろうとするときに適切なステップです。お子さんの友だちがいるグループに近づいて行って話しかけることは全く問題ありませんが，あまり知らない，あるいは全く知らない人たちとのプロセスはもっと複雑になります。以下のステップは，どれも飛ばすことなく，提示された順番通りに行ってください。

1. **会話を注意深く聞く**——お子さんがほとんど知らないか，あるいは全く知らない人たちの会話に入っていこうとする前に，まずすべきことは会話を注意深く聞き，何について話しているか把握しようとすることです。話題が何かを聴き取ることは，お子さんがこの会話に参加するかどうか，どのように参加するかを決定する重要なステップです。話を聞きながら，グループの人たちがお互いに楽しく話しているかどうかを確認する必要があります。このことが重要なのは，もし楽しく話していなければ，お子さんが会話に加わろうとしたときに，心地よく話しかけてくれる可能性は低くなるからです。

2. **少し離れたところで目立たないように見る**——お子さんは，グループから少し離れたところで目立たないようにしながら，さりげなく会話の内容に耳を傾け，グループの様子を見ましょう。これは一度に1～2秒間ほど，ちらほらそのグループの方を軽く見ることを意味しています。つまり，その集団をじっと見るということではありません。そんなことをすると，盗み聞きのように見えるので，相手を不快にさせるでしょう。実際にはお子さんが盗み聞きをしていたとしても，そのように思わせてはいけません。また，グループのなかに誰か知り合いがいるかどうか気をつけるようにしましょう。全く誰も知らないグループに入るより，知っている人が1人でもいるだけで会話に入ることが容易になります。というのも，そのグループに知っている人がいて，お子さんの悪い噂がない場合は受け入れられやすいからです。これは，新しい人々との会話に決して入れないと言っているわけではありません。しかし，可能な範囲でリスクが低くなる状況をつくるようにすべきです。

3. **小道具を使う**——お子さんが離れた場所から，グループの会話をさりげなく見ながら聞いている間，本人が夢中になっているように見える小道具を使うことが役に立ちます。たとえば，多くの人は携帯電話を小道具として使います。会話を聞いているけれどもEメールのチェックか，テキストを打っているように見えるからです。ほかに役立つ小道具としては，ゲーム機やノートパソコン，本，雑誌などがあります。小道具は，どれもお子さんが盗み聞きをしているというよりは，むしろ何か他の活動に没頭しているように見えるものであることが重要です。

4. **会話の話題をとらえる**——会話を聞く最も重要な目的は，話し合われている話題が分かるということでしょう。話題は会話の流れで時々移っていくので，お子さんはその間，話題についていくことが重要です。これはお子さんが，グループが話していることを理解できるかどうかを確認することでもあります。もし彼らが馴染みのない話題を話していたら，その会話には加わるべきではありません。なぜなら，もしお子さんが参加したら，会話の流れが遅く

なって，相手をイライラさせ，退屈にもさせてしまうかもしれないからです．

5. **話題について共通の興味をもっていることを確認する**——会話に加わろうとする前に，お子さんはその話題と自分が共通の興味をもっているかどうかを確認してください．これは，お子さんがそのグループが話し合っている話題について何か知っている必要があるということです．もし，その話題についてほとんど知らないのに会話に入ろうすると，グループの人たちはイライラしたり，怒ったりするでしょう．このことが重要なのは，お子さんの目的は，まるですでにそこにいたかのように，その会話の勢いや流れを変えないで入っていくことだからです．もし会話を聞いている途中で，お子さんが話し合われている話題についてほとんど知らないことに気づいたら，もう少し適切な話題が出るかどうか様子を見て待つか，違う機会に加わるようにするか，他の集団に入るかのいずれかをすべきでしょう．

6. **少しだけ多くアイコンタクトを取る**——お子さんが，その話題について共通の興味をもっていることがわかり，加わったほうがよいグループだと決めたら，次のステップはそのグループと少しだけ多くアイコンタクトを取ることです．少し多くアイコンタクトを取るというのは，お子さんがそのグループに関心をもっていて会話に加わりたいという意図があることを示しています．もちろん，これはグループをじっと見るということではありません．なぜなら，じっと見ることは相手を不快にさせるだけだからです．4～5秒ほどグループをじっと見て（以前のアイコンタクトよりも数秒長い），それから視線をそらせば，関心が深まっていることが十分示せるでしょう．この段階になると，グループの人たちは，お子さんに気づきはじめてこちらを見るでしょう．もし相手が関心を示したら（こちらを見ている，笑顔を見せている），加わるよいチャンスでしょう．

7. **もっとグループに近づく**——会話に加わろうと決めて，少し多くアイコンタクトを取る段階になると，お子さんはそのグループのもっと近い距離に行く必要があります．このステップは，次の2つのステップに進む前，会話の間が空くのを少し待ち，その話題について質問したり，コメントしたりして加わる直前のわずか数秒の間に起きます．実際にこれらの3つのステップを観察すると，しばしば同時に起きているように見えます．しかし私たちは，10代の若者や青年であるお子さんにとってわかりやすくするため，同時に行う行動を別々にとらえて流れを単純化しました．それでは，お子さんはどこまで近づくべきでしょうか？　一般的には，片腕1本から2本分離れたところに立つのが適切です．それより近すぎると，侵入的に感じてしまいます．それより遠くなると，離れすぎているように感じます．お子さんがグループに近づくと，しばしばグループのメンバーは誰かが自分たちの輪に入ってきたことに気づいて，さりげなく見るでしょう．この空間的力動の変化は，会話に参加するための次のステップにつながる，会話の自然な間を作り出します．

8. **会話における短い間を待つ**——会話に入る次の重要なステップは，加わる前に会話の短い間を待つということです．会話の短い間を待たなければいけないのは，会話の流れを中断すべきではないからです．前のステップで示されていたように，この間は必ずあるというわけではないですが，人が近づいてきたときに生じる自然な反応であり，話し手が次の人に変わろうとするときが加わる一番よいタイミングです．会話の途中で完璧な間というのはなかなかないので，お子さんは，軽く入れそうな瞬間を探します．たいていの場合，会話の話し手が

次の人に移るときが，会話に入るよいタイミングです。ちょっとした間を待つのは，沈黙の時間を探すことが目的ではありません。それよりも，会話の流れをあまり邪魔しないようにしたいからです。UCLAのPEERSクリニックでの経験では，この戦略を実行する際に，社会性に課題のある10代の若者や青年の最も共通した問題は，完全な間を待ってしまうことです。完全な間というのはありえず，もしそれを待っていたら永遠に待ちつづけなければならないと再度強調しておきたいと思います。それよりも，お子さんに教えるときには，会話をしている人が変わるときに入り，あまり会話を邪魔しないようにと励ましてあげてください。

> 10代の若者や青年が，会話の短い間を待たなければいけないのは，会話の流れを中断すべきではないからである。

9. **話題についてコメントをするか，質問をする**——次のステップは，グループの会話に入るプロセスで最も重要と言えるかもしれません。このプロセスでは，お子さんがその話題について質問をしたり，コメントをしたりして，そのグループと関わりはじめます。言い換えれば，お子さんが会話に参加するための理由が必要であり，その理由となるのは，本人がその会話に貢献する興味深いものをもっているということです。話題にとどまることの大切さは，強調してもしすぎることはないでしょう。なぜならそれは，会話へ入ることが成功するか，失敗するかにつながるからです。社会性に課題をもつ10代の若者や青年が犯す共通した社会的誤りは，（現在の会話のテーマに無関係な）自分自身が関心のある話題で会話に入っていくことにあります。多くの場合，話題から外れることは会話の流れが乱れ，妨害されたりするので，仲間からの拒否されてしまうことになります。そうではなく，会話の流れを変えたり，グループの邪魔をしないということが，会話に入るときの目標です。

> 話題について質問をしたり，コメントをしたりすることで，そのグループと関わりはじめる。

10. **自分への関心を見極める**——お子さんがいったん会話に加わったら，次はその会話にとどまるべきかどうか，メンバーの自分への関心の程度を見極めることが重要になってくるでしょう。あなたと話しているときに，相手が自分に関心をもってくれているかどうかを教えてくれるのは，言葉の手がかり，ボディランゲージやアイコンタクトを含めた行動指標だということを覚えていますか。言語的手がかりは，グループの人が実際にあなたに話しているかどうか，心地よく話をしているかどうか，質問やコメントに対して話が広がるような答えをするかどうかなどです。ボディランゲージは，加わろうとしたときにグループがあなたに向かい合っているかどうかです。人々はグループで話しているとき，円になって話します。彼らがあなたと興味をもって話していれば，その円を開けてくれるでしょう（そして自分たちの体をあなたに向けるでしょう）。もし彼らが興味をもってくれなければ，円は閉じられたままか（体はそっぽを向きます），冷たい態度を取ります。興味をもっていれば，お子さんを見て，微笑んでくれることさえあるかもしれません。この判断を簡単にするために，お子さんは以下の質問に答えるとよいでしょう。

  a. 彼らは私に話しかけていますか？
  b. 彼らは私に身体を向けていますか？
  c. 彼らは私を見ていますか？

11. 自己紹介をする——グループの会話に入るプロセスの最後のステップは，あまり親しくない人には自己紹介をするということです。このステップは，会話へ入ることを受け入れられたときか，長めの会話をしたときに行います（通常は数分です）。多くの人が間違って助言しているように，自己紹介は最初のステップではなく，最後のステップであることに再度注目してください。「ところで，私の名前はジェニファーです」や「自己紹介しないといけないですね。私はジェニファーです」といったようなことを話して，自己紹介は行われることを覚えておきましょう。これには握手などが伴うかもしれません（成人の間では多いですが，10代の若者の間ではまれです）。しかしこれは，その状況や話し相手の習慣によります。

☞ ソーシャルコーチへのヒント（社会性の指導のコツ） これらのステップを学ぶために，お子さんと一緒に本章の要約にある社会的場面例を読むことをお勧めします。そして集団の会話への適切な入り方・不適切な入り方のDVDを見てください。さらにその実演について相手の視点を問う質問を用いて話し合ってください。

☞ ソーシャルコーチへのヒント（社会性の指導のコツ） お子さんがこれらのスキルを学ぶのをサポートするために，まずは保護者と，そして最終的にはこれから友人となりそうな人と一緒に，これらのステップを実践する多くの機会を作ることをお勧めします。仲間から拒否された経験のある10代の若者や青年が，会話に入っていく際に出会う最も共通した困難さは，グループの会話を見たり聞いたりせずに，突然加わり，またすぐ話題からそれてしまうことです。社会的に無視された10代の若者や青年に最も共通した問題には，完全な間を待ってしまうということもあります。お子さんに，決して完全な間を待ってはいけないと注意したとしても，彼らは依然としてそれを待とうとするかもしれません。あなたはソーシャルコーチとして，繰り返し練習することでお子さんがこれらのステップに従えるとわかっておくことが大切です（次のページに挙げられている短縮されたステップのみであっても）。すぐには完璧にできないかもしれませんが，習うより慣れろという言葉をご存知ですね。では，たくさんの実践する機会を計画してください。

☞ ソーシャルコーチへのヒント（社会性の指導のコツ） UCLAのPEERSクリニックで一緒に取り組んでいる保護者のなかには，自分のお子さんがここに書いてあるステップに従えるか自信が持てないと話される方もいます。私たちのこれまでの経験では，多くの10代の若者や青年はいくつかの問題を抱えながらも，これらのステップを踏むことができます。ただあなたのお子さんがすべてのステップを覚えておくのは難しいという場合は，以下の簡略版を利用されるとよいでしょう。

①何を話しているか，様子を見て，話を聞きましょう
②少し近くに移動しましょう
③間を待ちましょう
④その話題について質問をしたり，コメントをしたりしましょう

モーガンのサクセスストーリー──友人を作る

　これらの生態学的に有効なステップを具体的に記述されたものはほとんどありませんが、会話への入り方・始め方を知っていることは、私たち皆が求められるソーシャルスキルのひとつです。会話へ入るのは、社会的に有能である人でさえ不安になる場面ですが、そのような状況でどのようにふるまえばよいかわかりづらい社会性に課題のある10代の若者や青年にとっては、さらに困難なことです。この問題をより複雑にしているのは、善意のある大人が時折どうすべきか、間違ったアドバイスをすることがあるからです。社会不安障害と不登校の経験のある14歳の少女モーガンの場合がその例です。

　モーガンは、美しくあどけない顔をした魅力的な若い女性でした。彼女は映画や音楽が大好きで、同年代の多くの少女と同じように流行のコミック『トワイライト』に夢中でした。表面的にはモーガンは定型発達の若い少女のように見えました。しかし、モーガンは強い社会不安に苦しみ、同年代の女の子と一緒にいるのがとても恐ろしいと感じていることがわかったので、両親は彼女にPEERSに来る前の2年間在宅教育を受けさせました。極度の社会不安にもかかわらず、モーガンは友人をほしいと思っていました。彼女は孤独感を抱き孤立していて、ひそかにいつか学校に戻りたいと願っていました。

　モーガンは人と関わることに強い不安を抱いていましたが、自分があまりよく知らない人に話しかけるのは最も恐れていました。彼女は新しい人々と会おうとするときはいつでも"きっとうまくいかない"と思い、誰も彼女に話しかけたくないのだと訴えました。おそらくそれは、人々はモーガンに話しかけたくないのではなく、彼女のアプローチの仕方がよくなかったのです。彼女は何年も善意のある大人から、新しい人々と出会いたかったら、近づいて行って「やぁ」といって自己紹介しなさいと教えられてきました。この不適切な方略を使う勇気を奮い立たせることができたとき、彼女がしばしば混乱した虚ろな視線に出会ったとしても驚くことではないでしょう。モーガンは、このような周りの反応から、人々が自分に話しかけたくないのだと考え、不安と混乱をただ増すことになっていたのです。

　モーガンにとって会話の始め方やグループの会話への入り方について生態学的に有効なステップを学ぶことは、彼女が社会的に不安な10代の若者から社会的にうまくやっていける若者に変容するために重要なことでした。このプロセスには長い期間を要しましたが（モーガンは私たちのソーシャルスキルグループを終えてからも、これらのステップを実践する勇気を奮い立たせるのに数週間必要でした）、最終的に彼女は、会話に入ることに成功しました。ではどのようにしたのでしょう？　彼女は、地域の新しい聖歌隊で少女向けの女声グループを見つけました。そこはチーム・エドワードや、同じくらい好きなチーム・ジェイコブの魅力を語ったりすることが好きな人の集まりでした。彼女の『トワイライト』好きは、最終的には社会的に排除される状況から出て行く扉を開けるカギとなりました。初めてうまくいってから数カ月が過ぎ、自信をもてるようになったモーガンのコメントがあります。「人々は私のことは嫌いなのだと思っていました。前の学校では誰も私と話したがりませんでした。最初は友だちを作ろうとしました……でも、やり方が間違っていることを知らなかったのです。何と言えばいいのか知らなかったのです。私がそこに少し立って、彼らは何も話さない……そして私のことを変なやつだなぁという風に見る。そして

私は，とうとう努力することをやめました。そのことで泣いたこともあります。でも今，どう人に話しかければよいか知ることができました。自分が興味をもっている，話せる内容を見つけたのです。あの日，彼らが『トワイライト』について話していた時のように，私も"そのことについて話せるわ"という気分でした。そしてついに私はやってみたのです。すると彼らは私に質問をしはじめました。今ではこのステップがどんなにうまくいくかを実感しています，これが友だちを作る方法なのですね」。

　モーガンの物語は，私たちがPEERSクリニックで会っている他の社会不安のある10代の若者や青年とそれほど違いはありません。もしあなたが，お子さんは社会不安に打ち勝てないほどとても強く恐怖を抱いていると心配しているなら，モーガンのことを思い出してください。彼女は現在高校に通い，学校の聖歌隊に参加し，大好きな『トワイライト』のものを一緒に共有できる女友だちの仲間をもつ活発な少女になっています。

会話を始めること・会話に入ること
思春期・青年期の子どもたちのための本章のまとめ

以下には，10代の若者や青年向けに，本章の要約が簡潔にまとめられています。

個別の会話を始めるステップ

　共通の友人や知り合いがいない新しい人々と会う一番よい方法は，まず会話を始めることです。時おり大人は，グループに近づいて自己紹介するか，「やぁ」と声をかけるようにアドバイスをしますが，新しい人との出会いは実際にはそのように始まるわけではありません。社会的にうまくやれている10代の若者や青年が，全く知らない人やあまりよく知らない人と，どのようにして個別の会話を始めるかについてのステップは以下の通りです。

1. **何気なく，その人の様子を見る**——誰かと会話を始めようと考えているときは，1〜2秒何気なく相手を見て（じっと見つめることはしない），まず相手に興味があることを示しましょう。
2. **小道具を使う**——何気なく見るときに（アイコンタクトを取ろうとしながら），携帯電話やゲーム機，本など，あなたが他の活動に夢中になっているように見える小道具を使うことが役立ちます。
3. **共通の興味を探す**——何気なく相手を見ながら，あなたは相手と共有できそうな共通の興味を見つける必要があります。同じ携帯電話をもっているかもしれないし，その人はあなたと同じビデオゲームが好きかもしれません。
4. **共通の興味についてコメントをする**——あなたと相手が共有できそうな共通の興味がわかったら，そのことについてコメントや質問をしたり，褒めたりしてみましょう。これが，相手に話しかけるための口実になります。
5. **共通の興味について情報交換する**——その次に，追いかけ質問をしたり，自分がした質問に答えたり，あなた自身についての関連する情報を共有したりすることで，その共通の興味について情報交換をする必要があります。

6. **相手の自分に対する関心を見極める**——次のステップは，話をしている相手がどれほど自分との会話に興味を持っているかを見極める必要があります。もし，相手があなたと話すことに関心があるように見えなかったらその場を離れましょう。以下の質問を自分に尋ねてみると，相手があなたと話したがっているかどうかがわかります。
   a. 彼らは私に話しかけていますか？
   b. 彼らは私のほうに身体を向けていますか？（あるいは冷ややかな態度を取っていますか？）
   c. 彼らは私を見ていますか？
7. **自己紹介をする**——もしその人とこれまで一度も会ったことがなく，かつその人があなたと話すことに興味をもっているように見えたら，会話を始める最後のステップは自己紹介をすることです。

社会的な場面でのエピソード　個別の会話を始める（悪い例）

次のエピソードは，付録のDVDにある"不適切な会話の始め方"についてのロールプレイの台本です。

ベン：（携帯電話のゲームを見ている，握りこぶしを作って）よし！
アレックス：（歩いてきて，さえぎるように）やぁ，昨夜コミック展に行った？
ベン：（混乱して）何？
アレックス：コミック展だよ。そこにいた？
ベン：（携帯電話をみながら）今ゲームを見てるんだよ。うーん……
アレックス：でも，昨日そこに行った？
ベン：あー，行ってない。行ってない。
アレックス：へえ，俺はそこにいたんだ。すごかったよ。君も行くべきだったね。マンガは好きかい？
ベン：（イライラしているように見える。携帯電話をみながら）うーん，あぁ。そうだよ。でも今ゲームを見ているんだ……
アレックス：（干渉して）なぜ行かなかったんだよ。行くべきだったな。みんないたんだぜ。
ベン：……今ゲームをやっているんだよ。
アレックス：あぁ，それじゃ，来週はいくつもり？
ベン：（イライラして）うーん，わからない。
アレックス：本当によかったよ。絶対にいいから見るべきだよ。
ベン：（携帯電話をみて）わかった，わかった。

他者の立場に立って考えるための質問

・ベンにとって，このやりとりはどうだったでしょう？
　答え：不快だ，イライラする，奇妙だ，混乱する，退屈だ
・ベンは，アレックスについてどのように思っているでしょう？
　答え：変だ，奇妙だ，不快だ
・ベンは，またアレックスに話をしたいと思いますか？

答え：いいえ，かなり変で不快だから

社会的な場面でのエピソード　個別の会話を始める（良い例）
次のエピソードは，付録のDVDにある"適切な会話の始め方"についてのロールプレイの台本です。

ベン：（携帯電話のゲームを見ている，握りこぶしを作って）よし！
アレックス：（本棚に本をしまい，ベンの携帯電話のゲームを見ている）おぉ，それってあのゲーム？
ベン：うん，そうそう。
アレックス：（ベンのほうへ寄っていく）すごい，今何点？
ベン：うーん，3-0，残り数分だ。
アレックス：そりゃ，大変だ。すごいね。エンタテイメント試合なの？
ベン：そうそう。とってもいいよ。昨晩の試合見た？
アレックス：いいや。図書館にいて，できなかったんだ。携帯にどうやって手に入れたの？
ベン：ええと，このアプリをもっているんだ。無料だよ。
アレックス：へぇ，そうなんだ。それはいいなあ。電池たくさん使うでしょう？
ベン：うん，まぁ。でもそれだけの価値はあるよ。
アレックス：うん，それはすごいね。
ベン：あぁ
アレックス：俺もそのうち1つを手に入れたら，図書館で見られるね。
ベン：うん，そうすべきだよ。すごいから。
（しばらく話した後，アレックスはベンに自己紹介をした）

他者の立場に立って考えるための質問
・ベンにとって，このやりとりはどうだったでしょう？
　　答え：楽しい，快適，心地よい
・ベンは，アレックスについてどのように思っているでしょう？
　　答え：素敵，親しみやすい，かっこいい，社交的
・ベンは，またアレックスと話をしたいと思いますか？
　　答え：おそらく，そうだ，かっこいいと思う

グループの会話に入るための手順

新しい人々と出会うもう1つの方法が，"グループの会話に入る"です。これは，あなたがまだ知り合いでない人々の集まりや課外活動に入るときに，特に役立つ方法です。個別の会話を始めるのと同じように，大人はグループの近くに行って自己紹介したり，時おり「やぁ」と声をかけるように助言しています。しかし，これは社会的にうまくやれている若者がしていることではありません。その代わりに，ほとんど知らない，あるいは全く知らない人が2名以上いるグループの会話に入っていくためには，以下のステップを踏むべきです。

1. **ひそかに会話を聞く**──ほとんど知らない，あるいは全く知らない人が2名以上いるグループの会話に入っていこうとする前に，まずその会話をひそかに聞き，何を話しているかキャッチするよう努める必要があります。
2. **目立たないよう少し離れたところから見る**──会話を聞いている間，あなたは目立たないように少し離れたところから見る必要があります。これは，彼らをじっと見つめることなく，時々1～2秒ぐらいグループを見るということです。
3. **小道具を使用する**──グループの様子を見ながら会話を聞いている間，あなたが他のものに集中しているようにみえる携帯電話のような小道具を使うとよいでしょう。
4. **会話の話題をとらえる**──会話を聞く一番の重要な目的は，話し合われている内容が何かをとらえることです。話題は何度も移り変わっていくので，会話の流れに確実についていくことが重要です。
5. **相手と共通の興味を共有しているか確かめる**──会話に加わろうとする前に，あなたがその話題での共通の興味を相手と共有しているか確かめる必要があります。共通の興味が会話に参加する口実になります。
6. **少し多くアイコンタクトをとる**──相手との共通の興味を共有しようと決めたら，そのグループに対して，少し多めのアイコンタクトを取りましょう。これは，彼らや彼らの話していることにあなたの関心が増していることを示します。ただし，じっと見つめないように気をつけましょう。見るのは毎回，4～5秒以下です。
7. **グループに少し近づく**──その会話に参加すると決め，少し多めのアイコンタクトをしはじめたら，グループに少しだけ近づく必要があります。たいてい片腕の長さくらいがよいでしょう。
8. **会話のちょっとした間を待つ**──次のステップは，会話に加わる前に，ちょっとした間を待つということです。完全な間というのは決してありませんので，あまり会話の妨げにならないように気をつけましょう。
9. **その話題について質問やコメントをする**──その話題について質問をするか，コメントをして会話に加わります。これはあなたがその会話に加わる理由となります。
10. **グループの関心を見極める**──以下の質問を自分に問うことで，そのグループがあなたと話したがっているか確認をしてください。
    a. 彼らは私に話しかけていますか？
    b. 彼らは私のほうに身体を向けていますか？（あるいは冷ややかな態度をとっていますか？）
    c. 彼らは私を見ていますか？
11. **自己紹介をする**──グループの会話に入る最後のステップは，まだ知り合いではない人に自己紹介をするということです。しばらく（少なくとも数分）話した後に自己紹介し，そのグループの会話に受け入れられたことを確認します。

社会的な場面でのエピソード グループの会話に入る（悪い例）

次のエピソードは，付録のDVDにある"不適切にグループの会話に入る"というロールプレイの台本です。

マリー，アレックス，ララ：（立ち話をしている）
ララ：それで，アレックス。きっと信じられないと思うけど，昨日，ピアノのレッスン

場でマリーに出会ったの。
アレックス：（マリーのほうを向いて）へぇ，まさか，君がピアノを弾くの？
マリー：えぇ，やっているわ。でも信じられない……これまで一度もララと出会うことなかったから。
ララ：本当にそうよね。
アレックス：すごい。
ララ：（アレックスのほうを向いて）何か音楽やるの？
アレックス：そうだねぇ，俺は……
ヤサミン：（近づいて，突然会話に入ってくる）みんな，ウォーターパークにいなかった？
マリー，アレックス，ララ：（驚いている）
マリー：（混乱して）ウォーターパーク？　いいえ。
アレックス：（マリーのほうを向いて）うん，何て言ったの？
ヤサミン：（さえぎって）新しいウォーターパークがちょうどオープンしたばかりなの。
ララ：（アレックスのほうを向き，ヤサミンを無視して）アレックス，何か音楽やるの？
ヤサミン：それはすごいわ！
アレックス：（ヤサミンに話しながら）ああ，俺はギターを弾くんだ。
ヤサミン：（さえぎって）そこにはとても高いところからスタートするスライダーがあって，もうとにかくグルグル，グルグル回って降りてくるの。とっても楽しいわよ。
マリー，アレックス，ララ：（イライラしているように見える）
マリー：（ヤサミンに話しながら）ふーん，そう。
アレックス：（ヤサミンに話しながら）うーん，エレキギターなんだけど。
マリー：（アレックスのほうを向いて）カッコいい！
ララ：（アレックスのほうを向いて）とっても素敵ね。どこかで演奏したりする？
ヤサミン：（3人に話しながら）本当に早く落ちるスライダーなのよ。とっても楽しいの！
アレックス：（混乱しながら）うーん，家のガレージで。
ヤサミン：（依然として3人に話しながら）ボディサーフの場所もあるの。みんなはボディサーフに乗ったことがある？
ララ：（アレックスのほうを向く。ヤサミンに対してイライラしている）家のガレージ？　ごめんね。ガレージで弾いているの？
アレックス：（ヤサミンに話そうとしながら）あぁ……ガレージで。
ヤサミン：（依然として3人に話す）とっても楽しくて，場所も近いのよね。

他者の立場に立って考えるための質問

・マリー，アレックス，ララにとってこのやりとりはどうだったでしょうか？
　答え：不快，気まずい，混乱する，奇妙
・彼らは，ヤサミンのことをどんな風に思っているでしょうか？
　答え：奇妙，風変わり，イライラさせる，気にさわる
・彼らは，またヤサミンに話をしたいと思うでしょうか？
　答え：いいえ，とても奇妙でイライラさせられるから

社会的な場面でのエピソード　グループの会話に入る（良い例）

　次のエピソードは，付録のDVDにある"適切にグループの会話の入る"というロールプレイの台本です。

　　マリー，アレックス，ララ：（立ち話をしている）
　　ヤサミン：（少し離れた場所に立っている，携帯電話を見ている）
　　ララ：それで，アレックス。きっと信じられないと思うけど，昨日，ピアノのレッスンが終わって帰ろうとしたら，マリーに出会ったの。
　　アレックス：ええ，まさか？（マリーのほうを向いて）君，ピアノを弾くの？
　　マリー：えぇ，やっているわ。でも信じられない……これまで一度もララと出会うことなかったから。
　　ララ：私も信じられない。
　　アレックス：へえ，それはおもしろいよね。
　　ララ：（アレックスのほうを向いて）何か音楽やるの？
　　アレックス：ギターを弾くよ。
　　マリー：かっこいい。
　　ララ：まあ，いいわね。私は今ちょうどギター始めたばかりなの。
　　アレックス：おぉ，それは素晴らしいね。エレキギターそれともアコースティックギター？
　　ララ：いいえ。私はアコースティックギターをやるの。あなたはどう？
　　アレックス：俺はエレキギター。
　　ヤサミン：（関心があることを示しはじめながら，定期的にマリー，アレックス，ララを見ている）
　　ララ：それは，いいね。
　　アレックス：（マリーに向かって）君は何かやるの？
　　マリー：いいえ。でも本当は何か学びたいなって思っているの。
　　ララ：とっても楽しいわよ。絶対に何かレッスンを受けるといいわ。
　　マリー：私もそのほうがいいような気がする。
　　ヤサミン：（近づいてきて，間が空くのを待って）ギターを弾くの？
　　ララ：（ヤサミンを見て）えぇ，私たちはちょうどその話をしていたところなの。アレックスと私が弾くのよ。
　　アレックス：（ヤサミンを見て）俺たち2人とも弾くんだ。
　　ヤサミン：へぇ，カッコいい！　何を弾くの？
　　ララ：私はアコースティックギター。
　　アレックス：そして俺はエレキギター。
　　ヤサミン：いいわね。実は私，アコースティックギターを弾くの。
　　ララ：へぇ，いいね。
　　ヤサミン：ええ，今では5年ぐらいやっているかなあ。
　　マリーとアレックス：すごい。
　　ララ：それは素晴らしいわ！　私はちょうど始めたばかり……
　　アレックス：うん，とっても楽しいよね。
　　ヤサミン：えぇ，大好きなの。（マリーに向かって）あなたも絶対習うといいわよ。

マリー：わかった。そうしたいわ。
ヤサミン：そう！　それはすごくいいわ。
ララ：私たち，時々みんなで演奏するの。楽しいわよ。
アレックス：そうだね！
ヤサミン：私もやりたいわ。
（しばらく会話をした後，ヤサミンはグループに自己紹介をした）

他者の立場に立って考えるための質問
・マリー，アレックス，ララにとってこのやりとりはどうだったでしょうか？
　　答え：とてもよい，楽しい，面白い
・彼らは，ヤサミンのことをどんな風に思っているでしょうか？
　　答え：素敵，心地よい，カッコいい，親しみやすい，社交的
・彼らは，またヤサミンに話をしたいと思うでしょうか？
　　答え：おそらく，そうである，とても親しみやすく見える

思春期・青年期の子どもたちや保護者のためのエクササイズ

10代の若者と青年の皆さんは，保護者と一緒に以下のエクササイズをしましょう。

・本章で示されているステップに従って，保護者と一緒に個別の会話の始め方を練習してください。
　－保護者と一緒に，個別の会話の始め方のステップを復習します。
　－保護者と一緒に，個別の会話の始め方のステップに従って練習をします。
・本章で示されているステップに従って，保護者と，少なくとも他の人1名と一緒にグループの会話に入る練習をしてください。
　－保護者と一緒に，グループの会話に入るステップを復習します。
　－そのステップに従って，保護者と少なくとも他の人1名と一緒に，グループの会話に入る練習をしてください。

・本章で示されているステップに従って，ほとんど知らないか，全く知らない人と個別の会話を始める練習をしてください。
　－個別の会話の始め方を復習することから始めます。FriendMakerモバイルアプリを利用すると，直前にステップを復習できるので役立つでしょう。
　－あなたが自分で見つけたソーシャルグループから，あるいは所属している社会的な活動や課外活動で新たに入ってきた人を相手に選ぶのもよいでしょう。
・本章で示されているステップに従って，よく知らない2名以上の仲間の会話に入る練習をしてください。
　－グループの会話に入るステップを復習することから始めてください。FriendMakerモ

バイルアプリを利用すると，直前に手順を復習できるので役立つでしょう。
－あなたが自分で見つけたソーシャルグループから，あるいは所属している社会的な活動や課外活動で新たに入ってきた仲間を相手に選ぶのもよいでしょう。

第❺章
会話から抜けること

　新しい友だちや知人を作るときの最初のステップのひとつは，よく知らない人と会話を始めたり，会話に入ったりする方法を知ることです。このようなやりとりを，専門用語では仲間入り（peer entry）と言い，会話や遊び，その他のやりとりを通して他者と関わろうとすることを広く意味するものになります。ある研究では，よく知らない人たちの中に仲間入りしようとする試みの約50％は，何らかの形で拒否されると示唆されています。このことは，普通の人がよく知らないか，少しだけ知っている人と10の異なる会話に入ろうと試みた場合，ほぼ半分が何らかの形で拒否されているということです。どのような形で拒否されるかはさまざまでしょう。最も良い場合で，はじめは会話に加わろうとするのを受け止めてもらえますが，途中で会話からはずされるという場合です。最悪の場合は，完全に無視されて，全く取り合ってもらえないか，笑われたりからかわれたりするかもしれません。後者の例は，残念なことに社会性に苦手さのある10代の若者や青年にとってまれなことではありません。おそらく会話に加わろうと試みた人が，会話に入るときに何か間違いを犯してしまったり，よくない評判があったりすると，このようなことが起こりやすくなります。あなたのお子さんが会話に加わるのを受け入れてもらう可能性を高めるためには，第4章で述べた，社会性の面でうまくいっている10代の若者や青年が会話を始め，そして会話に加わるときに用いているステップに従うことが重要になるでしょう。

　とはいえ，友だちを作るための科学の重要なことは，会話に加わろうとしてうまくいかないときにどうすべきか準備しておくことです。会話に加わるためのステップを用いることで，確かに受け入れられる可能性は高まりますが，これらのステップを踏んだ後であっても，仲間に入れてもらえないこともあります。このような拒否される場面を想像するのはつらいかもしれませんが，受け入れてもらえないというのは，実際のところ人と関わる場面では自然に起こりうるということをぜひ覚えておいてください。友人関係は選択です。私たちはみんなと友だちにはなりませんし，だれもが私たちの友だちになるということもありません。つまり，友だちになろうとする試みは，受け入れてもらえることもあれば，受け入れてもらえないこともあるということです。受け入れてもらえなくてもたいしたことではないですし，世界の終わりというわけでもありません。誰かが自分と話したくないからといって，傷ついたり，自己防衛的になったりしなくてもよいのです。このような経験はすべての人に時々起こりうるものと説明することで，10代の若者や青年には普通によくあることだと伝えましょう。UCLAのPEERSクリニックでの取り組みを通して，友だちに受け入れられないことは普通によくあることとして示すほうが，この課題を通過するうえでの大きな最初の第一歩になるということが明らかになっています。わたしたちのクライエントである10代の若者や青年は，会話に入ろうとしても，およそ50％は受け入れてもらえないことや，

> よく知らない人のなかに仲間に入ろうとしたとき，その約50％が何らかの形で拒否されている。

それがさほどたいしたことではなく，誰にでも起こる可能性があると言われることで，会話へ入ることを拒否されても，あまり個人的な問題として受け取る必要はないと学びます。皆さんは，お子さんの社会性を指導するコーチとして，まずこの点を伝えることが重要です。

会話に加わろうとしたときに拒否されることはよくあることだと理解する手助けをするために，若者や青年がどんな場合に話したくないと思うかという理由を考えることは役立ちます。もしもこのことが，お子さんにとって大きな反応を引き起こすきわどい問題であるならば，これらの理由はあなた個人に関わる問題ではないことを繰り返し思い出させてあげてください。そうして動揺させないようにしましょう。その代わり，深呼吸をしてから，なぜこういうことが起こるのか，そしてお子さんが次回は，何をすべきかを考えてみましょう。会話に加わるとき拒否されるひとつの理由は，他の人たちが自分たちだけで話をしたいと思っているときがあるということです。この場合は，もっとよい機会にもう一度試みてみるとよいでしょう。ほかには，そのグループがあなたのお子さんが知らないことについて話しているという理由があるかもしれません。その場合お子さんは，次回は会話に加わる前に何について話しているか，もっと注意深く聞こうと思うようになるでしょう。またひょっとすると，ある人たちは排他的なグループで，仲間以外の人たちと話すことに興味がなく，お子さんは別のグループを選ぶほうがよいということを意味しているかもしれません。あるいは，そのグループはお子さんが会話に加わろうとしたことに気づいていないかもしれません。その場合は会話に加わるステップに従って，もう一度試してみるべきでしょう。もし，お子さんに特定のグループのなかで悪い評判がある場合は，今後は，その評判を知らないか，あるいは評判のことを気にしない人たちとの会話に加わるほうがよいでしょう。

どんな場合でも，どんなプランを立てても，私たちは"会話に加わることを受け入れてもらえないことがある"ということを予想して，準備しておく必要があります。けれども，もしあなたのお子さんが会話に受け入れてもらえてないことに気づかなかったとしたらどうなるでしょうか？社会的な手がかりを読み取るのが苦手な10代の若者や青年は，会話に加わるのを受け入れてもらえていないことに気づかずに，しつこく入ろうとしてしまう可能性があります。これはどのように見えるでしょうか？　次のような場面を想像してみましょう。ある若い男性が，科学の授業後にクラスの仲間のグループにつかつかと近寄って，終わったばかりの科学の実験について話題にすることでグループに加わろうとしたとします。グループの人たちはその話題に興味を示さず，代わりに週末に出かけたパーティーの話をしています。彼らは背中を向けて，グループの輪は閉じられ，その若い男性のほうを見てもいませんし，話しかけもしません。彼はこれらの行動上のサインに気づかず，あくまで会話に入ろうとします。彼は自分がそこにいることを誰も気づいていないと思い，声を大きくして，近づいていきます。そのグループはどんな反応をするでしょうか？　不快な気持ちになってイライラし，彼に対してしかめっ面をしはじめ，仲間同士であきれたように目をくるっと回します。結局彼はグループに入ることをあきらめてその場を立ち去るか，もしかすると動揺したり怒ったりするでしょう。後者の場合は，グループの人たちの無礼なふるまいに疑問を感じ，どうして自分と話そうとしないのかと尋ねるかもしれませんが，それによって騒動になり，さらにマイナスの注目を集める結果となってしまいます。この場合，シナリオ通りにできたものの，彼はグループの人たちの興味をうまく見極めることができずに，会話から適切に抜けることができないという大きな間違いを犯してしまったのです。さらに悪いことに，彼

がしつこく食い下がることで大きく評判を落とし，感情を爆発させたことで下がった評判が決定的なものになってしまうでしょう。残念なことに，社会性の課題をもつ若者たちが時々犯してしまうのが，この社会的な間違いなのです。あなたは，お子さんがすべての会話に受け入れてもらえるとは限らず，そういった経験はごく自然にあること，また誰にでも起こりうることなので個人的なものとして受け取るべきでないということを予測しておくようにサポートする必要があります。会話に入ろうとして受け入れてもらえないと気まずい思いをしますが，次のような会話から抜けるためのステップを用いることで，お子さんは面目を保つことができます。

> 私たちはあらゆる場合で会話に加えてもらえないことがあるということを予想して，準備をしておかなければいけない。

　一般的に，会話から抜けるためのシナリオは3パターンあります。まず1つ目は，あなたのお子さんが受け入れてもらえていないと感じている場合の会話です。2つ目は，最初は受け入れてもらえていると感じていて，もしかすると少しは会話のやりとりができているようですが，その後は会話から閉め出される場合です。3つ目は，お子さんは十分に会話に受け入れてもらえていますが，他の理由で会話をやめる必要があっただけという場合です。以上の各々のシナリオでどのように対処するかの具体的なステップは，以下に説明しています。そして，DVDに入っているロールプレイの台本や他者の立場に立って考えるための質問などを含め，社会的な場でのエピソードが添えられています。

会話に対する自分の興味を見極める
——会話に留まるべきか，立ち去るべきか？

　会話から抜けるためのステップを説明する前に，あなたのお子さんがある会話に受け入れられているかどうかを教えてくれる行動上の手がかりを復習しておくことが重要です。言語的な手がかりやボディランゲージ，アイコンタクトといった行動を思い出してみましょう。

✪ 言語的な手がかり

　会話に加わるときに，その会話に興味がもてるかを見極める最も簡単な方法のひとつが，言語的な手がかりに注目することです。言語的な手がかりには，そのグループが互いにやりとりしながら話をしているかどうか，相手に対して心地良く話しているか，あなたのお子さんの質問やコメントに対して話題が続いていく返答をしているかどうかが含まれます。もしもグループが互いに会話をしていなかったり，心地良くしゃべっていなかったり（もしかすると誰かをからかっていたり，笑い者にしていたりすることさえあります），あるいはお子さんからの質問やコメントに対して簡単な返答をしているなら，お子さんは次のセク

> 言語的な手がかりには，そのグループが互いにやりとりしながら話をしているかどうか，相手に対して心地良く話しているか，あなたのお子さんの質問やコメントに対して話題が続いていく返答をしているかどうかが含まれる。

ションで概要を示されているステップを使って，会話から抜ける必要があるでしょう。

✪ ボディランゲージ

　グループがその会話に興味をもっているかどうかを判断する，重要なもうひとつの手がかりに，ボディランゲージがあります。ボディランゲージは非言語的なコミュニケーションのひとつであり，姿勢やジェスチャー，顔の表情などからなります。ボディランゲージを読み取るのは，少し複雑なプロセスになるでしょう。シンプルにするために，お子さんが会話をしようとしている相手の身体のポジショニングに焦点を当てます。人々は会話に興味をもっているとき，その会話に加わっている人のほうに身体を向けるということは覚えていますね。もしも身体の向きがそれていて，時に冷たくあしらうような姿勢だとしたら，たいてい関心がないというサインです。また，人がグループで会話するときには，輪になって会話をすることがよくあるということを思い出しましょう。人は会話に興味をもっているとき，（相手のほうに自分の身体を向けて）グループの輪を開きます。一方で会話に興味をもっていないとき，（自分の身体を相手からそらして）グループの輪を閉じます。もしも彼らが，身体を相手からそらしていたり，冷たくあしらったり，グループの輪を閉じたりするなら，あなたのお子さんは次のステップを使って，会話から抜ける必要があります。

> グループがその会話に興味をもっているかどうかを決める重要なもうひとつの手がかりに，ボディランゲージがある。

✪ アイコンタクト

　会話に加わるときに，自分がその話題に興味をもっているかを判断するもうひとつの方法に，アイコンタクトがあります。アイコンタクトは，会話をしようとしている相手が何に注目しているかについてヒントを与えてくれるので，相手がその話題に興味があるかどうかを見極めるうえで重要な手がかりになります。人は会話に興味をもっているとき，うなずいたり，笑顔を返したりしながら，会話の相手のほうを見ています。アイコンタクトをしないとか，しかめっ面をする，目をくるっとさせてあきれた表情をすることは，人が会話に関心をもっていないときのサインであり，そのような場合は，お子さんは次のようなステップを踏んで，会話から抜ける必要があります。

> アイコンタクトは，会話をしようとしている相手が何に注目しているかについてヒントを与えてくれるので，相手がその話題に興味があるかどうかを見極める重要な手がかりのひとつである。

　グループの人たちがお子さんとの会話に興味があるかを見極める手がかりをわかりやすくするために，次の3つの質問を考えさせます。覚えておいてください。

・彼らは（グループの人たちは）あなたに話しかけていますか？
・彼らは，あなたのほうに身体を向けていますか（グループの輪を開いていますか，あるいは閉じていますか）？

・彼らは，あなたのほうを見ていますか？

受け入れてもらえないと感じたときに
会話から抜けるためのステップ

　仲間入りに関して，あなたのお子さんが会話に加わろうと試みても，時々受け入れてもらえないことがあるという厳しい現実があります。会話に加わろうと試みたときの約50％は何らかの形で拒否されるということを思い出しましょう。お子さんが自分の評判を落とすのを避けるためには，このような状況に対処できるように準備をするのを手伝うことが必要です。次の作戦は，社会的な場面でうまくやれている10代の若者や青年が，会話に加わろうとしても受け入れてもらえないと感じたときに使う生態学的に有効なステップです。これらのステップは，提示する順番通りに進めてください。

1．落ち着きを保つこと

　いかなる形の仲間からの拒否に対処する場合にも，最初のステップは落ち着きを保つことです。これは，お子さんがすぐに取り乱したり，怒ったりせず，仲間からの拒否を気にしていないようにふるまうということです。取り乱すと，よくない注目を集めるだけですし，ことによると周りで見ている人たちからの評判も下げることになります。落ち着きを保つための作戦は，人によって違います。私たちがPEERSで関わった若者のなかには，落ち着くために心のなかで1から10を数えていると答えた人もいますし，深呼吸をしていると答えた人もいます。その作戦がどういったものであれ，お子さんが会話に受け入れてもらえていると少しも感じられないときに，その会話から出るための最初のステップは，感情を整えて落ち着きを保つことです。感情のコントロールは，社会的な場面で周りに受け入れられることと，とても深く絡み合っていますが，本書ではそのための方法は紹介していません。お子さんがこの領域でさらなる支援が必要でしたら，感情コントロールについて役立つさまざまな情報があります。

> 青年や成人期にあるあなたの子どもは，すぐに取り乱したり，怒ったりせず，仲間の拒否を気にしていないようにふるまう必要がある。

2．ゆっくりと視線をそらす

　受け入れてもらえていないと感じるときに会話から抜ける次のステップは，視線をそらすことです。この場合，お子さんは，グループとは別の方向に目を向けながら，何気なく，ゆっくりと視線をそらしていきます。それは一般的に，お子さんが立っている場所から90度以内の角度です。もしもあなたのお子さんがどこを見るべきか自信がもてなかったら，携帯電話やゲーム機のような小道具を使うことも視線をそらすのに役立つで

> お子さんは，別の方向に焦点を向けながら，何気なく，ゆっくりとグループから視線をそらす（一般的に，お子さんが立っている場所から90度以内）。

しょう。お子さんが視線をそらすと，その行動はどんな印象をグループに与えるでしょうか？　それは，お子さんの関心が他のことに向いている，あるいはもうこれ以上今の会話に興味がないことを示しています。

3. ゆっくりと身体の向きを変える

　お子さんが視線をそらしはじめた後，次のステップは身体の向きを変えることです。これはお子さんが見つめている先と同じ方向に，さりげなく，ゆっくりと身体の向きを変えることです。

> お子さんが見つめている先と同じ方向に，さりげなく，ゆっくりと身体の向きを変える。

お子さんが身体の向きを変えると，それはどんな印象を相手に伝えるでしょうか？　お子さんの注意や興味が，いまや完全に他のところへ向いていて，もう立ち去ろうとしていることを伝えることになります。

4. ゆっくりとさりげなく立ち去る

　受け入れてもらえていないと感じるときに会話から出る最後のステップは，その場から立ち去ることです。これは，お子さんの見ている，顔を向けている方向へとさりげなく，ゆっくりと歩いていくということです。さりげなくゆっくりと立ち去るという行動はグループにどんな印象を与えるでしょうか？　お子さんが会話にもう関心がないことや，もっと興味があり，やるべき重要な何かがほかにあるということを示しています。

> お子さんは自分の見ている，顔を向けている方向へ，さりげなく，ゆっくりと歩いていくべきである。

■☞ソーシャルコーチへのヒント（社会性の指導のコツ）　これは，スムーズにできないと露骨なふるまいのように見えるかもしれません。社会性に課題をもつ若者と関わってきた私たちの経験から言えるのは，視線をそらして，身体の向きを変え，立ち去るというプロセスは，身体と視線が同じ方向に向かって行われなければならないと，明確に説明することが重要だということです。左を見てから，右のほうに身体を向けて，それからまったく違った方向へと歩き出したりすると，会話から抜ける巧みな試みというより，まるで複雑なダンスの動きように見えてしまいます。ユーモラスなイメージを抱くかもしれませんが，あなたはソーシャルコーチとして，それらの行動がいずれも，決めた目指すひとつの方向に向かうようにすべきだとわかりやすく説明する必要があります。

■☞ソーシャルコーチへのヒント（社会性の指導のコツ）　お子さんが，受け入れてもらえていないと感じるときに会話から抜けるためのステップを学ぶために，あなたかもしくは別の人と一緒に繰り返し練習する機会を作ってあげましょう。あなたと一緒に本章の要約にある実際のエピソードを読み，会話に加わろうとしたが受け入れられていると感じないとき会話から抜けるというロー

ルプレイビデオを見ることや，相手の視点に立って考えるための質問を使って話し合うことも重要でしょう。

最初は受け入れられ，後に会話から締め出されたと感じるときに会話から抜けるステップ

　全く知らない人か，少しだけしか知らない人のどちらかの会話に加わろうとしたとき，最初はまるで受け入れられているように思えることがあります。お子さんは，その人たちと少しあらたまった会話のやりとりを交わすことはあるかもしれませんが，実際にはしばらくして，彼らがもはやお子さんとの会話には興味がないと思われる状況になるかもしれません。グループのメンバーは，それ以上お子さんのほうを受け入れるような会話はせず，視線をそらし，身体の向きを変えはじめるかもしれません。このようなタイプのやりとりは比較的普通で，よく起こることだとお話ししましたよね。つまり，もしこのようなことがお子さんに起こったとしても，あまり取り乱しすぎないようにしましょう。おそらく，こういうことは私たちが気づいている以上に，あらゆる人に起こっていて，会話で拒否されるときに最も普通にあるパターンなのです。だから，お子さんが取り乱さないようにする，あるいはそのことをあまり個人的なものとして受け取らないようにすることです。その代わりに，お子さんは社会性の面でうまくやっている人たちがよくしている，生態学的見地からも有効なステップに従って，会話から抜ける必要があります。これらのステップは，提示された順番に従って進めてください。

1．落ち着きを保つこと

　前回と全く同じように，初めは受け入れられていたけれど，途中で会話から閉め出されたときに会話から抜ける最初のステップは，落ち着きを保つことです。もう一度言っておきますが，これはお子さんが取り乱したり，怒ったりしないで，まるで気にしていないようにふるまうことが必要だということです。

> お子さんは取り乱したり，怒ったりしないようにし，まるで気にしていないようにふるまう必要がある。

2．ゆっくりと視線をそらす

　次のステップは，何気なくゆっくりと視線をそらすことです。このことは，お子さんがグループの方向とは違う側のある方向を見たり（90度以内で視線をそらす），携帯電話やゲーム機のような小道具を使ったりすることを意味しています。視線をそらすことで，お子さんの注意がもうほかに移っていること，あるいはお子さんがこれ以上その会話に関心がないという印象を与えることになると覚えておきましょう。

> 視線をそらすことで，お子さんの注意がもうほかに移っているという印象を与える。

3. 会話がとぎれる瞬間を待つ

　最初は受け入れられて，その後に会話から締め出されたときに会話から抜ける次のステップは，会話がとぎれる瞬間を待つことです。お子さんが初めは会話に加わることを受け入れてもらえたので，何も言わずに立ち去ることは，奇妙だとか失礼だと思われます。だまって立ち去るのではなく簡単な一言を伝えるべきですが，その前に会話がとぎれる瞬間を待ちましょう。もしお子さんが会話のとぎれるタイミングを待たなければ，会話の流れを遮ることになって，その行為は失礼で話の邪魔をしているようにも見えます。しかし，会話に加わるステップと同じように，会話がとぎれる完璧なタイミングはないということを覚えておきましょう。このステップを踏む際には，お子さんは立ち去る前に，なるべく会話を邪魔しすぎないようにします。

> 何も言わずに立ち去ることは，奇妙に見える。

4. 立ち去るためのカバーストーリーを話す

　お子さんは，会話がとぎれる瞬間を見つけるのと同様に，会話から抜けてその場を立ち去るための短いカバーストーリー〔訳注：簡単な理由，つじつまを合わせるための口実〕を話す必要があります。カバーストーリーというのは，私たちがなぜあることをするのかという理由です。明確にしておきたいのは，このカバーストーリーという合言葉を使うことで，隠すとか，うそをついているなどのように誰かをだますことを意味しているわけではないということです。カバーストーリーとは，お子さんが会話から抜けて，その場を立ち去らなければならない簡単な理由です。その理由は本当のことかもしれないし，ちょっとした言い訳かもしれません。どちらにしても，お子さんは最初会話に受け入れられていたのに，何も言わずにその場を離れて行ってしまうと奇妙に見えるので，何らかの形で立ち去ることを知らせることが大切です。カバーストーリーは，非常に短いものでなければなりません。「ええと，もう行かないと」や「授業に行かなくちゃ」のように，簡単に何かを言えば十分です。お子さんがその場を立ち去るということを知らせる，手短な言葉だけでよいのです。「おつかれ」や「またね」のようなセリフでも構いません。もしお子さんが二言三言以上の言葉を言うつもりだとしたら，多すぎて会話の邪魔をすることになります。現実は，もはやそのグループはお子さんを会話のなかに受け入れていないので，お子さんがどこに行くかはあまり関心がありません。それでも，もしお子さんが立ち去る前に何も言わなければ，やはり変だとか失礼だと思われるでしょう。

> もしお子さんが立ち去る前に何も言わなければ，変だとか失礼だと思われる。

5. 立ち去る

　最初は受け入れられているけれど，その後に会話に入れてもらえないと感じるとき，会話から抜ける最後のステップは，その場を立ち去ることです。もしお子さんが特定の方向に視線をそらすという最初のステップを踏んだら，お子さんはその方向へ歩きはじめます。もし自分の携帯電

話やゲーム機をちらっと見て視線をそらしたのであれば，どこに行くかはあまり関係ありませんが，立ち去る間はその道具を再び見つめるとよいでしょう。これらのステップを踏むことで，お子さんがこれ以上会話に関心がなく，あるいは，ほかにすることがあるという印象を与えます。うまく対処できると，たいていの場合はそのグループと将来またコミュニケーションが取れる可能性を残しながら，立ち去ることを好意的に受け止めてもらえます。

> 最初は受け入れられているが，その後に会話に入れてもらえないと感じるとき，会話から抜ける最後のステップは，その場を立ち去ることである。

☞ソーシャルコーチへのヒント（社会性の指導のコツ） お子さんがこの作戦を理解し，それをいつ使うかがわかるように手助けするには，あなたと一緒にこれらのステップについて話し合い，あなたや他の人と練習するとよいです。重要なのは，各章のまとめにある社会的場面のエピソードを一緒に読み，最初は会話に受け入れてもらえているけれど，その後は入れてもらえないと感じるときに，会話から抜けるというロールプレイビデオを見ることです。それから，他者の視点に立って考えるための質問を使って，お子さんと話し合いをすることが大切です。

十分に受け入れられていると感じるときに，会話から抜けるためのステップ

　お子さんが知っておく必要のある仲間の会話から抜ける最後のパターンは，十分に受け入れられているときの会話から抜けるという場合です。一般的に言えば，これは仲間の会話から抜ける場合の最もよくあるパターンかもしれません。人は頻繁に会話から抜けなければいけないものです。おそらく授業が始まるとか，ほかに行かなくてはいけないところがあるとかです。しかしここでさらに踏み込んで，社会性に課題を抱える若者が，会話から抜けなければいけないときによくする間違いについて考えてみましょう。彼らはどんなことをする可能性があるでしょうか？ UCLAのPERRSクリニックでよく保護者から報告されるのは，子どもたちがその場を去ろうとしていることや，行く場所を知らせずに立ち去ってしまうというものです。何も言わずに行ってしまうと，他人から奇妙だとか，失礼だと思われてしまうので，別の対策をとるように手助けをする必要があります。以下の方法は，会話には十分に受け入れられていたが単に立ち去る必要があるという場合に，社会性の面でうまくやっている10代の若者や青年が使っている生態学的にも有効な対策です。このステップは以下に紹介されている順番に従って行う必要があります。

> お子さんが知っておく必要のある会話から抜ける最後のパターンは，お子さんが十分に受け入れられているときの会話から立ち去るという場合である。

1. 会話が途切れる瞬間を待つ

会話に十分に受け入れられているときに会話から抜けるための最初のステップは，会話が途切れる間を待つことです。その間は長い必要はなく，話し手が交代する短い瞬間だけで十分です。前述したように，完璧な間というものはありません。そのような瞬間は決してやってこないので，立ち去るための完璧なタイミングを待つべきではありません。その代わりに，お子さんはさよならを言う前に会話の邪魔をしないように気をつけます。

> 十分に受け入れられている会話から抜ける最初のステップは，会話が途切れる間を待つことである。

2. 立ち去るための具体的なカバーストーリー（簡単な理由）を話す

次のステップは，会話から抜けてその場を離れる具体的なカバーストーリーを話すことです。カバーストーリーとは，あることをするための簡単な理由でしたね。この場合，その理由というのは，お子さんがなぜ会話から立ち去る必要があるのかに関係しています。しかしながら，このカバーストーリーは会話から締め出されたときに使ったものとは違います。簡単なカバーストーリーというものよりも，むしろ具体的である必要があるでしょう。例えば，もしお子さんが「行かなくちゃ」とか「授業に行くね」と簡単に言って，会話に受け入れられている仲間のグループから立ち去ったならば，変だなあとか，失礼だと思われる可能性があります。このような簡単なメッセージは，会話に入れてもらえず，グループの人たちがお子さんの行き先に関心のない場合には問題ありません。しかしながら，お子さんを受け入れている仲間だったら，お子さんがどこに行くかが気になりますし，もしあなたのお子さんが単に「また後で」と言うと，「どこに行くの？」とたずねるかもしれません。つまり受け入れてくれている仲間へのカバーストーリーは，少し長く，具体的であるべきです。例えば，もしお子さんが授業に行かなければならない場合は，「あっ，チャイムがもうすぐ鳴りそう。そろそろ授業に行かないと」とか，「科学の中間試験があるから，もう行くね」と言うとよいでしょう。このような場合，お子さんは立ち去るための具体的な理由を仲間に伝えているので，グループのメンバーはお子さんがもう会話をしたくないと思っていると考える可能性は低くなります。

> 受け入れてくれている仲間へのカバーストーリーは，少し長く，より具体的であるべきである。

3.「また会おうね」あるいは「また後で話そう」と言おう

次のステップは，「また会おうね」とか，「またあとで話そう」と言うということです。これはお子さんがその後も会話を続けたいと思っていると相手に伝えることになるので，とてもよい社会的なふるまいです。お子さんは「また後で話そう」「またね」「（実際にお互いにメールのやりとりをするならば）後でメールするよ」というようなことを言うとよいですね。もう一度言いますが，この場合も長く別れの挨拶をする必要はありませんし，次にコミュニケーションを取る正確

な時間や場所の計画を練る必要もありません。友人が次に会う具体的な予定を立てようとしていない限り，必ずしもそのような詳しい情報は必要ありません。

4．別れの挨拶を伝える

お子さんが「またね」と言うと，次には「さようなら」と言おうとするでしょう。これらの2つのステップは通常関連しあって進むものですが，お子さんが混乱するのを避けてより具体的なステップとするために，一連の行動を2つのステップに分けています。別れの挨拶はたいていとても短くて，簡単に「じゃあ」と言ったり，それに続いてさっと手を振ったり，ひょっとするとハグをしたりほほにキスをしたり（欧米では女性に一般的）します。ほかにも，お互いの拳を付き合わせたり，ポンと叩いたりなどがあります。それは手を握って軽くポンと叩くやり方で，握手やハイタッチと同じジェスチャーです（男性のほうが一般的）。

> 次にお子さんは，別れの言葉を言おうとするだろう。

5．立ち去る

十分に受け入れられているときの会話から抜ける最後のステップは，その場から立ち去ることです。この場合は，お子さんがどちらの方向に行くかとか，いかにゆっくりと，もしくは何気なく歩くかについて多くの注意を払う必要はありません。つまり，お子さんは単にその場から立ち去るだけでよいのです。

> 十分に受け入れられているときの会話から抜ける最後のステップは，その場から立ち去ることである。

☞ ソーシャルコーチへのヒント（社会性の指導のコツ） 具体的なカバーストーリーを伝えることをお子さんに指導するとき，これらのカバーストーリーは少し長くなるけれど，あまり長くしすぎないということも明確に伝えておくことが重要です。たとえば，お子さんは次のようなことは言いたくないでしょう。「ええと，そろそろチャイムが鳴りそう。科学の中間試験があるんだ。今学期はもう5回遅刻しているからこれ以上遅れたくないし，トラブルに巻き込まれたくないしね。先生は遅れて顔を出すと本気で怒るし，試験直前に怒らせたくないなあ。だから，もう授業に行ったほうがいいと思う」。その場を立ち去るために，こんなに長いカバーストーリーを言うと，何が問題になるでしょうか。人がなぜそうしなければならないかの理由を延々と説明しつづけようとすると，嘘をついているとか，作り話をしているかのように思われることがよくあります。お子さんが不誠実であるとか，不誠実であるような印象を人に与えてほしくないので，カバーストーリーが具体的で少しだけ長いもの（しかし，長すぎないもの）になっているかを確認するようにしましょう。

☞ **ソーシャルコーチへのヒント（社会性の指導のコツ）** 十分に受け入れられているときに会話から抜けるためのステップをお子さんと話し合い，いつものようにこれらのステップをあなたや他の人と一緒に練習するように促します。また他者の視点に立って考えるための質問を用いて，十分に受けいれられているときに会話から抜けることに関わる社会的場面のエピソードを，お子さんと一緒に読むことが重要です。十分に受け入れられているときに会話から抜ける方法についてのロールプレイビデオを見ましょう。

ライアンのサクセスストーリー──会話の手がかりを読み取る

　どのように会話に加わり，会話から抜けるのかをよく知っているというのは，誰にとっても難しいことかもしれません。しかし仲間からの拒否された経験をもち，社会的な手がかりを読み取ることが困難な15歳の少年には，それはもっと難しいことでしょう。それがライアンの場合でした。彼は次のように説明してくれました。「高校生のときでした。ある日，いわゆる友だちのような人たちが，訳もなく誰かが僕のことを嫌っているからと，実際に票を取り，僕をみんなの輪から外すことに決めました。学年の残りの間，僕は独りぼっちになりました。両親が"PEERS"に私を登録したのは，その夏のことです」。ライアンにとって，会話に入ることや会話から抜けることは，日頃から特に苦労していることでした。彼には仲間から拒否された経験が何度もあったので，新しい友だちを作るのを恐れていたのです。彼は新しいグループの人と話さなければならないときに非常に大きな不安を経験していたので，完全に関わるのを避けてしまうことがよくありました。ライアンは，この不安に打ち勝つのに役立ったスキルのことを，振り返ってこう言いました。「僕が一番驚かされたのは，会話にすっと入って，すっと抜けるということでした」。グループの会話に入るための具体的なステップを学び，会話に受け入れられていないときのサインの読み取り方を知ることで，会話に入ることが容易になりました。彼は，会話に入ろうとしてもその半分は受け入れられないものなので，たいしたことではないと思うことで，会話に受け入れられるかどうかを心配するのをやめました。彼は「それで人に話しかけるのが楽になりました」と言いました。

　彼の母親は次のように話します。「PEERSはライアンにとって挑戦でした。というのも最初ライアンは，PEERSの価値を全くわかっていなかったからです。今では少し成長して，これらのスキルの必要性をわかるようになったと思います。まだすごく恥ずかしがり屋で"いつも自分から人に近づいていかなければならない"と文句を言っていますが，少しずつ前進しています」。

　PEERSで学んだ後，ライアンは高校を卒業して運転免許を取り，今は大学の2年生になっています。彼は，会話の手がかりを読み取りながら，学んだ会話に入って抜けるためのスキルを使うことで，週末を一緒に楽しく過ごせる新しい友人グループを見つけました。彼らはライアンのすてきな人柄のすべてをよく理解してくれています。

会話から抜けること
思春期・青年期の子どもたちのための本章のまとめ

> 以下の内容は，10代の若者や青年に読んでほしいものであり，本章の簡潔なまとめになっています。

　本章のテーマは，適切に会話から抜ける方法です。この方法の第1段階は，あなたが参加しようとした会話に受け入れてもらえているかどうかに注意を払うということです。覚えていますか？　あなたが受け入れられているかどうかを判断するのに役立ち，判断することができる3つの手がかりがありましたね。

- 言語的手がかり
  - 彼らはあなたに気持ちよく話しかけていますか？
- ボディランゲージ
  - 彼らはあなたのほうに身体を向けていますか？
  - それともあなたに素っ気ない態度を取っていますか？
  - グループの輪は開かれていますか？　それとも輪は閉じていますか？
- アイコンタクト
  - 彼らは心地よい視線で，あなたのことを見ていますか？

受け入れてもらえないと感じたときに会話から抜けるためのステップ

　悲しいことですが，会話に入ろうと試みても，およそ半分が受け入れてもらえないというのは事実です。これには多くの理由がありますが，肝心なことは，それはたいしたことではなく，誰にでも起こるものだということです。当然，あなたは無理に自分のことを相手に押しつけたくないでしょうから，できる限りスムーズに会話から抜ける必要があります。以下には，会話に受け入れてもらえていないと感じるときにあなたが何をすべきか，その手順を示します。

1. **落ち着きを保つこと**——怒ったり取り乱したりしてはいけません。そうしてしまうと，あなたにとってマイナスの注目が集まるだけですし，あなたの評判が悪くなる可能性もあります。
2. **ゆっくりと視線をそらす**——そのグループからゆっくりと視線をそらして，別のところに関心を向けましょう。視線をそらすことで，あなたの関心が他の別のところにあることを示します。
3. **ゆっくりと身体の向きを変える**——自分が見ている方向に，ゆっくりと身体の向きを変えましょう。これによって，あなたが何を見ていても，加わろうとしていた会話よりもそちらに関心があるという印象を与えます。
4. **ゆっくりと，さりげなく立ち去る**——あなたが顔を向け見ている方向に，ゆっくりとさりげなく立ち去りましょう。そのグループから立ち去るために，あなたの注意を引きつけているように見える携帯電話やゲーム機，もしくは他の道具を使うこともよい方法です。

> **エピソード**　受け入れられていないと感じるときに会話から抜けること

次のエピソードは，DVDにある"あなたが受け入れられていないと感じるときに会話から抜ける"についてのロールプレイの台本です。

メアリー，アレックス，ララ：(立ち話をしている)
ヤスミン：(数フィート先に立って，携帯電話を見ている)
ララ：ところで昨日，アレックスとメアリーと私，ピアノのレッスンの教室でばったり会ったわよね。
アレックス：(メアリーの方を向いて) ピアノを弾くの？
メアリー：ええ，ずっとやっているけど，今まで一度もララに会ったことはなかったわ。
アレックス：えっ，それは本当に不思議ね。
ララ：ええ，本当にありえない。会ってないわよね……きっと……いつ頃からそこに通っているの？
メアリー：今ではもうだいたい6年間ぐらいかな。
ララ：えっ，私は7年間そこで習っているのよ。一度も会ったことがないなんて信じられない。
メアリー：そうね，ありえないわね。
ララ：(アレックスのほうを向いて) どんな楽器を弾くの？
アレックス：ギターを弾いているよ。
ララとメアリー：わあ，かっこいい！
ララ：ちょうどギターを弾くのを始めたところなの。
ヤスミン：(メアリーやアレックス，ララのほうをちらちらと見て，関心を示しはじめる)
アレックス：へえ，どんな？　アコースティックギターそれともエレキギター？
ララ：アコースティックよ。あなたは？
アレックス：エレキギターだよ。
ララ：かっこいい！　本当に素敵ね。
ヤスミン：(近くにやってきて，少し間を待って) ギターを弾くの？
アレックス：(ヤスミンを無視してメアリーのほうを向いて) ふ〜ん，ギターは弾くの？
メアリー：(同じくヤスミンを無視して) いいえ，でも本当は習いたいんだけどね。
ヤスミン：(視線をそらしはじめる)
ララ：(メアリーのほうを向いて) あら，絶対に習うべきよ。
ヤスミン：(ゆっくりと身体をそらす)
アレックス：(メアリーのほうを向いて) 本当に習う価値はあるよ。
ヤスミン：(さりげなく立ち去る)
メアリーとアレックスとララ：(ヤスミンが立ち去ったことに気づいていないように見える)
メアリー：私も，習うにはすっごくかっこいい楽器だと思っていたの。
ララ：本当にそう。楽しいし！
アレックス：そうだよ。
ララ：じゃあ，いつかみんなでセッションをやりましょうよ。
メアリー：いいね，それは楽しそう。
アレックス：絶対やろう！

> **他者の立場に立って考えるための質問**
> ・メアリーとアレックス，ララにとって，このやりとりはどんなものでしたか？
> 　答え：よい，ふつうのやりとり
> ・あなたは，3人はヤスミンのことをどう感じていたと思いますか？
> 　答え：無関心で，特に印象がない
> ・3人はヤスミンと再び会話をしたいと思うでしょうか？
> 　答え：わからない，彼女と話すのに反対というわけではないかもしれない
>
> ## 最初は受け入れられ，後に会話から締め出されたと感じるときに会話から抜けるステップ
>
> 　会話に加わるときに，最初はあなたと会話をしたいと思っているが，その後に会話から外されたように思えることがあります。こういうことが起こったときには，会話から抜けるために，その後続いてすべき異なるステップがあります。はじめは受け入れられていて，しばらくして輪から外されたと感じるようなときに，会話から抜けるためのステップは，次のようなものです。
>
> 1. 落ち着きを保つ——先ほどと同じように，落ち着いて動揺しないようにしましょう。
> 2. ゆっくりと視線をそらす——まるで何かに興味をひかれたかのように，ゆっくりと視線をそらします。視線をそらすときには，自分の後ろまでずっと見ないようにします。その代わりに，右を見つめたり，もしくは左を見つめたり，携帯電話のような自分の持ち物を見たりするようにしましょう。
> 3. 会話が途切れる短い間を待つ——あなたが何かを言う前に，会話が途切れる間を待ちましょう。会話に加わるときと同じように，決して完璧な間というのはありません。すなわち，会話を邪魔しすぎないようにするだけでよいのです。
> 4. 立ち去るための簡単なカバーストーリーを伝える——覚えていますか。カバーストーリーとは，あなたがあることをしなければいけないという簡単な理由のことでしたね。会話から抜けるために，短いカバーストーリーを伝える必要があります。例えば，「じゃあ，行くね」「授業にいかなくちゃ」と言ってもいいし，「じゃあね」「またあとで」と簡単な別れの挨拶の言葉を言ってもいいでしょう。もし何も知らせずに立ち去ると，そのグループの人たちに変だと思われるでしょう。
> 5. 立ち去る——簡単なカバーストーリーを伝えたあとに，グループが反応をするのを待たずに，落ちついてさりげなく立ち去ります。
>
> **エピソード** 初めは受け入れられたが，後で外されて会話から抜けること
> 　次に挙げるエピソードは，DVDにある"最初は受け入れられたが，後で外されたと感じるときに，会話から抜けること"についてのロールプレイの台本です。
>
> メアリー，アレックス，ララ：(立ち話をしている)
> ヤスミン：(数フィート先で立っていて，携帯電話を見ている)
> ララ：それでね，アレックス，信じられないのよ。ピアノのレッスンから帰るときに，昨日ばったりメアリーに会ったのよ。

アレックス：（メアリーの方を向いて）まさか。君がピアノを弾くって知らなかったよ。
メアリー：そうなの。弾きはじめてしばらくになるの。一番熱中していることなの。（ララのほうを向いて）でも今まで一度もあなたに会わなかったわよね。
ララ：そうだね。本当に不思議。
アレックス：へえ，おもしろいな。
メアリー：そう……不思議よね。
ララ：本当ね。（アレックスのほうを向いて）何を演奏しているの？
アレックス：うん。ギターを弾いているよ。
ヤスミン：（メアリーやアレックス，ララをちらちらと見て，興味をもちはじめる）
ララ：へえ，いいわね。私もちょうど始めたところなの。
アレックス：え〜，それはすごい。アコースティック？　エレキ？
ララ：アコースティックよ。あなたは？
アレックス：エレキだよ。
ララ：いいね。
アレックス：すごく楽しいんだよね。
ララ：そうでしょうね。
ヤスミン：（近づいてきて，少し間を待って）ギターを弾くの？
ララ：そうよ，アレックスと私が弾いているの。
ヤスミン：すてきね。私もアコースティックを弾くの。
ララ：へぇー私もよ。
ヤスミン：いいね。どのくらいしているの。
ララ：えっと，私は始めたばかりで，2, 3カ月ぐらいかな……
ヤスミン：へ〜いいわね。私は5年間やっているわ。
ララ：わあ，それはすごい。
メアリー：（アレックスのほうを向いて）でも，それはともかく，どれくらいギターをやっているの？
メアリー・アレックス・ララ：（ヤスミンから身体の向きを変えて，視線をそらしはじめる）
アレックス：えっと，8年ぐらいかな。長いよ。
ヤスミン：（視線をそらしはじめる）
メアリー：そんなに？　本当に長いのね。
ララ：（アレックスのほうを向いて）8年なの？（メアリーのほうを向いて）メアリー，あなたは今までギターを弾いたことがあるの？
メアリー：ううん，だけどすごくやってみたいと思っているの。
アレックス：そうか，ぜひやるべきだよ。すごくおもしろいよ。
ララ：絶対にやるべきよ。
ヤスミン：（ゆっくりと身体の向きを変えて，短い間を待って）友だちのところに行かなくちゃ。じゃあね。
メアリー・アレックス・ララ：（ヤスミンのほうを向いて）じゃあね。
ヤスミン：（さりげなく歩きはじめる）
ララ：うん，絶対にすべきだよ。ねえ，いつかセッションを一緒にしましょうよ。

アレックス：絶対しようよ。
メアリー：きっととても素晴らしいわ。

> **他者の立場に立って考えるための質問**
> ・メアリーとアレックス，ララにとって，このやりとりはどんなものでしたか？
> 答え：楽しくて，心地よく，満足なもの
> ・ヤスミンについて3人はどんな風に思っていると，あなたは思いますか？
> 答え：楽しい，親しみやすい，心地よい
> ・3人は再びヤスミンと会話をしたいと思うでしょうか？
> 答え：おそらくそう思うだろう，親しげに見える

十分に受け入れられていると感じるときに会話から抜けるためのステップ

　会話から抜ける必要がある別の例として，十分に会話に受け入れられていると感じているが，その場を去らなければならないという場合があります。このような場合には，以下に挙げる大事なステップを踏まずに立ち去らないようにしましょう。

1. **会話が途切れる短い間を待つ**——会話が途切れる短い間を待つ必要があります。なぜなら，緊急の場合でない限り，誰かが話している邪魔をするのは失礼になります。
2. **立ち去るための具体的なカバーストーリーを言う**——この場合でもカバーストーリーを言う必要がありますが，今回のカバーストーリーは具体的で少し長いものになるでしょう。なぜなら，もし「行かなくちゃ」とだけ言うのであれば，おそらくあなたの友だちは「どこに行くの？」と聞くだろうと思われるからです。その代わりに，「じゃあ，そろそろ授業に行くわね」のように少し具体的に伝えるほうがいいでしょう。
3. **また会おうねとか，または後でまた話そうねと言う**——もしまたその友人と会うことを予定しているのであれば，「後で話そう」「またね」のように言うといいでしょう。
4. **別れの挨拶をする**——あなたは立ち去るので，「じゃあね」と言うとよいでしょう。人によっては手を振ることもしますし，ハグしたりキスをしたり，あるいは拳をお互いに付き合わせたり，拳で軽くドンと叩いたりすることもあります。
5. **立ち去る**——このようなすべてのステップを順に踏んだ後，最後のステップはその場を立ち去ることです。

> **エピソード**　十分に受け入れられていると感じるときに会話から抜けること
> 　次のエピソードは，DVDにある"十分に受け入れられていると感じるときに会話から抜けること"についてのロールプレイの台本です。
>
> メアリー・ララ・ヤスミン：（立ち話をしている）
> ヤスミン：それで，今週末はみんな何をしたの？
> メアリー：実は新しいSF映画を見に行ったの。うーん，なんていうタイトルか忘れちゃったわ。
> ララ：それ今ちょうど上映してるSFファンタジーよね。金曜日に公開したばかりね？

メアリー：そうよ。
ララ：わあ，私もそれ観たいわ。
ヤスミン：その映画のこと知ってるわ。
ララ：観たの？
ヤスミン：うん，えっと先週末に観たの。
ララ：え？　本当に？　どうだった？
メアリー：よかったわ。私は気に入ったわ。（ヤスミンのほうを向いて）あなたは？
ヤスミン：ええ，実際すごくよかったと思ったわ。
ララ：今週末行ってみようかなー。
メアリー：そうすべきよ。すごくいいから。
ララ：行く価値はあるかしら？
メアリー：もちろん。
ララ：チケット代分の価値は？（冗談半分で）
メアリー：いい映画よ。
ララ：いいね。
ヤスミン：すごくおもしろかったわ。あなたも観るべきよ。
ララ：すごい！　面白そう。絶対それ観るわね。
ヤスミン：（視線をそらしはじめる）あっ，うちの車が来たわ。だからもう行かなきゃ。
メアリー：オッケー！
ララ：わかった。
ヤスミン：（身体の向きを変えはじめる）みんなと話せて楽しかったわ。
メアリー，ララ：私もよ。
ヤスミン：また明日ね。
メアリー：じゃあね，またね。
ララ：（ヤスミンのほうを向いて）さよなら。（メアリーのほうを向いて）じゃあ，もしかしてまた観たいって思ってる？
メアリー：ええ，すごくよかったもの。
ララ：えっ，わかった。それなら今週末行かない？
メアリー：いいわね！　楽しみだわ。

他者の立場に立って考えるための質問

- メアリーやララにとって，このやりとりはどのようなものだったでしょうか？
  答え：気持ちよい，おもしろい，興味深い，楽しいもの
- あなたは，2人がヤスミンについてどう思っていると思いますか？
  答え：気持ちよい，親しげだ，興味深い，楽しい
- 2人はヤスミンと再び会話をしたいと思うでしょうか？
  答え：そう思う

思春期・青年期の子どもたちや保護者のためのエクササイズ

　10代の若者と青年の皆さんは，保護者と一緒に以下のエクササイズをしましょう。子どもたちは保護者と一緒に，次のエクササイズをすべて行ってください。

- 保護者や別の人と一緒に，第4章で示したステップにしたがって，グループの会話に入る練習をしましょう。そのあとに，本章で説明したそれぞれのシナリオを用いて，会話から抜ける練習をしてみましょう。
  - 保護者と一緒に，グループの会話に入るステップやその会話から抜けるためのステップを復習することから始めます。
  - 3つのそれぞれのシナリオを，保護者や他の人と一緒に練習をしましょう。
    - 会話に受け入れられていないと感じるとき
    - 最初は受け入れられているが，その後会話から締め出されたとき
    - 十分に会話に受け入れられているとき
- あなたのよく知らない友人が2人以上いるグループの会話で，会話に入るためのステップを練習し，必要ならば会話から抜けるためのステップを使います。
  - 会話に加わり，会話から抜けるためのステップを復習するところから始めます。FriendMakerモバイルアプリを使うのも，すでに述べられたステップを復習するのに役立つでしょう。
  - あなたが自分と合うと思うグループや，課外活動でメンバーになっているグループ，あるいは所属している社会的活動のなかから友人を選ぶとよいでしょう。

第❻章
ネット上でのコミュニケーションをうまくこなすこと

　現代社会では，ネット上でコミュニケーションを取るという方法は，かなり一般的に広がってきています。10代の若者や青年の間でのコミュニケーションの大部分が，今やネット上で行われているなかで，みなさんがネット上の会話の共通の型やそれに関連する一般的なルールについて知識をもっておくことは非常に重要です。

　社会性に課題がある10代の若者や青年のなかにはテクノロジーに詳しく，むしろそれに傾倒している子たちがいますが，このような若者たちが，メールを送る，チャットをする，ビデオ・チャットをする，SNSを利用するといった，より社会的な関わりが必要な交流をしていることはまれです。おそらく，あなたのお子さんも同じではないでしょうか。しかし，お子さんがより社会とつながっていくためには，さまざまなソーシャル・メディアや，そのメディアを使ううえでの一般的なルールを知っておくことは必要です。

　数えきれないくらい多くのネット上のコミュニケーションの形はありますが，新しく洗練されたものが急速に発展し，古いものはすぐに時代遅れになります。私がこの言葉を書いて，みなさんがこれを読むまでの間にも情報は確実に古くなるでしょうから，それぞれのソーシャル・メディアについて包括的な概要を説明することに時間をかけるのは役に立たないでしょう。その代わり，10代の若者や青年に最近使われているソーシャル・メディアの共通した形についてざっと見ていくことにします。

ソーシャル・メディアに共通するもの

　ソーシャル・メディアという言葉は，ネットで双方向のコミュニケーションを可能にするウェブ上，もしくは携帯電話での技術です。ソーシャル・メディアの技術はさまざまな形がありますが，2010年の研究によると，①ウィキペディアのような共同プロジェクト型のもの，②Twitterのようなブログ，③YouTubeのようなコンテンツサイト，④Facebookのようなソーシャル・ネットワーキング・サービス，⑤ワールドオブウォークラフト（World of Warcraft）のような仮想的なゲーム世界，⑥セカンド・ライフのような仮想世界の6つの形があるとされています。もし，みなさんがこれらのどれかを知らなかったとしても心配することはありません。この章では，みなさんが知っておく必要があることを明確にする手助けをしていきます。

　この本を書いている時点では，次の5つのソーシャル・メディアの技術が，友だちを作り，その関係を続けていくためのネット上での会話の形として最もよく使われているものです。携帯メール，インスタント・メッセージ，ビデオ・チャット，SNS，Eメールなど流行しているものについて，みなさんが確実にその一般的な概念を理解できるように簡単にまとめましょう。ワールドオブウォークラフトやセカンド・ライフのような仮想ゲームや仮想世界も若者によく知られていま

すが，それらのメディアは，すでに友だちである人とやりとりしない限り，一般的には現実生活での友だちを見つける場とは考えられていませんので，本章では多くは扱いません。

✪携帯メールを送ること

ショートメールサービス（SMS）もそうですが，携帯メールは10代の若者や青年によって最も利用されている共通のネット上の会話の形です。みなさんが伝統的な手紙を書くという形が好きだったとしても，携帯メールについて耳にしたことはあるでしょう。携帯メールは，短めに書かれたメッセージ（たいていは2，3文以上にはならないような）を携帯電話やスマートフォンで送りあうというものです。最近の研究では，10代の若者や青年が友だちとの間で使うネット上の会話の75％は，携帯メールを介してなされたものです。

✪インスタント・メッセージ

もうひとつの10代の若者や青年によって使われている共通のネット上の会話の形として，インスタントメッセージ（IM）があります。たいていは，インターネットを介して，同じ時間にオンライン上にいるPCかそれ以外のデバイスを使って，2人かそれ以上の人たちとの間で（2，3文以内の）テキストメッセージの即時的な伝達も含んだ，即時的なメッセージをやりとりすることをいいます。インスタント・メッセージは，多くはコンピューターを使って行われ，ときには（メールではない）FacebookのようなSNSを通じて，携帯電話で最もよくやりとりされています。インスタント・メッセージもメールを送ることもリアルタイムで使われる，文字ベースの会話です。いくつかのIMシステムは，ライブボイスやテレビ電話のようにネット上で会話もできるようになってきています。例えば，GoogleチャットとAIM（アメリカのオンライン・インスタント・メッセージ）はIMとして挙げられます〔訳注：日本ではLINEなどが該当します〕。

✪ビデオ・チャット

また別の形の10代の若者や青年に使われている社会的な相互作用を高めるネット上のコミュニケーションの形として，ビデオ・チャットが使われています。ビデオ・チャットはテレビ電話（ビデオ・チャットに基づいた電話）としてよく知られていますが，リアルタイムでユーザーがビデオ機器のシグナルを受信・送信する技術を使っています。コンピューターを使うか携帯電話を使えば，お互いにネット上の会話を即時的に見て聞くことができます。ビデオ・チャット（テレビ会議）は会議やミーティングをよりよいものにするためにビジネスの場でも使われていますが，この実際に顔を見ながらネット上の会話をすることができる形は，10代の若者や青年の間でもとても人気です。例えば，FacetimeやSkypeなどのビデオ・チャットが挙げられます。

✪ ソーシャル・ネットワーキング・サイト（SNS）

　現在，10代の若者や青年に最も人気のあるネット上の会話の形として，SNSがあります。SNSは知り合いや同じような興味や背景をもった人々の間で，社会的なネットワークや関係を構築することを助けるウェブサイトです。ユーザーは，他の人たちが見たりコメントをしたりできる，プロフィールや写真，個人ページを投稿します。たいていのSNSはウェブが基本的になっていて，その一部でIMやEメールなど他のネット上の会話の形を使うことができます。FacebookやMyspaceのようなウェブサイトは，人気のあるSNSです。MatchやeHarmonyも，この種のソーシャル・メディアです。

> 現在，10代の若者や青年に人気のあるソーシャル・メディアのひとつとしてSNSがある。

✪ Eメール

　おそらく皆さんにとってEメールは，とても馴染みがあり，お子さんよりも利用されているでしょう。Eメールは，送り手と一人以上の受け手の間で，文字によるメッセージをやりとりする方法です。Eメールはインターネットを通して，メッセージを送り，転送したり，受け取って保存したりします。IMとは違って，利用者はつねにオンライン上にいる必要はなく，メッセージの長さも大きなファイルや添付資料を送る容量があるので比較的無制限です。Eメールサービスのプロバイダとしては，GmailやYahoo!メールなどがあります。

ネット上でコミュニケーションをするための一般的なルール

　10代の若者や青年の間で，特にネット上でのコミュニケーションが社会的な関わりをもつ形としての広く共通した方法であるとすれば，彼らが友だちを作り，関係を維持することを保護者が手助けする際には，ネット上での会話の基本的なルールを作ることが重要となります。以下に挙げる一般的なルールは，前述した5つの形態のソーシャル・メディアを使うことに直接関係するものです。今は10代の若者や青年にあまり用いられなくなりましたが，電話にもこれらの一般的なルールが適用されます。

✪ 個人的になりすぎない

　ネット上のコミュニケーションの重要なルールのひとつは，つい個人的な内容になりすぎる傾向があることと関連しています。ソーシャル・メディアを使って生活をしている多くの人が共通して犯しがちな社会的な誤りには，ネット上の情報のやりとりのなかで個人的な情報を多く共有しすぎたり，尋ねすぎたりしすぎる傾向があります。ネット上のコミュニケーションの難しいところは，誰が何を見たり，聞いたり，あるいは読んだりしているかが，あまりコントロールできないことにあります。みなさんのお子さんは自分が誰かと共有している情報は秘密だと思ってい

るかもしれませんが，意図するしないにかかわらず，実際には簡単にその情報は他の人と共有されてしまうのです。ネット上の会話を利用するうえで経験から言える大切なことは，誰かがその画像や言葉を見たり，聞いたり，読んだりすると想定して，お子さんが人にあまり知られたくないと思っている情報は，誰であっても共有することを避けるようにさせることです。ネット上のやりとりでは個人的なことは話さず，私的で個人的な会話は，直接会って話せる場面を待つべきです。もしお子さんがこの重要なルールに従っていれば，当惑したり，傷ついたりする可能性があるような状況は回避しやすくなるでしょう。

> ソーシャル・メディアを使って生活をしている多くの人が共通して犯す社会的な誤りとして，ネット上の情報のやりとりのなかで多く共有しすぎたり，尋ねすぎたりして個人的になりすぎる傾向がある。

✪ よく知らない人と連絡を取るときはカバーストーリー（簡単な理由）を使う

カバーストーリーとは，ある社会的な行動を行う際の簡単な理由や口実のことでしたね。カバーストーリーは口実ではありますが，必ずしも作り話や嘘ではなく，何かをするときの理由でいいのです。もし，みなさんのお子さんが，あまりよく知らない誰かと連絡を取ろうとしたときは，連絡をする理由があることが大切です。カバーストーリーを使うことで，お子さんが相手と連絡を取る必要性を正当化してくれます。カバーストーリーは，知り合って間もない段階での，新しい会話のなかで起こるぎこちなさを減らしたり，取り除いてくれたりします。社会的にうまくやれている10代の若者や青年は，あまりよく知らない人たちと携帯メールや，IM，ビデオチャット，Eメール，あるいは電話などで連絡を取るときには，よくカバーストーリーを使っています。

> カバーストーリーは，知り合って間もない段階での，新しい会話のなかで起こるぎこちなさを減らしたり，取り除いてくれたりする。

連絡するために必要な情報をくれた人と初めて連絡を取るときには，連絡を取りあう理由がなんであれ，カバーストーリーはその理由と関係しています。たとえば，お子さんが週末の予定を一緒に立てるために誰かと電話番号を交換したら，次のようなカバーストーリーを使って電話をかけるかもしれません。「もしまだ一緒に遊びに行きたいと思ってくれているかどうか聞こうかなと思って」「週末まだ空いているかなと思って電話したんだ」。カバーストーリーを言うのを忘れたら，電話の相手は「どうしたの？」「どうして電話をかけてきたの？」などと尋ねるかもしれません。どのような会話であっても，そんな問いかけからスタートしたくないですね。その代わり，あまりよく知らない人と連絡を取るカバーストーリー（理由）を言うことによって，ぎこちない質問を受けることが避けられるのです。仲のよい友だちとの携帯電話やチャットの場合には，それほどカバーストーリーは必要ありませんが，あまり知らない人と連絡を取るときや，電話ではよく使われています。

✪ 2メッセージルールを使う

　社会性に課題がある若者や青年が犯しやすい社会的な誤りには，相手からの反応（返答）がない間に，いくつものメッセージを残してしまうということがあります。お子さんとこのルールについて話し合うときは，次のような簡単な質問から始めるとよいでしょう。「相手の反応がない場合，だいたい続けて何回くらいメッセージを残すことが許されるでしょうか？」。私たちがPEERSのグループでこの質問をしたとき，1〜20という回答がありました！　では，返事がないまま連続して20回ものメッセージを残すことはどんな問題になるでしょうか？　20ものメッセージを受け取った人にとって，それはどんな経験になるでしょうか？　おそらく，ぞっとするでしょう。彼らは，そのメッセージを送った人のことをどう思うでしょうか？　たぶん奇妙な人だとか，気味が悪い，完璧なストーカーだと思うに違いありません。彼らは，その送り主とまた話をしたいと思うでしょうか？　話をしようとする可能性はかなり低いです。受信した人は，その番号を受信拒否にして，友だちに20ものメッセージが残した気味悪いストーカーのことを話すでしょう。明らかにそれは，そのメッセージを送った人の評判を傷つけることになります。

　10代の若者や青年がこのような社会的な誤りを犯さないために，皆さんはお子さんに2メッセージルールについて話し合い，守るようにサポートしましょう。このルールは，相手からの返信がないまま続けて2つ以上のメッセージを残さないということを示しています。2つのメッセージを残さなければならないと言っているのではありません。1つ目は全く問題ありませんが，続けて2回以上のメッセージを残すのは明らかにダメです。この2メッセージルールは，ネット上のコミュニケーション（携帯メール，チャット，ビデオ・チャット，Eメール，電話など）のすべてに当てはまります。つまり，お子さんは，相手からの返信がないのに，2回の携帯メール，2回のチャットメッセージ，2回のEメール，2回の留守番電話などを残さないということです！　私たちのクリニックでそれぞれ2回送ると理解してしまったという思わず笑ってしまうようなエピソードが複数回ありました。2メッセージルールで許されるのは，たとえば1回の携帯メールと1回の留守番電話が最大です。

> 相手からの返信がないのに，続けて2回以上のメッセージを残してはいけない。

　2メッセージルールの例外は，FacebookやMyspaceなどのSNSに関連しています。この場合，お子さんは友だちになることをリクエストするメッセージは1回だけ（2回はダメ）送ります。というのも，誰かがSNSである人と"友だち"になろうとしたら，受信者は，そのリクエストを受けるか，無視するかの選択ができます。多くの人がよく間違っているのですが，このソーシャル・メディアでつながろうとして2回目のリクエストを試みるのはやりすぎです。もしその相手がリクエストを無視したら，お子さんはそのままやりすごして，気にしないでおくべきです。このようなことが起こったら，お子さんに友だちは選択だということを思い出させるよいタイミングです。私たちは，すべての人と友だちになるわけではないし，皆が私たちと友だちになるわけでもないのです。

　2メッセージルールのもうひとつの重要なポイントは，誰かに電話をしてメッセージを残さないということにも適用できます。相手がでないまま同じ番号に2回電話をすることは2メッセージ

ルールを破ることになります。どんな場合でも2回以上かけるのは，多すぎです。それ以上に，不在電話で留守番メッセージを残さず，相手に折り返しかけてもらうことを期待するのは間違いです。返事はもらえないかもしれません。つまり，もし電話を返してもらいたいなら，最初の電話でメッセージを残しておくことがベストな方法です。

✪ コールドコーリングを避ける

コールドコーリング（Cold Calling）とは，広告や販売を目的として，購入者になる可能性のある面識のない人に連絡を取る〔訳注：ときに詐欺まがいの場合もある〕行動のことを指して使うマーケティング用語です。コールドという言葉は，受信者は連絡を受けることを同意していないことから用いられています。皆さんは，このような電話にいらだちを感じたことがあるでしょう。コールドコーリングを避けることは，適切にネット上のコミュニケーションを取るためのルールのひとつです。

> コールドコーリングを避けることは，適切にネット上のコミュニケーションを取るためのルールのひとつである。

社会性に課題がある10代の若者や青年のなかには，学校や職場，あるいはオンラインの電話番号案内にアクセスし，そのリストに挙げられている人とは誰とでも連絡を取ってもよいと許可されていると勘違いする子たちがいます。彼らは，大きな社会的な誤りをしていることに気づかずに，連絡先を受け取っていない相手へ，電話だったり，IMだったり，テレビチャットだったり，Eメールだったり，SNSの友だちリクエストをしたりしてしまいます。次の状況を想像してみてください。社会的な困難さを抱えたある10代の少年がSNSから電話番号を得て，クラスメイトの女子に連絡をします。彼は，そのクラスメイトのFacebookのページに携帯電話番号が載っていて，彼女のFacebookのページはプライバシー設定をしていなかったので，電話していいということだと思ったのです。実際には，少年は無防備な少女にコールドコーリング（許可のないコンタクト）をしてしまったことになります。この例を記憶にとどめていただきながら，このやりとりはクラスメイトの女の子にとってどのようなものであったかを，彼女の立場に立って考え，想像してみてください。彼女はおそらく見知らぬ人からの突然の電話に戸惑い，びっくりするでしょう。少し恐れを感じて，身の毛のよだつ思いをするかもしれません。彼がただコールドコーリングしただけだと考えるでしょうか。彼女は，彼が怖いストーカーだと思うかもしれません。よくても彼のことを，気味が悪いと思うにちがいありません。その女の子は彼と話をしたいと思うでしょうか？　おそらくそれはないでしょう。実際のところ，Facebookから携帯電話番号を知って突然の連絡をしてくる気味悪い人だと彼女が友だちに話し，彼の評判に大きいダメージを与える可能性もあるのです。

このような社会的な誤りは，まれなことではありません。私たちのUCLAのPEERSクリニックでは，社会性に課題を抱えた10代の若者や青年が，自分の仲間，特に好きな人にコールドコーリングをしてしまい，その過ちに気づいていないという話を数えきれないくらい耳にします。いくつかのケースでは，ある若者がインターネットで彼が好きな少女の住所を知り，家まで行ったケー

スなど，非常に大きな誤りを犯したために起訴された例もあります。少女は，見知らぬ男が玄関に立ち，彼女に愛を打ち明けたので，当然震え上がりました。彼女はすぐに警察を呼び，その若者は法に反するトラブルを起こしたとされ，ストーカーの罪に問われました。彼に危害を加える意図はなく，ただ少女に会いたかっただけでした。これは極端な例ですが，コールドコーリング（許可のないコンタクト）を避けるというルールの重要性を表しています。

☞ ソーシャルコーチへのヒント（社会性の指導のコツ） 皆さんはソーシャルコーチとして，10代の若者や青年に，可能であれば前述したようなエピソードを話し，何が問題だったのかを尋ねるなどして，このルールを強調することが大切です。

✪ 連絡先を交換する

　明らかにコールドコーリングは絶対によくないことなので，お子さんが好きな人に連絡するもっとよい方法を知っておくことが必要です。そのためには，まずお互いの連絡先を交換することでしょう。連絡先とは，電話番号やハンドルネーム，Eメールアドレス，ユーザーネームなどのことです。社会性に課題のある多くの10代の若者や青年は，連絡先の交換が必要であることは知っています。問題は，彼らがよくそれを適切に行わないことにあるのです。では，彼らが犯しがちな社会的な誤りにはどんなものがあるのでしょうか？　仲間から拒否された経験をしたことのある人たちのなかに，あまりよく知らない友だちに近寄ったり，むやみに友だちの電話番号を聞いたりする人がいます。無防備な友だちはどんな反応をするでしょうか。その友だちはおそらくびっくりし，戸惑い，おそらくちょっと奇妙だと感じます。友だちはその変な若者のことを何と思うでしょうか？　彼のことを奇妙な，ぎこちない，ちょっと気味が悪い人だと思うでしょう。友だちは求められた連絡先を教えたいと思うでしょうか？　連絡先の交換がうまくいく可能性はなく，それ以上に今後その変な彼のことを避けようとするでしょう。このような社会的に無視された経験をした人たちはどうなりますか？　彼らが友だちの連絡先を知るにはどうすればよいでしょうか？　現実にはこのような経験をした10代の若者や青年は，不安や人への不信から，他人と連絡先を交換しようと試みることすらしなくなります。その代わり彼らは，自分の連絡先を教えてほしいと誰かが言ってきてくれるのをただ待ちつづけ，悲しいことにおそらくそのようなことは起こらず，さらに孤立することになってしまうのです。

　お子さんが誰かと連絡先を交換したいのであれば，社会的にうまくいっている10代の若者や青年がとっている，次の6つのステップに従うとよいでしょう。

1. **情報交換をする**——連絡先を交換するための最初のステップは，相手の情報を得ることです。言い換えれば，お子さんは連絡先を尋ねる前にその人と話をするべきです。ただ行き当たりばったり近寄っていって電話番号を尋ねるのは，かなり不適切な行動です。実際に連絡先を尋ねる前に，お子さんはいろいろな場面でその人と情報交換するべきでしょう。知り合い関係

> 連絡先を交換するための最初のステップは，相手の情報を得ることである。

が成立する前に，連絡先を交換することはまれです。

2. **共通の興味を見つける**——お子さんが相手と情報交換するときはいつも，共通の興味を見つけることが目標です。お子さんがおしゃべりをしたり，何か一緒にしたり，友だち関係の土台を作っていくために，共通の興味が重要だということを覚えていますね。お子さんが話しかける相手との共通の興味がなかなか見つからないようだったら，おしゃべりすることや，一緒に

共通の興味を見つける。

することがないので，おそらく連絡先を交換しても役に立たないでしょう。

3. **連絡を取り合うことを提案するためのカバーストーリー（簡単な理由）を使う**——連絡先を交換するための次のステップは，さらに連絡を取り合うことを提案するためのカバーストーリーとして，見つけた共通の興味のことを材料として使うということです。例えば，知り合いとの一連の情報交換を通してお子さんが，お互いにウォーハンマー（Warhammer／テーブルRPGファンタジーゲーム）が好きだとわかった，と想像してみてください。この先お互いやりとりをしたり，連絡先を交換したりするための理由として，この共通の興味を使うことができるでしょう。お子さんは「君もウォーハンマーが好きなんて，すごくうれしいな。時々一緒にしよう」と言うかもしれません。もうひとつのカバーストーリーとして「君もウォーハンマーが好きだなんて，うれしいなあ。この近くでゲームのイベントをやっているのを知っているけど，その情報を送ろうか」と言うかもしれません。実際に連絡先を交換しようと持ちかける前に，これから連絡を取ることを提案することは，その過程で相手がお子さんに関心があるかどうかを知る機会を与えてくれるので，断られる可能性を避けるよい方法です。

4. **関心を評価する**——何らか連絡を取るためのカバーストーリーを使った後，次のステップは，相手が自分ともっとコミュニケーションを取ることに関心があるかを評価することです。もし相手が関心をもっているようなら（例えば，この先連絡を取ることに同意したり，肯定の意を示すために笑ったり，握手したりするなど），お子さんは次のステップに進み，実際に連絡先を交換することを提案します。もし，相手がそうすることにあまり関心を示さない表現をしたら（例えば，この先連絡を取ることに同意しなかったり，嫌な顔をしたり，イライラしたり，取り乱しているように見えたり，話題を変えたりするなど），お子さんは次のステップには進まないほうがよいでしょう。断られると嫌な気持ちになりますが，友だち関係は選択であると心にとどめておくことは重要です。私たちはすべての人と友だちになれるわけではありませんし，すべての人が私たちと友だちになるわけではありません。カバーストーリーを使って相手の関心を評価することのよい点は，お子さんは実際には決してその人の連絡先を尋ねないので，拒否されることをうまく避けられるということです。

5. **連絡先の交換を提案する**——相手がこの先連絡を取りたいと思っているようだったら，次のステップは連絡先を交換しようと提案することです。例えば，お子さんは「あなたの番号を教えて」あるいは「僕のEメールアドレスを教えるよ」などと言うでしょう。Facebookのような

SNSサイトを通してネット上でコミュニケーションを取りたい子たちもいます。このような場合，お子さんは「Facebookやってる？」と聞いて，相手がやっていたら「あなたの（ページを）探すよ！」と言うことができます。お子さんは，そのすぐ後に友だちリクエストを出して，その反応をみる必要があります。

> 連絡先の交換を提案する。

6. **連絡先を交換する**——最後のステップは，実際に相手の連絡先を教えてもらったら，お返しに自分の連絡先を教えることです。もし相手が自分の連絡先を教えることはためらっているのに，お子さんの連絡先は喜んで受け取るとしたら，これはあまりよくないサインです。このような場合お子さんは，あまり気にしないでその流れに従いながら，相手に同じような圧力をかけずに自分の連絡先を教えます。

> 相手の連絡先を教えてもらったら，お返しに自分の連絡先を教える。

電話番号を交換するとき10代の若者や青年は，新しい電話番号を自分の携帯電話に入れてから相手の電話を鳴らすと，電話をかけたことが記録されるのでお互いの番号が携帯電話に保存できる，という方法を取るのが一般的です。その他のよくある連絡先を交換する方法は，相手に連絡先を自分の携帯電話に直接入れてもらうやり方です。また，連絡先を交換する際に，突然相手の人がお子さんに自分の携帯電話を手渡したとしたら，その人はお子さんに連絡先を自分の携帯電話に入れてほしいと思っていることを意味しています。

最後に，お子さんが実際に相手と連絡を取るときには，連絡先を交換するために使ったカバーストーリー（簡単な理由）が何であれ，連絡を取る理由になります。つまり，もしお子さんの（連絡先を交換したときの）カバーストーリーが近所で開かれるウォーハンマーのイベントについての情報などを送ることであったなら，結局それは相手に連絡を取る理由となるでしょう（「電話を始めるためのステップ」の項に詳しく書いてあります）。

電話を使うためのルール

ここ数年の間で，メールやIM，Eメールのような電子通信によるコミュニケーションは，私たちが頼ってきた電話に取って代わられるようになっています。実際，10代の若者や青年の中には，ただおしゃべりをするために電話するのは変だと思っている人もいるでしょう。しかしながら，メール利用が多くなってきている現時点でも，電話のかけ方を知らずに生活していくことはまだ難しいです。社会性に課題のある多くの10代の若者や青年の保護者は，自分の子どもたちが電話での正しい話し方を知らないと報告しています。そのうちの何人かは，電話を使うことにものすごく不安があるとさえ言っています。UCLA PEERSクリニックでの家族との関わりのなかで，電話をかけることに関する共通の課題として，電話のかけはじめや切り方，留守電を残すことなどがあります。

この点を説明するためには，社会性に課題のある若い女性が，新しい友だちに電話をしようとしているところを想像してみてください。彼女は番号をダイヤルし，友だちが電話に出て「もし

もし」と言います。すると突然彼女はまるで会話が途中から始まっているかのように話しはじめたのです。このような経験がありませんか？　おそらくお子さんも同じようなことをしたことがあるでしょう。会話の途中みたいに電話を始めることは，どんな問題があるでしょうか？　その友だちにとって，それはどんな経験になるのでしょうか。彼女はきっと困惑し，相手が誰かと電話中で，正しい番号にかけているのかどうか不安に感じるでしょう。その友だちは何と言いそうですか？　しばらくの間困惑した後に，「どちら様ですか？」と尋ね，「何か用ですか？」と続けるかもしれません。そして，友だちは彼女のことをどう思うでしょうか？　おそらく彼女のことを奇妙でおかしいと思うでしょう。その友だちは，また彼女と話したいと思うでしょうか？　確かなことはわかりませんが，始まりがこのように気まずいと，その可能性は小さくなります。

✪電話を始めるためのステップ

　お子さんが社会的な場面でぎこちないふるまいをしないようにサポートするには，電話を始める次のステップを一緒に考えてみましょう。10代の若者や青年のための本章のまとめのなかに，これらのステップをわかりやすく示した社会的な場面のエピソードがあります。

1. **電話の相手が，自分の話そうとしている人であるかを尋ねる**——携帯電話を使っていて，お子さんが電話している相手は，たしかに自分が話したい人だとわかっていたとしても，一般的に電話の始まりは，電話に出た人が話したい相手かどうかを尋ねるところから始まります。「もしもし，ジェニファーさんと話したいのですが」もしくは「こんにちは。ジェニファーさんに電話をかけたのですが」。
2. **自分が誰かを言う**——相手が電話を受けたときに（おそらくはナンバーディスプレイがあるので）お子さんの名前で呼びかけない限り，電話を始めるための次のステップは，かけた人が自分自身の名前を明らかにすることです。ただ，「私だけど」というだけでは情報を確認するには不十分です。代わりに，「キャリーです」や「キャリーよ」などというのがいいでしょう。
3. **相手に最近の様子を尋ねる**——次のステップは，お子さんに電話の相手の様子を軽く尋ねさせることです。例えば，「調子はどう？」や「元気？」と言えば十分です。このように言えば，「元気だよ，そちらは？」というような言葉が返ってくるでしょう。
4. **相手が今話せるか尋ねる**——このような短い挨拶の後，次のステップは，今相手が話せるかどうかを尋ねることです。電話に出ているので，ある程度自由な時間かもしれませんが，もし話せない状況でも電話に出ることはよくあります。相手に忙しくて話せないと言われて少し困惑してしまうことを避けるために，お子さんに「今話していいですか？」「お時間いいですか？」と最初に尋ねさせます。もしあまりいいタイミングではなければ，お子さんは後で話す時間を約束して，ぎこちなくなることを避けるとよいでしょう。
5. **電話をかけたカバーストーリー（簡単な理由）を言う**——電話を始めるための最終ステップは，電話のための短いカバーストーリーを伝えることです。覚えていますか。カバーストーリーとは，ある行動をする際の理由になるものなので，ほとんどの場合短いものです。このカバーストーリーは電話をかける理由になります。カバーストーリーの例としては「ちょっと最近どう

しているかなと思って」「宿題について教えてほしくて電話したの」「週末の予定を知りたくて電話かけたんだけど」といったものがあります。お子さんがどんなカバーストーリーを選んだとしても，あまり個人的な内容にならないようにする必要があるでしょう。例えば，PEERSのエクササイズとして電話をしているのだとしても，お子さんはそのことをカバーストーリーとして「実践練習として今電話しているんだ」と言うべきではありません。たとえそれが本当だとしても，これでは情報を伝えすぎです。迷ったときには「最近どうしているかなって思って電話したんだ」といったように簡単に言うほうがよいでしょう。

☞ **ソーシャルコーチへのヒント（社会性の指導のコツ）** 電話を始めるためのステップがわかる社会的な場面のエピソードを，10代の若者や青年のための本章のまとめに載せています。お子さんと一緒にこのエピソードを読み，本章に書かれているステップに従って練習をさせてあげてください。

電話を終えるためのステップ

　どう電話を終わるかは，どう始めるかということと同じくらい重要です。改めて言いますが，社会性に課題のある10代の若者や青年は，よくこのような場面で苦戦するのです。その結果，電話の終わり方が奇妙なものになってしまうことがあります。UCLAのPEERSクリニックでは，多くの保護者から，電話の途中で会話が進められなくなり，何を言えばよいかわからなくなったとき，たいてい，さよならも言わずに電話を切ってしまうと報告されています。先ほど紹介した社会性に課題のある女性が，電話の終わりを迎えたときのことを想像してみてください。彼女は何を言うべきかわからなくなって，さよならの一言もなく電話を切ってしまいました。彼女の友だちはどう思うでしょうか？　接続が悪くなって電話が切れてしまったと思う可能性はありますが，こういうことがよく起こったら，友だちは疑いはじめるでしょう。友だちは，彼女のことを変わっていて奇妙だと思うでしょう。その友だちは，もう一度彼女と電話で話したいと思うでしょうか？　その電話のぎこちなさと，頻繁に切られることに，やがて嫌になってしまう可能性があります。
　ぎこちない別れ方を避けるためには，以下に示す電話を終わるためのステップを，お子さんと一緒に考えてみてください。これらのステップをまとめた社会的な場面のエピソードは，10代の子たちや若者たちのためのまとめに載せています。

1. **会話のなかでの短い間（話がとぎれる瞬間）を待つ**——電話を終える前に，お子さんは会話のなかで話題が変わるなど，話が途切れる瞬間を待つべきです。相手の会話を中断すると失礼になるので，この短い間を待つことは重要です。
2. **電話を終えるための短いカバーストーリー（簡単な理由）を伝える**——会話のなかでの間ができたら，次のステップは短いカバーストーリーか電話を切る理由を伝えましょう。もしお子さんが理由を言わなかったら，相手は「どうして行かなければならないの？」とか「何をしなきゃいけないの？」と尋ねるでしょう。相手は，お子さんが自分ともう話したくないのだと考えるかもしれません。カバーストーリーは長すぎると本当のことではないように思えるので，

いつも短いものにするということを思い出してください。例えば、お子さんが「母さんが電話を使いたいみたい。実際、明日僕は中間試験があるから勉強しなければいけないんだよ。だから、電話を切ったら、夜通し勉強するつもり。疲れていたら、あまりいい成績をとれないしね。じゃあ、もう電話切るね」と言ったと想像してみてください。みなさんは、電話の終わりにこのカバーストーリーを受けた相手が、どう感じると思いますか？ おそらく相手は、きっとこれは作り話で、お子さんがもうこれ以上話したくないと思っているのだろうと考えるでしょう。代わりに、「宿題を終わらせなきゃいけないんだ」とか「勉強しないといけないから」とか「母さんが電話を使う必要があるんだ」といったような短いカバーストーリーを伝えるほうが適切です。最後に、カバーストーリーはあまり個人的になりすぎてはいけません。例えば「お風呂に入らなきゃ」は、それが本当だとしても、情報を与えすぎです。お子さんがもし嘘をつきたくないのであれば、「ちょっと行かなきゃ」でも言いたいことをわかってもらえるでしょう。

3. **相手に話せてよかったと伝える**——次のステップは、電話を終わるときに、相手に話せてよかったと伝えることです。お子さんがその会話を楽しんでいたとしたら、「話せて楽しかったよ」「どうしてるかわかってよかった」など、何かよい言葉をかけると、相手もよい気分になるでしょう。

4. **相手にまた会おうとか、話そうと伝える**——もしお子さんが、相手とまた会ったり、話したりしたいと思っているのであれば、そのことを電話のなかで言うのは大切なポイントです。例えば、「また話そうね」「また連絡するね」「また学校で」などと言うことは、お子さんがまた話したいと思っていることを、友だちに知ってもらうにはよい方法です。

5. **別れの挨拶をする**——電話を終わるための最終ステップは、別れの挨拶をすることです。電話を終えるときの方法は人それぞれですが、慣習的には「さよなら」「じゃあ」というのが適切でしょう。電話を切る前には、そのことを伝える言葉と別れの挨拶が大切です。そうでないと友だちは、お子さんが話を終えて電話を切ったということに気づかないかもしれません。

☞ **ソーシャルコーチへのヒント（社会性の指導のコツ）** 10代の若者や青年のために、電話を終えるためのステップの大切なところをまとめた社会的な場面のエピソードは、本章のまとめに載せています。気軽にお子さんと一緒にそのエピソードを読んで、本章に書かれているステップに従って練習をしてください。

留守番電話にメッセージを残すためのステップ

留守番電話機能は1980年代頃からありますが、私たちは留守番電話にメッセージを残す際にはとまどうことが多いです。何を言うべきか決まっていないと、言葉につまったり、ぎこちなくなったりするので、多くの人は留守番電話メッセージを残すのを避け、携帯メールやEメールを送るほうを好みます。驚くことではないですが、社会性に課題のある多くの10代の子たちや若者たちは、この留守番電話メッセージに特有のスキルを身につけるのが難しく、メッセージを残すこと

を完全に拒否するか，かなりぎこちなく何か混乱したようなメッセージを残すことがよくあります。おそらくあなたのお子さんも同じではありませんか。実際には，踏むべきステップを知っていれば，留守番電話のメッセージを残す際に，おどおどしたり，心配をしたりする必要はないのです。

　お子さんがぎこちなく，混乱したメッセージを残すのを避けるのを手助けするために，留守番電話メッセージを残すための次のステップを一緒に見ていきましょう。

1. **誰に電話しているかを言う**――個人の携帯電話や私的な電話回線に電話しているのでない限り，留守番電話メッセージを残すための最初のステップは，お子さんが誰に電話しているかを言うことです。例えば，固定電話回線の多くは，いまだに誰かとの共有の回線です。結果的に，誰に電話しているのかを伝えることは，お子さんのメッセージが伝えたい人に伝わるようにするために重要なステップです。

2. **自分が誰かを言う**――次のステップは，自分が誰かを伝えることです。「私です」と単純に言うだけでは不十分ですし，例えば「私の名前はキャリーです」ではおかしく聞こえるでしょう。代わりに，たとえば「キャリーよ」「キャリーです」と簡単に言うことで，電話や留守番電話メッセージのなかで電話をしているのは自分だとわかるようにしましょう。

3. **電話をかけた短いカバーストーリー（簡単な理由）を伝える**――メッセージを残す際の次のステップは，電話をかけた短いカバーストーリーを伝えることです。これまでのように，カバーストーリーは短くするべきです。特に留守番電話では，長いメッセージをもらうことは誰も好きではないので短くすべきです。もしお子さんがメッセージを長く続けていたら，途中でやめさせます。電話をした理由を述べる，短い文章1つで十分なのです。

4. **（電話をかけた）日時を残す**――メッセージサービスで日時を残す機能があるので，多くの人たちは電話をしたときに日時を残す習慣がなくなりつつあります。しかしながら，すべての人の電話にその機能がついていて，それが正確に機能しているのは当然だと思ったり，あるいは，もし音声で知らせてくれる機能がついていない場合には，日時をチェックしたりするだろうと思い込んではいけません。安全策をとって，メッセージに電話した日時を短く残すのが最善です。このことで，お子さんがメッセージを残した後に友だちと話すとき，混乱したりうまく伝わらなかったりすることを減らせるでしょう。

5. **自分の電話番号を残す**――定期的に話している相手に電話しているのでない限り，自分の電話番号を留守番電話のメッセージに残すことは重要です。日時を残す機能と同じように，ナンバーディスプレイや電話の連絡先リストがあるので，残された電話番号を実際に使うことは，かなり減っています。でもまだすべての人がナンバーディスプレイを使っている，あるいは全ての連絡先リストにお子さんの電話番号が登録されているとは言えません。コミュニケーションの混乱を避けるためには，よく電話する相手でない限り，留守番電話にメッセージを入れるときに電話番号を残しておくと安全です。

6. **別れの挨拶をする**――メッセージを残す最後のステップは，別れの挨拶をすることです。電話を終えるときにもそうであったように，単純に「さよなら」「じゃあね」と言えば十分です。

☞ **ソーシャルコーチへのヒント（社会性の指導のコツ）** 10代の若者や青年のために，留守番電話のメッセージを残すためのステップをわかりやすく示した社会的な場面のエピソードは，本章のまとめに載せています。お子さんと一緒にエピソードを読んで，本章に書かれているステップに従って練習をしてください。

インターネットを安全に使うためのルール

　1990年代半ばからインターネットは，私たちの文化交流や，コミュニケーションを取る方法としてとても大きな影響を与えてきました。多くの10代の若者や青年は，インターネットが存在しなかったときのことを知らないかもしれません。ほとんどの人にとってネットは非常に身近な存在になっていますが，社会性に課題のある10代の若者や青年のなかには，匿名性が高く，時には危険なネットの世界の犠牲者になる人がいます。

　私たちは皆インターネットのさまざまな闇の部分として起こっている，騙して大事なものを奪おうとするような行為が行われていることを知っています。あまり明らかではありませんが，犯罪者や危害を加えたいと思っている者たちは，若者たちがよく使っているインターネット上を好んで動き回っています。お子さんをそのような危険から守るためには，インターネットを使ううえで保護者がかなり具体的なルールを設定することが重要です。いくつかの主なルールは，ガイドラインを作る際の手助けになるようにこの章に書いていますので参考にしてください。あなたのお子さんに合わせた固有の追加ルールも必要かもしれません。

✪ 10代の子たちは，新しい友だちを作るためにインターネットを使うべきではない

　おそらくインターネットを使う10代の子たちにとって，最も重要で全般的なルールは，ソーシャル・メディアの仮想環境や媒介者は新しい友だちを作るために使うべきではないということです。その代わりに，インターネットは友だち関係をより強いものに発展させたり，計画を立てたり，すでに知り合っている現実生活での知り合いとコミュニケーションを取るために使うのが一番よいでしょう。というのも，ネット上で新しい友だちを作ろうとすることは，10代の子たちにとって危険なことになる可能性が大きいからです。ネットで話している人が本当に誰かは確かではありません。そのために特に10代の子たちは，容易に犯罪者や危害を加えようとしている人たちの標的になります。もし犯罪者が，夜に子どもたちを寝かさないように考えているとすれば，その餌食となるのは皆さんだけではありません。私たちがUCLAのPEERSクリニックで関わっている多くの保護者は，10代の若者や青年が社会的に騙されやすいという話をよくしています。ただし，よい知らせは，もし皆さんが，お子さんがどのようにインターネットを使うべきかについて（本章で示したように）明確で具体的なルールを設定することができれば，お子さんが心配されるような犠牲者になるのを防ぐことは十分に可能だということです。皆さんは，このルールは10代だけが対象で，成人したらあてはまらないということにすでに気づいているかもしれません。な

> ネット上で新しい友だちを作ろうとすることは，10代の子たちにとって危険なことになりうる。

ぜなら，ネット上でのデートは若者たちの間ではかなり普通のことになっているからです。このルールを成人したお子さんにも適用すべきかは，ネット上での安全に関する皆さんの経験や，心配している本人の様子などから判断して決める必要があるでしょう。

　私たちの経験では，インターネットを新しい友だちを作るために使うべきではないというルールについて伝えると，ほとんどの思春期の子たちはすぐにその考えに同意します。しかし，ルールの，特にネット上の友だちに関することに抵抗を示す子たちもいます。友だちを作ることに苦戦している10代の若者や青年のなかには，インターネット上だけでつながっている友だちとの広いネットワークをもっている子たちもいるでしょう。多くのネット上の友だちは，ギルドやクランが作られるゲームサイトを通して発展していきます。ギルドやクランといった言葉は聞きなれないかもしれません。ギルドやクランとは，ゲームのプレイヤーで組織された集団で，ある特定の複数でのプレイが可能なオンラインゲームで，いつもプレイしている2, 3人の友人から，何千というプレイヤーからなるグループまで幅はあります。お子さんがギルドやクランに関係していること自体が問題になることはないかもしれませんが，これらのネット上の友だちは現実生活における友だちとは異なることを，皆さんが子どもたちに強調しておくことは大切です。そしてもっと重要なのは，これらの友だちは本人が思っている通りの人ではないかもしれないし，危険に巻き込まれる可能性もあるので，ネット上の友だちと決して会うべきでないでしょう。

　ネット上の友だちを現実生活の友だちに発展させるべきではないという考えは，特にオンラインデートをしている友だちや知り合いを見ている一部の10代の子たちにとって，戸惑うことかもしれません。今のところオンラインデートは，恋愛関係に発展することを目的として，大人同士が同意のうえで始めます。言い換えれば，生活のなかでの多くのルールがそうであるように，10代の子たちのルールと大人のルールとは違います。成人にとってのオンラインデートの複雑な安全面については，後の項で論じることにしましょう。

✪ネットで知らない人に連絡先を教えない

　一般的なルールとして，10代の若者や青年は，ネット上で知らない人に連絡先を教えることは避けるべきです。このことは10代の子たちだけではなく，成人の場合で，オンラインデートの初期段階にいる場合にも当てはまります。連絡先の情報には，お子さんのフルネーム，住所，誕生日，セキュリティ番号だけでなく，お子さんのフルネームがアドレスに含まれていて特定されてしまうようなEメールアドレス，学校や職場，電話番号などもあてはまります。このような情報は，逆引き名簿検索（リバースディレクトリ）によって簡単に探し出されてしまうのです。SNSやネットの名簿検索でも，お子さんの連絡先（FacebookやMySpaceを含む）を特定されないようにするべきでしょう。お子さんのハンドルネーム（インターネットでの会話のために使うペンネーム）は，個人が特定されることを避け，嫌がらせや詐欺まがいの行為の標的にされないようにするためにも，性別もわからないものにするべきです。お子さんとこれらの重要な点について話し合うことは，ネット上での安全を維持するために重要なことです。

✪ SNSではプライバシー設定をする

　お子さんが（写真やどこにいるかといった個人的な話のような）個人的な話題をSNS上で投稿しているとすれば，これらのサイトにあるプライバシー設定を使っているかを確かめることが非常に重要です。つまり，お子さんの友だちネットワーク以外の人たちが，お子さんの個人的なプロフィールや個人情報，連絡先などを見ることができないようにするべきなのです。私たちの経験では，多くの10代の若者や青年は，プライバシー設定をするのに保護者による何らかの手助けが必要です。もしみなさんがまだSNSのことをよく知らないなら，詳しくなるための準備をするか，SNSに詳しくて手伝ってくれそうな家族のメンバーに助けてもらうことを考えておくべきでしょう。

✪ 知らない人からの友だちリクエストを受け入れない

　お子さんがFacebookやMySpace〔訳注：LINEも含まれる〕のようなSNSを使っているのであれば，お子さんに知らない人からの友だちリクエストは受け入れるべきでない，というルールを強調しておきましょう。友だちリクエストとは，ソーシャルネットワークを介して他者とつながるために，友だちになりませんかというリクエストや招待を受けることをいいます。これらのサイトを通してたくさんの人とつながれるのは，ワクワクすることかもしれませんが（誰が一番「友だち」が多いか競争している人もよくいる），知らない人からの友だちリクエストを受け入れると，サイトに潜む，誰かを騙して利用しようとして狙っている者の犠牲になったり，実際に騙されたりする可能性が生まれてしまうことになります。このような危険性があるのは，その相手はお子さんの「友だち」になることで，お子さんの興味関心や居場所，外見などの個人情報にアクセスできるようになるからです。このような潜在的な危険についてお子さんと率直に議論し，お子さんの友だちのリストに誰がいるか，どんなつながりがあるのかということを定期的に把握することが重要です。

✪ 大人のオンラインデートの安全策

　10代の子たちのためのルールは，新しい友だちを作るためにインターネットを使わないことですが，オンラインデートを通して恋愛関係を発展させるためのMatchやeHarmonyといったSNSを多くの青年が利用しているという事実を考えると，大人へのルールは明確に白黒つけがたいところがあります。

　オンラインデートが大衆化し，多くの青年（社会的に課題を抱えた者も）が利用している可能性が高いことから，大人のためのガイドラインとして，以下のような安全策を記しておきます。

- 最初は，デートの相手に個人的な連絡先を教えない
- デートの相手と会うときは，人が周りにたくさんいるような公的な場所にする
- はじめの頃は，デートの相手と2人きりでどこかに行かない

・デートには自分の車で行き来するなど，自分で選択できる交通手段で行く
・最初は，デートの相手と車に乗ったり，家に送ってもらったりすることは避ける
・友だちや家族に，デートで行く場所や誰と行くかを伝えておく
・デートの前後に，友だちや家族に状況を伝える

　もしお子さんがオンラインデートに興味をもっているなら，これらの安全策は保護者が提供できる，単純だけど非常に重要なアドバイスとなります。オンラインデートの過程は（別の形のデートでもそうですが）複雑で込み入ったものですので，皆さんはこの分野においては，お子さんに対してもっと手助けや指導が必要になるかもしれません。デートするためのスキルももちろん大切ですが，この本の目的は，社会性に課題のある10代の若者や青年が，友だちの作り方やその関係の維持するための方法を学ぶことを手助けするものです。つまり，たくさんあるデートのエチケットに関するルールやステップについては，他の情報を見てください。

安全なネット使用のために保護者が指導する際のヒント

　次に述べるヒントは，ソーシャル・メディアを使っているお子さんがいる保護者へのアドバイスです。

✪SNSやインターネットで何をしているかを把握する

　特にお子さんが10代の場合には，SNSやネット上で彼らが何をしているか把握することを強くお勧めします。みなさんはこれらのサイトについて学び，そこで何が起こっているかを把握しておく必要があります。それは，お子さんが被害者になったり，騙されたりすることから守るだけではなく，お子さんが適切にふるまい，トラブルにまきこまれるような行動をしたり，悪い評判がたつようなことをしていないかを確かめるためです。これはSNS上でお子さんと友だちになったりして（お子さんが未成年だったら，そのことを登録するための条件にする），そこで何をしているかをつねに見守るということです。子どもの行動を見守ることができるように，居間にある家族共有のコンピューターにインターネットの使用を限定しているという家族もいます。また，子ども用のコンピューターを保護者が自由に使えるようにしていて，お子さんのネット上での活動を見守ることができるようにしている場合もあります。どれくらい保護者がそこに関わっていくとしても，お子さんに何を求めているのか，どのようにお子さんの行動を見守ろうと考えているかについて，率直にお子さんと議論することが一番です。もし保護者がネットの世界をうまく導くのはかなり難しいという場合は代わりに，ネットの社会により詳しい兄や姉，年上のいとこ，信頼できる家族や友だちなどに，お子さんを見守ってもらうことがよいアイデアでしょう。

✪携帯メールでよく使われる略語（textese：テキステーゼ）に詳しくなる

　お子さんが文字ベースのメッセージを使っているのであれば、SMS言語としてよく知られている略語（テキステーゼ）に詳しくなるべきです。SMSとは、携帯でやりとりされるメッセージを指す別の用語です。携帯メッセージやIMの大きな流行が私たちの文化やコミュニティに広がってきていて、テキステーゼという完全に新しい言語を発展させてきたのです。この言語は、**テキストトーク**や**チャットスピーク**としても知られています。テキステーゼとは、SMSやIMを送るときに使う略語や俗語のことです。文字ベースの会話を略するために（ふつうメッセージごとに2文くらいですが）、略語は全く新しい方言として発展しています。お子さんの指導者、保護者として、みなさんがこの言葉に詳しくなることは重要です。例えば、OMGは「Oh, My God（大変！）」の意味ですし、LOLは「Laughing Out Loud（大笑いする）」として広く知られています。これらの略語は、それほど無邪気なものではなく、性的なメッセージや写真を送る際に使われるようなものもあります。他の例としては、POS（Parent Over Shoulder（後ろに親がいる））やPAW（Parent Are Watching（親が監視している））といった少し危険な略語があり、起こりそうなトラブルを避けるために使われるかもしれません。つまり、もしお子さんがこのタイプのネットでのコミュニケーションをしているのであれば、保護者はこれらの言葉を知っておくべきでしょう。手助けとしては、テキステーゼの訳が載った長い用語集をインターネット上で簡単に見つけることができます〔訳注：我が国では、絵文字を略語の代わりに使うことも多い〕。

スティーブンのサクセスストーリー──ネット上での安全を守る

　ネット上で安全でいることは、インターネットを使って活動する誰にとっても重要な目標でしょう。それにもかかわらず社会性に課題のある人は、簡単にネット世界にいる犯罪者（誰かを利用し騙そうとしている者）の餌食になってしまうかもしれないのです。まさにそのような事例として、ASDと診断された24歳の男性、スティーブンがいます。スティーブンと母親がPEERSに来たとき、彼は大学を卒業したばかりでした。しかし彼はまだ働いておらず、日々の時間の多くはネット上の"恋人"と話すことに費やされていました。後で知ったことですが、彼は"恋人"と一度も会ったことがなく、彼女と話をするのにお金を払っていました。その関係にかかるお金は、クレジットカードで10,000ドル以上の借金をするような莫大な金額にまでなっていたのです。

　大学に行っている、家族が知らない間に、スティーブンは女性と交際していると信じるようにおだてられ、おしゃべりするために月何百ドルを支払うというネット詐欺の犠牲者になっていたのでした。彼は実際にはその女性に会ったことは一度もありませんでしたが、彼女の"友だち"だと信じていた多数の他の男性たちと一緒に、テレビチャットで彼女と"おしゃべり"をするために1日に数時間を費やしていました。このおしゃべりは、ウェブカメラの前に女性が座り、男性がまるでそれぞれが別々にしゃべっているように一つひとつ質問に返答しながら、質問をタイプで打つというものでした。スティーブンはPEERSに来たときには、この楽しみで頭がいっぱいになっていました。

　インターネットの危険性をクローズアップした不安にさせるような話ですが、実際にはスティー

ブンのケースはうまく解決しました。ネット上の友だちと現実生活での友だちの違いについて数回議論をし，よい友人関係の特徴について何度も話し合って（金銭的な見返りを要求しないなど），スティーブンはネット上の恋人は本当の友だちではないということを理解しはじめました。いったんネットへの執着の鎖から解放されると，スティーブンは現実生活での友だちを作ることにエネルギーを注ぎはじめました。彼はゲームクラブや合唱のグループに入り，すぐにそのメンバーの何人かと友だちになって，彼らといつも一緒にいることができるようになりました。彼はFacebookやInstagramもやっていて，現実生活での友だちにコメントをつけることを楽しんだり，オンラインで写真を共有したりしています。最終的に彼は，パートタイムの仕事を得て，自分のクレジットカードの借金を支払うことができ，オンラインデートさえ始めました。自分のやってきたことを振り返ってスティーブンは「僕は毎日，自分の人生がいつ始まるのだろうと思っていた。いつも友だちや彼女がほしいと思っていたし，当時もそうだった。でも僕は本当の友だち関係がどんなものなのか，理解していなかったんだ。今はわかるよ。もうさみしくないしね。ネット上で遊ぶのは好きだし，友だちともオンラインで話すよ。でも以前とは違う。本当の友だちもいるよ。僕らは一緒に遊べるし，彼らのことを信じることができる。今は安全だよ」と話しています。

　スティーブンの例はかなり衝動的な話ではありますが，社会性に課題がある10代の若者や青年にとっては珍しい話ではありません。私たちは，クリニックで似たような経験のある多くの若者たちと会ってきました。そして，そのほとんどの方が，プログラムを終了後，現実生活での友だちとの間に意味のある関係を育むことができたのです。だから，もしお子さんがインターネットの危険の被害者になってしまったり，ネット上のコミュニケーションがうまくできなくて苦しんでいたりしていても，スティーブンの話と彼の安全でいるための方法を学んだ感動的な人生の旅のことを思い出してください。

ネット上での会話をするための一般的なルール
思春期・青年期の子どもたちのための本章のまとめ

> 以下の情報は10代の若者や青年が読むように書かれていて，本章の簡単なまとめがあります。

　本章では，ネット上のコミュニケーションのためのルールに焦点を当てています。携帯メール，インスタント・メッセージ，テレビチャット，Eメール，SNSのようなソーシャル・メディアや電話は，友だちと連絡を取り合うための普通の方法です。多くのことと同じように，これらのテクノロジーを使うときのふるまい方についてルールがあります。社会的にうまくやれている10代の若者や青年が使っているルールのうち，いくつかを以下に挙げておきましょう。

個人的な内容になりすぎない

　人々がネット上でコミュニケーションをするときによくある誤りとして，ネット上で言ったことは誰でも読むことができ，聞くことができることをつい忘れてしまうということがあります。このようなミスをしないようにしましょう。あまりにも個人的なことは共有したり，尋ねたりすることは避けるというのが賢いやり方です。あなたが書いたことを誰かが読んだり聞いたりしていると想定して，みんなが知っても問題ない内容だけを伝えてください。

よく知らない人と連絡を取るときはカバーストーリーを使う

　電子通信を使ってよく知らない相手と連絡を取るときは，連絡を取る理由を伝えることが必要になります。それをカバーストーリーといいます。カバーストーリーはたいてい短く，個人的すぎない内容ですが，必ずしも作り話ではありません。例えば，「今週どうしているのか知りたくてメールしました」とか「どうしているかなと思って連絡しています」とか「あなたがそのゲームをしているのか知りたくて，ちょっと連絡しようと思いました」などです。

2メッセージのルールを使う

　相手から返事が返ってくる前に，自分が連続して何回のメッセージを残してよいかについて考えたことがありますか？　実は，その答えは"2回"です。これを2メッセージのルールと呼びます。つまり，返信がないのに連続して2回以上のメッセージを残すべきではありません。別の相手を探しましょう。これは，携帯メールでも，インスタント・メッセージでも，Eメールでも，留守番電話でも間違い電話の場合にもあてはまります。1回のメッセージは問題ないですが，2回以上のメッセージは残さないようにしましょう。さもないと，あなたはストーカーと呼ばれるかもしれません！

コールドコーリングを避ける

　コールドコーリング（許可のないコンタクト）とは，連絡先を聞いたことがない相手に連絡する人のことを表すために使われる用語です。あなたが誰かの連絡先を尋ねるときは，基本的には連絡してよいかどうか尋ねています。もし，あなたが許可を得ることなく，代わりに出し抜けに連絡したとしたら，その相手を気味悪がらせることになり，その人との関係の始まりとしてはよくないものになります。その代わりに，連絡を取る前に連絡先を交換しましょう。連絡先を交換するためのステップは，次に示しています。

連絡先を交換する

1. 相手と情報交換します（たいていは何回か会う機会を通して）。
2. その相手との共通の興味を見つけます。

3. 共通の興味に基づいて，一緒に遊びたいということや，もう1度話したいということを伝えられるような簡単な理由（カバーストーリー）を使います。
4. 相手が，あなたからの一緒に遊びたい，もう一度話したいという誘いに関心を示しているかどうかを判断します。
5. もし相手が関心を示しているようだったら，連絡先を交換しようと提案してみます。相手が関心を示していなければ，連絡先を尋ねないようにします。
6. 電話番号やハンドルネームなどをやりとりすることによって，相手と連絡先を交換します。

電話を使うためのルール

以下のものは，電話を使う場面に固有なルールです。あまり電話を使わないかもしれませんが，使うときにぎこちなくなるのを避けるために，いくつかのステップを示しておきます。

電話を始めるステップ

1. 電話したい相手であるか確認する
2. 自分が誰かを言う
3. 相手が最近どうしているか，調子を尋ねる
4. 相手が今話せるかどうかを尋ねる
5. 電話をかけた短いカバーストーリー（簡単な理由）を伝える

社会的な場面でのエピソード　電話を始める

以下のエピソードは，適切な電話の始め方のひとつの例です。

（電話が鳴る）
ジェニファー：（受話器を取って）もしもし。
キャリー：こんにちは。ジェニファーとしゃべりたいのですが。
ジェニファー：ジェニファーよ。
キャリー：こんにちは，ジェニファー。キャリーだけど。
ジェニファー：まあ，こんにちは，キャリー。
キャリー：元気？
ジェニファー：とても元気よ。あなたは？
キャリー：私も元気よ，ありがとう。今話せるかしら？
ジェニファー：もちろん。
キャリー：最近，どうしているかなと思って電話したの。
ジェニファー：特に何もないわ。学校に行っているくらいかな。
キャリー：そうなんだ。学校はどう？　ずいぶんと会ってないような気がするけど。
ジェニファー：まあまあよ。ちょっと忙しくて，今週末，ホームカミングデーの対抗試合があるから。
キャリー：そうね。待ちきれないの！　あなたもそう？

ジェニファー：私もそう思っていたわ。

電話を終わるためのステップ

1. 会話が途切れる短い間を待つ
2. 電話を終えるための短いカバーストーリー（簡単な理由）を伝える
3. 話せてよかったと伝える
4. また会うこと，あるいは話すことを相手に伝える
5. 別れの挨拶をする

社会的な場面でのエピソード 電話を終わる

次のエピソードは，電話の適切な終わり方についての例です。

（会話が終わりそうなところを取り上げて）
キャリー：そういえば，試合には誰が行くの？
ジェニファー：よくわからないわ。私も行くかどうかを決められていないの。
キャリー：まあ，行きましょうよ。フットボールは好きでしょ？
ジェニファー：うん。あなたは？
キャリー：私もよ。じゃあ，一緒に行かない？
ジェニファー：それはいいわね。行くわ。
キャリー：やった。楽しみだわ。
ジェニファー：私も！

キャリー：（ちょっと間が空く）そしたら，お母さんが電話を使うみたいだから，電話を終わらなきゃ。
ジェニファー：わかったわ。
キャリー：でも話せてよかった。
ジェニファー：こちらこそ。電話ありがとう。
キャリー：明日話そうね，試合に行く計画を考えられるね。
ジェニファー：いいね。
キャリー：元気でね。
ジェニファー：あなたも。
キャリー：じゃあね！
ジェニファー：じゃあね！

留守番電話メッセージを残すためのステップ

1. 誰に電話をしているかを言う
2. あなたが誰か言う
3. 電話をした短いカバーストーリーを伝える
4. （電話をかけている）日時を残す

5. 日常的に話していない相手であれば，自分の電話番号を残す
6. 別れのあいさつをする

社会的な場面でのエピソード　留守番電話メッセージを残す

次のエピソードは適切な留守番電話メッセージの残し方の例です。

（電話が鳴る）
留守番電話メッセージ：「こんにちは。ただいま電話に出ることができません。メッセージを残してください」（ピー）
キャリー：「こんにちは。キャリーです。ジェニファーにメッセージを残します。今は火曜日の午後7時頃です。どうしているかなと思って電話しました。555-1212 まで電話してください。また話そうね。さようなら」
（電話を切る）

インターネットを安全に使うためのルール

次のルールはインターネットを使うときのためのものです。

10代の子たちは，新しく友だちを作るためにインターネットを使うべきではない

多くの10代の若者や青年は，ネット上の友だちがいると話してくれます。ネットゲームのギルドやクランにいる友だちは問題ありませんが，特にあなたが10代の場合は，ネット上の友だちを現実生活の友だちにすることはとても危険です。おそらくあなたは，インターネット上には人を利用して搾取する捕食者がいて，10代の子たちや何も知らない若い人たちを食い物にしているという話を聞いたことがあるでしょう。実際，彼らがそこにいるのは事実だし，自分と話している誰が大丈夫なのか決してわかりません。インターネットは現在の友だちと話をするためだけに使うほうがよいでしょう。もしあなたが成人でオンラインデートをしているのであれば，安全でいるためのいくつかのヒントがここにあります。

ネット上で知らない相手に連絡先を伝えない

ネット上で出会った人が，本人が言っている通りの人なのかを確かめる方法はないので，ネット上での友だちも含め，知らない人にネットで自分の連絡先を伝えないことは非常に重要です。つまり，あなたは住所や電話番号，そして名前なども，ひとつでもわかるとあなたを見つける方法があるので共有しないようにします。もし，あなたがFacebookのようなSNSを使っていたら，多くの人がその情報にアクセスできるので，自分のプロフィールページに連絡先は載せないようにしておくべきです。

SNSではプライバシー設定をする

もしFacebookやMySpaceなどのSNSを使っているなら，おそらくプライバシー設定につい

て知っているでしょう。プライバシー設定は，あなたのプロフィールページを見ることができる人を制限し，犯罪者やあらゆる付きまとってくる人たちからあなたを守ってくれます。プライバシー設定を使うことは本当に大切です。そうしないと，誰でもあなたの個人情報，例えばあなたの外見や好きなこと，行く場所などにアクセスすることができるのです。もしプライバシー設定をするのに手助けが必要なら，保護者に話してください。あなたのことを助けてくれるでしょう。

知らない人からの友だちリクエストを受け入れない

SNSについてのもうひとつの重要なルールは，知らない人からの友だちリクエストを決して受け入れないことです。つまり，あなたの知らない人があなたのソーシャルネットワークに入ろうとしていたら，そのリクエストは無視すべきだということです。恐ろしいのは，その人が誰かのふりをしているかもしれないので，その人が何者か本当にはわからないという事実です。安全のために，友だちになるのは現実生活で自分が実際に知っている相手とだけにしておきましょう。

大人のオンラインデートの安全策

10代の子たち向けの安全のためのルールとして，インターネットは新しい友だちを作るために使うべきではないというものがありましたが，現実的には多くの成人がオンラインデートのような活動でインターネットを使っています。オンラインデートはとても人気があるので，成人のためのガイドラインとして以下の安全策を提案します。

- 最初は，デートの相手に個人的な連絡先を教えるのを避ける
- デートの相手と会うときは，人が周りにたくさんいるような公的な場所にする
- 最初の頃は，デートの相手と2人きりでどこかに行かない
- デートには自分の車で行き来するなど，自分で選択できる交通手段で行く
- 最初は，デートの相手と車に乗ったり，家に送ってもらったりすることは避ける
- 友だちや家族に，行く場所や誰と行くのかを伝えておく
- デートの前後に，友だちや家族に状況を伝える

思春期・青年期の子どもたちや保護者のためのエクササイズ

10代の若者と青年の皆さんは，保護者と一緒に以下のエクササイズをしましょう。

- 本章で紹介したステップを使って，連絡先を交換する練習をしてください。
  - 保護者と一緒に，連絡先を交換するためのステップについて復習することから始めましょう
  - 保護者と連絡先を交換するためのステップに従う練習しましょう

－連絡先を交換するためのステップを，安心できる仲間と練習してみましょう
　　　・事前にステップを復習するために，FriendMaker携帯アプリ〔訳注：https://itunes.apple.com/us/app/friendmaker/id704606893?mt=8〕を使うとよいでしょう
　　　・あなたが加わっていると思っている仲間グループのなかや，あなたが所属している課外活動や社会的活動に参加している人のなかから仲間を選ぶとよいでしょう
・本章で示したステップを使って，電話の始め方や終わり方，留守番電話メッセージの残し方を練習してください。
　　－保護者と一緒に，電話の始め方や終わり方，留守番電話メッセージの残し方のステップについて復習してから始めましょう
　　－電話の始まりや終わりの練習，留守番電話メッセージを残すステップの練習を保護者と一緒にしましょう
　　－あなたが安心できる仲間と，電話の始まりや終わり，留守番電話メッセージの残し方を練習しましょう
・事前にステップを復習するために，FriendMaker携帯アプリを使うとよいでしょう。

第❼章
よいスポーツマンシップを見せること

　10代の若者にとって、ビデオゲームやコンピューターゲームをするのに費やす時間は、他のレクリエーション活動に費やす時間よりもはるかに多いとされています。かなりの時間、ときには一日に数時間これらのゲームをするのに費やしているのですが、スポーツマンシップのルールを身につけていることは、10代の若者にとって友だちとよい関係を築くうえでとても重要です。この「スポーツマンシップ」とは多くの意味を含んでいますが、まず3つの重要な行動を原則としています。それは、「仲間意識」「公平な行動」「自己コントロール」です。

- **仲間意識**とは、活動を共にする者との間での受容的なふるまいを含んだ言葉です。それはときとして活動を共にする者との一体感であったり、きずなであったり、つながりであったりします。活動を共にするとき、私たちは皆ある最終ゴールに向かって行動しています。友人関係の最終ゴールは、どんなことをしても相手に勝つという類のものではなく、誰もがよい時間を過ごすということに重きを置くべきでしょう。競技スポーツ、もしくはプロスポーツは、かならずしもこのガイドラインに従わず、目標はつねに勝つことにあります。しかしながら、もしお子さんの最終的な目標が、友だちを作ることや友だち関係を維持することであるならば、ゲームをしたり、スポーツをしたりするときにも、みんなが楽しむ、ということをいつも目標とすべきです。
- **公正な行動**とは、道徳的に正しく、みんなで公平に遊ぶことです。それは、ルールに従って遊ぶことであって、自分の利益のためにルールを曲解したり、都合よく変えたりすることではありません。不正行為する人や公正に遊ばない人を友だちにしたいという人は、誰もいません。
- **セルフコントロール**とは、自分の感情や行動をコントロールする能力のことです。これはゲームやスポーツでは、負けたときに混乱したり怒ったりせず、勝ったときにも得意げに人をあざ笑ったりしないということです。ゲームをしたりスポーツをしたりする際に、幼い態度で自分のセルフコントロールの弱さを見せてしまうと、相手が友だちになってくれる可能性が低くなります。社会性に課題のある若者によく見られる行動です。残念な負け方やえらそうな勝ち方をしたいとは誰も思わないはずです。

> スポーツマンシップとは、仲間意識、公正な行動、セルフコントロールの重要な3つの行動を軸としている。

スポーツマンシップのルール

　以下のルールは、お子さんが友だちになりたいと思って誰かと遊ぶとき、楽しくその時を過ご

すための具体的な行動を含んでいます。これらのルールは，つねに競争し合うチームスポーツだけではなく，社会的にうまくやれている若者が，楽しんでゲームをしたりスポーツをしたりする際に使っているものです。

✪ 他者をほめること

　よいスポーツマンシップを示すための最も基本的なやり方のひとつは，他者をほめることです。これは仲間意識を育む原理原則のひとつです。他者をほめることは，相手を称賛する気持ちを伝える行動です。よいスポーツマンシップとは，自分自身のチームのメンバーをほめるだけではなく，相手チームのメンバーをもほめることも含まれます。チームでの競技スポーツにおいてはあまり見られないものですが，友だちとゲームをしたり，スポーツをしたりする際に，相手チームのよいプレイを見てその人たちをほめることは，お子さんにとって至極適切なふるまいでしょう。共通する社会性の問題として，私たちは活動の最中に他者をほめることができないという社会的な課題をもつ若者をよく見かけます。この見落としがちな問題は，他者をほめることの社会的なメリットがはっきりわかっていないという，他者の視点に立って考える力の弱さによるものかもしれません。では，他者をほめることによる社会的なメリットとは何でしょうか。それは通常，相手に感謝されていると感じさせ，自分のことを誇りに思い，特別な価値のある存在であると思わせることにつながり，またあなたに会いたいという気にさせます。

　ほめたり賞賛したりすることは，社会性に困難をもつ子どもにとって自然に身に付くものではないかもしれませんが，UCLAのPEERSクリニックでの私たちの経験では，簡単に学習させることが可能です。目標は友だちを作ることや友だち関係を維持することでしたね。覚えていますか。そうであれば，お子さんが他者に対して自然にほめないことを心配されていたとしても，私たちがクリニックで何度も経験しているように，このルールに精通するようになると，より進んでほめてみようとするでしょう。

> スポーツマンシップを示すための最も基本的なやり方のひとつは，他者をほめることである。

　☞ **ソーシャルコーチへのヒント（社会性の指導のコツ）**　お子さんに本章の要約を読むようにすすめましょう。そこには，社会的に成功している若者がよく用いる言語的，非言語的な共通のほめ方の例が示されています。まずあなたのお子さんがルールに馴染んだら，彼らがうまくほめ言葉を使えている場面を積極的に指摘してあげてください。お子さんに「妹がすごいショットをしたよ。こういうとき，あなただったら何と言えばいい？」などと言って，本人たちがほめるのを忘れているときには促してあげるとよいでしょう。こうした強化や促しは，人前で恥ずかしい思いをしないですむように，協力的な家族の関わりなかで行います。

　☞ **ソーシャルコーチへのヒント（社会性の指導のコツ）**　お子さんに，ゲームやスポーツをしているときに人をほめると相手がどう感じるのかについて考えさせましょう。彼らがこのスキルを覚えるのには，何度も繰り返して思い出してもらう必要があります。次のように尋ねます。「自分

のことをほめてくれる人のことをどう思う?」「もう一度その人と一緒に遊びたいと思うかな?」。もちろんこれらの質問には，誰かがほめてくれると，私たちはその人のことを親切で，思いやりがあって，陽気で，公平な人だと感じて，再びその人と会おうと思うだろうというのが答えです。なぜならほめ言葉は，みんなをとても心地よくしてくれるからです。

✪ ルールに従ってプレイすること

スポーツマンシップの他の特徴は，ルールに従ってプレイしなければならないという原則です。より端的に言えば，不正行為をしないという意味です。こだわりの強い10代の若者や青年と関わった経験から言えば，彼らはルールに従いたいと思う強い傾向があるので，多くの場合このルールをごく自然に受け入れます。しかしながら，とりわけ衝動性を抑えることに課題がある人たちにとっては，少し難しい挑戦となるでしょう。この社会的な間違いを犯してしまうことによる問題は，ルールに従ってプレイしないといった意図的なたった一度の行為が，友人関係を終わらせてしまうかもしれないことです。特に不正行為は，悪いうわさにつながる可能性が大きいのです。

このルールの重要性を説明しましょう。友だちと親しげにバスケットボールのピックアップゲームをしている10代の少年を想像してみてください。頻繁にダブルドリブルをし，ドリブルをするというよりもむしろボールと一緒に走っているような，粗大運動の技術や協調運動の能力に課題があるかもしれない少年は，試合の際に自分のしたミスを認めません。彼はよく敵から逃げるためにコートの外へと走って行ってしまうのですが，出て行ってしまったことは承知のうえで，自分が間違っていたとはなかなか認めようとしないのです。ここで他者の立場に立って考えるための質問を使って，その状況を他の選手たちの視点から考えさせます。他の選手たちにとって，この経験はどのようなものだったでしょうか? こう尋ねると，選手たちはイライラしたり不満そうにしたり，ときには怒ったりする，と答えるでしょう。他の選手たちは，この少年のことをどう思っているでしょうか? おそらく，選手たちはたぶん少年が嘘つきだとか，ずるいやつだとか答えるでしょう。選手たちはもう一度，この少年と試合がしたいと思うでしょうか? 少年は，近い将来試合のメンバーとして最初に加わるということはまずありません。そして，もしこの少年がスポーツマンシップに反するふるまいを続けていたら，不正行為をする人としての噂が広がってしまうでしょう。

> ルールに従って遊ばないといった意図的な一度の行為が，友人関係を終わらせてしまうかもしれず，不正行為は，悪いうわさにつながる可能性が大きい。

☞ **ソーシャルコーチへのヒント（社会性の指導のコツ）** あなたは，不正行為をした場合の結果について，お子さんに指導する必要があります。私たちのプログラムでは，保護者は家庭のなかでこのルールが破られた（指導をするのに絶好の）タイミングで，子どもと一緒に他者の立場に立って考えるための質問を使って，ルールの重要性を強調することが非常に効果的だということがわかっています。

✪ 共有することと交代すること

　スポーツマンシップの他の重要なルールは，共有することと交代することです。これは，友だちとゲームやスポーツをする際には，参加している誰もがプレイする機会があるということが重要だということです。前に紹介した友だちとバスケットボールをする少年の例を考えてみてください。もし少年がボールを独り占めして，他の選手にパスをしなければ，友だちはどういった反応を示したでしょうか？　きっとイライラしたり，不満そうにしたり，ときには退屈にしたりするでしょう。ボールを独り占めした少年について他の選手たちはどう思うでしょうか？　おそらく少年のことを自己中心的で，傲慢で，気に障るやつだと思うでしょう。彼らはもう一度，この少年と試合がしたいと思うでしょうか？　もしまた少年と一緒にプレイしたいと思っても，試合やスポーツ中にボールを一緒に使ったり，交代したりすることができないのなら難しいし，その後誘われることはあまりないでしょう。

> 友だちとゲームやスポーツをする際には，誰もがプレイする機会があるということが重要である。

　☞ ソーシャルコーチへのヒント（社会性の指導のコツ）　もしあなたのお子さんが，ボールを独り占めしがちだったり，またはビデオゲームをしているときにコントローラーを共有しようとしなかったりするようなら，よいタイミングをとらえて，スポーツマン精神の重要なルールを教えることはとても重要です。このルールを教える機会を作りましょう。例えば，お子さんの課題が共有したり交代したりすることである場合，あなたは同年代の兄弟やいとこといった家族の人と，本人の好きなゲームで遊ばせるとします。もし，同じ年代の家族がいないのなら，あなたが自分の子どもと練習をします。子どもが共有したり交代したりしないことに気づかせるとき，子どもが恥ずかしい思いをしないような方法でルールを気づかせる機会を作ります。保護者はよくわざと負けたり，自分の子どもに自分たちのやり方をさせてしまったりしがちです。しかしながら，保護者はあまり寛容ではない友だちの役割を演じるほうがよいでしょう。

✪ 審判をしない

　社会性に課題をもつ若者は，具体的に字義通り考える傾向があります。結果として，彼らは世界をルールの複雑な組み合わせを通して読み取っているのかもしれません。彼らはルールに注目し，しばしばルールを引き合いに出し，滅多にルールを破りません。そしてもし誰かがルールを破ったのを見ると，それがどれほど恥ずかしかったり，相手にとって失礼だったと思われたりしても，ルール違反を指摘せずにはいられない気持ちになります。私たちは，会話におけるこうした社会的な誤りを，**取り締まりをする**（Policing）と呼んでいます。また，ゲームやスポーツではこうした誤りを，**審判をする**（refereeing）と言います。それはゲームやスポーツでルール違反を指摘する行為が，ゲームを仕切り，ルールを強要することを任されている人と同じに見えるので，**審判をする**という言葉を使っているのです。

　このルールの重要性を説明するのに，友だちと「ダンジョンズ・アンド・ドラゴンズ」（ファン

タジーのロールプレイングゲーム）をしている10代の若者を想像してみてください。ある時点で，他のプレーヤーがそのキャラクターと合わない行動を取ったとします。彼はドラゴンマスター（審判者でありゲームの作り手）ではありませんが，ルール違反であることを指摘せざるをえない気持ちになります。先ほどの他者の立場に立って考える質問を使って，彼のコメントと非難で相手がどう感じた可能性があるかを想像してください。友人は，そのコメントで当惑したり，動揺したり，怒りすら感じるかもしれません。友人は，自分の違反を指摘した告発者である彼のことをどう思うでしょうか。彼のことを，おそらく無礼だとか，威張っている，知ったかぶりの人間だと考えるでしょう。あなたはまた彼とゲームをしたいと思うでしょうか。もし彼が同じような審判を続けるなら，もう一度ゲームをしたいとは思わないでしょうし，彼が審判をするのを見た他のプレーヤーは，今後彼と一緒にゲームをしないようにするでしょう。実際，彼には威張っているといううわさが広まってしまうだろうし，友だちを作ったり友だち関係を維持したりするのは難しくなるでしょう。

　他者を審判するという傾向は，社会的な困難さを抱えている多くの若者がよくしてしまうことですが，友人関係を発展させたり維持したりするための大きな障壁となってしまうのです。多くの人がしているように，おそらくあなたのお子さんも，この過ちを犯しているかもしれません。ルール違反を指摘することは正しいことで，事実に基づいていることだと思えるので，お子さんはこうした過ちを犯してしまうかもしれません。しかし審判者になってしまうことの問題は，しばしば受け取り手が告発や非難されていると感じて，審判者を好ましくない仲間であるとみなしてしまうことなのです。

> 他者を審判するという傾向は，社会的な困難さを抱えている多くの若者がよくしてしまうことだが，友人関係を発展させたり維持したりするための大きな障壁となる。

☞ **ソーシャルコーチへのヒント（社会性の指導のコツ）**　もしお子さんに審判をする傾向があるのなら，こうした過ちが実際に起こったとき，そのタイミングで社会性の指導をすることは絶対に必要です。取り締まりをしないというルールと同じように，いったん子どもが審判をしないというルールのことを理解したら，ルール違反したときは，仲間から少し離れたところで，優しく指摘することが重要です。

✪ コーチをしない

　審判をしないというルールとは似ているけど異なる，ゲームやスポーツにおける重要なもう一つの社会的ルールとして，**コーチをしない**ということがあります。コーチをするとは，多くの点で審判をすることと似ています。ひとつの大きな例外"目的"を除いては。審判の目的は，試合のルールを守らせようとしたり，プレーヤーが公正に試合をしているかを確認したりすることです。一方，コーチの目的は，プレーヤーを導き，よりよいプレイができるように手助けすることです。この両方の役割は，ルール違反を同定したり承認したりすることを含むのですが，コーチのすべきことは手助けであり，それに対して審判のすべきことはルールを守らせることです。この点をよりわかりやすくするために，ビデオゲームで遊んでいる2人の10代の少年を思い浮かべてみま

しょう。1人はかなりのゲームの達人で，もう1人は彼よりずっと初心者です。初心者の少年は，次のレベルに達せずあれこれ苦心しながら夢中でゲームをしています。そこで彼より熟達したもう1人の少年は，初心者の少年の手助けをしようとします。ゲームが得意な少年は，言葉でのアドバイスや何をすべきかを教え，どこに行くべきかといった情報を提供しますが，しまいにはたまりかねてコントローラーを掴み取り，こう言います。「ほら，どうやったら次のレベルに行けるか見せてやるよ」と。彼より高い技術をもっているこの少年は，親切な気持ちからこの行為にいたったのかもしれませんが，この経験はコーチされる少年にはどのようなものになるでしょうか。彼は多分イライラしたり，プレッシャーを感じたり，少し恥をかいたとさえ感じるでしょう。では，コーチしたその少年を，初心者の彼はどう思うでしょう。彼はコーチした少年を，威張りたがりで，失礼で，完璧な知ったかぶりだと思うかもしれません。彼はもう一度そのコーチした相手と遊びたいと思うでしょうか。もしこのパターンが続けば，もう一度遊びたいとは思わないでしょう。さらに悪いことには，もし彼がコーチすることが広まり，他の人たちがその行動に気づきはじめたのなら，仲間内でその少年の悪いうわさが立ってしまうでしょう。

> コーチのすべきことは手助けであり，それに対して審判のすべきことはルールを守らせることである。

☞ ソーシャルコーチへのヒント（社会性の指導のコツ） もしあなたのお子さんが人をコーチする傾向があるのなら，指導しやすいタイミングをとらえて，友だちがどう感じるかを軽く思い出させながら，自分の行動を振り返らせることが必要でしょう。ただ皮肉なことに，この保護者によるソーシャルスキルのコーチは，今お子さんがしないように試みていることと少し似た行動になります。彼らはそれを指摘して，保護者に対して「矛盾している」と言うかもしれません。お子さんが，友だち作りと友だち関係を維持するルールとステップを学ぶことに同意したこと，そしてあなたの指導を受けることを同意したことを思い出させてください。彼らの友だちは，そんな同意はしていませんね。

✪ 強い競争心をもたない

　一部の社会的困難さをもつ人が犯してしまう共通の社会的な過ちは，ゲームやスポーツをしている時の過剰な競争意識です。過剰な競争意識があることは，勝ちを追い求めることで攻撃的な印象を与えることになり，これはスポーツマンシップにおけるセルフコントロールの原則に反します。しっかりと構造化されたゲームやスポーツ（チェスや科学的な競技，またはチームで行うスポーツなど）を行っているときは，競争意識があることは別に不自然ではないし，不適切でもないでしょう。ですが，友だちと一緒に娯楽としてのゲームや交流を楽しむことを目的としたスポーツをしている場面では，競争意識を示すことは普通ではなく，社会的に認められるものではありません。

　もしお子さんが，競争意識を示す傾向があるのなら，ゲームの目的はたぶん勝つことにあって，イライラしたり，起こってもいないことに動揺したりしているかもしれません。もし目標が友だちを作ることや友だち関係を続けることであるなら，過剰な競争意識をもつことはどんな問題が

あるのでしょうか。それを明らかにするために，若者が友だちとチェスに没頭する場面を想像してみてください。どちらも経験のあるプレーヤーで，チェスするスキルもあります。お互いにチェスの競技に出ようとしています。この若者がそのゲームと，対戦者である友だちに勝てるかどうかを気にしてイライラしている様子を想像してみてください。若者は，イライラからテーブルに拳を打ち付けてぶつぶつ文句を言い，血圧も上がって，顔が真っ赤になります。この経験は，彼の友だちにとってどのような経験になるでしょう。友だちはびっくりし困惑するか，はたまた過剰な反応で怯えてしまうかもしれません。彼がブツブツ文句を言ったりしたときに，友だちは彼のことをどう思うでしょうか。奇妙で，感じが悪く，少しおかしいのではとさえ思うかもしれません。友だちは彼ともう一度チェスをしたいと思うでしょうか。もしこの行動が習慣になってしまうのなら，彼がどんなに優れた対戦者であろうと，もはやチェスをしたいとは思わないでしょう。さらに，もし彼がこの行動を続ければ，短気な奴という噂が立つだろうし，他の人たちは誰も彼とチェスをしたがらないでしょう。

☞ **ソーシャルコーチへのヒント（社会性の指導のコツ）**　もしこのことがあなたのお子さんに当てはまるようなら，強い競争意識をもたないようにすることはスポーツマンシップの大切なルールである，と理解するよう子どもを助ける必要があります。もしお子さんが感情コントロールの難しさからこの決まりを守れないような場合，まずは感情をコントロールするための別の方法を探し，見つかるまでは競争するような社会的場面を避けるほうがよいでしょう。感情をコントロールする能力と冷静さを失わない能力は，友だちを作ったり友だち関係を維持したりすることと密接に絡んでいるのですが，感情のコントロールは，多くのさまざまな方略をもつ複雑なプロセスなのです。もしあなたのお子さんが，困難な社会的場面で落ち着いて対応することが難しく，競技スポーツの枠を越えてたびたび冷静さを失う状況になるのなら，この本に書かれているスキルを試みる前に，感情のコントロールと行動の爆発を減らすことに取り組むほうがよいでしょう。

> 友だちと一緒に，娯楽としてのゲームや交流を楽しむことを目的としたスポーツをしている場面では，強い競争心を示すことは普通のことではなく，社会的に認められるものではない。

★誰かが傷ついているときは気遣いを示し，手助けをする

身体的なスポーツをしていると，誰かがあるときに少し怪我をしたり転んだりするということはよくあることです。こうしたことが起こったときに，必要ならば気遣いを示し，手助けをすることは大切なことです。ときにはゲームを中断する必要さえあるかもしれません。これは当たり前なことかもしれませんが，社会性に困難のある若者が犯す共通の社会的過ちのひとつは，彼らが時々誰かが傷ついていても関心を示したり，手助けをしたりしないということです。

> 社会性に困難のある若者が犯す共通の社会的過ちのひとつは，彼らが時々誰かが傷ついていても，気遣いを示したり，手助けをしたりしないということである。

このルールの重要性を明らかにするために，バスケットボールのピックアップゲームをしている，先ほど話した10代の少年グループについて考えてみましょう。シュートを狙っている間，プレーヤーの1人がつまずいて転び，すぐには起き上がらない場面を想像してください。社会性に課題のある若者が，プレーヤーが転んでも気にせず歩いて行ってしまったり，大丈夫か尋ねなかったり，また立てるように手を差し伸べなかったりする場面を想像してみてください。たとえプレーヤーの怪我がたいしたことがなくても，他の人はこうした行動をどう思うでしょうか。ちょっと変わっているとか，思いやりがないとか，かなり普通ではないと思うかもしれません。彼らは，傷ついた友だちのことをちらりとも気づくことなしに側を通りすぎる少年のことをどう思うでしょうか。おそらく，非常識で，感じが悪く，思いやりのない人だと思うでしょう。もう一度この少年と遊びたいと思うでしょうか。傷を負ったプレーヤーは，少年ともう一度バスケをしようという気持ちが弱くなるだろうし，他のプレーヤーもあまりしたいとは思わないでしょう。

　もしかしたらこの例は，あなたにもよくあることかもしれません。社会性に課題がある子どもたちと関わってきている私たちの経験では，おそらくこれはうっかり見落としたことによる思いやりのなさというのではなく，むしろ気づかなかったことによるものです。あなたのお子さんにとって，関心を示し手助けをすることは自然とできるということではないですが，私たちは経験を通して，こうした身体的スポーツのような特定の場面で子どもたちにこのことを学ばせるのは難しくないとわかっています。

☞ソーシャルコーチへのヒント（社会性の指導のコツ）　あなたのお子さんが，このように誰かが傷ついていることに気づかなかったり，関心を示さなかったりするなら，スポーツをしているときは，時々，怪我をする人がいるかもしれないということを，はじめに説明しておくべきでしょう。お子さんがよい友だちと思われることを望むのなら，このような場面で他者に関心を示し手助けをしなければならないことを教えましょう。こうした例に気をつけるように子どもを手助けすることで，これまでよりはるかに多く適切に対応できるようになります。

✪退屈なときには活動を変えることを提案する

　ゲームやスポーツをしているときに，退屈になったり疲れたりすることは珍しいことではありません。このような場合，社会的な判断力のある若者によって使われる生態学的に有効なスキルとは，活動の内容を変えることを提案するということです。これは，「このゲームが終わったら，何か食べに行かない？」または「何か別なことをしたくない？」のように言うとよいでしょう。このような提案は非常に望ましいですが，「退屈だよ」という言葉は，よくある失礼な言い方です。お子さんが活動を変えることを提案する場合，そのことが必ずできるという保証はありませんが，違う案を提示することで，別の活動にかわる可能性を高めることになります。

　社会性に課題のある若者が抱える共通の社会的な過ちのひとつは，退屈するとか関心が薄れたときに，ゲームやスポーツの場からだまって離れてしまうことです。若い男性がチェスをしている場面をちょっと考えてみましょう。その若者は，自分より少しチェスの腕が劣っている相手とゲームをしていると想像してください。彼は，対戦相手が自分と勝負するに値しないと感じ，何

も言わずにゲームの場から立ち去ってしまいます。彼には，相手を怒らせる意図はありません。ただ退屈で，何か別なことをしたいだけでした。他者の立場に立って考えるための質問を使って，この経験が相手にとってどのようなものだった考えてみてください。対戦相手は多分混乱して，何が起こったのかが分からず，ゲームの途中でほったらかしにされたことでイライラするかもしれません。その相手は立ち去った彼のことをどう思うでしょうか。たぶん変わっているとか，おかしいやつだとか，すごく失礼だと思うでしょう。その人は再び彼とチェスをしたいと思うでしょうか。そのような方法でないがしろにされた後，また彼とチェスをしたいと思うようなことは，ほとんどないでしょう。残念ながら，この種の行動は，社会性に課題のある若者の間でよく見られます。こうした若者は，退屈になったとき，自分の行動が相手を怒らせていることに気づかずに，活動から立ち去るという過ちを犯すかもしれないのです。

☞ソーシャルコーチへのヒント（社会性の指導のコツ） もしあなたのお子さんが，こうした行動をする傾向があるなら，その場を立ち去ることに代わる方法は，活動の変更を提案することです。この習慣を変える手助けをするためには，あなたが指導しやすいよいタイミングで介入する必要がありますし，社会的に重要なルールについて指導する必要があるでしょう。UCLAのPEERSクリニックでプログラムを学んだ保護者は，いつ子どもが退屈になっているかわかるようになり，彼らがこうした状況にうまく対応できるようになるまで，そのような場面で他の選択肢を見つけられるようサポートしていると話しています。

✪負け惜しみを言わない

　負けず嫌いの若者によくある社会的なミスは，負け惜しみを言うことです。ゲームやスポーツにおいて，負け惜しみを言う行動とは，負けた結果として，取り乱す，怒る，または泣くという行動のことです。これは，負けることで他者を非難したり，負けたことの言い訳をしたり，または負けたことのあらゆる責任を取らない，ということも含まれています。社会性に課題のある若者は，スポーツマンらしくないふるまいをしてしまいがちであることが研究からわかっています。例えば，チェスをする若者を例に挙げます。彼が，高い技術を持ったライバルとチェスボードに戻ったところを想像してください。彼は，うなったり，声を出したり，拳を打ちつけながらも，何とかチェスゲームを終えようとします。しかし若者にとって残念だったことは，高い技術を持った相手のプレーヤーが勝ってしまったことです。この若者は，明らかに相手を困らせ，負けた理由を攻撃的に言い放ちます。こうした行動は，負けたゲームについての気晴らしの意味もあるでしょう。彼はいかに公平ではなかったかについて，長々と話しつづけるのです。もし気晴らしのためではなかったとしても，自分はいいプレイをしたと話しつづけます。彼は潔く負けを認められないのです。こうした経験は，ゲームをしている相手にとってはどのようなものでしょうか。相手は，自分の勝利がこうしたスポーツマンらしくない行動によって汚されたので，イライラしたり，腹を立てたりするでしょう。その相手は，負け惜しみを言う彼のことをどう思うでしょうか。

> 負け惜しみを言う行動とは，負けた結果として，取り乱す，怒る，または泣くという行動のことである。

彼のことを自己中心的で，傲慢で，失礼だと思うでしょう。もう一度彼とチェスをしたいと思うでしょうか。別の対戦相手に勝負を挑んだとしても，彼とは再びチェスをしたいとはまず思わないでしょう。さらに，他のチェス友だちとこのふるまいについて細かく話をし，結果としてこの若者の悪いうわさが立ってしまうでしょう。

☞ **ソーシャルコーチへのヒント（社会性の指導のコツ）** お子さんが，ゲームやスポーツで負け惜しみを言う傾向があるのなら，それはあなたのお子さんだけではありません。同じ状況にある多くの保護者と，話し合ってきました。もし（彼らのような）あなたのお子さんが，この本で述べられている，友だちを作ったり，友だち関係を維持したりするためのルールを学ぶことに同意しているのなら，お子さんは幸運にも，これから述べるアドバイスから恩恵を受けられるだけのやる気があるということになります。負け惜しみを言う人と友だちになりたいと思う人は誰もいないと説明しましょう。つまり，お子さんの目標が友だちを作ったり，友だち関係を維持したりすることなら，負けることはたいしたことではないように，ふるまう必要があります。

✪ 嫌な勝者にならない

　負け惜しみを言わないというルールと似ていますが，試合をしたり，スポーツをしたりするとき，お子さんが"嫌な勝者にならない"ということも重要です。嫌な勝者の行為とは，行きすぎた自慢や，度を超した勝利の祝福，または敗者の顔に泥を塗るような言動をして，自分が勝って図に乗ることです。その様子は，NFL（ナショナルフットボールリーグ）の選手がタッチダウンでスコアを入れた後にダンスをしたり，ボールを地面に叩き付けて勝利を表したり，フィールドの周りを踊り，自分たちの勝利に声援を送るエンドゾーン・ダンスを思い起こさせます。多くのスポーツリーグでは，このようなパフォーマンスは，今やスポーツマンらしくないふるまいだとして禁止されています。プロのスポーツではよくあることではありますが，このような嫌な勝者になってしまうことは，レクリエーションのゲームやスポーツをする10代の若者や青年の間でも比較的よく見られます。例えば，対戦相手とさまざまな環境下でチェスをする若者が，このチェスで今後の方向が変わるような最大のライバルとプレイをしている場面を想像してみましょう。この場合，どんなに気をそらそうとしても，若者はなんとしてもゲームに勝とうとします。彼は負けず嫌いの性格から，興奮を押さえることが難しくなります。あと一手で王手となったとき，彼はテーブルの上に飛び乗り，まるで見えない的を打つかのように拳を空中に振るい上げてガッツポーズし，「やったー！」と叫びます。若者は，そのときさらにゲームの細かい点を分析し，自身の天才的な動きや鮮やかな戦略の細部まで述べはじめます。対戦相手にとって，この勝ち誇った若者の行動はどのように映るでしょうか？　おそらく彼は戸惑い，恥ずかしめを受けた気持ちになり，この偉そうなふるまいにかなりイライラすることになるでしょう。また彼は，この若者のことを傲慢で，失礼で，不愉快だと思うでしょう。彼は，またこの若者と試合をしたいと思うでしょうか？　若者の行動が相手を戸惑わせ，不愉快な

> 嫌な勝者の行為とは，行きすぎた自慢や，度を超した勝利の祝福，または敗者の顔に泥を塗るような言動をして，自分が勝って図に乗ることである。

思いにさせてしまったので，彼がまた試合をしたいと思う可能性は低くなるでしょう。

ソーシャルコーチへのヒント（社会性の指導のコツ） あなたのお子さんにも，嫌な勝者になってしまう傾向があるかもしれません。これは，社会的にうまくやれている10代の若者や青年の中でもよくあることなので，あまり気にしないでください。このようなふるまいはよくあるにも関わらず，友だちを作ったり，友だち関係を続けたりしていくことが難しい10代の若者や青年には，よりそのリスクが高いのです。だから，お子さんにこのようなふるまいがどのような結果につながるか気づかせ，勝つことはたいしたことではないようにふるまい，嫌な勝者にならないように気をつけて，より安全なふるまいを身につけるようにサポートしましょう。

✪ゲームが終わったら「いいゲームだったね」と言おう

友だちと試合やスポーツをする際に，負け惜しみを言ったり，嫌な勝者になったりする代わりに，スポーツマンシップのルールは，試合が終わったときに「いい試合だった」と言って，勝つことも負けることもたいしたことではないかのように，ふるまうことです。覚えていますか？　お子さんの目指すところが友だちを作り，その関係を続けていくことであれば，競争の激しい試合やスポーツでないかぎり，皆が楽しい時間を過ごすことが目標でしたね。この目標に達成する一番の方法は，スポーツマンシップを大切にし，この章で示されているルールに従うことです。

> スポーツマンシップのルールは，試合が終わったときに「いい試合だった」と言って，勝つことも負けることもたいしたことではないかのようにふるまうことである。

カーターのサクセスストーリー
——勝ち負けにこだわらず公平にプレイする

勝ち負けにこだわらずフェアに戦うことは，積極的にスポーツや試合に参加している10代の若者や青年には，必須のスキルです。友だちとのスポーツや試合では特に大事なことですが，スポーツマンシップというのは，組織的なチームスポーツをする際にも重要です。実際に，チームスポーツで公平にプレイしないと評判が悪くなりますし，友だちを作ったり，その関係を維持したりすることが難しくなります。カーターの場合もそうでした。カーターは，これまでに仲間から拒否され，悪い評判もある16歳の少年です。

カーターは，学校のチームで一番のとても優秀なバレーボールの選手でした。カーターは素晴らしいスポーツ選手としての才能を持っていたのですが，PEERSに参加する以前に通っていた学校は，残念なことにこれまで試合で勝った記録がなかったのです。彼は生まれつき負けず嫌いで，スポーツにはかなり熱心に取り組んでいたので，このことはカーターをとてもイライラさせました。彼の母親はこう話しました。「カーターは，チームが負けると（それはよくあることでしたが），試合終了時にほんとうにがっくりしていました。叫んだり，ものを投げたり，ときにコーチや仲間に悪態をついたりしました。チームメイトは，そんな彼の態度に耐えきれませんでした。

みんなは，彼が素晴らしい選手だということはわかっていましたが，そんなことは関係ありませんでした。誰も彼をパーティに招待してくれませんでした。本人は気にしてないよって言っていましたけど，実はそうではなかったんです。彼の評判は，相当悪いものでした」。

　最終的に，カーターの両親は，新しいスタートを切ることで，彼が周りとうまくやっていくことを期待して，強いバレーボールチームがある学校に彼を転校させることに決めました。ちょうど同じ頃，カーターはPEERSに連れてこられたのです。私たちのクリニックのドアを開けた瞬間から，カーターは私たちが提供できるスキルを学びたいという意欲でいっぱいでした。「今の状況を変えたいんだ。これが自分を変える大切なチャンスだってわかってるよ。無駄にしたくないからね」。カーターは，自分がスポーツマンシップにのっとった行動をしていなかったことが悪い評判の原因であり，友だちができない理由だったとはじめて認めました。「周りの人たちは，僕のことを怒りっぽいと思っていたけど，自分でもそうだったと思う」と認め，「でも，変わることができるから」と言いました。

　カーターは当然，その学校では新しい生徒でしたが，だからといって新鮮なスタートとなるとは限りません。彼の住んでいる地域は，とても狭くて，すでにうわさが先に広がっていました。新しいチームメイトは，彼のスポーツマンらしからぬ行為をよく知っていましたし，彼の元の学校との試合の際に，実際にその様子を見ていました。クラスメイトも，彼が試合でカッとなる傾向があることに気づいていました。それでカーターは，きっとみんなは自分が新しい学校でまた同じ行動を取るのを待っているだろうと予想していました。幸運なことに，カーターには違う作戦がありました。PEERSに参加するようになってまもなく，彼は私たちのチームスタッフのところに助けを求めてきました。彼は，新しいスタートを切りたいけど，どうしてよいかわからないと言いました。私たちは，急いでプランを立てました。

　私たちのグループは始まったばかりでしたが，カーターは，スポーツマンシップと，悪い評判を変える（第14章参照）ことについての集中講義を受けました。彼は，チームメイトをほめること（それまで彼が一度もしたことがなかったことでした），他の選手をコーチしたり審判したりしないこと，そしてチームが試合に負けても負け惜しみを言わないことなどを素早く学びました。彼は試合が終わると，チームメイトと相手チームにも「よい試合だったね」と言い，とても落ち着いていることができました。また，新しい学校での最初の数カ月は，悪いうわさ（彼についてきていた）が消えるまで，あまり目立たないようにふるまいました。実はカーターは，1学期間（PEERSプログラムと同じ期間）で悪い評判を乗り越えただけでなく，人気者にすらなったのです！　彼がPEERSを終わる頃には，友だちと週に4〜5回遊ぶようになり，毎週パーティや集まり招待され，デートにさえ行くようになっていました。彼の父親の言葉です。「まるで違う子どもになったようだったよ。私たちは，彼が決して友だちを作ることができないのではないかと思っていたからね。今や，門限をどうしようかとか，安全運転しているかなんていう，普通のことを心配しているんだ。この間はかなり遅く帰ってきたので，厳しく叱ったよ。そうしなきゃならないからね。でも心のなかで密かに，そうしていることを誇りに思っていたよ」。

　カーターのようなエピソードは，そんなによくあることではないけれど（私たちのプログラムに参加するほとんどの10代の若者や青年は人気者になることは少ない），人とうまく関わりたい，スキルを身につけたいという強い動機付けがあれば変わるというよい例です。カーターは自分を

変えたかったし，実際にそうしたのです！　この本のゴールは，お子さんを学校や職場で一番の人気者にすることではなく，友だち作りや友だち関係を続けることを助けることです。その過程で大事なことのひとつは，カーターのように，スポーツマンシップを身につけることにあるのです。

スポーツマンシップのルール
思春期・青年期の子どもたちのための本章のまとめ

> 以下の情報は，10代の若者と青年に読まれることを想定して書かれています。ここには本章の要約も含まれています。

ゲームをしたりスポーツをしたりすることは，若者が友だちとつきあうときの普通の方法です。問題は，もしあなたがこれらの活動の際にスポーツマンシップを大切にしなければ，人があなたから遠ざかっていくということです。スポーツマンシップのための以下のルールは，社会的な関係をうまくやっている若者が用いているものです。

他者をほめること

人に対して，あなたがスポーツマンシップを大事にしていることを示す一番簡単な方法は，相手をほめることです。ほめることは，賞賛の別の表現であり，言葉か行動のいずれかを通して伝えられます。ここに挙げたものは，若者が用いている言葉や，言葉以外の普通にあるほめる例です。

言葉でほめるときの例
- やったね！
- 惜しい
- ナイスショット！
- うまい（やり方だね）！
- ナイスプレイ！
- イケてるよ！

言葉を使わないでほめるときの例
- ハイタッチ
- こぶしでタッチ
- 手を握って親指を立てる
- 拍手
- 握手
- 背中をポンと叩く

ルールに従って遊ぶこと

　スポーツマン精神の他の重要なルールは，ルールに従って遊ぶことです。これは，ゲームの中盤でインチキをしたり，違うルールを作ったりすべきではないということです。それは，不正行為だとみなされてしまいます。ゲームやスポーツで人を最もイラつかせる行動のひとつは，インチキです。もしあなたが何度も不正行為をしていたら，あなたの悪いうわさが広まるかもしれませんし，あなたとゲームやスポーツをしたいと思う人はいないでしょう。だから，そんなことはせず，安全に遊び，ルールに従って遊びましょう。

共有すること，交代すること

　スポーツマン精神を示す他のルールは，すべての人がゲームやスポーツができるように一緒に楽しむということです。これは，あなたがビデオゲームのコントローラーやボールを独り占めすべきではない，ということを意味しています。代わりに，すべての人と共有したり交代したりするのです。すべてのプレーヤーが遊ぶ機会がもてると，みんなにとってより楽しくなります。

審判をしない

　ゲームやスポーツをしているときに一部の人がやってしまうよくある過ちは，他の人たちを審判し，何が間違っていたかを言ってしまうことです。なぜ審判をすることは悪いのでしょう？　考えてみましょう。審判は何をしますか？　彼らは，試合の指示をし，ルール違反を指摘して，一般的には試合のルールを守らせます。それでは，気軽なゲームをしているときに誰かが審判をする場面を想像してください。それは，どれほど不快でしょう。友だちが時々ルールを破っているのを気づいても，あなたはそれを指摘すべきではありません。誰も審判する人と遊びたいなんて思いません。そうするのでなく，その様子を受け流して，ルールを強要することは自分の仕事ではないと気づく必要があります。もしあなたの目標が友だちを作り，その友だち関係を維持することなら，あなたがすべきことは友だちと楽しく過ごし，審判をしないことです。しかし，もし友だちがルールに従わない人だということに気づき，そうした行為が好きではないのなら……覚えていますか？　友だちは選択でしたね。あなたは必ずしもその友だちと一緒に過ごさなくてもよいのです。一方で，もし友だちに好かれたいと思うのであれば，審判をしないことです。

コーチをしない

　ゲームやスポーツをするときに，コーチをしないということもとても大切なことです。コーチをすることと審判することは，どちらも求められなくとも他者のやるべきことを教えることなので，似ています。しかしコーチをすることと審判することは，動機が前者は人の役に立ちたいということであり，後者はルールを強制することなので，違います。それでは，コーチすることの問題とは何でしょうか？　考えてみましょう。コーチは何をするでしょうか？　コーチはプレーヤーが，よりよいプレイできるように手助けします。け

れども，もしあなたの目標が友だちを作って，その関係を続けることであるなら，友だちをコーチすることは，たとえ好きなビデオゲームで次のレベルに到達できるよう手助けするとしても，やはり偉そうだとか，支配的だと思われるでしょう。代わりにそのような場面では，手助けすることを提案してもよいでしょう。それでも，もし友だちがあなたに助けてもらうことを望んでいなければ，あきらめます。

強い競争意識をもたない

あなたはこれまで，かなり強い競争意識をもった人とゲームをしたことがありましたか。そのようなゲームは，他のプレーヤーにどのように感じられるでしょう。たいていは面白くないです。チームや組織化されたスポーツリーグで試合するのはひとつのやり方ですが，友だちとゲームやスポーツをするのは楽しい時間を過ごすためです。あらゆる労力を費やして勝利を目指すことは，友だちを作り，維持するためのよい方法とは言えません。つまり友だち関係を保つことがあなたの目的なら，強い競争意識をもたないことです。

誰かが傷ついているときは気遣いを示し，手助けをする

時々あなたが身体的スポーツをしているときに，プレイしている人が傷を負ったり，怪我をしたりすることがあります。こうしたことが起こったら，あなたは気遣いを示し，手助けをすることが重要です。もし友だちがゲームをしているときに転んでしまったなら，大丈夫かを尋ね，手助けを申し入れることです。もしあなたがその場を通り過ぎて，何も声をかけなければ，あなたは親切ではないと見られ，友だちはあなたに対して腹を立ててしまうでしょう。たとえあなたが全くそういう人ではないとしても，冷たく不親切な人だという悪いうわさが立ってしまいます。

退屈なときには活動を変えることを提案する

ゲームやスポーツをしていて退屈になったり疲れたりすることは，よくあることです。皆さんもたぶん何度もこうしたことを経験しているでしょう。こういう場合，「退屈だ」と言ったり，その場を立ち去ったりすることは避けたほうがよいでしょう。たとえそれが本当だとしても，無礼だと思われ，友だちに対して失礼に当たります。代わりに「ゲームが終わったら，何か食べに行かない？」または「何か別なことをしたくない？」などと言って，活動を変えることを提案します。あなたがその提案をしても，友だちがそれをしたいとは限りません。もし友だちがあなたの勧めたことをあまりしたいと思わない場合は，しばらくはその流れに従いましょう。そして思い出しましょう。友だちは選択できるということを。あなたは，今後その友だちと必ずしも一緒にいる必要もなければ，スポーツマンシップに外れる行動をする必要もないのです。

負け惜しみを言わない

ゲームに負けてしまったときに，取り乱したり，怒ったり，悲しんだりする人がいます。

私たちはこのことを，負け惜しみを言うと呼んでいます。問題は，誰も負け惜しみを言う人と遊びたいと思わないということです。たとえゲームに負けたことについて，心のなかでは戸惑っていたとしても，負けたことはたいしたことではないという振りをします。

嫌な勝者にならない

他のスポーツマンシップのルールとしては，嫌な勝者にならないということです。嫌な勝者の行動とは，行きすぎた自慢や，度を越した勝利の祝福，または敗者の顔に泥を塗るような，いずれかの行動を通して自分の勝利を勝ち誇るような行為です。こうした行動は，NFLのフットボール選手がタッチダウンに成功した後のエンドゾーン・ダンスを思い起こさせます。多くの人は嫌な勝者とは一緒に遊んだり，スポーツをしたりしたくはありません。なぜなら，こういう人は感じが悪く，失礼だからです。その代わりに，勝ったとしても大げさな行動はしないようにしましょう。

ゲームが終わったら「いいゲームだったね」と言おう

勝ち負けにこだわらない人になる簡単なひとつの方法は，スポーツやゲームが終わったら「いいゲームだったね」と言うことです。これは，勝ち負けで大騒ぎするような行為に代わるものであり，友だちをよい気分にするための素晴らしい方法なのです。

思春期・青年期の子どもたちや保護者のためのエクササイズ

10代の若者と青年の皆さんは，保護者と一緒に以下のエクササイズをしましょう。

- この章で述べられているルールを用いて，勝ち負けにこだわらないという練習をしましょう。
    - 保護者と一緒に，スポーツマンシップのルールを復習することから始めましょう
    - 保護者やあなたと同じくらいの年齢の家族と一緒に，お互いよく知っているゲームをしながら，以下のスポーツマンシップのルールを練習してみましょう
    - 必ずルールに従って遊び，共有したり交代したりして，たくさんほめ，そしてゲームが終了したら「いいゲームだったね」と言いましょう
- あなたがゲーム（ビデオゲームやコンピューターゲーム，カードゲーム，ボードゲーム，スポーツ）を一緒にする一人，もしくは複数の仲間たちと一緒に，以下のスポーツマンシップのルールを練習しましょう。
    - FriendMakerモバイルアプリを使って，事前にルールを復習すると役立ちます。
    - この練習は，次のような状況で実施するとよいでしょう。
        - あなたが所属している課外活動やスポーツチーム，他の社会的活動。
        - 友だちとの集まりの場でするゲーム。
        - （もし該当する場合は）体育の授業。

第❸章
上手に友だちとの集まりを楽しむこと

　この本の目的は，研究によってその効果が認められ，科学的エビデンスに基づいて作られたプログラム（よい友だち関係を発展させ維持するために必要なツール）を，保護者がお子さんに提供するのを助けることです。友だちとの楽しい集まりを計画して実施することは，10代の若者や青年が，継続的で意味のある友人関係を築いていくために身につけていくべき，最も重要なスキルのひとつです。

　ゲット・トゥギャザー（Get-togethers）は，社会的交流のために友だちとの間で企画された，気軽な社会的な"集まり"と説明されます。社会的に積極的な10代の若者や青年は，定期的かつ頻繁に友だちと集まります。そのような集まりは，家庭やコミュニティを含むさまざまな場所，つまり学校や職場以外のすべての場所に存在します。社会性に困難のある10代の若者や青年は，しばしば学校や職場以外では社会的に孤立したままで，仲間との集まりがかなり少ないことが研究からわかっています。UCLAの私たちのクリニックの経験では，社会的な困難のある若い人ほど，彼らは友だちとの定期的な集まりを企画するのですが，その集まりのことをまだプレイデート（play dates／一緒に遊ぶこと）と言います。彼らの両親も"プレイデート"と呼んでいるかもしれません。しかしプレイデートという言葉は，親が準備する幼い子ども同士の遊ぶ約束のことを指します。ずばり言えば，10代の若者や青年はプレイデートはしないものです。その代わりに，彼らは"気軽な集まり（get-together）"や"たまり場（hangouts）"と表現する遊び方をしています。保護者の皆さんは，「どう呼ぶかなんてどうでもいいよ」と考えているかもしれません。保護者のために私たちがこのことを強調する理由は，"プレイデート"と"集まり"あるいは"たまり場"の間の大きな違いは，誰がそれを準備するのかということだからです。"プレイデート"というのは，交流は保護者によって準備されたものです。"集まり"の場合は，10代の若者や青年がお互い連絡を取っています。知的な障害のない10代の若者や青年にとって，このやり方からかけ離れることは，発達的に適切ではありません。また保護者が段取りをサポートすることも，社会的に未成熟だと思われるでしょう。

> 社会性に困難のある10代の若者や青年は，仲間との"集まり"がかなり少ない。

　もしあなたが，お子さんが友だちとの集まりの計画や準備をするのを積極的に手伝ってきたのであれば，おそらくその理由は，お子さんが単独でそれをしようとするとトラブルが起こり，結果として社会的に孤立・孤独してしまうからでしょう。あなたがそう考えたのはもっともなことですし，その勘は素晴らしいです——なぜなら仲間と共にいることは，大変重要なことだからです。社会性に困難のある多くの10代の若者や青年は，どうやって友だちと関わる機会を準備すればよいか知るのにとても苦労しています。しかし，お子さんのためにこの準備をしてあげる代わりに，異なるアプローチを試してみましょう。そして，お子さんが友だちから未熟に見えない自

分でやれる方法で，友だちとの集まりをうまく準備することを教えます。このような活動の準備を手伝ううえであなたの役割はとても重要ですが，これまでと少しだけ違います。

成長して"プレイデート"をやめることが当たり前となってしばらくすると，保護者が10代の子どもの社会的な人との関わりを手助けすることは全くないか，ときに人の目に触れないところで行われます。まだ社会性に困難のある10代の若者や青年の場合には，集まりを準備するという役割をしばしば数年に渡って保護者が担いつづけます。保護者が関わりつづけてしまう理由のひとつは，社会性に課題のある多くの10代の若者や青年が，自分たちで社会的な集まりを準備する方法がわからず，多くの場合，計画することさえ考えないからかもしれません。集まりを計画・準備するのに必要なステップについて，あなたがお子さんを指導することで，この移行期にある10代の若者や青年を助けることができると考えています。つまりそうすることは，お子さんがより親密な友人関係を発展させ，将来もっと社会的に人と関わるようになることを助ける，よりよい方法であるとわかったのです。

さらに先に進むと，集まりを計画し，うまく実施することは，10代の若者や青年が良い友人関係を求めるうえで重要なステップとなるでしょう。なぜなら親しい友人関係は，学校や職場以外で集まりをもつことによって育まれるため，（もし集まりの場をもつことができなければ）知り合った人と親しい関係を発展させていくことはとても難しくなるでしょう。第2章で，友人関係の親密さにはさまざまなレベルがあると書かれていたことを思い出してください。例えば，知り合いというのは少しだけ知っている人のことをいいます。表面的な友人関係というのは，いくらか社会的な関わりはあるけれども，特別には親しくない人のことをいいます。一般的な友人関係というのは，定期的に社会的な関わりがあり，少し親密な人のことをいいます。親しい友人関係，もしくは親友というのは頻繁に社会的な関わりがあり，とても親密な関係の人のことをいいます。もしお子さんが，こうした表面的，あるいは単なる知人を超えて，現在の友人関係を広げたり，新しい友人関係を発展させたりしたいと思っているなら，上手に集まりをプランニングして実施することはよい方法です。

以下には，科学的に効果があると明らかになっていることに基づいて，10代の若者や青年のための，上手な集まりを計画，準備，実行するためのステップの要点が示されています。10代の若者や青年がこれらのスキルを学び応用するように支援することは，親密な友人関係が発展する扉を開くための重要な鍵となるでしょう。

> 親しい友人関係は，学校や職場以外で"集まり"をもつことによって育まれる。

"集まり"を計画するためのステップ

お子さんは，以下に述べる集まりを計画するためのステップを実際に行動に移してみるべきです。保護者は，以下に述べられている集まりを計画するための〈誰が，何を，どこで，いつ（4つのW）〉，そして〈どのように〉という計画の際に必要な項目をはっきりさせるサポートをして，お子さんの援助をしたいと思うかもしれませんが，お子さん自身が自分でステップを経験することが重要です。このときこそ，保護者が大変かけがえのない重要なコーチになれるときです。私たちは実践を通して，社会的に孤立した人々が生まれつきの隠遁者（人と関わらず一人で暮らす

こと）ではないこと，そして実はそうはなりたくないと思っていること，むしろ，彼らは単に自然に計画できないだけだということがわかっています。

✪ 誰が集まるのか（Who）

"集まり"を計画する第一歩は，誰を誘うか決めることです。友だち関係とは選択だということを思い出してください。つまり，よい選択と悪い選択があるのです。よい選択とは，お子さんが共通する興味をもっている人です。共通の興味があれば，集まりの間，話をしたり何かを一緒にしたりすることができます。ですから，集まろうと提案する前であっても，お子さんが頻繁に他の人と情報交換をし，共通の興味を見つけ，相手が自分のことを知りたいと思っているかどうかを判断することは，とても重要です（"相手が自分に関心があるかを見極めること"について復習するには，第4章と第5章を見てください）。集まりは，たった2人で行われることもあれば，3人以上となることもあります。集まりを行うとき（特にグループの集まり）の重要なことは，誘われている人全員に，誰が来る予定なのか知らせることです。誰が誘われているのか全員に知らせて，お子さんは集まった人たちが驚かないように気をつけます。特に青年期の若者にとって，自宅に友だちを招くときには，家族やルームメイトを含め，誰が来る予定なのか，すべての人に知らせておくことは，集まりを計画するうえでとても重要なことになります。

> "集まり"を行うことの重要な側面は，誘われている人全員に，誰が来る予定なのか知らせることである。

✪ 何をするのか（What）

集まりを計画する次のステップは，何をするのか決めることです。社会性に困難のある10代の若者や青年の集まりは，何らかの活動を一緒にすることを基本とするべきです。なぜなら，活動を中心として集まりを計画すれば，社会性に困難のある人たちには自然に行うことが難しいかもしれない，話題を見つけるというプレッシャーから解放されるからです。お子さんが活動を基本とした集まりを企画する場合，ほとんどの会話はその活動のことが中心となるので，おしゃべりや情報交換がしやすくなります。必ず，集まりに参加する全員の共通の興味に基づいて，活動を選択しましょう。例えば，もしテレビゲームが皆の共有している共通の興味であれば，誰かの家でテレビゲームをするのはよいプランです。コンピュータが共通の興味である友人なら，一緒にコンピュータで遊んだり，コンピュータの見本市に行ったりするかもしれません。また，サイエンスフィクションへの関心があればSF映画に行くかもしれないし，漫画に関心があれば，コミックマーケットや漫画売り場に行くというのはよい選択です。どうしてわかりますね。もしお子さんが友だちと幅広く情報交換をしていたら，いろいろな共通の興味を見つけているはずなので，それが皆の集まりで何をするかというアイデアにつながるのです。

集まりの場で何をするのかを考える際に，楽しいプランを練ることは最初のステップですが，友だちがその活動に興味をもっているかどうか尋ねることも重要です。もし友だちが，その活動に関心はないけれど，集まって過ごしたいという思いがあるのなら，お子さんは共通の興味に基

づいた他の活動を提案する準備をしておきましょう。友だちに何をしたいのか尋ねることも，ひとつの選択肢です。本章の要約にある表8-1に，UCLAのPEERSクリニックに参加する10代の若者や青年が活用した，活動を基本とした集まりの例を載せています。友だち関係というのは，共通の興味に基づいているのだということを覚えていますね。つまり，もしお子さんがゲスト（集まりに呼ぶ友だち）をしっかり選んでいれば，双方が興味をもっている活動を選ぶことは問題がないはずです。

✪ どこで集まるか（Where）

集まりを計画する次のステップは，どこで集まりを行うかということです。もしお子さんに合っていて無理がなければ，最初の数回は自宅のような，保護者がいても自然な場所で集まりをするとよいでしょう。初期の段階では自宅で集まりをすると，もしお子さんの社会性の指導が必要なときに，保護者が目立たないようにその活動内容やステップを（もちろんゲストである友だちに気づかれないように）チェックすることができるので助けになります。もし自宅，あるいは保護者が目立たないように観察することが可能な場所で集まるのはお子さんに合わないという場合には，自宅周辺の地域で集まるというのでも全く問題ありません。誰かの自宅で集まることもあるかもしれませんが，この場合には，お子さんはその集まりの計画をしないかもしれません。どう決まったとしても，どこで集まりをするのかということは，集まりを確実に実施するための鍵となる要素です。もしお子さんがそのことをわかっていなければ，おそらく混乱して，集まりは実施できなくなるでしょう。

✪ いつ集まるか（When）

集まりを計画する次のステップは，いつ集まりを行うのか考えることです。お子さんは，まずいつだったら自分のスケジュールに最も都合がよいのかということを考えてから，友だちにとっても都合のいい時間かどうかチェックするとよいでしょう。もし友だちがお子さんの提案した時間は難しいけれど，集まりはしたいという場合には，別の日や時間を提案したり，いつが最もよいのか尋ねたりすることはよい考えです。このようなことは保護者にとっては当たり前のことだと思われるかもしれませんが，いつ（あるいはどこで）行うのかを考えなかったために，集まりが失敗に終わって傷ついたという数多くのお子さんの家族からの話を聞いています。同じ悲劇を避けるために，これら4つのWの質問（誰と，何を，どこで，いつ）をすることで，お子さんが集まりの詳細をプランする手助けをしましょう。

> 4つのWの質問（誰と，何を，どこで，いつ）をすることで，お子さんが集まりの詳細をプランする手助けをする。

新しい友だちとの最初の数回の集まりをする場合，映画やコンサート，スポーツイベント，その他のちょっと長めの活動などに行くのでない限り，一緒に過ごす時間を短く，通常2，3時間以内にすることをお勧めします。お子さんにとっては長時間よく知らない人と会話をし続けるのは

難しいかもしれません。はじめての集まりは短い時間にしておくのは良い考えです。最初の集まりを短時間にすることは，うまくいけばゲストはもっといたいと思いながら帰ることになるので，無難なプランなのです。

✪ どのように集まるか（How）

集まりを計画する最後のステップは，集まりをどのように進めるかを考えることです。参加者全員が，どうやってその場所に行けばよいのかということも含まれます。その場所が徒歩圏内でなく，誰も運転免許をもっていなかったり，車や公共交通機関を利用できなかったりするのであれば，保護者がみんなを車で送り迎え（それが不適切でなければ）をしてもよいと申し出ることになるかもしれません。運転手になることを申し出ることのよい点は，保護者が壁のハエのようになって，その集まりがどのように進むのか自然に知ることができるということです。しかし若者にとっては，保護者を運転手にすることは発達段階的に適切ではないかもしれませんので（若者の社会性発達の段階による），公共交通機関のほうがよりよい選択肢となるかもしれません。たとえどう決まったとしても，どのように集まりが実施されるのかを明確にすることは，お子さんが集まりを成功させるために重要なステップとなります。

☞ **ソーシャルコーチへのヒント（社会性の指導のコツ）** お子さんが集まりを計画する際，どのようにという側面と同じくらい，4つのW（誰と，何を，どこで，いつ）の詳細を計画する手伝いができるようにしておきましょう。これは多くの保護者にとって，集まりのソーシャルコーチをするうえで果たすべき最も積極的な役割です。お子さんが何をすべきかわかっているだろうとか，このような人との交流を企画しようと考えているだろうと期待してはなりません。多くの場合，まず保護者は舞台裏で糸を引いて助けながら，本人が自ら積極的な参加者となることが必要です。

"集まり"を準備するための方略

次に述べる方略は，お子さんが集まりを準備する際に行うべきポイントに焦点を当てています。これらの方略の多くは，自宅での集まりを計画することについて述べています。というのも，通常自宅での集まりは，最も準備が必要だからです。保護者はちょっとした手助けや準備がうまくいくようにサポートしなければならないかもしれませんが，お子さんができるだけ自分で最後までやり通すようにしましょう。

✪ 計画を仕上げるために再度チェックする

最低でも数日間かけて集まりを準備します。その際，計画を仕上げは再度確認する必要があります。ひとつの方法として，計画している集まりについて再度電話する（もしくは手紙，インスタントメッセージ（IM），メール）ことは，その計画がまだ有効であることを誰も忘れないよう

に，確実に思い出させる丁寧なお知らせになります。ときには，このステップが，実際にはまだ仮のプランだったり，最後まで決められていなかったりした計画について最終決定することになるかもしれません。例えばお子さんは，週末に友だちと集まることを気軽に決めて，日時については全く考えていないかもしれません。この場合，計画を最終的に決定するために友だちと再度連絡を取ることは欠かせません。気軽に決めた計画というのは，みんなが確認するまで最終的なものとはならないのです。このことは，もし友だちが，計画していた"今週末集まる"ことに急に参加できなくなったとしたら，お子さんは面白くないなあとか，つまらないなあと感じたとしても，それを受け入れなければならなくなるということです。というのも特定の日時が設定されていないうちは，計画はいつでも中止される可能性がかなりあるからです。最終決定した計画でさえ，さまざまな理由でキャンセルされるかもしれません。したがって，お子さんはこうした不測の出来事が起こることも予測しておくべきですし，そうなったら流れに任せ，気にしないようにしましょう。計画が変更になったり，中止されたりすることは珍しいことではありませんが，もしお子さんの友だちがいつも予定をキャンセルする，あるいはめったに実行しないと気づいたら，皆さんはお子さんと，友だちとしてよい選択をしているかどうか話し合う必要があるでしょう。

✪ 個人的な空間を片づける

　もしお子さんが，自宅での集まりを計画していたり，車を運転したりするなら，部屋や車内などを片づけておくことは，準備として必要なことです。ゴミを捨てたり，雑然とした物を整理したりしてその空間をきれいにするのは，友だちにとってその場が快適に過ごせるようになるために重要なことです。このことは，その空間が塵ひとつない場所でなければならないということではありません。単に散らかっていないように，不快にならないようにということを意味しているだけです。では，もし集まりの場が見苦しかったら，どうなるでしょうか？　自宅に友だちを招いた若者と，彼の部屋が散らかっていると想像してください。彼は忙しい一週間を過ごしていて，友だちが来る日までに部屋を片づける時間がありませんでした。友だちは予定通りに到着し，ドアをノックします。そして挨拶をして部屋に入った途端，テーブルの上の汚れたお皿，空っぽの食品パック，部屋全体に散らかった包み紙，そして，家具に引っ掛けられた汚れた洋服を目の当たりにするのです。"相手の立場に立って考える質問"を使って，この経験は友だちにとってどのようなものであるか，考えてみましょう。おそらく友だちはどこに座ればよいかわからず，散らかった部屋の真ん中で立ち尽くしてしまい，すぐに落ち着かなくて居心地が悪いと感じるでしょう。友だちは彼のことをどう思うでしょうか？　おそらくだらしない人，もしかすると，思いやりのない，失礼な人だとさえ思うでしょう。この友だちは，この若者ともう1回集まりたいと思うでしょうか？　たぶん彼の家にもう一度集まりたいとは思わないでしょう。このような戸惑いや失礼なことを避けるためには，お子さんが集まりを準備するときには，部屋を掃除し，個人的な空間を見苦しくないものにしておくことが重要です。理由が何であれ，部屋を掃除できないのであれば，保護者は，集まりを自宅以外の地域の場で行うように提案するとよいでしょう。

✪ 個人的なものを片づける

　自宅での集まりを準備する際にもうひとつ重要なことは，お子さんが他の人に見せたくない，触られたくないもの，あるいは共有したくないものはすべてしまっておくということです。家具に引っ掛けられた汚れた洋服は片づける必要あるものの良い例です。貴重なものや値段の高いものも同じことが言えます。例えば先ほどの例の若者が，これまで一切箱から出さず，新品同様の状態で，高価なオリジナルのスターウォーズのアクションフィギュアのコレクションを所有していると想像してください。すばらしいコレクションなのですが，彼は他人が自分のコレクションをつかもうとしたり，触ろうとしたりすると大変不安になります。友だちが家に到着し，部屋に上がってすぐにコレクションに近づく様子を想像してください。熱心なスターウォーズのファンである彼の友だちは，感動的なコレクションを見て興奮します。友だちがすぐに箱のひとつをつかみとると，若者は「やめろ，それに触るな！」と怒鳴ります。"相手の立場に立って考える質問"を使って，この経験は友だちにとってどのようなものであるかを考えてみましょう。友だちは，なぜ彼が叫んでいるのかわからず，混乱し困惑するでしょう。その友だちは，彼のことをどう思うでしょうか？　変わっていて失礼で，少し危険なやつだと思うかもしれません。友だちは，彼ともう一度集まりたいと思うでしょうか？　集まりを始める際に友だちに対して怒鳴ることは，よい方法ではないので，この若者は，もし友だちが彼ともう一度集まりたいと言ったら，本気で危機を回避するコントロールをしなければなりません。

> 人に見せたくない，触られたくないもの，あるいは共有したくないものはすべてしまっておく。

　これは難しい状況ですが，友だちが自然に彼のコレクションに興味を持って，たぶんアクションフィギュアのひとつを触りたいとか持ちたいとさえ思うかもしれないと予測できるので，若者は何を準備しておくべきだったのでしょうか？　もし友だちが自分の個人的なものを触ったり，操作したり，見たりするのが心配なら，これらは友だちが到着する前にしまっておく必要があります。食べ物や飲み物も同じことが言えます。やってきた友だちに食べ物や飲み物を出すことはよいマナーなのですが，もしお子さんがすべてなくなってしまうことを気にするのなら，分けてもよいと思う分だけを出しましょう。分けたくないものや一緒に使いたくない個人的なものを片づけることは，友人関係に悪い影響を与えるかもしれないトラブルを避けるのを助けてくれることになります。

✪ 代わりの活動ができるようにしておく

　もしお子さんが4つのW（誰と，何を，どこで，いつ）を使ったことがあるなら，どのように時間を過ごすのかということについてもよいアイデアを出しながら，一緒に活動することを基本とした集まりを計画することができるでしょう。しかし時に計画は，集まりの最中に変更されることがあります。友だちがある活動から始めて飽きてしまい，別の活動に移るということがあるかもしれません。活動が面白くなくなって変わっていくことは普通のことですし，予測しておく

べきことです。お子さんに，このような可能性があることを覚えておくように，そして彼らが流れに従ってひとつの活動やひとつの計画に縛られすぎないよう励ますことは，起こりうる対立を避けるためのよい方法です。活動の変更が予測される場合は友だちが到着する時に，代わりとなる活動ができるように準備しておくと役立ちます。代わりの活動も，友だちとの共通の興味に基づいたものにすべきです。例えば，もし，友だちと自宅でテレビゲームをするという計画であっても，参加者全員がSF映画も好きだということを知っていたら，SF映画を見るという選択肢を残しておくことは，みんなが飽きてしまった場合の代わりの計画としてよいでしょう。これらのアイテムを友だちから見えるところに出しておくと，活動の中で変更をより簡単に提案できる助けになります。代わりの活動ができるようにしておくと，活動のなかで自然に起こる変更や修正を準備しておくことになり，お子さんが活動に対する興味や新鮮な気分をもちつづけて，その場の流れに乗るのを助けてくれます。

☞ ソーシャルコーチへのヒント（社会性の指導のコツ） 集まりの準備のための方法を，集まりの数日前にお子さんと一緒に詳しく調べておきます。多くの方法は事前の準備時間が必要なので，直前では無理だからです。お子さんが集まりの準備を確実にできるように，ここに挙げた方法をチェックリストとして自由に使ってください。まだ彼らが，完全に自分たちで責任をもって準備できると期待してはいけません。

"集まり"を始めるためのステップ

以下のステップは，社会的にうまくやれている10代の若者や青年が，どのように自宅での集まりを始めるのかについて概要を示しています。これらのステップは，一般的には示されている順序通りに行われますが，その状況と個々の好みによっては多少修正されるかもしれません。これらのステップを具体的に，また明確になるよう細かく提示しているのは，保護者にとっては当然のことのように思われることが，お子さんにとってはそうではないかもしれないという理由からです。

1．ゲスト（友だち）に挨拶をする

あなたの自宅であれ，友だちの家や地域のある場所であっても，集まりは挨拶から始まります。これは通常，「こんにちは」と言うことと，相手（ときに複数の）に軽く近況を尋ねることなどを含みます。一般的には，女性はしばしばハグや頬にキスをする一方，男性は会釈，握手，あるいは，グータッチ（お互いの拳を突き合せること）かもしれませんが，友だちがお互いに挨拶するマナーは個人的な好みによってさまざまでしょう。

2．ゲスト（友だち）を招き入れる

自宅でゲストをもてなす場合，お子さんが玄関で友だちに挨拶をしたら，次のステップは友だ

ちを中に招き入れることです。これは通常，友だちが入れるようにドアから離れてスペースを作ったあとに，「入って」と言うことで行われます。社会的認知に違いがある10代の若者や青年と関わっている私たちの経験では，このステップを学習すると，「入って」とは言うものの，玄関部分から動かないというミスをする人がいます。これは，玄関のまさに真ん中に立ってじっと動かないので，友だちがそのまわりを少し気後れしながら落ち着かない気分でなんとかして進むという，ぎこちないスタートとなってしまいます。お子さんがこのような気まずいスタートとならないようにするためには，あなたはお子さんに，友だちを家に招き入れるときには，玄関から離れることを思い出させてあげるとよいでしょう。

3．紹介する

集まりを始めるための次のステップは，今まで会ったことがない人の紹介をすることです。これには，グループの集まりに参加している友だちだけでなく，友だちが会ったことのない家族やルームメイトも含まれます。紹介というのは，典型的には「アンディ，こちらは僕の友だちのダン。ダン，こちらはアンディだよ」のように言います。もしお子さんが，集まっている人たちがお互い会ったことがあるのかどうか定かでなければ，「アンディ，ダンに会ったことがある？」もしくは「アンディ，僕は君がダンに会ったことがあるかどうかわからないんだけど」のように言いましょう。紹介するときは，その人についての簡単な情報，例えばあなたがどうやって知り合ったのかというくらいのちょっとしたことを言い添えるのもよいでしょう。例としては「アンディと僕は一緒に働いていて，ダンと僕は同じ学校に通っていたんだ」というようなことで充分です。これは，ゲスト同士の緊張を和らげることになり，情報交換にも役立ちます。

4．軽い飲食物を出す

お子さんが，友だちを招待したときに，軽い飲食物を出したり勧めたりすることは大事なことです。出されるものは，集まりのタイプや日時，人数によるでしょう。自宅で楽しむときには少なくとも，軽い飲み物とスナック菓子くらいは出すべきです。友だちが好きな食べ物や飲み物を選ぶのは素晴らしいことですし，何が好きかわからないときには選択肢があるほうが無難でしょう。これはお子さんにとって初めて経験することかもしれないので，保護者は適切な食べ物と飲み物を決める手伝いをしてあげてください。

5．家のなかを案内する

友だちがお子さんの家を訪れるのが初めてなら，家のなかを案内するのは適切なことですし，親切です。このステップは，家の大きさと家族がどれくらい受け入れられるかによります。小さめの家なら，これから訪れた人たちが過ごす場以外では，キッチンとトイレの場所を指差すくらいがよいでしょう。多くの友だち（特に10代）は，もし自宅が家族やルームメイトと共有されているなら，特にお子さんだけの空間となる子ども部屋を見たがるでしょう。他の人と家を共有し

ている場合は，ゲストが来ている間の気まずさを避けるために，お子さんはゲストが自由に行ってよいのはどこなのか，あらかじめはっきりさせておく必要があります。

6．ゲスト（友だち）に何をしたいか尋ねる

いったんゲスト（友だち）が到着し，先に示したようなステップで全員がきちんと挨拶したら，みんなが何をしたいのか尋ねたり，事前に計画していたことを今もやりたいか確認をしたりするのは，どんな場合でもよい方法です。例えば「何をやりたい？」とか，「何をしたい気分？」とか，「まだテレビゲームやりたい？」のように尋ねるのは，活動に始めるのに適しています。それは計画段階で決めておくべきことですが，この後お話しするように自宅でもてなすときには，ゲスト（友だち）が活動を選択するようにします。つまり，計画ではテレビゲームで遊ぶことになっていたとしても，もしゲスト（友だち）が何か他のことをやりたいとしたら，お子さんはその流れに沿って，ゲスト（友だち）の希望に従う必要があるのです。

"集まり"の間の一般的なルール

以下に示しているルールは，集まりの間のふるまい方に関する一般的なガイドラインです。10代の若者や青年は自分の力でこれらのルールに従うことができるはずですが，もしあなたが集まりの間，明らかなルール違反を見つけたら，ここに記されているバズワード（キーワード）を使って，友だちの目に触れないように気をつけながら，こっそりと素早く指導するとよいでしょう。

✪ゲスト（友だち）が活動を選ぶ

もしお子さんが集まりを計画するためのステップを正しく踏んでいれば，どう時間を過ごすか，よい計画を立てているはずです。ただし何が決定されていたとしても，お子さんは柔軟にその時の状況や流れに添う必要がありますし，もし友だちが何か違うことを望むなら計画を変更する必要があります。経験から言うと，誰かの自宅での集まりでは，ゲストが活動を選択します。多くの場合，計画を立てるときや集まるときは，ホスト（もてなす側）が活動を提案しますが，もしゲストが退屈だと感じたり，あるいは単に気持ちが変わったりしただけだとしても，その流れに添って，ゲストに活動を選んでもらうのがもてなす側の責任です。新しい提案が危険でなく，不適切でない限り，また結果として誰かが傷ついたり問題になったりするのでなければ，お子さんは，どのように時間を過ごすのかということについてゲストの選択を受け入れるべきでしょう。参加者全員がよい時間を過ごせるようにするのがもてなす側の役割である，というのがその理由です。しかし，すべての人がこのルールをよく理解しているわけではありません。つまり，反対にお子さんが誰か他の人の自宅でゲストである場合に，もしホストがすべての活動を選びたいなら，お子さんはその流れに乗る必要があるかもしれないのです。考えが硬い人には，友だちによるこのルール違反を，最初は理解し受け入れること

> 誰かの家で集まりをするとき，ゲストが何をするかを選ぶ。

は難しいでしょう。そして最初のうちは流れに合わせることは，もっと難易度の高いことかもしれません。

☞ **ソーシャルコーチへのヒント（社会性の指導のコツ）**　いくつかの集まりを経験するなかで，お子さんには，その友だちが他の人が提案することをほとんどやりたがらず，自分のやりたいことばかりに興味があるように見えたら，少しの間は合わせることが大事ですが，友人関係は選択であるということを思い出してください。お子さんはすべての人と友だちになる必要はなく，また，すべての人がお子さんと友だちになる必要もありません。つまり，もしお子さんの友だちが他の人が提案することを全くやりたがらないのであれば，その人は友だちとしてよい選択なのかどうか，考え直すときなのかもしれないということです（よい友人の選択については第2章を見てください）。

✪ 少なくとも一緒に過ごしている時間の50％は情報交換をする

　この本のいたるところで述べている最も重要なレッスンのひとつは，情報交換と共通の興味を見つけることの重要性です。情報交換とは，よい会話のプロセスを説明するために私たちが使っているバズワードです。共通の興味を見つけることを目的として，2人以上の人々との間で交互に情報を交換します。というのも，その共通の興味が見つかれば，それも人々が友だちと一緒にしたり話したりすることとなるのです。また情報交換は，集まりの場でより親しい友だち関係を発展させるプロセスでもあります。集まりの目的は，親しい友人関係を発展・維持することだということを思い出してください。もしお子さんの友だちがやってきて，テレビゲームをするだけで全く会話がなかったら，交流する目的を見失っているということになります。これは，私たちが集まりの間，情報交換をするための特別な時間を計画しなければならないと言っているのではありません。むしろ活動をしている間に，自然に情報交換すべきです。

　情報交換は友人関係をより親しいものに発展させるために必要な，とても基本的なことなので，上手な集まりをするためのルールのひとつは，最低でも一緒に過ごす時間の50％は情報交換をするということになります。このルールにはとても明確な理由があります。UCLAのPEERSクリニックでの家族との関わりを通して，私たちは社会的に困難のある多くの10代の若者や青年が，同じ活動（テレビゲームのような）に参加する集まりの間，並行遊びをして，お互いに知り合うために会話をすることはほとんどないということがわかりました。同時に並行して遊んでいるのですが，交流していなかったのです。このタイプの関わり方（あるいは交流の欠如）は，集まっても親しい友人関係を発展させるという目的を達成することにはならないので，最低でも時間の50％は情報交換するというルールを作りました。この50％というルールは，ルールを守ろうとする子どもたちにとって特に重要です。私たちの経験では，もし集まりの間に情報交換をして，共通の興味を見つけるというルールを提示するだけ（割合に関する目標なし）であれば，ルール先行型の10代の若者や青年の多くは，ルールを守ろうとはしますが，守れるのは，短時間になるでしょう。しかし私たち

> 上手な集まりをするためのルールのひとつは，最低でも一緒に過ごす時間の50％は情報交換をするということである。

が，最低でも時間の50%は情報交換をしなければならないというルールを提示すると，お子さんがこの数字を意識して，集まりの間にもっと会話しようと熱心に努力することがわかっています。

☞ ソーシャルコーチへのヒント（社会性の指導のコツ）　もしお子さんが集まりの間，あまり話さない傾向にあると気づいたら，あなたはこのルールを強調して，集まりが終わった後に情報交換に費やした時間の合計の概算を推定するよう求めるといいでしょう。あなたは，「集まりの間，情報交換した？」「何%の時間，情報交換したの？」という質問を使って尋ねます。もしお子さんが柔軟性に欠ける考え方をしがちな場合は，その推定が驚くほど厳密で0.5%単位にまで概算が及んでしまうこと（情報交換の時間は37.5%だ，というように）があるので，皆さんも（私たちがそうだったように）面白いと感じるでしょう！　このような計算は意外と楽しいかもしれませんね。その後の集まりのなかで，少なくとも50%の基準に届くようにやってみながら，お子さんにもっと情報交換を促すチャンスとして取り入れていきましょう。

✪ 友だちを無視しない

　集まりの間，どのような活動をしていたとしても，参加者が退屈になったり，疲れたりすることは珍しいことではありません。社会性に困難のある10代の若者や青年がやってしまいがちな社会的な間違いのひとつは，彼らが退屈になったり興味を失ったりしはじめたときに，その場を離れてしまうことです。たとえば，みんなで野球を一緒に見る計画を立てている若い男性たちのグループを想像してみましょう。試合は動きがほとんどないために単調で面白くなく，男性たちは観戦に疲れてきてしまいます。"他者の立場に立って考える質問"を使って，もしその集まりのホスト（もてなす側）が何も言わずに立ち上がり，ゲームから立ち去ってしまったら，何が起こるか考えてみてください。彼は悪気なく，単に退屈で何か他のことをしたいと思っただけでした。しかし他の人たちにとって，この経験はどのようなものになると思いますか？　彼らはおそらく，何が起こったかわからず困惑するでしょうし，ゲームの途中で立ち去ったことに苛立ちを感じるかもしれません。彼らはホストをどのように思うでしょうか？　おそらく変な人だとか，とても失礼だと思うでしょう。彼らはこのホストともう一度集まりたいと思うでしょうか？　そのように失礼な行動を取られた後には，この男性の家に再度集まりたいと思う可能性は低くなるでしょう。残念なことに，社会的な認知に違いのある人々のなかでは，このようなタイプの行動は実に多いのです。またこの行動の代わりとなるものに，退屈になったり興味がなくなったりした時には，活動の変更を提案するという方法があります。

　10代の若者や青年が集まりの間，よくやる別の間違いには，他の人と話したり，メールをしたりして目の前にいる友だちを無視してしまうことがあります。この間違いは，社会性に困難のある10代の若者や青年ばかりではなく，社会的にうまくやれている人でさえも犯しがちです。他の人と話したりメールをしたりする（グループの活動でない限り）のは，それに関わっていない人を退屈にさせてしまうので問題です。また，他の人々が無視されているように感じてしまいます。そのため，友だちの発案でなかったり，全員が関わらないのであれば，集まりの間は他の人とおしゃべりしたりメールをやりとりしないようにしましょう。

☞ソーシャルコーチへのヒント（社会性の指導のコツ）　お子さんにこのような傾向があることに気づいたら、保護者はゲストに聞こえないところで良いタイミングをとらえて、この重要な社会的ルールについて指導します。また、すべての人がこのルールを知っている、あるいは、ルールに従っているわけではないので、もし友だちが電話をしたり、メールを送ったり、他の人を無視したりしていたら、その瞬間は流れに沿いながら、友だち関係は選択だということを思い出すことが重要です。友だちを監視したり、こうした行動が失礼であることを指摘したりすることは、お子さんの仕事ではありません。その代わりに今後、お子さんは、この人と一緒に過ごしたいかどうかを選択することができるのです。

✪退屈したときに（活動を）変更することを提案する

　友だちと集まったときに、しばらくすると活動に飽きるだろうと予測しておくことは重要です。それはたいしたことではありませんし、他の人々が退屈だと感じているということではありません。その場を立ち去ったり、「飽きた」と言ったりするよりも、適切な対応としては活動の変更を提案するのがよいでしょう。「このゲームをしたら、何か食べない？」とか「これをしたら何かほかのことをするのはどう？」とか「誰かほかのことをして遊びたい人いる？」のように言って提案します。お子さんが変更を提案するときは、友だちがその活動をやりたいと感じるという保証はありませんが、代わりの案が提供されることで、ほかのもっと楽しい活動に移る可能性は増加します。

> その場を立ち去ったり、「飽きた」と言ったりするよりも、よりよい反応は活動の変更を提案することである。

☞ソーシャルコーチへのヒント（社会性の指導のコツ）　大事なのは、お子さんが退屈になってきたときのサインを、保護者が知っていることです。もし保護者が集まりの間にこれらサインに気づけば、あなたはお子さんをこっそりと連れ出し、物事がどのように進んでいるか尋ね（友だちの聞こえないところで）、もし退屈になってきたら提案できるかもしれない代わりの活動について思い出させるといいでしょう。

✪友だちを守る

　集まりの間、守るべきもうひとつの重要なルールは、もし誰かが友だちを困らせたら、友だちを守るということです。グループの集まりのなかでお互いにからかいあったり、困らせあったりすることは、友だち同士では珍しいことではありません。気まずい場面ではありますが、もしお子さんが集まりを主催していたら、こうした場合に友だちを守るのはお子さんの責任です。集まるときには全員が楽しく過ごせるようにするのがホスト（もてなす側）の役割だということを思い出してください。つまり、お子さんは、脅かされていたり、困らされていたり、からかわれていたりする友だちを守るべきなのです。ホストであるお子さんはゲスト（友だち）の行動に与える影響力が少し大きいので、もし友だちが困っていれば、単に「ほどほどにしなよ」「一人にして

あげなよ」もしくは「彼を困らせるな」のように言うことで，友だちを守る効果的な方法となります。あなたは，友だちを守るためにホストにならなければならないということではありません。友だちを守ることは，よい友だちの特徴のひとつであり，どんな場合でも誠実さを示すよい方法です。しかし，あなたが集まりのホストであるときには，それはよいというだけではなく，そうすることが期待されているということなのです。ホストとして友だちを守らないと，今後他の人に，お子さんの集まりには行きたくないと思わせることとなるでしょう。

> 脅かされていたり，困らされていたり，からかわれていたりする友だちを守るべきである。

☞ **ソーシャルコーチへのヒント（社会性の指導のコツ）** 10代の若者や青年に教える最も難しいソーシャルスキルのひとつは，他者との問題解決です。この後のいくつかの章で友だちとの衝突や友だちからの拒否への具体的な対応方法について述べていますので，もし保護者が，お子さんがこうした危険な状況になった場合の援助の仕方について心配があるとすれば，もう少し待ってください。後ほどそのことを扱います。第9章で挙げられているツールは，集まりで起こるトラブルへの具体的な対応の仕方をお子さんに指導するために使われるものです。

"集まり"を終えるためのステップ

以下のステップは，社会的にうまくやれている10代の若者や青年が，どのように自宅での集まりを終えるのかという概要を示しています。これらのステップは，一般的に使われている順序に従っているものですが，状況や好みに合わせて多少修正してください。ちょうど集まりの始まりのときと同じように，これらのステップは保護者にとっては当然なことに思えますが，社会性に課題のある多くの10代の若者や青年は，このような活動が移るときに苦労するのです。別れ方を具体的なステップに分解して提示することで，起こるかもしれない相手との気まずいやりとりを，お子さんが自分でコントロール可能な，それほど気まずくならないものにしていくことができるでしょう。

1. 活動の間の間を待つ

お子さんがホストである集まりを終える最初のステップは，会話や活動の間を待つということです。ひとつの活動（や会話）が終わりそうで，次の活動に移ろうというとき，この間が訪れたら，それがベストなタイミングです。活動と活動の間を待つのは，お子さんが途中でその場を立たなければならないということを，誰も失礼だと感じないほぼ確実な方法になります。

2. カバーストーリー（簡単な理由）を伝える

いったん，活動のなかで適切な移行の瞬間や間が生じたら，集まりの終わりに向けたカバーストーリー（簡単な理由）を伝えることが重要です。カバーストーリーとは，ある行動をするため

の理由だということを思い出してください。この場合，お子さんのカバーストーリーは，お子さんの友だちが帰らなくてはならないという理由，そして集まりを終えなければならないという理由です。ここでのカバーストーリーがいかに重要かを理解するために，自宅で友だちと野球観戦をした男性のことを想像してみましょう。彼は試合の最後の映像を見た途端，カバーストーリーの代わりに「みんな，行く時間だよ」と言います。"他者の立場に立って考える質問"を使って，彼の友だちにとって，この状況はどのような経験となるか考えてみてください。彼らは困惑し，失礼だと感じるかもしれません。友だちは彼のことをどう思うでしょうか？　おそらく，失礼で，変わっていて，気配りのない人だと思うでしょう。彼らはもう一度集まりたいと思うでしょうか？

　この失礼な態度が，今後彼らの関係を壊すことになるかどうかわかりませんが，おそらく心地よくは感じないでしょうし，もう一度彼の家に喜んで行こうとは思わないでしょう。ですから，突然友だちに帰るように言う代わりに，「あぁ，遅い時間になってきたな」とか「みんな明日は仕事だよね」とか「僕，明日の朝早いんだ」のように言うとよいでしょう。思春期の子どもたちにとっては，「お母さんが晩ご飯だって言ってる」とか，「親が宿題を始めなさいって」とか，「明日のテストに向けて勉強しなきゃ」などが集まりを終えるためのよくあるカバーストーリーです。どのようなカバーストーリーであっても，嘘をつくべきではありません。集まりを終えなければならない，ごくシンプルな（個人的なことでありすぎない）説明で十分です。

3．玄関まで友だちを連れていく

　集まりを終えるための次のステップは，玄関まで友だちを連れていくことです。玄関まで友だちを連れていくことは，それがないと友だちは帰らないかもしれないので，重要なステップなのです！　普通ゲストは集まりの間，どう行動するかについてホストからの合図を待っています。したがって，玄関に向かうことによって，物事が終わるという合図を示すのはホストの仕事です。お子さんが集まりを終えるためのカバーストーリーを伝えたとしても，友だちは自分から立ち上がって玄関に向かおうとはしないかもしれません。友だちが退室する自分なりの方法を見つけるように期待することも失礼です。その代わりに，お子さんは終わるためのカバーストーリーを伝えた後，ゆっくりと立ち上がり（普通，友だちはこのきっかけで立ち上がるでしょう），それから友だちを玄関までゆっくり連れていきましょう。

4．友だちに感謝する

　お子さんが玄関まで友だちをゆっくり連れて行く間に，普通はかなりの会話がやりとりされるものです。このようなゆっくりとしたお別れは数分かかることもよくありますし，その間お互いに感謝し合うというような，いくつかの形式的な行為があります。自宅に来てくれたことに感謝するには「来てくれてありがとう」「楽しい夜をありがとう」「試合を観てくれてありがとう」のように伝えます。もしお子さんがゲストである場合は「呼んでくれてありがとう」とか「招いてくれてありがとう」のように伝えることができるでしょう。

5. 楽しかったことを伝える

もしお子さんが友だちと集まって楽しい時間を過ごしたなら，集まりの終わりにそのことを伝えるのがよいでしょう。こうしたお礼の挨拶の類は，玄関までゆっくり歩いていくなかで，「楽しかった」「面白かったね」「いい時間だったよ」のようなコメントを含めてなされます。お子さんがホストであれゲストであれ，同様のコメントを伝えることができるでしょう。

6. 後日会ったり話したりしようということを伝える

玄関までゆっくり歩いていく間に，また会おうねとか，話そうねということを友だちに伝える短い会話をします（もしその予定があれば）。その場の状況とどれくらい相手を知っているかによって，ホストとゲストは，「明日学校で会おうね」とか「職場で話そう」，あるいは「今週電話するよ」のようなことを伝えましょう。

7. 別れのあいさつをする

集まりを終える最後のステップは，別れのあいさつをすることです。個人的な好みと親密さの程度によって，別れの伝え方は異なります。ハグをしたり頬にキスをしたりする人もいます（欧米文化では特に女の子に見られる）。少し手を振ったり，会釈したり，握手したり，グータッチ（拳を当てる）をする人もいます（男の子の間でよくあります）。どのような別れの方法であっても，ほとんどの人は立ち去りながら「さようなら」とか「じゃあね」と言って別れます。

☞ソーシャルコーチへのヒント（社会性の指導のコツ） 他の章と同様に，この章にある保護者への情報は，10代の若者や青年向けの要約よりも詳しくなっています。というのも，すべての10代の若者や青年が，私たちが保護者向けに提供している詳細な内容を読むことに関心があるわけではないからです（すべての部分を自由に読んでよいのですが）。つまり，この章の内容について子どもと議論し，教えやすいタイミングに社会的な指導をするにつれて，保護者が多くのことに詳しくなるでしょう。

ハリーのサクセスストーリー──友だちと一緒に過ごす

この本の目的は，社会性に困難のある10代の若者や青年が友だちを作り，友だち関係を維持することを学ぶのを助けることです。上手に集まりを計画し，実施することで，新しい友人関係が発展していきます。けれども，プログラムに参加している若者の多くは，PEERSに来るまで集まりをしたことがほとんどありませんでした。このことは，社会的に孤立している17歳のハリーにもあてはまります。彼は，母親によれば"コンピューターに没頭"していました。

PEERSに参加している多くの若者のように，クリニックに来た時，ハリーには友だちが見つかる可能性のある場が全くありませんでした。両親の支援を得て，彼は初めて週1回参加できるク

ラブを見つけましたが，とても遠かったので継続的なつながりは作れませんでした。ハリーは学校のクラブにはどれも興味がもてなかったので，あきらめずに，自分で新しいクラブを始めました！　母親は「彼は誰も来てくれないのではないかと，びくびくしていました。私も内心，誰も来ないことを恐れていました。でも，最終的にはたくさんの参加者が現れました。校長先生も驚いて，お祝いに来てくれました。この成功体験は，彼の他のクラブへの参加意欲をかきたて，「本当の友人関係ができたのです」と話してくれました。ハリーはその後すぐに，仲間との集まりをもち，クラブの人たちと親しい友人関係を築きはじめました。高校の最終学年では，ハリーは陸上部に入り，学校のタレントショー（歌や芸などパフォーマンスを見せるイベント）で友だちと2位を取り，学校の劇でも役を得ることを試みるといったことなどを通して，PEERSで学んだ方法を続けながら友だちと関わりました。そして，友だちが増え，最高学年の途中には，はじめてのガールフレンドまでできたのです。2人は今年春のダンスパーティにでかけ，1年後の今も仲良くしています。

ハリーの母親は，「PEERSに参加したことが彼の心を開かせ，彼の態度，自尊心，生活を変えました。そして実は，そのような彼の変化が私たち家族皆の生活も変えました。ハリーは今大学に通っています。自分一人でどうやって生活するかを学んだり，友だちを作ったり，クラブにも参加したりして，楽しく過ごしています。まだいくつかの社会的な場面での難しさはありますが，彼にはその困難を乗り越えられるように導いてくれるPEERSで学んだ素晴らしい手立てがあります。彼がもう家にいないのはとても寂しいです。しかし私たちは，彼がそうなるであろうと信じていたような人になって，今幸せに過ごしていると知っています」と近況を報告してくれました。

上手に集まりを楽しむこと

思春期・青年期の子どもたちのための本章のまとめ

以下の情報は，10代の若者や青年が読むように書かれていて，この章の要約が含まれます。

　もしあなたの目的が友だちを作り，それを維持することであれば，最もよい方法のひとつは，友だち，もしくは，友だちになるかもしれない人と集まって一緒に過ごすことです。ときにたまり場（ハングアウト（hangouts））と呼ばれますが，この"集まり"は10代の若者や青年が親しい友人関係を築く方法です。率直に言えば，もしあなたが学校や職場の友だちと"集まり"をしないのであれば，あなたはおそらくその人たちと親しくないということです。しかしこれは，あなたが人と親しくなることができないという意味ではありません。人が誰かと親しくなる方法が，学校や職場，課外活動などの場以外で一緒に過ごすことなのです。あなたがもっと幼ければ，ご両親があなたのために"集まり"を計画してくれるかもしれません。その当時は，私たちはそれをプレイデート（play dates）と呼んでいました。しかし，10代の若者や青年はプレイデートをしません。つまり，今や，集まりを計画するのはあなたの仕事なのです。では，どのようにすればよいのでしょうか？　社会的にうまくやれている10代の若者や青年が使っている以下のルールとステップは，あなたに"集ま

り"をどのように計画し，実行すればよいか予行演習させてくれるでしょう。

"集まり"を計画するためのステップ

"集まり"を計画するための4つのWとhowについて考えましょう。

誰が集まるのか（Who）

誰が来るのか決めましょう。あなた自身に興味をもっていて，あなたと共通の興味をもっている人を招待するべきです。もしグループでの"集まり"なら，誰が来るのか全員が知っておくようにすれば，当日驚くことがなくてすみます。

何をするのか（What）

何をするのか決めましょう。参加者全員の共通する興味に基づいたものにすべきです。あなたが提案することもできますが，友だちが考えつくこともあります。表8-1に，10代の若者と青年の集まりに共通するいくつかの活動を挙げています。

表8-1　10代の若者や青年向けの活動を基本とした"集まり"

公共の場での活動	室内の活動	アトラクション
映画館	コンピュータゲーム，テレビゲーム	ゲームセンター
ショッピングモール	ネットサーフィン	ビデオゲームのゲームセンター
コミックマーケット	ソーシャルネットワーキングサイト（閲覧）	レーザータグ（レーザー銃を使った鬼ごっこ）
漫画売り場	音楽鑑賞	遊園地
ゲーム売り場	映画を借りる	ミニゴルフ
科学エキスポ	テレビを見る	ウォーターパーク（遊園地）
科学博物館	カードゲーム	ゴーカート
ウォーハンマー（ミニチュアゲームのひとつ）	ボードゲーム	バッティングセンター
コンサート	卓球	ゴルフの練習場
ボーリング	プール	動物園
ドッグランのある公園	エアホッケー	水族館
海，湖，川	ダーツ	地域のお祭り

食事時間の活動	ペアスポーツ	グループスポーツ
レストラン	スイミング	バスケットボール
アイスクリームショップ	スケートボード	野球
フローズンヨーグルトショップ	シューティングバスケット	サッカー
宅配ピザ	サイクリング	タッチフットボール

バーベキュー	ローラースケート	サバイバルゲーム
寿司	テニス	バレーボール
料理	スキー	バドミントン
ピクニック	サーフィン	水球
おかし作り	ハイキング	バッチボール（砂や芝生の上で行うボーリングのような球技）

どこで集まるか（Where）

どこで"集まり"をするか決めます。どこで一緒に集まるかを決めなければ実行できません。

いつ集まるか（When）

いつ集まるかも決める必要があります。もし気軽に声をかけただけで、いつ集まるかを計画しないのであれば、あなたのプランは実現不可能でしょう。

どのように集まるか（How）

4つのWに加え、"集まり"がどのように実施されるのか決める必要があります。これは通常、どうやって集まる場所に行くのかということや、例えばどうやってチケットを買うのかというようなその他の詳細が含まれます。

"集まり"を準備するための方略

"集まり"の前に、準備しておくべきことがいくつかあります。

計画を最終決定する

もしあなたの計画が当日の2, 3日以上前に立てられたものなら、計画について最終決定するために、直接会って、あるいは、電話、IM、メールなどで確認を取る必要があります。こうすることで、参加者が忘れるのを防ぐことができます。

個人的な空間を片づける

もしあなたの友だちがあなたの自宅に来たり、車に乗ったりするなら、掃除をして片づけておく必要があります。これは、友だちがあなたの寝室を見には来ないだろうと思ったとしても、寝室も含みます。もし掃除されていなければ、友だちはあなたのことをだらしないとか、失礼な人だと考えるかもしれません。

個人的なものを片づける

もし友だちに触られたくない，見られたくない，共有したくないものがあるなら，彼らが来る前にすべてしまっておく必要があります。あなたのものを共有しないとか，友だちが触ることはできないと伝えることは失礼です。トラブルを避けるためには，個人的なものは見えない場所にしまいましょう。

代わりの活動ができるようにしておく

"集まり"の計画をしたら，前もってあなたがすることをわかっておくべきですが，計画はいつも変更する可能性があり，人々は退屈することがあるので，自分と友だちのために代わりとなる活動をいくつかできるようにしておきましょう。何をするかという選択肢は，みんなの共通する興味に基づいて考えられるべきです。柔軟に準備し，そのときの流れに添って進めましょう。あなたがやろうと思っていることに固執しすぎないようにしましょう。ホストとして，他の人が楽しくいられるようにするのはあなたの役割です。

"集まり"を始めるためのステップ

あなたが自宅で"集まり"のホストをするとき，最初どう始めるか気まずいこともあるかもしれません。でも気にしないでください。大人であっても，いつも起こることです。落ち着かない気分になる代わりに，まずは"集まり"を始めるための以下の基本のステップに従いましょう。

1. **ゲストに挨拶する**――このステップでは，通常「こんにちは」と言ったり，「調子はどう？」と尋ねたりします。女の子ではハグをしたり，頬にキスしたりすることもあるし，男の子では会釈や握手，グータッチ（拳を突き合せる）をすることもあります。心地よいと感じることをするべきです。
2. **友だちを招き入れる**――普通は「入って」と言って家のなかに招き入れますが，通り道をつくることを忘れてはいけません。よく起こりがちなのは，玄関の真ん中に立ったり，通るためのスペースを作らなかったりすることですが，それではぎこちなくなってしまいます！
3. **紹介する**――もしあなたの友だちがそこにいる全員を知らなかったら，あるいは，みんながお互いの名前を覚えているか確かでなかったら，紹介するようにしましょう。
4. **軽い飲食物を出す**――もしあなたが集まりを主催しているホストなら，食べ物や飲み物のような軽い飲食物を出す必要があるでしょう。友だちが好きそうなものを考えて選んでみてください。このことについては，お家の人が手伝ってくれるでしょう。
5. **家の中を案内する**――友だちがあなたの家に来たことがないときは，（そうすることが気まずくなければ）家のなかを案内しましょう。前もって家族やルームメイトに許可を得ておきましょう。
6. **ゲストに何をしたいか尋ねる**――もしあなたがきちんと計画していたなら，友だちと何をするかすでにプランがあるはずですが，（何をしたいか）尋ねるのもよいでしょう。「何をしたい？」とか「何したい気分？」とか「今でも……したい？」のように言うのがよいでしょう。

> **社会的な場面でのエピソード**　集まりの始まり
> 次に示すエピソードは，自宅でどのように集まりを始めるかという例を示しています。
>
> （ドアをノックする）
> ランス：（ドアを開ける）やあ，ダン！　元気？
> ダン：やあ，ランス！　元気だよ。調子はどう？
> ランス：とてもいいよ。ありがとう。入って。（ドアから離れる）
> ダン：（玄関から入る）ありがとう。
> ランス：それでダン，君は僕の友だちのアンディに会ったことがないんじゃないかと思うけど。（友だちを指す）アンディと僕は一緒に働いているんだ。ダンと僕は同じ学校に通ってたんだ。
> ダン：へえ，それはいいね。会えてうれしいよ。
> アンディ：やあ，僕もうれしいよ。
> ランス：さあ，ダン，君はここに来たことがないよね。だから，簡単に家のなかを案内するね。（アンディが何かしている間，簡単に家のなかを案内する）
> ダン：見せてくれてありがとう。
> ランス：もちろんだよ。気楽にして。テーブルにスナック菓子があるよ。何か飲む？
> ダン：ありがとう。大丈夫だよ。
> ランス：（ダンとアンディを見て）試合があるからTVつけてもいい？　そろそろ試合前のショーが始まると思うんだ。
>
> ### "集まり"の間の一般的なルール
>
> 　もしあなたが自宅での"集まり"を主催しているなら，ゲストが活動を選択します。あなたが提案することはできますが，友だちに決めてもらいましょう。あなたの仕事は，友だちが楽しめるようにすることです。ただしすべての人がこのルールを知っているとは限りません。もしあなたが誰かの家でのゲストなのに活動を決めさせてもらえないときは，そのまま流れに添って過ごしましょう。
>
> ### 少なくとも一緒に過ごしている時間の50％は情報交換をする
>
> 　"集まり"をするということは，いかに親しい友人関係を築くかということです。そのために，あなたは会話をし，情報交換をする必要があります。最低でも一緒にいる時間の50％は情報交換をするべきです。もし最低でも半分の時間をおしゃべりと共通の興味を見つけることに費やせたら，お互いを知ることがより容易になるでしょう。
>
> ### 友だちを無視しない
>
> 　退屈になった時に，時々今やっていることから離れてしまう人がいます。もしあなたが友だちのいる場から立ち去ったり，友だちを無視したりしたら，あなたはとても失礼な人と見られ，友だちは二度とあなたと集まりたいとは思わないかもしれません。他の人とメー

ルをしたり，話したりすることにも同じことが言えます。そうしないで，あなたが一緒にいる人たちに集中しましょう。

退屈したときに活動を変更することを提案する

集まりの間，何回かはあなたや友だちが退屈になることがあると予測できます。その場を立ち去ってしまったり，「飽きた」と言ったりするのではなく，「このゲームが終わったら何か食べに行かない？」とか「これがすんだら，何か他のことをするのはどう？」あるいは「誰か，何か他のことをして遊びたい人いる？」などのように言って，変更を提案するようにしましょう。

友だちを守る

もしあなたが2人以上の集まりを主催していて，友だちの1人が他の友だちを困らせることがあれば，友だちを守るのはあなたの仕事です。自分がホストであるときは，参加者全員が楽しく過ごせるようにすることがあなたの仕事であることを思い出してください。つまり，困ったり，いらいらさせられたり，からかわれたりしている友だちを守るということです。普通は「ほどほどにしなよ」とか，「一人にしてあげて」とか，「彼を困らせるな」などのように言うことで十分でしょう。

"集まり"を終えるためのステップ

自宅での集まりを終えることは，ぎこちなくなりがちです。帰る時間になっていることを友だちに伝えることは，気まずいと感じるかもしれません。もし，以前にそのように感じたことがあるなら，（そう感じるのは）あなた一人ではありません。たくさんの人がそのように感じます。居心地悪く感じる代わりに，集まりを終えるための次のシンプルなステップにただ従いましょう。

1. **活動の間の間を待つ**──終わろうとする時，活動や会話の間の短い間を待ちましょう。そうすれば，あなたが何かの途中で邪魔したようには見えません。
2. **カバーストーリー（簡単な理由）を伝える**──集まりを終えるためのカバーストーリーを伝えます。これは，友だちは帰らなければならないというのと，集まりは終わらなければならないというあなたの側の理由です。例えば，「お母さんが晩ご飯だって言ってるから」とか，「親が宿題を始めなさいって」とか「明日のテストに向けて勉強しなきゃ」のように言うことができるでしょう。
3. **玄関まで友だちを連れていく**──次の手順は友だちを玄関まで連れていくことです。そうしなければ，友だちはずっと帰らないかもしれません！ これは，友だちは（ホストである）あなたのリードに任せているので，もしあなたが立ち上がらず，ゆっくりさりげなく友だちを玄関まで連れていきはじめなければ，友だちはおそらく立ち上がらないでしょうし，自分で帰ろうとはしないということなのです。
4. **友だちに感謝する**──友だちをゆっくりさりげなく玄関に連れていきながら，来てく

れたことに感謝の気持ちを伝えるとよいでしょう。「来てくれてありがとう」「楽しい夜をありがとう」とか「試合を観てくれてありがとう」のように伝えるのがよいでしょう。もしあなたがゲストであれば、招いてくれたことに対してホストに感謝を伝えるとよいでしょう。

5. 楽しかったことを伝える――歩きながら、あなたが楽しい時間を過ごせたことを伝えるのも素敵なことです。「楽しかった」とか「面白かったね」、あるいは「楽しい時間だったよ」のように伝えるのがよいでしょう。あなたがゲストの立場であっても、同様のことを伝えることができます。

6. またねとか、また話そうねということを伝える――もし、後日友だちに会ったり話したりする予定があるなら、歩きながら「明日また学校で」とか「職場で話そう」、あるいは「今週また電話するよ」のように伝えることができるでしょう。

7. 別れのあいさつをする――友だちが帰る時に、最後の別れのあいさつをすべきです。人によって別れの伝え方は異なります。女の子であれば、ハグをしたり頬にキスをしたりする人もいます。手を振る、軽い会釈、握手、グータッチ（拳を突き合せる）をする人もいます。普通は最低でも、ほとんどの人は歩きながら「さよなら」とか「じゃあね」と言います。

社会的な場面でのエピソード "集まり"を終わること

次に示すエピソードは自宅でどのように集まりを終えるかという例を示しています。

（フットボールのテレビ中継が終わる）
ランス：いいゲームだった！
アンディ：うん、そうだね！
ダン：たしかに。
（会話の間）
ランス：ねえ、みんな、聞いて。僕たちみんな明日早くから学校だよね。
（立ち上がる）
アンディ：ああ、遅い時間になってきたな。（立ち上がる）
ダン：うん、もう行かなくちゃ。（立ち上がる）
ランス：（玄関のほうに歩きはじめる）来てくれてありがとう！
アンディ：（玄関に向かう）呼んでくれてありがとう！
ダン：（玄関に向かう）誘ってくれてありがとう。
ランス：本当に楽しかったよ！
アンディ：僕も面白かった。
ダン：僕も。
ランス：また集まろうよ。
アンディ：いいね。
ダン：それはいい。
ランス：（ドアを開ける）またみんなと話せると思うし。
アンディ：わかった。いいね。（玄関を出る）
ダン：了解。またね。（玄関を出る）

ランス：気をつけて。じゃあね！（会釈する）
アンディ，ダン：じゃあね！（会釈，手を振る）

思春期・青年期の子どもたちや保護者のためのエクササイズ

10代の若者と青年の皆さんは，保護者と一緒に以下のエクササイズをしましょう。

・集まりの計画と，それを実行するためのルールとステップについて，この章の要点に沿って保護者と話し合いましょう。
・保護者に助けてもらいながら，集まりを計画するにはどうするか，計画を始めましょう。
　－誰と一緒に集まりたいか考えましょう
　　・あなたが関わっている社会的なグループにいる人や，あなたが所属している社会的な活動や課外活動に参加しているメンバーから選ぶとよいでしょう。
　　・共通の興味に基づいて，あなたが提案できる活動を考えましょう。
　　・いつ，どこでこの集まりをするか考えましょう。
　　・どのように全員が集まるのか，いくつかアイデアを出しましょう。
・一人，あるいは複数の友だちや知り合いとの集まりを計画しましょう。あなたに興味を持っている人や，あなたと共通の興味を持っている人を選びましょう。
・集まりを計画する際には，この章の要点に沿って集まりの準備をするステップに従いましょう。
　－集まりの前に，保護者と一緒に次のことを行いましょう
　　・集まりを始めるための手順を復習し，練習しましょう。
　　・集まりを終わるための手順を復習し，練習しましょう。
　－集まりの間，この章のまとめに書かれているルールと手順に従いましょう
　　・FriendMakerモバイルアプリを使って，事前にルールと手順を復習しておくと役立ちます。
　－集まりの後で，保護者と一緒に次のことを行いましょう
　　・集まりがどのように進行したのか，あなたは楽しい時間を過ごせたのか，友だちは楽しい時間を過ごせたと思うか，この人やグループともう一度集まりたいと思うかどうかということを話し合いましょう。
　　・最低でも時間の50％を情報交換したかどうか，共通の興味を見つけられたかどうか，考えましょう。もしできたのであれば，次に集まるときに，今回見つけた共通の興味で何ができるか考えましょう。
・前に踏み出して，週に1回は集まるよう努力しましょう。多くの10代の若者や青年は週にだいたい3，4回は気軽な集まりをしているので，週に1回は多すぎないはずです。
・毎回，違った友だちと集まろうとすることはよいことですが，新しい人と仲良くしようとするあまりに，親しい友人を無視していてはいけません。ここでは質（量ではなく）が重要です。

― 第III部 ―

仲間との対立や仲間からの拒否に対処するための科学–実践的な方法

第❾章
口論や意見のすれ違いへの対応

　口論や意見のすれ違いは，10代の子どもたちや若者の間では比較的よく起こり，それほど頻繁でなくて激しいものでなければ，それで友情を失ってしまうことはありません。しかし，論争を回避するスキルが身についていない若者は，友情を維持しながら口論や意見のすれ違いを解決するのが難しいことがあります。些細な言い合いによって友だちとの関係を終わらせてしまうことは，物事を文字通りに受け取ってしまう現実的思考の人たちにはよく見られます。なぜなら，現実的思考は柔軟性のなさや白か黒かという考え方につながることがあるからです。そうなると友情は，葛藤がないために成立しているか，突然生じた衝突によって成立しなくなるかのいずれかにつながってしまいます。お子さんのソーシャルコーチとして，口論や意見のすれ違いは人間関係では当たり前に起こるものなので特別なことではないと伝え，ささいな日常の言い争いによって友情を終わらせる必要はないと本人が理解できるように手伝ってあげることが大切です。本章で紹介しているステップに沿って言い争いへの対処法を学ぶことで，友人と意見がぶつかっても関係を続けていけるようになるでしょう。実際には，口論を上手に解決できれば，むしろその友だちとの関係がより強固になる場合もあります。

> ささいな衝突によって友だちとの関係を終わらせてしまうことは，現実的思考の人たちによく見られることである。

　第2章で，よい友だち関係の特徴のひとつは，友情を傷つけずに衝突を解決する能力を備えていることだとお伝えしました。衝突の解決能力は，気遣い，献身，そして信頼の質によって左右されます。すなわちお子さんは，友人関係の相手を気遣い，その関係を続けるために尽くし，また問題を進んで解決しようと思えるくらいに，その友だちのことを信頼していなければなりません。実際，友情のこうした特徴に目を向けることで，口論や意見のすれ違いにうまく対処すれば，友だち関係をより確かなものにすることができます。しかし，すべての口論や意見のすれ違いが，友だち関係を強く結びつけ，健やかにするわけではありません。もしお子さんが，度々激しい言い争いに巻き込まれているようであれば，友だちの選び方を見直す時期なのかもしれません。また，感情制御や怒りのコントロールに焦点を当てた支援が必要かどうかを検討することも重要です。セルフ・コントロールの問題は，友だちを作り，関係を維持することと密接に関わっていますが，感情と行動のコントロールの学習は，専門家の支援を必要とする長期的なプロセスになる場合があります。この章を読んで，あなたのお子さんには，ストレスがかかる状況で冷静さを保つことが難しいと思われる場合は，本書以外に数多くの支援，リソースがありますので，検討してみるとよいでしょう。

口論に対処するためのステップ

これから紹介する口論に対処するためのステップは，効果的な衝突の解決に重要であるということが研究によって明らかになっています。個々人の好みや状況（お子さんが口論のどちらの側にいるか）によってステップの流れは若干違ってきますが，すべてのステップに取り組み，提示されている順序通りにステップを踏むことが望ましいでしょう。もしお子さんが，ここに書かれている**すべて**のステップを踏むことができなければ，衝突を完璧に解決できる可能性は低くなるでしょう。

1．冷静さを保つ

あらゆる口論や意見のすれ違いへの対処の最初のステップは，冷静さを保つことです。すなわち，さらに興奮していくことを避けるために，瞬間的に取り乱したり怒り出したりしないようにします。よくご存じの通り，お子さんが取り乱し怒り出しても事態を悪化させるだけで，場合によっては取り返しのつかないほど友情を傷つけてしまうこともあります。第5章でも書きましたが，人によって冷静さを保つためのやり方は違います。ある人は心のなかで10数えてクールダウンしますし，ある人は深呼吸をします。また，落ち着いて論理的に話ができるようになるまで，その状況からしばらく離れることが必要な人もいるでしょう。お子さんにとって最適なやり方がどのようなものであったとしても，口論や意見のすれ違いに対処するための最初のステップは，冷静さを保つことなのです。繰り返しますが，もしこのステップがお子さんに難しいと思われるならば，感情制御に関する情報を提供してくれるよい支援やリソースがたくさんあります。感情の爆発をコントロールする方法の詳細は，本書では扱っていません。

> さらに混乱しないように，瞬間的に取り乱したり怒ったりしないようにする。

2．相手の話を聞く

2番目のステップは，相手の話を聞くことです。このステップは比較的簡単に思えるかもしれませんが，社会性に課題を抱えているかいないかにかかわらず，口論の最中に人の話をしっかり聞くことは多くの場合難しいものです。例えば，自分の主張をわかってもらうために，相手が意見を言い終わるのを待たずに相手の話をさえぎってしまうことは，それほど珍しくありません。もし相手が興奮していたら，人は自分の言い分を説明しようと躍起になり，相手が何に怒っているのかということにきちんと耳を傾けないでしょう。あるいは口論の最中，相手の話を聞いているように見えて，実際には自分の意見を訴えるためにただ相手が話し終えるのを待っているという場合もあります。聞くふりをして相手に話をさせるというのは，言葉をさえぎるよりはよいかもしれませんが，どちらの場合も相手が何に怒っているのか理解できていないでしょうし，それでは摩擦を解消するのが非常に難しくなります。

お子さんが，相手が言おうとしていることに耳を傾け，それを正確に理解できたら，次にきち

んと相手の話を聞いていることを示すステップに移ります。ここは重要です。なぜならば相手が，自分の意見を言うことができて聞いてもらえたと実感できるまで，口論は終わらないからです。

3. 相手が言ったことを繰り返す

　相手の意見に賛同している場合も反対の場合も，相手の話を聞いていると伝える方法は，相手が言ったことを繰り返して言うことです。より専門的な言葉で表現するならば，お子さんは積極的で共感的な聞き手でなければならないということです。アクティブ・リスニング（積極的傾聴）とは，耳で聞いた言葉を自分自身の言葉に言い換えて，伝え返すコミュニケーション技法です（相手が言った言葉を一字一句繰り返すこととは違います）。積極的な聞き手でいるというのは，相手への共感を示すことであり，それには相手の感情を理解する能力が関係しています。積極的で共感的な聞き手でいる能力は，話を聞いてもらえていると相手が確認できることにつながり，さらなる誤解が生じる可能性を減らせます。また，相手が言った内容を繰り返し，相手の考えを言い換えることで，誠意と，相手の感情への気遣いを示せます。難しいのは，よく知られているように，社会的な苦手さをもつ子どもや若者は，しばしば他者の視点で考えることに苦労するということです。もし，お子さんが感情に気づいたり，その感情に名前を付けたり，理解したりするのにつまずくようであれば，積極的かつ共感的に話を聞くのはお子さんにとって挑戦になるかもしれません。このあたりでつまずくことは非常に多いので，私たちはステップを簡単にし，取り組みやすいように工夫しています。もしお子さんが，口論の最中に他の人の考えや感情を言い換えるのが難しいなら（多くのお子さんのように），まずは私たちがしているように，「〜みたいだね」というフレーズを使うことから教えるという方法があります。例えば，お子さんが「君は興奮しているみたいだね」あるいは，「怒っているみたいだね」「悲しんでいるみたいだね」などと言ったとします。非常に細やかな表現というわけではありませんが，相手を満足させる積極的で共感的な聞き手としては，これで十分です。

　「〜みたいだね」というフレーズを用いるのは，相手の考えや感情を断定しないよう注意する必要があるからです。ここで失敗すると，相手がさらにヒートアップする恐れがあるので，この点は重要です。特に，口論中に使用される「You are...（あなたは…）」で始まる言葉は，意見に同意であっても反対であっても，強い勧告の表現です。例えば，「あなたは取り乱している」「あなたは怒っている」「あなたは悲しんでいる」というのは，相手を身構えさせる表現です。なぜなら，人は自分がどのように感じているかを指摘されるのは好きではなく，口論の最中であればなおさらだからです。そのため，「あなた」で始まる文章を使う事は避けて，代わりに「私」から始まる文章を用いるようにします。「あなた」で始まる文章が口論で用いられると相手は身構え，防衛的になりますが，「私」で始まる文章であれば，単に自分自身の考えや感情について述べているだけなのでずっと安全です。例えば，「私はあなたを動揺させてしまったんだよね」や「僕には，君が怒っているように感じる」や「私は，あなたが悲しんでいるように思うのだけど」などの言葉は，非難するよりも共感的に聴こえ，相手を身構えさせることは少ないでしょう。このように述べましたが，すべての子どもと若者に，「私」から始まる文章を用いて賛成や反対を伝えるべきであると提案しているわけではありません。例えば，ASDをもつ多くの人々は代名詞の使用に困難さが

あり,「私」や「あなた」から始まる文章を作ることは,むしろ彼らの混乱を招いてしまうでしょう。代わりにこうした子どもたちや若者に対しては,「〜みたいだね」という言葉を使う事を薦めています。このフレーズもまた防衛的ではなく,代名詞を混同してしまう人たちへの混乱を生じさせにくいのです。ですから,「私」か「あなた」どちらの言葉を用いるべきかといった追加説明が,あなたのお子さんに役立つかどうかは,見極める必要があります。私たちが行っているプログラムでは,わかりやすくするために「〜みたいだね」というフレーズだけを教えるようにしています。

> 相手の話を聞いていると伝える方法は,相手が言ったことを繰り返して言うことである。

4. 自分の思いを説明する

　口論や意見のすれ違いに対処する次のステップは,自分の思いを説明することです。相手から口論をふっかけられた状況を想像してみてください。もしもこれまでのすべてのステップを踏んできたのであれば,お子さんは相手の言い分をよく理解しているはずです(なぜなら,耳を傾けてきたからです)。そして相手は自分が聞いてもらえていると感じているでしょう(なぜなら,お子さんは相手が言ったことを伝え返したからです)。それでは,今度はお子さんが自分の思いを伝える時です。

　おそらくは誰もが知っている古い格言にもあるように,「あなたにはあなたの言い分があり,私には私の言い分があり,そして真実はそのどこかそのなかにあるのです」。それはおそらく多くの口論について言えることでしょう。ですから,両者がお互いの見方を共有するという事が大切です。口論において比較的よく見られる社会的な誤りは,(その他のステップを実施する前に)急いで自分の言い分を伝えてしまうことですが,それとは別に,結局自分の思いを説明しないままになるという誤りもあります。彼らはなぜ自分の思いを伝えないのでしょうか？　この社会的な謎を解くためには,第2章に登場した,仲間外れにされ,社会的に孤立している若者の例について考えてみましょう。周囲の人たちから拒絶されている子どもや大人は,衝動的になる傾向があり,一方社会的に見放されている子どもや大人は,より消極的になる傾向がある,ということを覚えているかもしれません。では,彼らのうちどちらのほうが,自分の言い分をまくし立ててしまうでしょうか。おそらく仲間から拒絶されている場合のほうが,口論の際に自分の意見を勢いよく言う可能性が高いでしょう。一方で,社会的に孤立している場合には,意見を言うことが少ないようです。では,意見を言わないのはなぜ問題なのでしょうか？　相手は当惑するかもしれませんし,出来事の全容がわからず,なぜその子がそれをしたのか,そうしたと言ったのかがわからないままです。混乱やそれ以上の誤解が生じないように,口論ではいつも自分の言い分を相手に説明することが大切なのです。

> 混乱と誤解が生じないように,口論では(相手の意見を聞いた後で)自分の意見を説明することが大切である。

5. 謝罪する

　自分の言い分を伝えたら，口論や意見の衝突に対処するための次の重要なステップは，謝罪をすることです。友だちに危害を加えたなどの明らかに悪いことをしたときはもちろん，わざとではなくミスをしてしまった場合であっても「ごめんなさい」と言うことが大切です。しかし，お子さんの側が謝罪を求めているということがすべてのケースで見られます。もしもお子さんが，自分が何か悪いことをしたとは思っていない場合であっても，口論を収束に向かわせるためにはお子さんからの謝罪が必要です。これは自分の責任と非難を受け入れる必要があると言っているのではなく，していないことをしたと認めなさいと言っているわけではありません。そうではなく，適切な方法で「ごめんなさい」と言わなければならないということです。例えば，「こんなことになってごめんなさい」や，「動揺させてごめんね」あるいは，「このことであなたを悲しませてしまってごめんなさい」と言うのは，いずれも自分は悪くないと思っている場合に，罪の責任や非難を受け入れることなく謝罪をする方法です。私たちはこの謝罪のやり方を，PEERSのなかで教えています。なぜならば私たちは，口論ではしばしば，反対の意見にも賛成を示すことが求められますが，口論は謝罪があるまではほとんど終わることがないということがわかっているからです。理想的には，悪いことをしたと思っている側も含めた，双方からの謝罪があるとよいでしょう。「こんなことになってごめん」というシンプルな一言で十分です。しかし，「ごめん」だけではあまりうまくいかないという点は強調しておきたいと思います。「ごめん」だけで，それ以上の説明がなかったときには，どのような反応が返ってくるでしょうか？　最も自然で，よく見られる返事は「何について，ごめんなの？」というものです。自分から，お子さんが何について謝っているのかをきちんと言えるようサポートしてあげてください。

> 理想的には，悪いことをしたと思っている側も含めた，双方からの謝罪が行われるとよいだろう。

6. 問題解決に取り組む

　口論や思いのすれ違いに対処するための最後のステップは，問題解決に取り組むことです。このステップは言い争いを解決して前へ進むために重要ですが，しばしば忘れられてしまいます。この段階が重要なのは，一瞬のことであっても，口論の結果，信頼関係が崩れてしまうことがあるからです。議論しながら信頼関係を修復するためには，今回起こったようなことは，もう起らないだろうと相手に安心させる方法を探ることが大切です。もし相手の不安をなくすことができなければ，わだかまりが残り，言い合いは続くでしょう。では，お子さんはどのようにすれば問題を解決できるでしょうか？　いくつかヒントを用意しました。

自分の行動をどのように変えるのかを相手に伝える――口論や思いのすれ違いにおいてよく用いられる問題解決の方法のひとつは，今後自分の行動をどのように変えるのかを相手に伝えることです。例えば，もしお子さんが約束を忘れて友だちを長い時間待たせてしまい，相手を怒らせてしまったら，次回はもっと注意して約束を守ることを相手に申し出ます。他のステップと

組み合わせて用いていれば，行動をどのように変えるかを伝えることで友だちの信頼を維持でき，お子さんが約束通りに行動したときには，傷ついた信頼をいくらか回復できるでしょう。

何をしてもらいたか尋ねる——問題解決に用いられる別の方法として，相手が自分に何をしてもらいたいかを尋ねる，というものがあります。先ほど挙げた，相手が突然待ちぼうけをさせられてしまったケースでは，お子さんが「解決するためにどうすればいいかな？」あるいは「埋め合せるために，君に何をしたらいい？」と聞くやり方です。問題解決の方法がわからないとき，どうすれば解決できるか，友だちがはっきりと伝えてくれる場合もあるでしょう。

相手ができることを提案する——問題解決のための最後の方法は，相手ができることを提案するというものです。お子さんが不満を感じている側で，おそらくはその友だちに腹を立てているときに最もよく用いられる方法です。口論への対処のステップを知っている相手ばかりではないので，事態をよくするために相手が何をできるかを提案しますが，問題の解決のためにはさらに努力が必要かもしれません。

> 議論しながら信頼関係を修復するためには，今回起こったようなことは，もう起こらないだろうと相手に安心させる方法を探ることが大切である。

☞ **ソーシャルコーチへのヒント（社会性の指導のコツ）** 問題を解決することが難しい場合もあります。そういうときには，もどかしくてがっかりするとしても，落ち着いて，友だちは選べるものであると思い出せるようお子さんを励ますことが大切です。もしささいな意見の違いであれば，おそらくお子さんはその違いを受け入れられるでしょう。しかし，もしお子さんが傷ついた信頼を回復できず，問題を解決できなかったら，その相手を友だちに選ぶことがよいのかどうか，考え直す必要があるかもしれません。

☞ **ソーシャルコーチへのヒント（社会性の指導のコツ）** 口論に対処するために必要なステップについて，よく理解していただけたと思います。お子さんにも保護者にも理解していただきたいのは，思いのすれ違いにうまく対処するためには，それぞれのそしてすべてのステップにきちんと取り組まなくてはならないということです。UCLAのPEERSクリニックでの実践では，ステップの1つか2つを飛ばしてもたいした違いはないと勘違いをしている子どもたちがいました。もしお子さんがステップを飛ばしてしまうとどうなるのでしょうか。あなたは，永遠に終わらないように思える言い争いをした経験はありますか？　まるで壊れたレコードのように，意見の対立が何度も繰り返し起こることはありましたか？　口論がいつまでも続くような場合には，ステップのどれかを行っていないかもしれません。すべてのステップを行う重要性を示すために，これから挙げる例を使ってみるのもよいでしょう。

・口論に対処するためのすべてのステップを行ったけれど，相手が言ったことを伝え返すのを忘れてしまった場合は何が起こるでしょうか。相手は自分の話を聞いてもらえている感じがしないので，自分の気持ちを繰り返し訴え，「お前はわかってない」と何度も言うでしょう。

・口論に対処するためのすべてのステップを行ったけれど，自分の意見を言うステップを忘れてしまったら，どうなるでしょうか。相手は，あなたの思いを伝えてもらっている感じがし

ないので「全然理解できないよ」と言いつづけるでしょう。
- 口論に対処するためのすべてのステップを行ったけれど，謝ることを忘れてしまったら，どうなるでしょうか。相手は，あなたが後悔していないと感じるので，自分の傷ついた思いを「気にしてないみたいだね」と言いつづけるでしょう。
- 口論に対処するためのすべてのステップを行ったけれど，問題解決に取り組むステップを忘れてしまったら，どうなるでしょうか。相手は，安心できないので「君が同じことをしないってどうしたらわかるの？」と何度も訊くでしょう。

☞ **ソーシャルコーチへのヒント（社会性の指導のコツ）** 章のまとめを使いながら，お子さんと一緒にそれぞれのステップの進め方を確認しましょう。口論への対処の仕方をまとめたDVDを見ながら，対応するやりとりの場面を読むこと，他者の視点に立って考える質問を使いながらここに示した例について話し合うこと，本章のエクササイズにある説明文に従って，ステップを実際にやってみることをお勧めします。

マイケルのサクセスストーリー──償いをする

　友だち同士の口論は，珍しいことではありません。それほど頻繁でなく激しい対立でなければ，意見のすれ違いが起こったとしても，それで友情を終わらせてしまうことはありません。しかし，社会性に課題がある場合には，口論は友情の破綻につながりやすくなります。柔軟にとらえることが苦手であったり，厳格に考えたりする傾向があれば特にそうです。21歳のマイケルは人と激しく衝突した経験があり，そうなりやすい傾向をもっていました。当初，マイケルの母親が彼のことを「頑固で融通が利かない」と説明したように，マイケルはよく友人との関係を終わらせていました。「あの子はカリスマ的にふるまうこともでき，むしろそういうときは魅力的です。しかし，いったん誰かに怒ると，全く違ってしまいます。絶対に意見を曲げません。一度でも彼に逆らったら，そこでおしまいです」。

　マイケルと両親は，仲の良い友人との関係を続けていくためのスキルを身につけたいと，PEERSに来ました。マイケルにとっては，友人を作ることは難しくはありませんでしたが，友だち関係を続けることが難しかったのです。マイケルは「これまで，たくさんの友だちがいました。僕はいつも，友だちとの関係が終わるのは，彼らがよい友だちではないからだと考えていました。嫌な奴だと思っていました」と話しました。しかしマイケルは，この問題について，自分にも何か一因があったのではないかということを認めました。「もしかすると，僕はがんこなところがあるのかもしれません。これまでに友だちにそう言われたことがあります。でも，どうやって激しい言い合いをやり過ごせばいいのかわかりませんでした」と話したのです。

　マイケルは，口論への対処するためのステップを学ぶことで，友人関係を維持するのに役立てることができるようになりました。母親は「はじめ，マイケルがステップを活用できるかどうかわかりませんでした。というのも，ステップは親にとって非常によく理解できるものでしたが，マイケル自身がステップに取り組むかどうかは疑わしいと思っていました」と語りました。「しかし私たちは，週に2回練習を続けました。そうするように（PEERSのスタッフから）言われてい

ましたから。マイケルは私たちにイライラしていました。あの子は、ステップはわかっていると言いましたが、私たちは確実にしておきたかったのです。PEERSが終了した1週間後に、マイケルは研究所のパートナーと言い争いになりました。2人はそれまでよい関係ではありませんでしたが、今回は研究課題の件で意見が合わなくても、学んだステップを使ってうまく乗り切ることができたのです！ 信じられませんでした。こんなことははじめてです。マイケルが帰宅して私たちに話してくれました。あの子はたいしたことではないように言いましたが、心のなかではうまくやれたことを誇りに思っているのがわかりました」。

これは、マイケルがその後、落ち着いて適切に友人との意見の相違に対処できるようになる1回目にすぎませんでした。家族もまた、この新しい意見のすれ違いへの対応方法によって恩恵を得ました。プログラムを終えてから2年後の振り返りのときに、マイケルはこう語りました。「あれからは、1人も友だちを失っていないと思います。以前のようには話さなくなる相手もいますが、それは言い争いなどのせいではありません。一緒に出かけたりはします」。マイケルは意見の相違に対処する力を身につけ、以前の友人たちへ償いをすることもできるようになりました。彼は、「Facebookで昔の知り合いを見つけたんです。僕たちはよい仲間でしたが、関係は悪くなっていました。でも、とにかく僕たちはまた一緒に出かけるようになったのです。僕は、当時の自分のふるまいを謝りましたが、彼はそれほど気にしていませんでした」と話してくれました。

マイケルのような若者や子どもたちにとっては、口論や意見の相違への対処のステップを理解することが、友人関係を長く続けていくための決定的な要素になる場合があります。ですから、もしもお子さんにとって意見の違いを乗り越えることが課題になっていて、それを乗り越えられないように思われるなら、マイケルの例を思い出してください。彼にできたのですから、ほかの人にもきっとできます。

口論や意見のすれ違いへの対処

思春期・青年期の子どもたちのための本章のまとめ

ここには子どもや若者に読んでもらいたい内容と、本章のまとめを載せています。

口論や意見のすれ違いに対処するためのステップ

あなたに知っておいてもらいたいのは、友だちと口論になったり、意見がぶつかったりすることは非常によくあるということです。そして、言い争いがそれほど激しくなく、繰り返し何度も起こるというのでないならば、その友だちとの関係を終わらせてしまう（友だちをやめてしまう）必要はありません。しかしながら、すべての言い争いがこれに当てはまるわけではないので、（必要があれば、ご両親に手伝ってもらって）友だち関係をやめたほうがよいか判断するとよいでしょう。もしも、その人と友だちでいたいと思うなら、言い争いを上手に乗り越えるためのステップを知っておく必要があります。このステップは今から説明する通りに、どのステップも飛ばさずに進める必要があります。もしもステッ

プを1つでも飛ばしてしまったら，言い争いは終わらないでしょう。

1. **冷静さを保つ**——口げんかになったり，意見がぶつかったりしたときの最初のステップは，冷静さを保つことです。イライラしたり怒ったりしても事態が悪くなるだけなので，それは避けるべきです。気持ちを落ち着けるために，深呼吸をする人もいますし静かに10数える人もいます。しばらくその場から離れるのも，あなたが落ち着くのに役立つようならよい方法でしょう。
2. **相手の話を聞く**——次のステップでは，相手の話を聞きます。自分の主張をわかってもらうために相手の話をさえぎるのは，相手をイライラさせるだけです。自分の言い分を伝える前に，相手に思いを話すチャンスを与えましょう。
3. **相手が言ったことを繰り返す**——次は自分が話を聞いていたということを，相手にはっきりと示すステップです。ただ静かにうなずいているだけでは不十分です。一番よいのは，相手が言った事を繰り返すことです。相手が言った内容をまとめるのはかなり難しいので，「〜みたいだね」というシンプルな言葉を使って話します。例えば，「君は落ち着かないみたいだね」とか「怒っているみたいだね」とか「悲しんでいるみたいだね」という風に使います。このやり方によって，相手はあなたが自分の話を聞いてくれていたということがわかります。
4. **自分の思い（意見）を伝える**——落ち着いて相手の話を聞き，相手が言ったことを繰り返して伝えたら，次は自分の思いを伝えるチャンスです。多くの人は，慌てて先にこのステップをやってしまいます。こうしたミスをしないようにしましょう。友だちは自分が聞いてもらえていると感じるまで，あなたの話を聞きたいとは思わないのです。
5. **謝る**——何か悪いことをしたと思っていても，思っていなくても，「ごめんね」と言うのは言い争いに対処するための大切なステップです。するつもりがなかったけれど，うっかり何かしてしまったとしたら，そのことを白状します。しかし，あなたが正しいと思っているときであっても，友だちはあなたが謝ってくれるのを待っています。こういうときには，「こんなことになって，ごめんね」や「動揺させてごめん」や「このことで悲しい気持ちにさせてごめんね」という言葉で謝りましょう。「ごめんね」の一言だけで謝るというミスをしないようにします。友だちはきっと，「何に対して謝ってるの？」と聞くでしょう。ですから「ごめんね」の一言だけでは不十分なのです。つねに，何に対して謝っているのかを伝えましょう。
6. **問題解決に取り組む**——言い争いに対処するための最後のステップは，問題解決に取り組む事です。今回のような事は二度と起こらないという事を，友だちに信じてもらうためのステップです。そのための方法をここにいくつか挙げます。
   ・自分がどう行動を変えるか，相手に伝える
   ・状況をよくするために自分にどうしてほしいか相手に尋ねる
   ・状況をよくするために相手に何ができるか提案する

社会的な場面でのエピソード　　口論や意見のすれ違いへの対応

　ここでご紹介するエピソードは，DVDにある"口論や意見のすれ違いへの対応"についてのロールプレイの台本です。

ヤスミン：（本を読んでいる）
ララ：（歩いてくる，取り乱している）ヤスミン，金曜日の夜は何があったの？　待ちくたびれたわよ！
ヤスミン：（落ち着いて動揺せずに話を聞いている）
ララ：（取り乱している）一緒に映画に行く約束をしてたじゃない。電話したのよ。メールもしたのに。夜の10時まで，あなたから電話がかかってくるのを待ってたのよ。それなのに連絡ひとつなくて。一体何があったの？
ヤスミン：（落ち着いて，心配した様子で）ララ，気を悪くさせみたいね。
ララ：（まだ取り乱している）そうよ，本当に気分が悪いわ。だって……たくさんほかにもやりたいことがあったのよ。金曜の夜だからほかの子と出かけられたのに。でも一緒に話し合って，あなたと映画に行くって決めたのよ。もう，訳わからない。何があったの？
ヤスミン：（決まり悪そうに）えっと，あのね……私，携帯に連絡先と予定を全部入れてるじゃない？　完全に携帯頼りなの。でもロッカーに忘れてきてしまって，あなたに電話することができなかったのよ。それに今もまだ手元にないの。それと実は出かけるのは今週末だと思ってたから。完璧に勘違いしちゃってたのよ。
ララ：（また取り乱している）違うわよ，ランチルームで，先週の金曜に行こうって話したじゃない。それに，私は携帯なんか必要ないわ。いつ出かけるのか覚えておくのに携帯に頼ったりしない！　本当に，あなたと映画に行きたいなんて思ったなんて，金曜の夜に何もしないで夜の10時までソファに座ってたなんて，最低！
ヤスミン：（心から謝罪しているように）あなたの言う通りよ。ごめんなさい。本当にひどいことだわ。
ララ：（やや落ち着いて）ひどい気分だったのよ。もう，訳がわからなかったわ。夜の10時までソファに座って，あなたからの電話を待ってたなんて恥ずかしかった。落ち着いてなんていられないわ。
ヤスミン：（謝罪の意が感じられる）そうよね，そうよね。ええと，そうね……もう携帯にはできるだけ頼らないようにするわ。私も，あなたと映画に行くのを本当に楽しみにしてたのよ。できたら，あなたがよかったら，埋め合わせをさせてもらえないかしら。今週末，映画に行けない？
ララ：（まだ少しイライラしている）わからない。考えておく。
ヤスミン：わかった。
ララ：じゃあね。

他者の立場に立って考えるための質問

・ララにとってこのやりとりは，最終的にはどうだったでしょうか？
　答え：落ち着いていて，丁寧で，礼儀正しいものだった
・ララは最後にヤスミンのことをどのように思ったでしょうか？
　答え：良い聴き手であり，共感的で，申し訳なさそうに感じていると思った
・ララはヤスミンとまた話したいと思うでしょうか？
　答え：はい，2人の友情はむしろ強くなったと思う

思春期・青年期の子どもたちや保護者のためのエクササイズ

10代の若者と青年の皆さんは、保護者と一緒に以下のエクササイズをしましょう。

・親と一緒に、本章に書かれているステップを使って、口論や意見のすれ違いへの対応の仕方を練習してみましょう。
　－各ステップの復習から始めます
　－ステップに沿って、対応の仕方を練習します
　－練習に集中できるように、あなたと保護者にとってそれほど感情的にならないでよいテーマを選ぶとよいでしょう
・必要に応じて、友だちと練習しましょう。
　－実際に衝突があったときにステップの練習をしましょう。練習するために問題を起こそうとしてはいけません
　－言い争いが起ったら、携帯アプリの「FriendMaker」を使ってステップを復習するのもよいでしょう

第❿章
からかいへの対応

「棒や石では骨が折れるかもしれないけれど，言葉では傷つかない」という諺を聞いたことがあるでしょうか。一般的な10代の子たちにそう言うと，彼らは「そんなことないよ」と答えるでしょう。実際，言葉は棒や石といった武器より身近にあって，はるかに人を傷つけます。最近の調査によると，中高校生の30％近くが，頻繁にいじめの被害者や加害者，時にはその両方を経験しています。言葉によるいじめは「からかい」とも言われますが，おそらく10代の子たちの間で最もよく見られるいじめの形態ではないでしょうか。しばしば被害者は傷つけられ辱められ，こういったことばの暴力は，特にターゲットとされた人物の自尊心を傷つけ，メンタルヘルスの問題にまで発展することがあります。

> からかいとも言われることばによるいじめは，おそらく10代の子たちの間で最もよく見られるいじめの形態である。

全米教育統計センター（National Center for Educational Statistics）によると，おおよそ米国に住む未成年の28％がいじめの標的にされており，特別な支援が必要な子であれば，この数値が54％と倍近くにはね上がるのです。これがASDの思春期を対象とするとさらに驚くべきことに，94％もの子たちがなんらかのいじめを受けていた，と報告されています。社会的困難を抱える子どもたちや若者たちはいじめと無縁ではいられません。では，なぜ他者とのやりとりに困難を抱えた人がからかいやいじめの標的にされやすいのでしょう？　彼らは往々にして社会的に孤立しており友人が少ないので，周囲から守られていない存在と見做され，からかいやいじめの標的にされやすいのです。いじめっ子たちはどんな子に着目しやすいでしょうか。ひとりでいる子でしょうか，グループのなかにいる子でしょうか。いじめっ子たちは，誰からも守られていないように見えるので，ひとりでいる子を狙うのです。おそらく，他者とのやりとりに困難を抱える子たちのなかには，彼らのぎこちなさや変わった言動が，同級生からの不当なからかいやいじめの的になることを助長するのでしょう。これは残念なことに，ASDの診断をもつ子たちにも言えることです。しかも，よりいじめられやすいのは，知的に遅れがない高機能ASDを抱える子どもたちや若者たちなのです。見た目では障害が目立たないにもかかわらず，なぜ彼らはいじめっ子たちの標的にされやすいのでしょう？　率直に言えば，知的に遅れのある子たちより，あからさまに風変わりにみえない子どもたちをいじめるほうが，ほかの子たちから見逃される可能性が高いからです。

このような報告を読むのが辛いのは，あなたひとりではありません。私自身も心が痛みます。どんなに多くの子どもたちや若者たちと接してきても，私たちは決してからかいやいじめによる心の痛みに無感覚ではいられません。多くの場合，子どもたちがこのような困難で傷つきやすい状況に，より効果的に対処できるような支援方法を見出すための戦い，まるで個人的な聖戦のように思えます。というのも巷には，悲しいことに，あまりにも間違った情報が溢れているからで

す。この章を読み進めることですぐにわかるでしょうが，子どもたちや若者たちは，からかいやいじめへの対処法に関し，つねに間違ったアドバイスを受けています。しかし私たちは，このような間違った情報や残念なデータをもしのぐほどの大きな希望を見出しました。本章では，社会的な苦境をうまく乗り越えるために必要なツールを身につける術を提供します。

　ここで扱うテーマは，皆さんの感情を揺さぶる内容かと思います（誰しも，自分の子どもがひどくからかわれたり，いじめられたりしているなんて考えたくもありません）。急いでお子さんを助けようとして，いじめられているかもしれない子どものことを思うあまり，感情が不安定な状態に陥るかもしれません。それは，子をもつ保護者にとって自然なことで（お子さんのために学校に連絡したり，他の保護者を巻き込んで問題解決しようと思ったりするのは当然のことです），いじめを受けているお子さんが抱える心の痛みで頭が一杯になってしまうこともあるでしょう。そこで私たちは別のアプローチをお勧めしています。保護者には，子どもたちが自らいじめられている状況から抜け出すためには，何が必要かに目を向けてほしいのです。彼らが，うまく自分の力でからかいやいじめを食い止めることができるよう応援し力づけることは，毎回助け船を出すよりはるかに大きな贈り物になるのです。

からかいに対処するための戦略

　残念なことに，人気のある子どもたちや若者たちの間でさえ，からかいという行為は非常に一般的なものです。実際に，誰もがからかわれたことがあるでしょう。実は，このからかいにどう対応するかによって，その先どれだけ頻繁に，またどのくらいひどくからかわれるかが決まるのです。他者とのやりとりに困難を抱える多くの子どもたちや若者たちは，からかいに対して通常どのように反応しているのでしょうか。多くはことばの暴力に対して憤慨したり，言い返そうとしたり，もしくは社会的認知の違いから，からかわれていることにすら気づかずに無反応であったりします。おそらく，あなたのお子さんもこういったミスを犯しているのではないでしょうか。

> 社会性に課題を抱える若者の多くはことばの暴力に対して憤慨したり，言い返そうとしたり，もしくは社会的認知の違いから，からかわれていることにすら気づかずに無反応であったりする。

　こういった反応のどこがダメなのでしょう？　憤慨したり言い返したりすることは，からかっている子にとって，からかいがより面白いと思わせてしまうことなのです。からかっている子は，からかいの対象が嫌がることを期待しており，たといいじめられっ子が反撃してきたとしても，それをコントロールすることで，自分のほうが強いのだと認識します。からかう側が周りの子たちに，「おい，見てろよ，俺ってこんなことできるんだぜ……」と言い，からかわれた子が憤慨したり言い返したりすると，それがまた，からわれることに繋がりかねません。怒ることで，からかう子は操り人形の紐をひくかのような喜びを感じるのです。お子さんが言い返しでもすれば，いじめっ子は，それこそ，ことばの格闘技のようなやりとりを楽しんでしまうかもしれません。いずれにせよからかいが助長され，再びからかわれてしまいやすくなるのです。憤慨したり言い返したりすることによって，あなたのお子さんの印象が悪くなってしまうかもしれません。

からかいに対して，否定的な反応を示す子どもたちや若者たちがいる一方で，からかわれたり，いじめられたりしていることに全く気づいていない子もいて，彼らはほとんど，もしくは全く反応を返しません。社会的認知や状況を見通す能力に関した問題が，こういった意識のなさにつながっているわけです。あなたのお子さんもこれに該当するかもしれません。わからない以上は傷つきにくいので情緒的には揺さぶられないでしょうが，いじめっ子にすれば，反応しないという奇妙さはおかしなことなので，再びからかわれてしまうことにつながりやすく，総じて友だちができにくくなってしまいます。

　さて，社会的困難を抱える子どもたちや若者たちが自然と犯しやすいミスについてわかったところで，間違った助言がなければ引き起こされなかった不必要なミスについても考えておくことは，役立つでしょう。からかいへの対処として，ほとんどの子どもたちや若者たちが言われることとは何でしょうか？　UCLAのPEERSクリニックで聞かされる，共通して言われる3つのことは，その場から立ち去ること，無視すること，からかわれたことを大人に告げることでした。それらがうまくいったのか聞いてみると，彼らはそろって効果がなかったと答えます。これらの対処法が効果的でない理由は，生態学的に有効ではない（それらは社会的にうまくいっている子どもたちや若者たちが，からかいへの反応として使う戦略ではない）からです。例えば，もし，子どもたちや若者の誰かが，いじめっ子の前から無言で立ち去ったとすれば何が起きるでしょうか。多くの子どもは，いじめっ子がその子のあとを追いかけ，からかいつづけると答えます。いじめっ子を無視したらどうなるでしょうか。いじめっ子は，相手が弱虫であるとみなし，同様にからかい続けることでしょう。からかわれたことを大人に伝えたらどうなるでしょう。おそらく**密告者，スパイ，告げ口野郎，**といったふうにレッテルを貼られてしまい，いじめっ子は仕返ししたくなるでしょう。このような3つの反応では，からかいを助長させることになるだけなのです。よかれと思っても，このような助言（その場から去ること，無視すること，からかわれたことを大人に告げる）は，社会的にうまくいっている子どもたちや若者たちが用いる生態学的に有効なスキルについて知らない，経験不足な大人によって時おり提供されるお粗末な指導例なのです。もし，あなたが過去にこのようなミスをしていたら，ご自分を許してください。多くの親，教師，臨床医が同じ助言をしています。あなた自身も幼少時に言われたことがあるのかもしれません。

> 子どもたちや若者たちは，その場から立ち去ること，無視すること，からかわれたことを大人に告げることを助言されるが，それらが奏功したのか聞いてみると，彼らはそろって効果がなかったと答える。

　私たちはみんな，からかわれることがあるということを覚えておきましょう。人気のある子どもだって無縁ではありません。自分の子どもは，からかわれたりしないだろうなんて期待してはいけません。我々が思うよりはるかに，からかいは起きやすいものです。しかし，からかいにどのように反応するかによって，その後の流れが変わるのです。では，からかいの的になってしまったときには，どう対応したらよいのでしょうか。実は，言語と非言語の両方の受け答えを用いて，からかいから撤退するという具体的な戦略があります。

✪ 短い言葉による受け答え

　上手にいじめをかわせる子どもや大人は，からかわれても言われたことはなんら気にする必要のないことであるかのようにふるまいますし，からかいの言葉自体がつまらなくて，馬鹿馬鹿しいことかのような印象を相手に与えます。どのようにそうするのでしょうか？　彼らは短いコメントを用いて，無関心であるかのようにふるまいます。例えば，「どうでもいいよ」とか，「で？」「だから？」「関係ないでしょ」「何かおかしい？」「で，なんだっけ……」といったふうに。本章の末尾に，よく使われるからかいへの短い受け答えの例が挙がっていますので参照してください。

　からかわれているのが誰であれ，このような短い受け答えは男女ともに使います。男子は，しばしばうんざりしている様子が醸し出されるように，言葉を用いて無関心さを強調する傾向にあります。10代の少年が，肩をすくめ，つまらなさそうに頷きながら「どうでもいいよ……」と言っている姿を想像してみてください。反して女子は，同じような短い受け答えを，より大袈裟な態度でもって返す傾向にあります。10代の少女なら，呆れた表情で髪をいじり，目を逸らしながら強めの口調で「なんとでも言えば！」と応えるでしょう。一般的な性差はあるものの，こういった短い受け答えの選び方は人それぞれです。我々の経験上，日頃周囲から無視されている女子は特に，こういった短い受け答えをうんざりした様子で無関心に聞こえるよう用いる傾向にあります。同級生から無視される男子だと，もっと大袈裟に言い返す子たちもいます。性格や言いやすさなどを考慮して，お子さんに合う受け答えの仕方を選ぶようにしてください。

> 男子は，しばしばうんざりしている様子が醸し出されるように，ことばを用いて無関心さを強調する傾向にある。女子は，同じように短い受け答えを，より大袈裟な態度でもって返す傾向にある。

☞ ソーシャルコーチへのヒント（社会性の指導のコツ）　本章の末尾にまとめられている，子どもたちや若者たちのための短い受け答えの例は，あなたのお子さんにとっても馴染みある内容だと思いますが，うまく使えるようにするには練習が必要です。受け答えの例から少なくとも3つ選んで，保護者が「その靴変なの～」などとお子さんをからかって練習してみることをお勧めします。練習することが目的ですので，お子さんが傷つかないよう注意しましょう。いじめっ子たちはたいがい，1度のからかいだけで諦めてはくれませんから，いくつかの受け答えを用意しておく必要があります。独自の言い返し（子どもが自分で思いついたセリフ）では効果が薄いので使わないほうがよいでしょう。どのように練習したらよいのかは，付属のDVDに収められているロールプレイを観てください。

✪ 言葉を用いない受け答え

　からかいに対処するには，言葉を用いた受け答えが重要ではあるものの，こういった受け答えには通常，呆れた表情で目をくるっと回す，肩をすくませ，信じられない，といった様子で首をかしげる，といった非言語的な行動が伴います。上手にいじめをかわせる子どもたちにすれば，このようなふるまいは至って普通なのですが，神経学的もしくは社会学的な困難を抱える子たち

にとっては，自然にこなすことが難しい場合があります。例えば，UCLAのPEERSクリニックの子どもたちや若者たちは，あからさまにうんざりした様子を示すことが難しいようでした。うんざりした様子がどのような感じかやってみるよう促すと，彼らはたいがい，まるで発作が起きたときのように白目をむいてしまうのです。同様に，肩をすくめる動きも，動きがかたく，独特の動かし方で，まるでストレッチをしているかのように見えたりします。頭のなかで面白い光景が浮かんだのかもしれませんね。このように，練習することで，どこに着目して指導すべきかヒントが得られます。

☞ **ソーシャルコーチへのヒント（社会性の指導のコツ）** 奇妙な（からかいをさらに助長させるような）行動をお子さんにさせないように，あなた自身が実際に，目をくるっと回す（呆れたような眼差し）や肩のすくめ方，「信じられない」といった様子で首を傾けるといったことを前もってお子さんに示してあげましょう。

✪ からかいの場から離れる

からかいに対して何らかの受け答えをしたら，目をそらすか，その場を離れましょう。つまり，そのままいじめっ子たちのほうを見つづけて，さらに何か言われるのを待っていてはいけません。何がしか言葉を用いた受け答えをしたならば，その場を立ち去るか，それが難しければ，目をそらして別の何かに注意を向けてください。

もし目をそらしたり，その場を立ち去らなかったりして，いじめっ子のほうを見つづけてしまうと，何が起きるでしょうか。それはさらなるからかいを誘っているようなものです。ただし，覚えていますね。何も言い返さずに（ことばを用いたり，非言語だったり，もしくは両方を用いた受け答え）その場を離れてはいけません。なにもせずにその場を離れてしまうと，からかいを助長させることになり，その先，さらにからかわれてしまうことになるのです。

この方略の効果は，からかいを気にしていないことや，からかいのことばはつまらなくて，馬鹿げているものだという印象を与えるので，からかっている人にとって，面白くない（むしろ戸惑うことにすらなる）ということになり，再びからかわれる可能性が小さくなるのです。

> からかいに対して何らかの受け答えをしたら，目をそらすか，その場を離れてからかいから逃れよう。

良くなる前に，悪くなることを予測しておく

この方略は極めて強力で迅速に効果を示し，子どもたちや若者たちに自信をもたせ，社会的な力をつけさせることができますが，一時的にいじめが激しくなることもありえます。もし，いじめっ子が予測と異なる（おそらく，いじめられっ子が動揺したり言い返したりするような）反応に慣れている場合，諦める前にさらにからかいが激しくなりがちです。

行動心理学の観点から言うと，このような現象は**消去バースト**（extinction burst）といって，とある反応が消える前に頻発する傾向のことを指します。いじめっ子が，期待する反応を得るが

からかいへの対応　第10章　215

ために，からかいを強めなければいけない状態を示しています。いじめっ子が望む反応を返さずにからかい自体を面白くさせないことで，いじめが消えることを期待するのですが，いじめっ子はさらに激しくからかってくるかもしれません。お子さんが適切な受け答え（例えば「どうでもいいよ」や「で，何だっけ……」）でもって，いじめっ子にとってからかい自体が面白くなくなるよう試みつづけることで，いじめっ子は最終的に諦め，別のターゲットへと移っていくことでしょ

> もし，いじめっ子が異なる反応を得ることに慣れている（おそらく，動揺したり言い返したりするような）場合，諦める前にさらにからかいが激しくなりがちである。

う。しかしながら，もしお子さんが従来のように冷静さを失い，やり返したり，トラブルを起こしたりしてしまうと，消去効果はなくなってしまい，最初からやり直さなければいけなくなってしまいます。

からかいの再発を予測しておく

　からかいがなくなってしばらくしてから，時に**自発的回復**〔訳注：これも行動心理学の領域で用いられる専門用語／Pavlovian条件づけの消去手続きに伴って条件反応が完全に消失したあと，ある程度の時間が経過したのちに条件刺激を再び提示することによって，条件反応がある程度生起すること〕といったプロセスが起き，からかう子が一度は諦めたようでも，再び，望む反応を得ようと，からかいを再開することがあります。このからかいの再発を予測しておくことで，実際に起きた場合に驚かずにすみます。からかう子が再びからんできた際には，今までの一連の対応を，最初から繰り返すことになります。

からかいへの受け答えを避ける場合

　言語・非言語的なからかいへの受け答えは，同級生からのからかいには非常にうまく機能しますが，暴力をふるうようないじめっ子や，目上の人に対して用いてはいけません。からかいへの受け答えは通常，暴力的だったり，攻撃的だったりする子にきまり悪い思いをさせます。そのような攻撃的ないじめっ子は，恥ずかしい思いをさせられたら，どのように反応を返してくるでしょうか？　おそらく身体的な暴力をふるってくるでしょう。ですから，このような場合は第13章に挙げられているような戦略を用いましょう。そして，からかいへの受け答えを親，先生，教授，スーパーバイザー（先輩や上司を含む）などといった目上の人たちに対して用いてしまうと，何らかの罰を受けるような羽目になってしまい，お子さんの評価にも関わってしまうので，非常に不適切です。

☞ソーシャルコーチへのヒント（社会性の指導のコツ）

> 言語・非言語的なからかいへの受け答えは，暴力をふるうようないじめっ子や，権威ある大人に対して用いてはいけない。

本書に書かれているすべてのスキルと同様に，お子さんに章のまとめを読ませ，これらの戦略について理解させ，章末の練習問題を用いてスキル訓練をする機会を積極的に設けましょう。章のまとめにある場面を一緒に読みながらDVDの

ロールプレイを見て，女子と男子それぞれに，からかいにどう対応したらよいか確認したうえで，それぞれの立場に立って考えてください。

とまどい言葉を生かすための方法──隠れた贈り物

　からかいは時に，他者がお子さんをどう見ているのかについて重要な示唆を与えてくれます。このように他人に言われると戸惑ってしまうコメントに傷つきますが，あなたのお子さんのことを他の人たちがどう思っているかを知る有益な情報をくれるかもしれません。PEERSでは，こういった情報のことを**とまどい言葉**（embarrassing feedback）〔訳注：外見上に関したことなど，他者から言われてしまうと戸惑ってしまう内容〕と呼んでいます。からかいのなかで言われるとまどい言葉は心乱されるものですが，お子さんが友人を作れるようになるために必要な洞察を与えてくれる隠れた贈り物にもなりえるのです。特に，お子さんが，同じとまどい言葉を受けつづけているとすれば，まさしくそれに該当するでしょう。からかいは傷つき辱められるものですが，あなたが助けてあげながら，からかいから得られる情報を，将来他の人がお子さんを見る目を変えていけるように利用しましょう。人がからかってくるときに，実際は何を言いたいのかについて考えてみると，状況を違った形でとらえることができ，その先のからかいを減らすことができるかもしれません。ただ，変わるかどうか，それはあなたとお子さんの選択次第です。

> からかいはときに，他者がお子さんをどう見ているのかについて重要な示唆を与えてくれる。

　とまどい言葉がどのように機能するのか，温暖な地にある海岸沿いのコミュニティカレッジに通学する若者を想像してみてください。毎日彼は，外は30度近いにもかかわらず，軍人でもないのに軍服に身を包み，コンバットブーツを履いて，軍服コートを羽織って通学してきます。一方，彼のクラスメートといえば，ショートパンツとTシャツにサンダルという服装をしているわけですから，彼の変わった見た目について頻繁に話題にするでしょうし，悪趣味な格好についてからかう人も多いでしょう。こういったケースでは，この若者はわざわざ，からかわれてとまどい言葉を得るような恰好をしていると言わざるをえません。もちろん，彼の格好は彼自身の個人的な好みによるものですが，からかわれたくなければ，どうすればよいかはわかりますね。とまどい言葉に耳を傾け，服装を替えさえすれば，からかいは減り，やがて消えていくのではないでしょうか。

　からかい言葉に対して，見た目や行動を替えることは個人的な選択であって強制されるものではありませんが，そこに問題があるならば，からかわれないためにできることがあると知っておくことは重要です。我々の経験では，社会的にうまくいかない子どもたちや若者たちの多くが，自分たちにからかいを減らせる力があることに気づいていません。彼らはしばしば，まるで現況を好転させることなど何もないかのように感じています。しかし，UCLAのPEERSで出会った多くのご家族は，からかいへの受け答えを用い，とまどい言葉から読み取れる他者からの視点を認識することで，こういったマイナス経験を減らすことに成功しています。

　同級生から受けるとまどい言葉について話すことは心地のよいものではありませんが，避ける

ことはできません。話題にすることがなぜ重要なのか，例を挙げて説明しましょう。私たちのクリニックでは，しばしばご家族との話し合いのなかで，子どもたちが外でのけものにされる誘因になっていそうなおかしな行動について話題にします。おかしな行動というのは，人前で鼻くそをほじったり，おならをしたり，あくびをしたりといった内容も含みます。きちんと現状を把握しないままでいると，このような行動が外でも習慣化され，同級生からのからかいの的になってしまうのです。明らかではないにしても，こういった行動がしばしば同級生と仲良くなることを妨げるのです。実際，我々が教えるあらゆるスキルを身につけたとしても，もし人前で鼻くそをほじったり，おならをしたり，ゲップをしてしまえば，こういった行動は冷ややかな目でみられ，ひんしゅくをかってしまい，友人を作ったり友情を保つことが難しくなるのだと説明しなければいけないことが少なくありません。

　おそらく，あなたのお子さんも，からかい，もしくは質問やコメントといった形で**とまどい言葉**を受け取っているはずです。そういった**とまどい言葉**は，服装や身だしなみ，おかしな言動や習慣など，いろいろなことに関係していると思われます。内容がなんであれ，得られた情報をどう扱うかはお子さんに選択肢があるのです。情報を無視し，からかいへの受け答えひとつでやり過ごす手もありますし，得られた情報をもとに，周囲からどのように見られているのか，変えていくこともできるのです。

　ご家族のなかには（からかわれている当事者であることはまれです），この「変える」といった概念がしっくりこない方もいらっしゃいます。ご自分のお子さんには"我が道を行く""個性をもった人間"であってほしいのでしょう。おっしゃることはその通りです。人は皆，こうありたいという思う人でいる権利があります。しかしながら，もしあなたのお子さんの目標が，友人を作り，友情を保つことにあるならば，少なくともその見えない壁を取り除くためにできることがあると知っておく必要があります。現実には，あなたのお子さんがどのような**とまどい言葉**を受けていたとしたら，おそらくそれがあなたのお子さんの望みと，実際に友人を作り友情を育んでいく能力との間に見えない壁を作っているのです。もし，お子さんにそのような課題があるようでしたら，この見えない壁を取り除くためにも，お子さんのどのような側面が**とまどい言葉**を引き起こしているのかについて話し合ってみましょう。得られた情報をどうするのかは，あなたとお子さん次第なのです。

　人とうまく関われないようになる何かが，お子さんにあるのだとわかることは，ご両親にとって精神的に辛いことかもしれません。お子さんには，周りから敬意をもって接してもらいたいでしょう。周囲の人たちが気に入らないにしても，お子さんがどのような服装をしようが何をしようがよい子である以上，そんなことはたいしたことではないし，素敵な友人だって作れるだろうと思われるかもしれませんね。その通りです。本来は，たいしたことではないのです。しかしながら，残念ながら現実はそうではありません。世界はそのように不公平であり，人が友人になりたいか，なりたくないかを選ぶ理由も公平なものではありません。しかし，あなたのお子さんには，この不公平さをひっくり返す，という選択肢があるのです。友だちを作って友情を育んでいきたいならば，**とまどい言葉**を生かして，周りからどう見られているのかを変えていくことが，見えない壁を崩すための一歩になるかもしれません。

☞ **ソーシャルコーチへのヒント（社会性の指導のコツ）** 章末の表10-1にあるとまどい言葉の例が，他者からどう見られているのか変えるために使えるかもしれません。この表をよく読んで，とまどい言葉について，お子さんとありのままに話し合ってください。周りからのお子さんについてのコメントをどう用いるかについての多くの例で，あなたの手助けが必要だと理解してもらえるでしょう。例えば，持っている服に関することや，デオドラント商品（体臭消しの類），口内洗浄液，ふけとりシャンプーなどの使用については，お子さんにとっては馴染みのないものに違いありません。ですから，こういった分野に関してあなたの手助けが必要です。きっと世界が変わっていくことでしょう。

マークのサクセスストーリー──からかいにうまく対応する

　からかいへの対応について知ることは誰にとっても必要なことです。すでにお伝えしてきたように，どれくらい人気があるかとか，どのくらい周囲から好かれているか，といったことは関係なく，ときとして人はからかわれるものです。その先どのくらいひどく頻繁にからかわれるかは，そのときのからかいへの対応によって決まるのです。社会的な困難さを抱える多くの子どもたちや若者たちにとって，からかいにうまく対応することは容易なことではありません。動揺し，冷静さを失って，からかい返したりします。ときには，教師や誰か大人に告げ口することもあるでしょう。アスペルガー障害の診断名をもち，長きにわたって同級生から，からかわれ，仲間外れにされてきた，14歳のマークも同様でした。「マークはとっても賢くって明るく素晴らしい子どもでした」。「だけど人付き合いは苦手で」と彼のお母さんは説明してくださいました。おそらく，その人づきあいにおける苦手さが，同級生からの頻繁なからかいへとつながっているのでしょう。ひとりぼっちのマークは，守ってくれる人がいない場で容易に，しばしば悪質なからかいの的になっていました。彼のお母さんはその様子を次のように語りました。「マークには，単なる知り合いならたくさんいたのですが，友人は多くありませんでした。マークも悪戦苦闘していましたが，私たちも，どうやって助けたらよいのかわからなかったのです」。

　PEERSに参加した多くの子どもたちや若者たちのように，マークにとっても，からかいにどう対応するかという戦略を学んだことが，すべてを変えました。みじめないじめの被害者となってしまったとしても，他者から言われたことに動じず，からかう子が面白くないようにふるまうことで，からかいに乗じないことを学べば，悪循環から抜け出せます。徐々にマークの自信は回復し，新たに身に付けたスキルによって勇気づけられ，その流れで友だちまで作ることができました。「PEERSに出逢えたことが最大の幸福でした。マークは，アスペルガー障害という自分の特性や，何が困難で，その困難を乗り越えるために使える方法についての理解を深めました」とマークの母親は言いました。マークは今18歳になり，友人も多く，友だちとの付き合いに忙しい日々を過ごす高校3年生になっています。よく仲間との集まりを企画して，妹さんも「マークはクラスメートによく思われているわ」と言っています。マークは最近になって，大学進学のために東海岸に移ることを決意しました。もはや，いじめとからかいのみじめな犠牲者ではなく，世界へと羽ばたく準備のできた頼もしい若者へと成長しています。ご家族は寂しくなるでしょうが，お母さんはこう言っています。「独り立ちの時がきたんです。マークが自分に自信をもち，明るく賢

く，心優しい若者に育ってくれたことを，とても誇らしく思います」と．

からかいへの対応

思春期・青年期の子どもたちのための本章のまとめ

> 以下の内容は，子どもたちや若者たちが読むことを前提に，本章を簡単にまとめています．

ことばによるからかいに対処するための戦略

　ここでは，いじめ対処にかかわる戦略について焦点を当てています．いじめにはさまざまな種類がありますが，第10章であなたが学ぶのは，身体的ないじめや暴力についてではありません．この章では，からかいとも呼ばれる言葉によるいじめについて取り上げています．からかいは，最もよく見られるいじめのひとつでもあり，誰にでも起きうることです．どれくらい人気があるかとか，どのくらい周囲から好かれているか，といったことは関係なく，ときとして人はからかわれるものなのです．大事なのは，からかいにどう応じるかです．あなたが，からかいにどう対応するかで，その後のからかいの頻度やひどさが変わってきます．あなたが動揺したり，言い返したりすると，それが，からかう子たちが望んでいる反応であるがために，からかいをさらに助長してしまうのです．からかう子たちは，ひと悶着起こしたいわけです．あなたが彼らの望むようにふるまってしまえば，彼らはさらにあなたをからかいつづけることでしょう．興奮したりやり返したりしてしまうと，あなた自身の評判にも関わります．

　大人はしばしばからかいに対する助言を与えますが，大方「その場を去りなさい」「そんなやつは無視しなさい」「誰か大人に言い付けなさい」といった内容ではないでしょうか．こういった対応に効果がありましたか？　多くは効き目がありません．その場を立ち去ろうとしても，からかってくる子たちは後を追いかけてくるでしょう．無視したところでからかいが止むわけではなく，あなたは弱虫のように思われてしまいます．大人に告げ口すれば，からかってくる子たちを怒らせ仕返しされることでしょう．大人たちは，こういった対処が効かないということを知らないのです．あなたと同じくらいの年代の頃に，大人たちからそうやって対処するよう言われていたのかもしれません．

　私たちは，他の大人たちのように「その場を去りなさい」「そんなやつは無視しなさい」「誰か大人に言い付けなさい」とは言いません．とても社会的にうまくやれている子どもたちや若者たちのようなやり方で，からかいに対処する必要があるのです．それは，からかう子が言っていることはダサくて，バカバカしいことだとして全く意に介さずに，短く受け答えすることです．呆れた表情で目をくるっと回したり肩をすくませたりして，気にしてないよという様子を見せればよいでしょう．効果的な言語・非言語的受け答えの例を以下に挙げます．

言語的受け答え
- どうでもいいよ
- で？
- だから？
- だから？
- へぇ〜
- あっそっ？
- どうゆうこと？
- （私に／僕に）関係ある？
- なんで気にしなきゃいけないわけ？
- おかしい？
- どこが面白いの？
- それで……（と言って受け流す）
- 何とでも言えば（と言って受け流す）

非言語的受け答え
- 呆れた表情で目をくるっと回す
- 肩をすくめる
- 信じられない，といった感じで頭をかしげる

　いじめっ子が言ったことなど気にもならない，といった感じで短い言語的受け答えを返すことで，いじめっ子のからかいに対する興味を削ぐことができます。からかう子が言ったことは，ダサくてバカバカしいことかのようにふるまうことで，からかう子を辱めることができ，再びからかわれることを減らせるのです。しかしながら，からかう子たちは1度でやめないでしょうから，いつでも対応できるように準備しておく必要があります。少なくとも，毎回3種類くらいの受け答えができるようにしておきましょう。からかいに対して受け答えしたならば，そこで続きがくるのを待っていてはいけません。その場を立ち去るか，それが難しければ顔を背けましょう。からかいに対して，意に介さずといった受け答えをしないまま立ち去ってはいけません。

　このような受け答えをしないほうがよい場合もあります。両親，教員，教授，先輩や上司といった，目上の人たちに対して用いてはいけません。それは失礼な行為ですし，さらにややこしいことになり，場合によってはあなたの評価が下がりかねません。また，暴力をふるいそうな人に対しても，このような言語・非言語的受け答えを返すべきではありません。からかいへの受け答えは相手を辱めますから，暴力的な人が辱められてしまうと何が起きるかわかりますね。逆に身体的な暴力を受けてしまうでしょう。喧嘩したいわけではないのですから，攻撃的な人に対しては上述のような受け答えをしないほうがよいのです。身体的ないじめに対して何ができるかについては，第13章で解説しています。

からかいへの対処例　男性版
　以下の場面は，付属のDVDにおさめられている，上手くからかいをやり過ごす男性の例を示した実演の台本です。

ベン：（本を読んでいる）
アレックス：（ベンのところにやってきて）おい，ガリ勉！　また読書かよ。
ベン：（顔をいったん上げるも，再び本へと目を落としながら）はいはい。
アレックス：なんで本なんて読んでるんだよっ，おまえなんか学校いちの負け犬じゃねぇか，みんなそう言ってるぜ。
ベン：（肩をすくめ，頭を振りながらつまらなさそうに）関係ないよね。
アレックス：あるよ，なんたっておまえは負け犬だからな。それでいいのかよ。
ベン：さてと……（平気そうにその場をあとにする）

他者の立場に立って考えるための質問
・アレックスはどう感じたでしょうか？
　答え：イライラ，じれったい（望む反応が得られず，ちょっと戸惑っている感じ）
・アレックスは，ベンのことをどう思ったでしょうか？
　答え：関心も興味も示さずに，しら〜っとしている
・アレックスは，再びベンをからかおうと思うでしょうか？
　答え：面白くないので，からかおうとは思わない

からかいへの対処例　女性版

　以下の場面は，付属のDVDに収められている，上手くからかいをやり過ごす女性の例を示したロールプレイの台本です。

ララ：（本を読んでいる）
ヤスミン：（ララのところにやってきて）あら，ララったら，あんたの靴，ダサいわね。
ララ：（顔をいったん上げるも，再び本へと目を落としながら）あっそっ（どうでもいいわ，といった態度で）。
ヤスミン：あっそっ，ですって？　女の子たちみんなでお昼休みのときに，あんたの靴ダサい〜って言ってたのよ！
ララ：（肩をすくめ，頭を振りながら）関係ないでしょ（どうでもいいわ，といった態度で）。
ヤスミン：あるわよっ，新しい靴でも買いなさいよ！
ララ：さてと……（平気そうにその場をあとにする）

他者の立場に立って考えるための質問
・ヤスミンはどう感じたでしょうか？
　答え：イライラ，じれったい（望む反応が得られず，ちょっと戸惑っている感じ）
・ヤスミンは，ララのことをどう思ったでしょうか？
　答え：関心も興味も示さずに，しら〜っとしている
・ヤスミンは，再びララをからかおうと思うでしょうか？
　答え：面白くないので，からかおうとは思わない

とまどい言葉を生かす方法

　からかわれたときには，たとえそれが恥ずかしい内容であったとしても，他者があなたをどう見ているのかについて重要な示唆を与えてくれることがあります。我々はそれをとまどい言葉と呼んでいます。それに対してあなたがどう対処するのかが，他者があなたのことをからかわないようになるための鍵になります。表10-1に，とまどい言葉の例と，それに対してどう対処すれば，からかいを減らすことができるのか示しています。こういった変化を伴うことは個人の選択ではありますが，指摘されていることが，あなたが友人を作り，友情を育んでいくことの弊害になっているならば，言われたとまどい言葉を活用し変化をもたらす必要性があるのではないでしょうか。

表10-1　とまどい言葉の例と，その活用例

とまどい言葉の例	得られたコメント（フィードバック）の活用例
服装に関する否定的なコメント	持っている服を見直すことを検討する／同世代が着ている服装を真似る
体臭に関する否定的なコメント	デオドラント商品（体臭消しの類）を使う／石鹸を使って毎日入浴／髪の毛もちゃんと洗う／軽くコロンや香水を使う
フケに関する否定的な指摘	フケとりシャンプーを定期的に使う
口臭に関する否定的な指摘	歯をしっかり磨く／マウスウォッシュを使う／フロス（糸ようじ）も定期的に使う／舌磨きもする／ガムを噛む／ブレスミントを使う／匂いの強烈な食べ物は避ける／歯科にも定期的に通う
ユーモアセンスに関する否定的な指摘	反応をみる／あまり冗談を言わないようにする／初対面の人に対してはより真面目キャラで接する
変わった言動に対する否定的な見解	可能なら，その言動を変えるか続けないようにする

思春期・青年期の子どもたちや保護者のためのエクササイズ

　10代の若者と青年の皆さんは，保護者と一緒に以下のエクササイズをしましょう。下記の練習は，お子さんが保護者の方と一緒に取り組まれることをお勧めします。

・本章で紹介した方法に沿って，保護者を相手にからかいへの受け答えの練習をしてください。
　－からかいへの受け答えを用いる際の方法について復習するところから始めましょう
　－保護者を相手に，からかいへの受け答えの練習をしてみましょう
　　・一覧から3つか4つの受け答えを選んで
　　・自分で考えた受け答えは場に合わないかもしれないので，なるべく使わないようにしましょう。
　　・ご両親は，練習中にお子さんが傷ついてしまわないよう，軽いからかいを用いるようにしましょう。例えば，"あなたの靴はダサいわね"といったふうに。
　　・保護者は，お子さんのしらけた表情で目をくるっと回すことや，肩をすくませ，頭を振る，といった反応が，言語的受け答えと同時にできているかどうか確認してください。
・お子さんに必要であれば，同級生を相手にからかいへの受け答えを用いてみましょう。
　－FriendMakerという携帯アプリを用いて，からかわれやすそうな場所に出かける前に，受け答えについて振り返っておくこともできます。
・同級生からとまどい言葉を受け取ったときには，他の人があなたをどう見ていて，どう接しているか考えてみましょう。ほんのちょっとの工夫で，皆さんの日常を大きく変えることができるのです。
　－保護者と一緒に，とまどい言葉について振り返ってみましょう
　－保護者にも助けてもらいながら，あなたが同級生たちからとまどい言葉を受けているのかどうか考えてみましょう
　－やる気がある人は，他の人からの見方を変えていくために必要なステップについて，このとまどい言葉を生かして保護者と話し合ってみましょう

第⓫章
ネット上のいじめを報告する

　ネット上のいじめとは，インターネットや携帯電話などの電子機器を通して，相手を傷つけたりすることや，しつこく嫌がらせをすることです。他のいじめと同様に，その行為は計画的で敵意があり，長期にわたることもあります。ネット上のいじめは過去数年間で，特に電子機器を頻繁に使用する10代の若者の間で広がってきています。

　ネット上のいじめ行為とは，携帯電話，パソコン，そしてソーシャルネットワークサイト（Social Networking Sites：SNS）を通して送信される侮辱，脅迫，または継続的に相手を悩ませるようなメッセージやコメントのことを指します。具体的には，相手を脅迫したり，侮辱するとか，傷つくようなEメールやテキストメッセージ，チャットを送ったり転送したりすること，噂話やデマをSNSで拡げること，いじめの標的にするためのページをSNSに作成すること，相手の許可を得ずに写真や個人情報をウェブサイトに投稿すること，侮辱や，個人情報の収集を目的として他人になりすますことなどが挙げられます。この新たなる種類のいじめを調査している研究者たちは，ネット上のいじめを次の6つのタイプに分類しています。

- 侮辱（Insulting）――被害者となる人の評判を損なう嘘の情報を投稿，または拡散すること。
- 嫌がらせ（Harassment）――被害者に対して悪意のあるメッセージや，被害者が不快に感じるメッセージを繰り返し送信すること。
- 標的（Targeting）――他者に呼びかけ，集団的に被害者を攻撃したり馬鹿にしたりすること。例えば，被害者を仲間外れにするよう呼びかけるなど。
- なりすまし（Identity Theft）――被害者になりすまし，あたかも被害者本人が発言や行動をしているように見せること。
- アップロード（Uploading）――被害者を辱めるために，被害者のEメールや写真を拡散すること。
- 仲間外れ（Excluding）――被害者を特定のグループの会員や交友関係に入れないように，他者に圧力をかけることで被害者を孤立させること。

　通常，ネット上のいじめは匿名で行われるため，その攻撃は実際に対面して行われるものよりもさらに攻撃的で露骨なものとなります。ネット上のいじめの加害者は，時としてその匿名性から，自分が特定されることや処罰を受けることを恐れていないため，冷酷的かつ大胆な行動を取りやすいのです。被害者は，誰が自分を攻撃してきているのか，誰を信じればよいのか，そしてどう反撃してよいかもわからないので，無力だと感じる

> ネット上のいじめとは，インターネットや携帯電話などの電子機器を通して，相手を傷つけたりすることや，しつこく嫌がらせをすることである。

ことでしょう。

　ネット上のいじめの頻度を調査したところ，その頻度は上昇しつづけているという結果が出ています。これらのネットいじめに関する研究は，その被害率と具体的な行動や文化に焦点を当てているため，この非情ないじめとどのように向き合っていくべきかという生態学的に有効な社会的対処法は，未だあまりわかっていません。

ネット上のいじめの対処法

　これから紹介していくのは，ネット上のいじめに直面したときに，社会的にうまくやれている若者がよく使用する対処法です。

✪ トロールに餌を与えるな

　インターネット・トローリング（Internet Trolling）とは，挑発的，侮辱的，そして対立的なメッセージをインターネットに投稿することで，他者やある集団に嫌な思いをさせたり，怒らせたり，混乱させたりしようとすることです。こうした中傷的で相手を傷つけるようなメッセージは，意図的に誰かを怒らせ傷つけるために，SNS，投稿掲示板，フォーラムなどに投稿されます。推測では，ネット上に住む**トロール**たち（こういったネガティブなコメントを投稿する人々）〔訳注：本来，トロールとは洞窟に住む悪意に満ちた架空の巨人のことを示します〕は，否定的な方法ではありますが，きっと自分に注目してもらいたいのでしょう。実際に対面して行われるいじめと同様，インターネットにネガティブなコメントを投稿するいじめの加害者たちも，たいてい被害者からの反応を期待しているのです。では，彼らはどんな反応を期待しているのでしょうか？おそらく被害者を怒らせること，それによって被害者がみんなの見せ物となること，あるいは，被害者が反論してきて論戦となることを望んでいるのでしょう。お子さんがそういったトロールに怒りを感じて反論してしまうと，トロールは相手をあおることがより楽しくなるので，状況はより悪くなってしまいます。その結果，現在インターネット上では，迷惑で挑発的な書き込みや，攻撃的で傷つくようなコメントへの対応のヒントとなるキーワードが生まれています。"トロールに餌を与えるな"は，悪意に溢れたコメントを浴びせられた多くの被害者が心のなかでとなえる呪文のようなものです。この呪文の根拠となっている理論は，自分を守ったり，議論したりしてトロールと関わると，それは相手が望んでいる通りの反応となり，さらなるいじめにあう確率が高くなります。逆に，トロールにかまわず，えさを与えなければ，それ以降トロールに狙われる可能性は低くなります。その代わりに，おそらくトロールは退屈になって，誰か別のターゲットを探すでしょう。

> 自分を守ったり，議論したりしてトロールと関わると，それは相手が望んでいる通りの反応となり，更なるいじめにあう確率が高くなる。

✪ 友だちに立ち上がってもらう

　自分を弁護し守ってくれる友だちに関わって助けてもらうのも，ネット上のいじめに対抗する手段のひとつとして効果的です。加害者と被害者が実際に対面して起こるいじめと同様に，ネット上のいじめの加害者は孤立している人や，誰も守ってくれる人が周りにいなさそうな人を狙っていじめます。加害者が孤立した人を被害者に選ぶのは，標的にするのが簡単だからです。逆に，社会的つながりを持ってグループに属している青年・成人には，安全に守ってくれる他者が周りにいるため，いじめられにくいのです。つまりネット上のいじめの悪化を食い止める効果的なひとつの方法は，お子さんの友だちに守ってもらうことです。ネット上のいじめの加害者が中傷的コメントを投稿したとき，誰かがお子さんのために反論すると，その子はいじめの対象として面白くなくなります。ネット上のいじめに対抗して自己防衛することは役に立たない（そしてネット上のいじめの悪化につながる可能性がある）のですが，友だちに守ってもらうことは強力な対処法です。もしお子さんを守ってくれる友だちがいない場合は，その子の兄弟や姉妹，いとこ，またはその子と年齢が近い親族の誰かが力となることができます。ネット上のいじめというゲームでは，強い軍隊を味方につけた子を，誰も狙おうとはしません。つまり，もしネット上のいじめにあったときに誰かに守ってもらうのは，それ以上悪化するのを防ぐのに効果的でしょう。

> ネット上のいじめに対抗して自己防衛することは役に立たない（そしてネット上のいじめの悪化につながる可能性がある）が，友だちに守ってもらうことは強力な対処法である。

✪ ネットいじめの加害者をブロックする

　ほとんどのネットいじめは，メール，インスタントメッセージ，Eメール，そしてSNS〔訳注：LINEも含まれる〕で行われているため，その加害者を特定することができます。そして加害者はときに，被害者の"友だち"や知人であることがあります。こういった場合，お子さんの携帯電話，Eメール，またSNSのページから来る加害者からのメッセージをブロックすることが望ましいです。ブロッキングとは，特定のユーザーが自分のユーザーに向けて，電子メッセージの送信をできなくさせる機能のことです。ほとんどのSNS，アプリ，Eメールなど電子媒体は特定のユーザーをブロックする機能を持っています。例えば，ネットいじめの多くの場となっているFacebookのようなSNS上でブロックすることにより，その加害者があなたのプロフィールを閲覧することや，あなたの名前が検索や連絡リストに表示されなくなります。そうして，お子さんとブロックしている人のつながりが断ち切られるのです。この対処法が，必ずしもすべてのネット上のいじめを防ぐと保障できるわけではありませんが，あなたと加害者の直接的なコンタクトを減らすためには効率的な方法です。

> お子さんの携帯電話，Eメール，またSNSのページに送られてくる加害者からのメッセージをブロックすることが望ましい。

✪ネット上では目立たないようにする

　特にSNSを中心として，多くのいじめがネット上で起こっています。もしお子さんが，いじめにあっていて困っているようなら，しばらくの間ネットから離れてみてください。つまり，お子さんがしばらくの間SNSにアクセスすることを避け，他の人のページやフォーラムにもコメントを投稿しないようにするということです。こうすることで，お子さんといじめの加害者との間に距離ができ，ネット上のいじめを自然消滅させる機会を作り出します。そして，もしお子さんがSNSでいじめにあっているのであれば，その子がもっているSNSのアカウントを削除してしまうこともよい方法です。アカウントを削除すると，加害者はその子を見つけることができないので，いじめることもできません。

> もしネット上のいじめの加害者があなたのお子さんを見つけられなければ，その子をいじめることもできない。

✪証拠は保存しておこう

　どんなネット上のいじめの場合でも，そのいじめの証拠を保存しておくことが望ましいです。これはそのいじめが正式なハラスメントとして判断されるかもしれないからです。ハラスメントとは個人や集団の安全が，ある人の発言や行動によって脅かされることを示す法的用語のことです。例えば，あなたのお子さんに脅迫的なコメントがあったり，怖がらせるようないたずらをしたりすることは，ハラスメント法〔訳注：我が国でも迷惑防止条例や迷惑メール防止法などの法律がある〕に触れる可能性があり，管轄によっては，法的処罰が下されることがあります。また，ネット上のいじめは名誉毀損罪にもなります。**名誉毀損**とは個人の評判を損なう行動のことを示し，例えば，ネット上にお子さんについて嘘の情報を流すことが名誉毀損にあたります。さらにネット上のいじめは，学校や職場でからかわれたり，仲間外れにされたり，暴行されたりといった攻撃にあうのではないかといった不安を，お子さんが抱えてしまう**危険な環境**を作り出してしまいます。学校や職場では，生徒や職員に安全な環境を提供することが義務づけられています。よって，たとえネット上のいじめが校外や職場の外で起こっていたとしても，ケースによっては，加害者は学校であれば休学または退学，職場であれば退職という形で処罰が下されることもあります。もちろん，こういったすべての法律用語をあなたのお子さんが知っておく必要はないのですが，あなたがお子さんの権利を知っておくことで，ネット上のいじめにより効率的に対処することができるでしょう。しかし，ほとんどのネット上のいじめはこういった法的レベルには達しません。それでも万が一，法的行動を取らなければいけないときのために，いじめの証拠は保存しておくべきです。

> 万が一，法的行動を取らなければいけないときのために，いじめの証拠は保存しておくべきである。

✪困ったときは頼れる大人に相談しよう

　どんなに社会的な場面でうまくやれている10代の若者や青年であっても，ネット上のいじめのような社会的困難に対抗する対処法を見つけるのは非常に厳しいことです。とすると，このことは，社会性に課題のある10代の若者や青年にとってどうなるかを想像してみてください。もし，あなたの息子さんや娘さんがネット上のいじめを受けつづけているのであれば，あなたはネット上のいじめが生み出す壊滅性や苦しみ，そしてどう対処すればよいのかわからないという混乱や苛立ちを，おそらくご存じでしょう。そんなときはお子さんに，ネット上のいじめに打ち勝つためには，両親，先生，医師，または助けてくれそうな雇用者などに支援を求める必要があることを教えてあげてください。他の人に支援を求めることは，当然のことのように思えますが，私たちの経験からすると，ネット上のいじめにあった10代の若者や青年のほとんどが，誰かに助けを求めるといった考えを持っていません。そしてもし，助けを求めようとする人がいたとしても，視野が狭いことが多く，ネット上のいじめが発生した場所だけに限定して，支援者を探そうとします。例えば，ある生徒が学校の同級生からネット上のいじめを受けている場合，その子は学校に限定して，学校内にいる人のなかから自分を助けてくれそうな人を考えます。同じように，職場の同僚からネット上のいじめにあった場合，その職場内に限定して支援者を探そうとします。社会性が乏しい人は特に，こういった社会的困難に遭遇したとき，適切な対処法を取ることに慣れていないため，保護者や親族に助けを求めるといったことがなかなか頭に浮かんでこないのです。つまり，ネット上のいじめのように社会的に対処が難しい問題をうまく支援していくためには，保護者であるあなたや，信頼できる家族に助けを求めることの利点や適切性を，お子さんにしっかりと説明することが大切なのです。

> ネットいじめに打ち勝つためには，両親，先生，医師，または助けてくれそうな雇用者などに支援を求める必要がある。

✪適切な機関にネットいじめを通報しよう

　ネット上のいじめが深刻な場合や継続的に起こっている場合，ネットプロバイダー，ウェブサイトの管理人，学校，または職場，そして必要であれば法的機関に通報することが求められます。ネット上のいじめの多くは，インターネットサービスのプロバイダーやSNSのサービス利用規約に違法しているため，これらの管理者が契約違反している利用者に法的処置を取ることができるので通報したほうがよいでしょう。また，ウェブサイトの管理人やプロバイダーに通報することは，名誉毀損であるコメント，侮辱的な投稿，そしてさまざまな形態のネット上のいじめに関連するものなどを削除することにもつながります。さらに言うと，ネット上のいじめは学校や職場を危険な環境にしてしまうため，学校や雇用者に通報することはいじめを軽減，または止めさせるためにも効果的な対処法なのです。多くの学校では，いじめ防止に関する校則の中にネット上のいじめを含むことが義務づけられているため，あなたからの通報があれば迅速な対応をしてくれるでしょう。同様に，ネット上のいじめは職場でも好ましくない環境を作り出してしまいます。社員の安全性を確保していない雇用者は法的処罰を裁判所から下されることが多いので，ネット

上のいじめが行われているという通報があれば雇用者も迅速な対応を取るでしょう。

最後に，もちろんケースによりますが，侮辱，名誉毀損，または環境の安全性を脅かす行為を法的に禁止している区域においては，ネット上のいじめが法的処罰を受けるべき犯罪であると判断されることもあります。よって，これまでに紹介した対処法を用いてもネット上のいじめが緩和されない深刻なケースのときは，法的手段に出ることが最後の砦となるでしょう。いじめが軽度な場合には，通報することでお子さんはチクリなどと呼ばれ，周囲からの評判が悪くなるかもしれません。お子さんが不必要に傷つくことを避けるためにも，第三者に助けてもらう必要性があるかどうかを，保護者であるあなたは慎重に吟味しなければなりません。

> ネット上のいじめが深刻な場合や継続的に起こっている場合，ネットプロバイダー，ウェブサイトの管理人，学校，または職場，そして必要であれば法的機関に通報することが求められる。

☞ ソーシャルコーチへのヒント（社会性の指導のコツ） ネット上のいじめにうまく対処するために，本章の最後にある10代の若者や青年のためのまとめを読み，お子さんと話し合うことをお勧めします。残念ながら，このような社会的攻撃に耐えられる人はいません。しかし，もしお子さんがこういった試練に直面したとき，あなたの助けがあれば，よりうまく対処するように準備しておくことができるでしょう。

デイビッドのサクセスストーリー──トロールにえさを与えない

現代社会では，多くの10代の若者や青年がネットを通じて社会的な交流をしています。そのため，いじめのように不愉快な関わりがネット上にも広がってきたことは驚くことではないでしょう。そしてネット上のいじめは，不透明性と，時に匿名性を兼ね備えた社会的攻撃であるがゆえに，頻繁に起こっているのでしょう。悲しいことに，社会性に困難を抱える多くの10代の若者や青年がネット上のいじめの被害にあい，どう適切に対処してよいのかわからずに困っています。デイビッドもこういった大人の一人でした。デイビッドは，過去に友だちから仲間外れにされ感情が爆発してしまうことがあり，社会的に孤立してしまった22歳の男性です。

デイビッドはテクノロジーと政治が好きで，自分のことを"一匹狼"と呼んでいました。そして彼は，一日の大半をブログや公開討論会にコメントを書き込むことに使い，白熱した政治討論に参加していたのです。政治に情熱をもつ彼は，論戦になることを恐れず，いつも自分の意見を非難する挑発に引っかかっていました。デイビッドは，まさにトロールたちが望む標的そのものだったのです。政治に熱狂する人たちが多く参加しているある政治公開討論会では，デイビッドが書き込むような強烈的なコメントを見かけることはそれほど珍しくありませんでした。しかし，彼の大学の保守的な考えをもつリベラルなネット公開討論会に参加したとき，状況は一転したのです。

すべては，彼がもうすぐ始まる大統領選挙について，批判的なコメントをヤング民主党ネット公開討論会に書き込んだことから始まりました。デイビッドのような徹底した共和党支持者が自由主義のネット境域に踏み入ったのですから，彼の保守的なコメントがすぐに攻撃の的となった

ことは言うまでもありません。「自由な国だから，僕はそういったコメントを書き込む権利があると思ったんだ。みんなからあんな反応が返ってくるなんて思わなかったよ。民主党支持者と大きな議論になって，みんな僕を責め立てたんだ。個人的なことも言われたよ。ある人は僕を"保守的なヤツ"（conservatard）って呼んで馬鹿にしてきた。僕の写真を加工して，大きな"C"（conservativeのC）の文字が入ったケープを着た僕の写真を投稿してきた人もいたよ。いじめはネットだけに留まらなかった。奴らは教室でも僕をいじめるようになった。よく話していた女の子がいたんだけど，彼女はそれから僕を無視するようになったんだ。その学期中ずっと僕はのけ者にされたよ」。

社会性に課題のある多くの10代の若者と青年のように，デイビッドは他者の視点を理解することが苦手でした。状況に応じて人の反応を予測することができない彼は，自由主義的な公開討論会に保守的なコメントを書き込むと，みんなから反感を買うかもしれないということがわかっていなかったのです。「PEERSプログラムに来たときにはすでに，僕は友だちを作ることが苦手だったんだ。でも，あのネット公開討論会のことで状況はより悪くなったよ」。彼はそう言いました。「先生が"トロールにえさを与えるんじゃない"って言ってくれるまで，わからなかった。自分が間違った対処をしていたと気づいたんだ。議論を悪化させていたんだよね。先生の"目立たないようにして，議論に乗らない"という助言を聞いて，やってみたら状況が落ち着いたんだ」。

デイビッドが最初のトロールであったのか，それとも彼がトロールに引っかかったのかは少し疑問です。しかし大事なのは，このようなネット上の白熱したやりとりが，しだいにいじめに変化していくということなのです。そして彼がトロールにえさを与えず，数カ月目立たないようにしていると，彼がこの出来事で受けたダメージを克服することができ，評判は元に戻りました。やがてデイビッドは，もっと彼の政治的な情熱を活かせる適切な居場所を求め，大学にあるヤング共和党の大学支部に加わりました。現在デイビッドは，共和党下院議員の補佐官をしながらワシントン・DCで暮らしています。もちろん，いろいろな友だちや同僚と健全な議論を楽しみながら。

ネットいじめの対処法

思春期・青年期の子どもたちのための本章のまとめ

以下の内容は，10代の若者や青年が読むように書かれており，ネット上のいじめの対処法について簡潔にまとめられています。

この章では，ネット上のいじめとその対処法に焦点を当てています。ネット上のいじめとは電子機器を使用して行われるいじめのことで，具体的には携帯電話，パソコン，SNSを通して侮辱，脅迫，そして継続的に相手を苦しめるようなメッセージやコメントを送ることです。ネット上のいじめの加害者は以下のような行動を取る人たちを指します。脅迫的または相手を傷つけるようなEメール，メール，そしてインスタントメッセージを送信または転送する，フェイスブックのようなSNSに噂を流す，相手の許可なしに個人的な写真や

情報を投稿する，侮辱や個人情報の収集を目的として他人になりすます，などです。ネット上のいじめが厄介なのは，誰がいじめているのかわからないということです。そのため誰を信頼してよいのかわからず，どう対処すればよいのかもわからないなかで，自分がいじめの対象となっていることに苛立ちや怒りを感じるのですが，この問題に直面したとき社会的にうまくやれている10代の若者や青年が使う対処法が少しあります。ここにそのいくつかを紹介しています。

トロールにえさを与えるな

　おそらくあなたはインターネット・トローリングというのは，侮辱的で心が傷つくようなコメントをSNS，投稿掲示板，そしてネット公開討論会に書き込むことだと知っているでしょう。トロールたちはそうすることが楽しくて，あなたの反応を待っています。トロールたちがどんな反応を待っているのでしょうか？　きっと，あなたを戸惑わせ，あなたが自分を擁護するために反論するというショー（見せ物）を待っているのです。加害者と被害者が実際に対面して生じるいじめと同じように，ネット上のいじめの加害者も反応が欲しいのです。ですからあなたが彼らと口論し，自分を守ろうとしたらどうなるでしょう？　彼らはそんなあなたの反応を楽しみ，もっとあなたをいじめようとします。こうなることを避けるために，トロールにえさを与えないでください。"トロールにえさを与えるな"はネット上で生まれた言葉で，彼らと戦うな，彼らのしたいゲームに参加するな，といった意味があります。彼らとの戦いは負けいくさなのです。もしあなたがトロールたちに反応しなければ，彼らは退屈し，誰か別の人を探そうとするでしょう。

友だちに立ち上がってもらおう

　加害者と被害者が実際に対面して起こるいじめと同様に，ネット上のいじめの加害者は孤立している人や，誰も守ってくれる人が周りにいなさそうな人を狙っていじめます。これはあなたが一人ぼっちだと，誰もあなたのために立ち上がってくれないし，守ってくれないからです。あなたは簡単な標的となります。ネット上のいじめの効果的な対処法のひとつは，あなたの友だちに立ち上がってもらうことです。すでに，自分を擁護するために反論するのはよくないことはお話しましたね。それがネット上のいじめの加害者（トロール）が望んでいる反応なのですから。しかし，あなたの友だちや年齢が近い家族の一員があなたのために反論すると，あなたが守られていることが加害者に伝わります。ほとんどのネットいじめの加害者は，守ってくれる人をもつ子とはこのゲームをしたくないのです。代わりに，彼らは誰か他にいじめられそうな子を探すでしょう。

ネットいじめの加害者をブロックしよう

　ネット上のいじめが，メールやインスタントメッセージ，Eメール，そしてSNSで起こっている場合には，加害者を特定することができます。最も簡単な対処法のひとつとしては加害者をブロックしてしまうことです。こうすることで，加害者からのメッセージがあなたの携帯電話，Eメール，またはSNSに届かなくなります。例えば，ネット上のいじめの加

害者をFacebook上でブロックすることにより，その加害者があなたのプロフィールを閲覧することや，あなたの名前が検索や連絡リストに表示されるのを防ぐので，あなたと加害者の関係を絶つことができます。この対処法が必ずしも，他のインターネットの境域でネットいじめが生じないことを保障するわけではありませんが，ネット上のいじめの加害者をブロックすることは，あなたと加害者の直接的な関係を断ち切るためには効率的な方法なのです。

ネット上では目立たないようにしよう

多くのいじめはネット上で起こっていますが，SNSでは特に発生率が高いです。もしあなたがネット上のいじめにあっているなら，しばらくネットで目立たなくすることが効果的な対処法でしょう。これは，あなたが自分自身のSNSページにアクセスすることや，他の人のページや公開討論にも書き込まないということです。こうすることによって，あなたと加害者との間に距離が生まれ，いじめが自然消滅する機会を作ります。基本的には，もし加害者があなたを見つけることができなければ，あなたをいじめることもできないのです。

証拠は保存しておこう

ネット上のいじめから自分を守るその他の効率的な対処法としては，いじめの証拠を保存しておくことがあげられます。証拠を保存しておくということは，誰かがあなたに脅迫的または侮辱的メッセージや写真，傷つくようなコメントをインターネット上に投稿した場合，学校，職場，またはウェブサイトの管理人に通報しなければいけないときのために，いじめの証拠を残しておくということです。ただし，通報する前に，保護者や支援してくれそうな大人に相談することが一番です。ケースによっては，そのネット上のいじめが違法であると判断されることもありますので，準備して証拠を保存しておきましょう。

必要であれば助けてくれる大人に相談しよう

どんな人にとっても，ネット上のいじめは深刻なトラウマとなる場合があります。誰を信頼すればよいのかわからなくなり，悲しみや苛立ち，恥ずかしさ，そして混乱といった感情が巻き起こります。あなた一人でネット上のいじめに対抗しようとしないと覚えておくことは重要です。代わりに，あなたの保護者，信頼できる家族の一員，先生，または雇用者といった自分を支援してくれる大人に助けを借りるということです。このとき，あなたが信頼して快く話せる人，実際に側に居て支援してくれる人を選びましょう。通常，たとえネット上のいじめが発生している場所（学校など）と直接的に関係していなくても，あなたの保護者が一番良い支援者となります。決して一人で立ち向かおうとしないでください。あなたを助けてくれる人たちがいます！

ネット上のいじめを適切な機関に通報する

　ネット上のいじめが深刻かつ継続的に起こる場合，あなたは保護者と一緒にそのいじめを適切な機関に通報する必要があるかもしれません。適切な機関とはネットサービスのプロバイダー，ウェブサイトの管理人，学校，または職場，そしていじめが非常に深刻な場合には法的機関のことを指します。お子さんであるあなたにとって，どうやってネットいじめを通報するかを調べるのは難しいことかもしれません。ですので，通報の仕方はあなたの保護者と話し合いましょう。通常，機関への通報は最後の砦とされています。まずは他の対処法を試してみましょう。そして，通報しなければいけないような深刻なネット上のいじめの場合には，必ずあなたを支援してくれる大人の助けを借りましょう。

思春期・青年期の子どもたちや保護者のためのエクササイズ

　10代の若者と青年の皆さんは，保護者と一緒に以下のエクササイズをしましょう。下記の練習は，お子さんが保護者の方と一緒に取り組まれることをお勧めします。

・この章で紹介されたネット上のいじめの対処法を保護者と一緒に振り返りましょう。
　－あなたやあなたが知っている人がネット上のいじめにあったことがあるかを話し合ってください
　－今現在，もしくは将来，あなたやあなたの知人が使ってみようと思うネット上のいじめの対処法を考えてください
・あなたが使用しているSNSのアカウントを"プライベート"に設定してください。もしわからない場合は，保護者や信頼できる大人に聞いてみましょう。

第⑫章
うわさやゴシップを最小限にとどめる

　うわさを広げ，ゴシップを言い合うことは，人が他の人の個人的，あるいはプライベートな出来事について，情報や意見，ニュースを共有する一般的な方法のひとつです。たいてい，うわさというのは，他人について広く流れている意見や話，話したとされることなどで，それが本当かどうかやその情報の出所がどこかが確かめられることのないものです。ゴシップとは，他者についての個人的なことや，公にすべきでないことについての根拠のない話であり，たいていは私的な性質のもので，ときとして人を傷つけたりすることもあります。他人について個人的な情報やプライベートな情報を暴いたり，うわさやゴシップを広めたりする人たちは，**うわさ好きでおしゃべりな人**として知られていて，他の人についての親密な情報や意見を広げる人だと言われています。

　うわさやゴシップは，10代の若者や青年の間ではかなり普通に行われていることではありますが，たいてい心の狭い，無神経，意地悪なことと考えられています。うわさやゴシップは，人との関係のなかで起こるいじめのひとつの型ではありますが，人と関わるときに，相手とつながったり絆を作ったりするために用いられる，単純なコミュニケーション方法のひとつでもあります。では，なぜ人はうわさやゴシップを広めるのでしょうか？　うわさやゴシップの進化論的な起源については，長い間議論されてきています。ひとつの議論は，うわさやゴシップを共有するのは，ある集団が他者の評判を監視する方法のひとつであるというものです。また，ある研究によると，うわさ話をすることは，ひとつの共有されたコミュニケーションの形として，大きな集団においては社会的な絆を実際に高める可能性もあることが示されています。その起源が何であろうと，うわさやゴシップはとても一般的に存在していて，私たちが生きている社会的な生活から切り離せないと理解することは，あなたとお子さんにとって重要です。

> うわさやゴシップは，人との関係のなかで起こるいじめのひとつの型ではあるが，人と関わるときに，相手とつながったり絆を作ったりするために用いられる，単純なコミュニケーション方法のひとつでもある。

　うわさやゴシップを広めることは，男性に比べると女性の間でより一般的に行われ，意地悪な気持ちで，他人を傷つけようとしたり，誰かに報復する，あるいは相手がしたことへの仕返しや，嫌悪や嫉妬する相手の評価を落とすためなどに用いられる社会的な攻撃かもしれません。悪意なくゴシップを広めることもありますが，多くの場合は注目を得ようとしたり，大切に思われようとしたりする意図的な行為であることが多いでしょう。他人の生活の個人的なことや公にすべきでないことについて，詳しい情報や事実を知っていると強い立場にいることになり，より大きな仲間集団で社会的地位を高めることにもなるかもしれません。結果として多くの若い人たちは（特に女の子）は，自分たちの人気を高める方法として，うわさやゴシップを広めることがあります。

うわさやゴシップは人との関係のなかで起こるいじめの形である一方で，ゴシップは，人と付き合うときに気軽に話すおしゃべりに過ぎないことも多いということを忘れてはいけません。これは悪意がなければ，うわさとゴシップの影響による被害が少なくて，精神的苦痛が小さいということではありません。悪意がなく気軽に広められるうわさやゴシップは，社会的な攻撃として用いられるときとほぼ同じくらい傷つくこともあるのです。重要な点は，ゴシップがあまりにも広く行き渡ってしまうため，あなたのお子さんがそれを止めるためにできることは，ほとんどないということです。多くの人たちは，普通は冷酷な意図はなく，時おりある程度のうわさ話をしています。あなたが食品雑貨店のレジの前で並びながらタブロイド雑誌をさっと開いてみるとき，意地悪するためにそうしていますか？　おそらくただ好奇心によるか，退屈であるかのどちらかでしょう。友人と最新のセレブのゴシップを話すときに，あなたは誰かを傷つけようとしているでしょうか？　あなたはただ，セレブの生活に関心があるだけだったり，それが興味深かったり楽しかったりするので，知っていることを話したいだけでしょう。おそらく，あなたのしていることが人に苦痛を与えることはないです。うわさ話をしている10代の若者や青年にとってもたいていは同じです。彼らは必ずしも悪意からうわさ話をしているわけではありません。たいていは，ただ好奇心があるだけで，もしかしたら少し人のことを詮索する（自分たちの周りの人々の生活に興味がある）のが好きなのでしょう。ときには退屈していて，話のネタを探しているだけのときもあります。あるいは，少し注目を集めたいとか，周囲とつながりをもちたい，おそらく人気者になりたいと考えているのかもしれません。どんな理由であれ肝心なことは，うわさやゴシップが私たちの暮らす社会の文化にとって自然なことであるということです。うわさはその対象となっている人に被害を与えたり，傷つけたりすることがあるけれども，残念ながら実際のところ人はいつも誰かのうわさ話をしていて，あなたやお子さんがそれに対してできることはほとんどないということです。がっくりするのは，ちょっと待ってください。私たちは，ゴシップの影響を小さくすることや，その標的になるのを避けることにさえ効果的な方法をいくつか見つけているのです。

> 多くの若い人たちは（特に女の子）は，自分たちの人気を高める方法として，うわさやゴシップを広めるかもしれない。

お子さんがうわさやゴシップの標的になることを避けるのを助けるにはどうすればよいのか，またお子さんがこのような辛い思いをしたり，困った社会的武器の対象となったときどうすべきかについて学ぶことは役に立つでしょう。これまでに社会的に無視されてきたことがある10代の若者や青年は，人との関わりにおけるいじめによる対象となることは頻繁にはないですが，仲間からの拒絶されたことがある人は，うわさやゴシップの標的になるでしょう。そのため，もしそのことが起こったら，どうすべきか知っておくとよいでしょう。以下の方法は，社会的な場面でうまくやれている10代の若者や青年が使っている，うわさやゴシップの標的になることを避ける方法です。

うわさやゴシップの標的にならないためのヒント

　うわさやゴシップは社会生活の避けられない部分であるかもしれませんが，お子さんがその標的にならないようにするのを助けることは，うわさやゴシップを対処するための第1ステップです。うわさ製造工場とは，うわさやゴシップを広めるコミュニケーションネットワークを意味しています。あなたのお子さんが，うわさやゴシップを免れてきた，社会的にうまくやれている10代の若者や青年たちの使っている方略を知り，使えるように助けることは，うわさ製造工場の標的になることを回避するひとつの方法です。

✪ うわさ話（ゴシップ）をよく言う人と友だちになることを避ける

　うわさ好きな人たちは，他の人たちに関するうわさを広めたい人であることを思い出してください。そのような人たちは，うわさ好きだという評判がよく知られているので，たいてい見つけるのは簡単です。うわさやゴシップの標的になるのを避ける方法のひとつは，うわさ好きな人と友人になるのを避けるということです。社会性に課題をもつ多くの10代の若者や青年（特に女性）は，うわさ好きな人が友人だったら，その人たちが自分をうわさされることから守ってくれるだろうと間違って思っています。しかし，実際は正反対です。あなたのお子さんがうわさ好きな人たちと友だちになると，お子さんの個人的な情報やプライベートな情報に容易にアクセスされてしまい，危険にさらされることになります。ひとつの誤った動作や小さな意見の不一致から，あなたのお子さんの個人情報や秘密が，仕返しという形でうわさ製造工場によって広められるかもしれません。さらに悪いことは，うわさを広めている人が一度はあなたのお子さんの友人なので，うわさが真実であると思われやすく，そのうわさ話がより信じられてしまうかもしれないのです。うわさやゴシップの標的になることを避けるためのよりよい方法は，お子さんがうわさ好きな人たちと全く関わらないようにすることです。

> 社会性に課題をもつ多くの10代の若者や青年（特に女性）は，うわさ好きな人が友人だったら，その人たちが自分をうわさされることから守ってくれるだろうと間違って思ってしまう。実は，真実は正反対である。

✪ うわさ好きな人を刺激しない

　お子さんは，仕返しにつながるような仲たがいをする可能性があるので，うわさ好きな人と友だちになるべきでないように，うわさ好きな人を刺激することも避けるようにしましょう。うわさ好きな人を刺激するとは，彼らを怒らせたり，イライラさせたりすることになり，仕返ししたい気持ちを引き起こしてしまうでしょう。うわさ好きな人たちの友人をイライラさせたり，怒らせたりするのも同じことがいえます。うわさを広めることは彼らが用いる社会的な武器なので，もしあなたのお子さんが，うわさ好きな人の友人と個

> うわさ好きを刺激するとは，彼らを怒らせたり，イライラさせたりすることであり，仕返ししたい気持ちを引き起こすことになる。

人的な対決や対立場面に遭遇すれば，お子さんはおそらく最後にはうわさの標的になってしまうでしょう。うわさ好きな人の元カレや元カノと会う約束をすることや，彼らをトラブルに巻き込むこと，あるいはうわさ好きな人の悪口を言うことなどは，いずれもお子さんがうわさ好きな人を怒らせ，うわさ製造工場の標的となってしまう例です。すでに述べたように，おそらくうわさ好きな人に対する最もよい防衛策は，彼らと関わらないことや，できる限り中立的立場にとどまることです。あなたのお子さんは，うわさ好きな人と仲良くなることも，敵に回すこともすべきではありません。つまり軽く知っているくらいにとどめ，関わりはもたないほうがよいということです。

うわさやゴシップを広めるのを避けること

　うわさやゴシップの標的になるのを避けるもうひとつの重要な方法は，自分がうわさやゴシップを広めないようにすることです。うわさやゴシップを広めていると知られている人たちはうわさのまっただ中にいることが多く，自分たちが燃料を注いで動かしているうわさ製造工場の標的によくなってしまうことを，あなたは今までに気づいたことがあるでしょうか。これはおそらく，うわさ話を流す人は自分たちが流した意地悪なうわさでひどい目にあった人たちからの復讐や報復のターゲットになってしまうからです。うわさやゴシップを広めることでうわさを加熱させる彼ら自身が，実は同じメカニズムによってだまされやすいのです。したがって，あなたのお子さんがこのような社会的攻撃の標的になるのを避けたいのであれば，お子さんは他者に対するうわさやゴシップを広めることを避けるべきです。

> うわさ話を流す人は，自分たちが流した意地悪なうわさでひどい目にあった人たちからの復讐や報復のターゲットになる。

✪ うわさやゴシップに対応するための方法

　あなたのお子さんが意地悪なうわさを避けることがうまくいかず，うわさやゴシップの標的になることを想像してみてください。ひどく傷つけられて屈辱的な思いになりますが，覚えておいて欲しいのは，この挑戦的な社会的な出来事は，活発に人と関わる10代の若者や青年にとって，それほど珍しいことではないということです。人との付き合いに積極的な10代の若者や青年の多くは，ある時期はうわさやゴシップの標的に自分がなっていることに気づくでしょう。だから，こういったことが決して起こらないだろうと期待したり，あるいはこのようなことが起こってしまったときに，現実を見て見ぬふりしたりするよりも，むしろうわさやゴシップに対処する方法をよく知っておくことのほうが，そのことをうまく乗り切るのに必要な頼みの綱（生命線）となるでしょう。うわさは，お子さんを不意に襲い，大きな打撃を与え屈辱的な体験になりうるのです。しかしもしお子さんが，うわさやゴシップの影響を極力抑えるために，社会的にうまくやれている10代の若者や青年が用いている方法をよく知っていれば，このような社会的に難しい状況に対処するより良い準備をしておくことになるでしょう。以下のような方法が，うわさやゴシップの悪影響を減らすのに効果的であると言われています。

✪ うわさが間違っていることを証明しようとしない

　うわさについて最もイライラさせられることのひとつは，いったんそのうわさが広まったら，間違っているということを（不可能ではないにせよ）証明することが驚くほど難しいということです。うわさ製造工場が動き出すと，それが明らかに誤った物語や非難であったとしても，間違っていることを証明するのは難しいです。実際にあなたのお子さんには，あるうわさが誤りであることを証明できる山のような証拠があるかもしれません。しかし，もしお子さんが他の人たちにこの証拠を伝えようとすれば，防衛的に身構えているようだったり，やましいところがあるように思われたりするでしょう。実際のところ山のような証拠を伝える過程では，うわさの誤りを証明するかわりに，そのうわさに新しい内容や興味を引く内容を付け足すことになり，かえってそのうわさに火をつけることになります。こうなると，次の新しいうわさは，どれほどお子さんがゴシップについて必死になり，真実ではないことをみんなに伝えようと走り回ってパニックになっていたかというものになるでしょう。それはまさに新しい格好のゴシップです！　最終的には，うわさを消すよりも，そのうわさをより大きく強く育てることに成功してしまうだけでしょう。

> うわさについて最もイライラさせられることのひとつは，いったんその噂が広まったら，間違っているということを（不可能ではないにせよ）証明することが驚くほど難しいということである。

　うわさやゴシップに関するこの悲しい真実というのは，広がるのを止めることができる人はほとんどおらず，一度うわさが外に出てしまうと，間違っていることを証明するのはほぼ不可能に近いということです。うわさやゴシップを広げる人たちは，あなたには伝えなければいけない山のような証拠があることにはかまわず，自分が信じたいと思うことを信じるでしょう。例えば，有名人のタブロイド版新聞を例に挙げると，数百万ドル規模の産業です。有名人で，タブロイド版新聞を通して広められているうわさやゴシップをとめることができている人は，まったくいません。ゴシップが真実でないときでさえも，有名人がそのうわさが間違いであることを証明しようとすると，たいていは結局より注目を集めることになり，さらにうわさに火をつけることになって，実際には問題を悪化させてしまいます。うわさやゴシップを否定しようと試みてきた，数えきれないほど多くの有名人のことを考えてみてください。このように正しいことを証明するための運動をした有名人のほとんどは，結局どうなったでしょうか。正しさを証明しようとした試みは多くの場合，あらたな進展によってワクワクするような新しいゴシップが載ったタブロイド紙ができあがるのです。「有名人Xはうわさxを否定している」が，新しい見出しかもしれません。うわさの誤りを証明する代わりに，結局はより注目を集めることになるのです。同じように不幸な現実は，学校や職場でうわさやゴシップが間違っていることを証明しようとしている10代の若者や青年に当てはまります。この点を説明するために，誤ったうわさの標的になった若い10代の少女を思い浮かべてください。以前友だちだった一人の子が，その少女が同じクラスの男子を好きになったといううわさを広げています。この少女は実際にはその男子を好きになったわけではないのですが，そのうわさの誤りを証明しようとして，うわさを知っているみんなに，それは嘘だと話して学校を回ったとしたら，人々はなんと言うでしょうか。おそらく彼女にやましさがあっ

て，防衛的に見えるでしょう。（たとえ彼女が真実を話していたとしても）人々は彼女の話を信じるでしょうか。彼女が一人でうわさの誤りを証明しようと活動しても，みんなが彼女の話を信じる見込みはほとんどないでしょう。重ねて言うと，うわさやゴシップの誤りを完璧に証明することは不可能だということです。このケースの場合，うわさの誤りを証明しようとしたり，うわさを聞いたすべての人にうわさは本当ではないと言ったりして頑張ることは，その少女が防衛的で，やましいことがあるように見えて，たいていはもっとうわさを広めることになってしまうでしょう。彼女がどれほどそのうわさでパニックになっているか，必死になってみんなに本当ではないといっているか（この様子は，防衛的でやましいことがあるように見える）ということが新しいゴシップとなり，さらにはこんなにも大騒ぎしているので，多くの人がうわさはまちがいないと信じることにつながってしまうのです。

✪ ゴシップの発信源（発信者）と対決しない

　先ほどの困ったうわさの標的になっている少女の例について，続けて考えてみましょう。広まっている彼女についてのうわさは事実ではないし，誰もがそのうそを広めている人を知っています（その少女を含めて）。皆さんはこの場合，その少女が自然な思いとしては，どうしようとすると思いますか？　彼女はうわさを広めている人（ゴシップの発信源）に直接対決し，不公平な攻撃をする説明や，公の場での弁明を要求したいでしょう。みんなにそのうわさが真実ではないと強く主張しながら。あなたは，彼女を助けようとする同情的な大人が，彼女にどんなアドバイスをすると思いますか？　ほとんどの10代の若者や青年は周りの大人から，彼女が本能的に感じているのと同じように，うわさを広めている相手に対して自分の思いを伝え，うわさを広めるのをやめてほしいと頼むようにというアドバイスを受けます。ではあなたは，この作戦はどんな結果をもたらすと思いますか？　うわさを広めている人がすぐに自分のしたことを謝り，うわさが本当ではないと皆に言って状況を改善すると約束するだろうと考えているとしたら，それは本当に現実的でしょうか？　どんな感じになると思いますか？　うわさを広めている人が，次のように言う様子を想像してみてください。「ええ，あなたの言う通りよ。そのうわさは事実じゃないの。そんなうわさを言うべきでなかった。あなたの気持ちを傷つけてごめんなさい。うそだってみんなに言うわ」。明らかに，このシナリオは客観的に見て非現実的です。こんなことは決して起こらないでしょう。うわさの発信源と対決しようとするのは，助けになるよりも，実際にはその少女をもっと傷つける可能性が高いです。うわさを広めている人と対決することは，さらなるゴシップを作り出し，うわさ製造工場に燃料を注ぎ足すだけでしょう。新たなうわさは，少女がいかにパニックになって，ゴシップを広げた人に対決したかというものになるでしょう。立派なうわさです！　このような劇的な対決は，とても魅力的なゴシップですし，きっと一瞬にしてうわさ製造工場に燃料を追加することになるでしょう。ゴシップの発信者となる人と対決することは，相手を動揺させたり，怒らせたりすることにもなります。もしかすると，さらにもっと少女に対する報復をもたらす結果となるかもしれません。さらに

> うわさの発信者と対決することは，相手を動揺させたり，怒らせたりすることにもなり，報復をもたらす結果となる可能性がある。

悪いことに，今やこの少女の対決が，おそらくより長期にわたる抗争や，さらなる反撃の正当性を感じたより手強い敵を作り出し，うわさを広めている人との対立関係を公の場で動かしがたいものにしてしまうのです。したがって，うわさやゴシップに対処するひとつの戦略は，お子さんはゴシップの張本人と対決すべきではないということになります。

✪ ゴシップの発信源（発信者）を避けること

　ゴシップの発信者と対決する代わりに，うわさやゴシップに対応するもっとよい方法は，ゴシップの発信者を避けることです。前の例を考えてみましょう。自分がうわさの標的になったと気づいたときに，みんなは彼女がどんなことをするだろうと思いますか？　誰もがそのうわさを流している人を知っていて，彼女がうわさの発信者と対決するだろうと予測するでしょう。これまでゴシップの発信者と対決することの問題について述べてきていますが，お子さんがうわさの発信者との対立を避けるという方法だけでは十分ではありません。どこであれ，うわさの発信者のそばにいることも避ける必要があるのです。先ほどの例に戻って考えてみましょう。誰もが少女が対決するだろうと思っているので，うわさを広めている人と彼女が接近すると，周りの人はどう反応すると思いますか。学校の移動時間に，彼女が授業に向かうところを想像してみてください。その少女は次の授業に行くのに，二通りの道を選ぶことができます。ひとつの道は，うわさを流している人のロッカーを通るもので，もうひとつはそのロッカーとは離れた違う廊下を通るというものです。彼女は，どちらの道を選ぶべきでしょうか。もし彼女がうわさを流している人とごく近いところに近づけば，どれくらいうわさ製造工場に影響を与えるでしょうか。誰もが2人は対決するだろうと思っています（おそらく望んでさえいます）。周囲の誰もが少女を見て，それからうわさを流している者を見て，また少女を見て，そして間もなく，けんかを待っているのです。たとえもしもその傍観者たちが直接対決を見ないとしても，おそらく対決だとでっちあげることでしょう。例えば，もしその少女が目を合わせることなく，うわさを流している人のロッカーを通りすぎたとしたら，いかに彼女が相手を見ることができなかったかということが新しいうわさになるでしょう。しかしもし彼女が，そのロッカーのほうを通って2人が目を合わせれば，いかに彼女たちがお互いを見て"にらみつけて"いたかということが新たなうわさとなるでしょう。不幸にも，これはどうやってもうまくいかない状況です。うわさを流している人のごく近いところにいる場合，彼女がうわさに火をつけることを避けるのはほとんど不可能です。いずれの場合も，ゴシップの発信者の近くにいると，自分自身で新しいうわさをさらに作り出すことになります。しかしながら，もしゴシップの発信者との接触を避けて，そのロッカーを避けて回り道をすれば，うわさに火をつけることを避けることができます。言い換えると，お子さんはゴシップを広げている人のそばに近づくことで，新たな注目やゴシップを作り出すことを避けるべきなのです。これはこの期間，お子さんの日常の手順をすっかり変えることや，学校や仕事に行かないということは含みません。こうなると，お子さんがひどく動揺して学校に行けなくなったということが新たなうわさになります。これもまた興味をひくゴシップで

> ゴシップにさらなる興味や注目を集めることを防ぐように，それとなくゴシップの発信源（発信者）を避けることを，お子さんは目標にすべきである。

す！　肝心なのは，ゴシップにさらなる興味や注目を集めることを防ぐように，それとなくゴシップの発信者を避けることを，お子さんの目標にすべきだということです。

✪ 動揺を見せないこと

　うわさやゴシップの悪影響を最小限にしようとするとき，重要なのはお子さんがゴシップによって動揺している様子を見せないということです。人はお子さんが動揺するのを期待しますし，苦悩や狼狽の徴候を探すでしょう。もしもお子さんが動揺しているように見えたら，それはうわさに火をつけるだけですし，うわさを最終的に消すということがより難しくなります。お子さんがゴシップのことでいかにびくびくしているかが，新たなうわさになるでしょう。もう一度言いますが，これは魅力的なゴシップなのです！　たとえもしも，うわさがひどく傷つけられるものであったり，あなたのお子さんが他人に言われていることで屈辱や悔しさを感じていたりしても，そのうわさを消そうとしているなら，お子さんは思い悩んでいるという印象を与えてはいけません。好きでもない男子に，恋をして熱をあげているという言いがかりをつけられた少女のことを想像してください。この間違ったうわさによって，実際には彼女は動揺し，恥ずかしい思いをしているかもしれませんが，動揺していることを公に見せることは，より注目を引いてさらなるゴシップを作り出し，うわさが広まるのを静めることを難しくするだけです。その代わりに動揺していないようにふるまい，次にはうわさが広げるのを人々にとって面白くさせないように，うわさの重要度や信憑性を下げるための積極的なアプローチ（後の段落で説明）を取る必要があるでしょう。

> もしもお子さんが動揺しているように見えたら，それはうわさに火をつけるだけで，うわさを最終的に消すということがより難しくなる。

✪ 人がうわさを信じていることや気にしていることに，驚いているように行動する

　あなたのお子さんがうわさやゴシップによって動揺しているのを見せる代わりに，他の人がそのことを話題にしたとき，周りの人々がそのうわさを信じていたり，関心をもったりしていることに驚いてみせることで，ゴシップの信頼性を下げる必要があるでしょう。人々は自然と興味をもって，お子さんがうわさについてなんと言うのかを知りたいと思っています。うわさが話題に上がったときに，もしお子さんがうわさを信じている人に対して驚いているようにふるまったら，基本的にはうわさの信憑性や信頼性を落とすことになります。もしもうわさに関心をもっている人に驚いてみせたら，うわさの重要度を下げることになるでしょう。いずれにしてもお子さんは，（うわさの誤りを証明しようとするときのように）防衛的になったり，やましさがあるように見せたりすることなく，うわさの信憑性を落とすことになります。これは，さりげなく無関心であることを見せることで，うわさの信憑性や重要度を下げ，

> もしうわさが真実なら，お子さんはそのうわさを話題にするほど興味を引かれている人に対して驚いてみせるべきである。もしうわさが間違っているなら，お子さんはそれを今まで信じている人に驚いてみせるべきである。

その影響力を減らしているのです．うわさが真実かどうかは問題ですらありません．つまりどちらであっても，この方法は効果的です．もしうわさが真実なら，お子さんはそのうわさを話題にするほど興味を引かれている人に対して驚いてみせましょう．うわさが間違っているなら，お子さんはそれを今まで信じている人に驚いてみせるとよいでしょう．

　うわさへの直接的な言葉に対するお子さんの反応は，うわさを消し去ることを成功するうえで重要な要素になります．もしお子さんが，うわさに無関心で，そのうわさを信じたり，興味をもっていたりする人に驚いていると周りの人たちが気づいたら，うわさの重要度を下げることになり，うわさを広めたいという思いを弱めることになるでしょう．先ほどの少女の例であれば，会話のなかで彼女が恋をしていると思われている話題が持ち出されたとき，彼女は次のように言って気持ちを示すかもしれません．「みんながそんなことを信じているなんて信じられない」とか，「誰がそんなことを信じるの？　人はそんなにだまされやすいのね」とか，「そんなことをみんなが関心をもつなんて信じられる？」とか，「どうしてそんなことに気にするのかしら？　いいかげんにしてよ」とか，「もっとまじめに，ほかに話すべきことを見つけるべきよ」．うわさを信じたり，気にしたりしている人に驚いていると見せることで，お子さんはうわさをもっと広めようとする人が愚かに見えるようにしながら，そのうわさの信憑性を落とすことができます．人々は，うわさを信じにくくなったり，うわさについてもっと気をつけるべきだと考えるようになったりするでしょう．これは，うわさを消すことにお子さんが一歩近づきながら，人がうわさを広めたいという気持ちを弱めることにつながります．

✪ あなた自身に関するうわさを広めること

　うわさやゴシップに対処する最後の方法は，"あなた自身に関するうわさを広めること"と私たちが親しみを込めて呼んでいる，とても積極的なアプローチです．PEERSでは，10代の若者や青年が重要な作戦を覚えておけるように，あえてこのようにユニークな，忘れにくいバズワード（キーワード）を使っています．あなたが自分自身についてのうわさを広めるという考えは，最初はおかしな筋の通らないことのように思えるでしょう．ほとんどの人たちは，このうわさからできる限り離れたいと思っているのではないでしょうか？　お子さんの自然な思いとしては，うわさを避けようとしたり，うわさから遠ざかろうとしたりするでしょうが，それではうわさを追い払うことはできません．そうではなく，うわさの信用度を低めることで真正面から戦う（防衛的でもやましくも見えないように）ことが最も力強い対処法ですし，うわさを消し去るのにベストな方法です．お子さんが自分自身に関するうわさを広めたり，うわさを信じていたり，うわさに興味を引かれている人に驚いているようにふるまうことで，うわさを消し去ることができます．これは，間接的にうわさの信憑性（誰がいったいそんなことを信じるの？）や重要度（誰がいったいそんなことを気にとめるの？）を否定しているのです．あなた自身のうわさを広めるとき，3つの重要なステップがあります．それはうわさの存在を認めること，うわさを笑いものにすること，うわさを信じていたり，気にとめていたりする人に驚いてみせることです．例えば，お子さんのうわさが世に出ているのを認めるとき，お子さんは次のように言うかもしれません．「私についてこんなうわさを聞いたことある？」．それから次のように言うことで，うわさを笑いものにし

ます。「なんてつまらないことなの」「くだらないわよ」「すごくおかしい言葉だね」「それってなんて馬鹿げてるんだろう？」。最後にお子さんは次のように言うことで，うわさを信じていたり，気にしている人に驚いてみせましょう。「信じている人がいることに驚き」「そんなことを信じている人は正気じゃないわ」「そんなことを気にしている人なんて信じられる？」「そんなことを気にしている人がいるなんておかしいわ」「いいかげんにしてほしい。ほかに話題にすることを見つけるべきだよ」「趣味を見つけるか，もっと面白い話題を見つける必要があるよね」。

> 自分自身についてのうわさを広めるとき，3つの重要なステップがある。それはうわさの存在を認めること，うわさを笑いものにすること，うわさを信じていたり，気にとめていたりする人に驚いてみせることである。

誰に対してうわさを広めようかと考えるとき重要なのは，お子さんが信頼できる人や支持してくれそうな人だけを選ぶことです。

お子さんが，信頼できるサポートしてくる友人に自分自身のうわさを広めるというのは，彼らがすでに広まっているうわさのばかばかしさに賛同し，他の人がうわさを信じていたり，気にしたりしていることに，自分と同じように驚いてくれることが期待できるからなのです。

お子さんが，いつどこで自分自身のうわさを広めるかも重要です。理想を言えば，その会話を偶然耳にする他の人がそばにいるときがよいでしょう。例えば，ランチタイムの人で混み合ったテーブルや，あるいは側に他の人が座っている授業前や，他人が聞いているかもしれないときの職場の休憩室が，よいタイミングと場所です。お子さんが自分自身のうわさを広めようと決めたときがいつであっても，あるいはどこであっても，その会話を他の人が偶然耳にするということが重要です。解決の鍵となるのは，あなたのお子さんが会話を偶然耳にする他の人がいる前で，信頼できる人に，うわさがあることを認めてから，そのゴシップの重要度や正当性を弱めることです。うわさの誤りを証明しようとしないように注意しましょう。なぜなら，それはめったにうまくいかないし，お子さんを防衛的に見せてしまうかもしれないからです。微妙な違いかもしれませんが，経験から言える大切なことは，「うわさは本当のことではない」と主張するのは，お子さんを自動的に防衛的に見せることになるので，必ず避けるということです。例えば，先ほどの少女の例で言うと，彼女は自分自身についてのうわさを広めるために，次のようなステップを踏むとよいでしょう。

- まずはじめに少女は，自分を支持してくれる信頼できる人がそばにいて自分の話を聞いてくれそうなタイミングで，その人に対してうわさの存在を認めます。彼女は次のように言うとよいでしょう。「私についてこんなうわさを聞いたことある？　どうも学校の転校生を好きになったらしいって」。
- それから，次のように言ってうわさをからかいましょう。「なんてつまらないの。ばかげていて言葉が出ないわ」。
- 最後に，次のように言って，うわさの正当性や重要度を下げます。「誰かがそんなことを信じるなんて想像できる？　それに，そんなことを口にするのはちょっとどうかしてるわ。いいかげんにして，ほかにおもしろい話題を見つけるべきよ」。

うわさやゴシップの悪影響を減らせる方法があります。興味深いことは，これらの方法はほとんど直感的には思いつかないものだということです。実際のところ，うわさやゴシップに対処するとき，ほとんどの人が自然な思いに沿っていってしまうことは間違っています。あなたのお子さんがしがちな，ゴシップがうそであると証明しようとすることは間違っているし，ゴシップを流している人と対決するのも間違いです。そして他人にばらされたときに動揺してしまう自然な感情を見せることも間違いなのです。その代わりに，自分のうわさを信じたり気にしたりしている人に驚いてみせることや，自分のうわさを広めることは（この2つの作戦は必ずしも直感的ではありません），うわさの力を弱め，うわさを広めている人に，そのうわさがそれほど重要ではないと思わせることになります。正しく行えば，新しいうわさはお子さんが古いうわさをほとんど気にしていなかったということや，まずはそのうわさがいかにつまらないことだったかということになるのです。これらの方法は，組み合わせて使うと，防衛的になっているように見せることなく，うわさの誤りを証明することを助けて，お子さんはそのうわさを永久に消し去ることに向けて，一歩近づくことができます。

> あなたのお子さんがしがちな，ゴシップがうそであると証明することは間違っているし，ゴシップを流している人と対決することも間違いである。そして他人にばらされたときに動揺してしまう自然な感情を見せることも間違いなのである。

☞ ソーシャルコーチへのヒント（社会性の指導のコツ） うわさやゴシップに対処する方法をお子さんに紹介するには，本章の10代の若者や青年向けの要約を読みましょう，本章のエクササイズを使って，あなたと一緒にこの方法を練習する機会をもつように手助けをします。また重要なのは，本章の要約にある社会的な場面でのエピソードを一緒に読み，自分のうわさを広めるのに不適切なロールプレイと適切なロールプレイのDVDを見てから，他者の視点に立って考える質問を使って，これらの例について議論をすることです。適切な方法と不適切な方法の違いが控えめに述べられるので，微妙な違いについて議論をする準備をしておきましょう。基本的な違いは，うわさを証明しようとすること（不適切）と，そのうわさがつまらないというようにふるまうこと（適切）との比較にあります。

シャノンのサクセスストーリー──自分のうわさを広める

うわさやゴシップを広めることは，いじめの残酷なやり方のひとつです。たいていは女子によって行われ，この人との関係を使ったいじめのやり方は評判をめちゃくちゃにする力をもっています。そんなケースが，シャノンでした。長い間ゴシップやうわさの標的にされてきた17歳の少女です。シャノンはいじめに対処する方法を学び，ゴシップの標的になって社会的に疎外される状況を克服するために，両親とともにPEERSにやってきました。

シャノンは次のように話してくれました。「私の学校で，ある女子グループの一人の元カレが私のことを好きになったので，その女子たちは私のうわさを流すことを決めたの。そのうわさは全く事実ではないのに，みんな信じてしまったわ。私はすごく動揺して学校に行きたくなかった。お母さんに転校させてと必死に頼んだの」。学校を替わる代わりに，シャノンの親は彼女をPEERS

に連れてきました。彼女が私たちのプログラムに入ったとき，彼女には全く友だちがいませんでした。シャノンは過去にうわさやゴシップの標的になっているため，彼氏を奪ってから振ったと評判になっていました。皮肉なことに，彼女は一度も本当の彼氏がいたことはなかったですし，今までデートも数回しか行ったことがありませんでした。シャノンはとても魅力的な女子なので，しばしば嫉妬の対象になっていました。PEERSにきたときの彼女の状況は，それほど珍しいものではありませんでした。

　シャノンは絶望的になって転校をしたいと思いましたが，両親は学力が高いことで有名な今の学校で最後まで続けるように主張しました。彼女の両親は，シャノンが今回の社会的な問題を解決するのに必要不可欠なスキルを身につけられれば，きっと状況はよくなると信じていたのです。「私たちは彼女がつらい経験をしてきたことを知っていました」と母親は振り返りました。「子どもはときにとても意地悪です。だけど，私たちは学校を転校することで，よい大学に入れるチャンスを失わせたくなかったのです。彼女はあと1年で高校を卒業しますし，それからは彼女が探している再出発をすることができるでしょう」。そのため両親は彼女をPEERSに連れてきて，そこで彼女はうわさに対処し自分の評判を変えるための短期集中コース（第14章）に参加しました。

　シャノンは彼女自身についてのうわさを広める作戦についてすぐに理解し，何度かリハーサルを練習した後，すぐにでも始めたいという様子でした。彼女は次の週に学校で，もしかしたら支持者になってくれるかもしれない人たちに，彼女についてのうわさがいかにばかげたものだったかと自信をもって話して回りました。彼女は次のように言いました。「人がそんなことを言っているって信じられる？　誰がそんなことを信じるかしら。なんてばかなの。いいかげんにしてほしいわ。信用できる話題を見つけるべきよ」。このキャンペーンを始めて1週間後，彼女はPEERSに戻ってきて声を大にして言いました。「うまくいっていると思うわ！」。彼女は，自分のことをじろじろ見たり，クスクス笑ったりする人がいなくなっただけでなく，多くの人が近づいてきて，元のうわさがいかに信じられないものかを直接口にするようになったと気づいたのです。一緒に笑いながら。

　シャノンはPEERSで学んだ方法を使って，自信をもって卒業までその学校に通いました。高校最後の学年では，何人かの昔の友人と再び友人となり，正真正銘の初めての彼氏と卒業パーティに行くことすらできました。最終的に彼女は優秀賞を受賞して卒業しました。有名大学に入学し，現在大学の2年生になっています。彼女は女子学生寮に住んでいて，女子学生の大きなグループにも入っています。何人かの女子がいまだ彼女のうわさをしていることは知っていますが，今では彼女はもう，このような状況に自信をもって容易に対処できる力をもっていると感じています。

うわさやゴシップに対処すること

思春期・青年期の子どもたちのための本章のまとめ

> 次の情報は10代の若者や青年に読んでもらうことを目的としたもので，本章の簡単な要約が含まれています。

　どうして人は他人のうわさ話をするのか，今まで考えたことはありますか？　人によってうわさやゴシップを広めることは，他人を傷つけるひとつの方法，つまり人を傷つけることを意図したある種の社会的な攻撃です。意地悪なうわさやゴシップを広める人は，弱いものいじめをする人でもありますし，ゴシップス（うわさ話が好きな人）と呼ばれることもあります。うわさやゴシップを広めることは，社会的な地位や人気を高める方法でもあります。誰かの生活の私的または個人的なことを知っていることは，ゴシップを流す人を力の強い立場に置き，たいていは他の人から注目や関心を集めます。このような場合，ゴシップを流す人は誰かを傷つける意図はありませんが，実際はよく人を傷つけています。結果的に，友だちを作るうえではこれはよい方法ではありません。作るのは敵だけです。しかしながら，ゴシップを流している大多数の人たちは，人が何をしているのかを伝えるのがおもしろくてそうしています。うわさを話す人たちは，退屈とか興味旺盛なのか，詮索好きだったりするのかもしれませんし，多少おせっかいで他人について話すことが楽しいと思っています。この場合，うわさ話をすることは人を傷つけることにはなりませんが（まだ傷つけていないだけかもしれませんが），実際のところはただ他人とつながったり絆を深めたりするのに使われるコミュニケーションのひとつの形なのです。

　おそらくあなたは，うわさやゴシップが人の評価に与える損害や，うわさやゴシップの標的になることでいかに傷つけ当惑させられるか知っているでしょう。もしかしたら，あなたも標的だったことがあるかもしれません。もしもあなたがこの一種の残酷ないじめの標的になったとしたら，無力感に襲われ，おそらくどうすべきか困惑するでしょう。それは多くの10代の若者や青年が，うわさやゴシップの標的になるときに感じるものです。不幸なことに，あなたの直感がすべきだと言うこと（うわさを否定する，うわさを広めている人と対決する，うわさを無視する）のほとんどが最善の方法ではないため，このような社会的なジレンマに陥ったときに，あなたの本能がいつも役立つとは限りません。もしもあなたが今までこのような状況にイライラしたことがあるなら，私たちが実際にまとめた，うわさやゴシップの悪影響を小さくするのに成功した若者が使っている一連の作戦を知ると，きっと楽になるでしょう。次の段落で，その方法を説明します。

うわさやゴシップの標的になることを避ける作戦

　うわさやゴシップに対処する方策に入る前に，標的になることを完全に避けることができる方法について話しましょう。ここでは，うわさやゴシップの標的になるのを避けることができている，社交的で活発な10代の若者や青年が使っている方法を取り上げます。

ゴシップ好きな人と友人になるのを避ける

　ゴシップ好きな人たちというのは，他人のうわさやゴシップを広めることが好きな人た

ちです。彼らは，うわさを広めることはおもしろいと感じています。あなたのうわさやゴシップを流されてしまうことを避けるひとつの方法は，うわさ好きな人と友人になるのを避けることです。うわさ好きな人と友人になれば，友だちである人のうわさは流さないだろうから安全だという，誤った考えをしてしまう人もいます。それは本当ではありません。実際には，もしもうわさ好きな人たちと友人になると，彼らがあなたについてとてもよく知ることになり，あなたは自分のことをその仲間に知らせることを拒めないので，うわさが広められやすくなるのです。最悪なことに，うわさを広めているのがあなたの友人であることで，つまり友人であるから知っているに違いないとみなされるので，みんなはもっとうわさを信じてしまいやすくなります。だからこそ，安全のためには，うわさ好きな人と友だちになろうとしないことです。

ゴシップ好きを刺激しない

また，うわさ好きな人たちの敵にもなりたくないですね。うわさ好きな人たちを刺激したり，あなたに対して怒らせたりすると，何が起こるでしょうか。たとえ，彼らが言ったことは本当ではないと言ったとしても，おそらくうわさ好きな人たちは仕返しの手段として，あなたについてのうわさやゴシップを広めはじめるでしょう。また，きっと同じことが起こるので，うわさ好きな人たちのうわさを言うこともやめておきましょう。うわさ好きな人たちは，一番効果的だと思う方法で，あなたに仕返しをしたいと思うでしょう。例えば，何らかの方法で，面倒なことに巻き込んだり，悪口を言ったり，恥ずかしい思いをさせたりすることは，うわさ好きな人を刺激して，あなたがうわさ製造機の標的になるいい例です。その代わりに，（永世中立国である）スイスのようになって，うわさ好きな人たちに対してはできる限り中立の立場でいましょう。

うわさやゴシップが広げることを避ける

うわさを流す人たちは，うわさに火をつけていることで，自分たちもいつもうわさの標的になっていることに今まで気づいたことがあるでしょうか？　というのも，うわさ好きな人たちは，悪意のある彼らのうわさによって被害を受けた人たちによる仕返しにさらされるからです。だからうわさの標的になることを避けたければ，他人のうわさやゴシップを流すべきではありません。

うわさやゴシップに対処する方法

うわさを流す人たちに対して影を潜め，たとえどんなに一生懸命に静かにし，うわさ製造工場に近づかないようにしていても，結局被害を受けるときもあります。不幸なことに，たくさんの10代の若者や青年が，ある時期うわさやゴシップの標的になっています。こういった状況に対処する方法を詳しく理解することは困難なことかもしれませんが，よいことは（方法をわかっていることで）あなたがすでに助けられているということです。ここで述べるのは，自分のうわさを消し去ることに成功している若者が使っている方法です。不思議なことに，このようなことをするべきだと知っている10代の若者や青年はほとんどいないのです！　ここ

で挙げる方法は、おそらく自然な直感に従うものではないからでしょう。事実、あなたは他の方法を取りたいと思う衝動と戦う必要があるかもしれません。しかし、もしも自分がゴシップの標的になっていると気づいて、これらの力強いツールを使うなら、扱いの難しいこの社会的な状況を無傷で乗り切ってゆける可能性が高くなるでしょう。

うわさの誤りを証明しようとしない

　ゴシップについて最も悔しいことのひとつは、うわさがいったん世に出ると、そのうわさの誤りを証明することはほぼ不可能だということです。たとえうわさが真実ではないという証拠をあなたが山のようにもっていたとしても、その証拠を伝えようとすると、あなたは防御的でやましいところがあるように見えてしまいます。さらに悪いことには、そのうわさに新しい、おもしろい事柄を付け足すことで、実際にはうわさ製造工場にさらに燃料を追加することになります。いかにあなたがパニックになり、どんな風にうわさが本当ではないとみんなに伝えようと走り回っていたかが新たなうわさとなって、そのうわさを大きく強くするでしょう。だからこそ、そうしたい気持ちを抑えて、うわさが間違っていることを証明しようとしないことです。

うわさの発信源（発信者）と対決しない

　うわさの標的になったときに人が自然と本能的にしようとすることのもうひとつが、うわさを広めている人と対決することです。これはよくない考えです。もしそんなことをしたら、何が起こると思いますか？ うわさを流している人が次のように言うでしょうか？「そうだね、君が正しい。私が流していたうわさは間違っている。そんなことを言うべきではなかった。君の気分を害して申し訳ない。うわさを訂正して、うそだったとみんなに言うよ」。もちろん、そんなことは言いません。うわさを流している人と対決したり、あなたがどういう気持ちかを伝えたりすることは、さらなるゴシップを生みだし、うわさ製造工場にさらに燃料をそそぐだけです。あなたがいかに興奮してうわさを流している人と対決したかが、あらたなうわさになるでしょう。それはいいゴシップです！ 加えて、うわさを流している人の反感を買い、もっと怒らせ、あなたのうわさを流すことが正当化されたと感じさせてしまうだけでしょう。挑戦的にふるまうことで、うわさを流している人との戦いを始めるという間違いを犯してはいけません。そうすることはあなたにとって事態を悪くするだけでしょう。

ゴシップの発信源（発信者）を避ける

　ゴシップの発信者と対決する代わりに、避けることがよりよい方法です。つまり、あなたについてのうわさを流している人を知っているとしても、その人から遠ざかるようにしようということです。うわさを流している人のロッカー近くの廊下を通ってはいけませんし、その人がよく行く場所でうろうろしてはいけません。おそらくみんなは、あなたがきっとうわさを流している人と対決するだろうと思っています。それはさらなるゴシップとなり、面白いドラマになるので、対決を望んでさえいるかもしれません。たとえうわさを流

している人と対決せずに，どこかでお互いが近くにいるだけだったとしても，人々はさらなるうわさを作り出すでしょう。例えば，あなたが休憩時間にうわさを流している人のロッカーの側を歩いていたとしましょう。もしあなたがアイコンタクトをしなければ，いかにあなたがうわさを流している人を見ることさえできなかったかということが，新たなうわさになるでしょう。もしあなたがアイコンタクトをすれば，お互いがいかに憎しみのこもった目でにらみあっていたかということが，新たなうわさになるでしょう。不幸なことに，これはあなたにとって全く勝ち目のない状況ですので，うわさ製造工場に燃料をそそぐ代わりに，ゴシップの発信者を避けるようにしましょう。このことは学校や職場に行くのをやめるということを言っているのではありません。そんなことをすると，さらなるゴシップを生み出してしまいます。ゴシップがおさまるまでは，まずはうわさ好きな人から離れておくためにできることをしましょう。

動揺しているように見せない

うわさやゴシップの標的になることで傷つけられたり，当惑したりするのはごく自然なことです。人はおそらくきっとあなたが動揺すると思っていますし，あなたが動揺している徴候を探します。たとえ本当につらい状況でも，動揺していないようにふるまいつづけましょう。その理由は，もしあなたが動揺していることを見せると，うわさ製造工場にさらに燃料を投入することになり，周りの人たちはさらにうわさを話題にするからです。ゴシップのために，あなたがいかにパニックになっていたかが新たなうわさとなり，状況をさらに悪化させることになるのです。その代わりに，誰かが側にいるときは動揺を見せないようにしておいて，あなたがいかに動揺しているのかを他の誰かに話すことがないと信頼でき，支持してくれる友人や家族にこっそり助けてもらいましょう。

うわさを信じていたり気にしたりしている人に驚いてみせる

うわさを消し去るためにあなたがすべき最も重要な作戦のひとつは，うわさが話題にあがったときに，うわさを信じている人や気にしている人に驚いてみせることで，間接的にそれが正しくないことを示すことです。誰かがうわさを信じていることに対してあなたが驚いてみせると，防御的にもやましいことがあるようにも見せることなく，そのうわさが信用するに値しないものであると示すことになります。うわさを気にしている人に驚いてみせると，あなたはうわさの重要度を下げ，その影響力を減らします。うわさが正しいかどうかは問題でさえありません。もしうわさが正しいならば，みんながそれを話題にするほど気にしていることに驚いてみせましょう。もしもうわさが間違っているのであれば，みんながそれを今まで信じていたことに驚いてみせましょう。うわさやゴシップの標的になると，人は当然うわさが本当かどうか知ろうとして，あなたに近づいてくるでしょう。次のように言うことで，うわさを気にしていたり，信じていたりする人に驚いてみせるよい機会です。

- 「誰かがそんなことを信じているなんて信じられない」
- 「誰がそんなことを信じるの？ 人ってそんなにだまされやすいんだ」
- 「誰かがそんなことを気にしているって信じられる？」

- 「どうしてそんなことを気にしているのかな？　いい加減にやめたほうがいいよ」
- 「みんなもっといい話題を探す必要があるよね」

あなたが驚いてみせると，人はそのうわさを信じにくくなり，うわさを気にするまでもないと考えやすくなるでしょう。これはうわさを流しにくくなるという，あなたが望んでいることになります。

あなたに関するうわさを流す

うわさやゴシップに対処する最後の作戦は最も効果的なものですので，あなたは作戦を使いたいと思うでしょう！　この作戦は，あなた自身に関するうわさを流すというものです。狂気の沙汰だって思いますよね？　実はこの作戦はとても賢いやり方で，ほとんどの人が思いつきさえしないものです。以下のように進めます。まず，あなたが信頼している，あなたのことをかばってくれるとわかっている友人に，そのうわさについて話をすることで，うわさが世に出ていることを認めることから始めます。そしてこの作戦は他の人が周りにいて，あなたが話していることを偶然耳にしそうなときに実行します。昼食時や授業が始まる前，休憩時間，あるいは他の人が周りで話しているときが，あなたのうわさを広めるのにとてもよいときでしょう。次のステップは，そのうわさを気にしていないというようにからかうことです。こうすることで，あなたは動揺しておらず，うわさがたいしたことではないことを示します。実際，うわさはちょっとばかげているものです。最後のステップは，うわさを信じている人やうわさを気にしている人にあなたが驚いてみせることです。これによって，間接的にうわさが信用に値しないものであることを示し，相手に元のうわさを流したいと思わせないようにします。実際には，元のうわさがいかにくだらないものかということが，新しいうわさになるかもしれません。この作戦は，動揺していたり，防御的だったり，またやましいように見せることなく，うわさを消し去るのにとても効果的です。しかし，この作戦を一度するだけではだめです。数回繰り返します。つまり，他の人がきっと偶然耳にすると思われる場所で，いつもあなたが信頼できる人に対してこの作戦を実行します。あなたが何と言えばいいかという例とともに，ここにそのステップを挙げます。

1. うわさが存在していることを認める
    - 「私についてこんなうわさ聞いたことある？」
2. うわさをからかう
    - 「なんてつまらないの」
    - 「すごくくだらないよね」
    - 「なんてばかげているの」
    - 「それって，くだらないと思わない？」
3. うわさを信じたり，気にしたりしている人に驚いてみせる
    - 「信じている人がいることに驚くよ」
    - 「そんなことを信じるなんて正気とは思えないわ」
    - 「そんなことを気にしているなんて信じられる？」

- 「人がそんなことを気にしているってなんておかしいの」
- 「いいかげんにして，ほかに話題のネタを見つけるべきよ」
- 「みんな趣味を見つけたほうがいいわ。それかほかに面白い話題のネタを探すべきだよ」

社会的場面でのエピソード　あなた自身についてのうわさを広める（悪い例）

次のエピソードは，DVDにある"あなた自身についてのうわさを流す不適切な方法"についてロールプレイの台本です。

ヤスミン：（動揺しているように見える）どうしよう，ララ。私がベンのことをすごく好きだっていううわさ，聞いたことがある？

ララ：うん，聞いたわ。

ヤスミン：（防御的に見える）なんてこと。そんなのうそよ！　冗談じゃない……私のことを知っているでしょ……ベンはタイプじゃないわ。私が好きなのは，えっと，ブロンドで背が高い人，ベンはそうじゃないわ。そうでしょ？　私たち，なんの共通点ももっていないのに。

ララ：（本当なのか確信がもてないでいる）そうだと思うわ。あなたがそう言うなら。

ヤスミン：（防御的で，やましいことがあるようにも，少しヒステリックにも見える）そうよ，っていうか，本当に気が知れない。そんなこと誰が信じる？　ほんと……まったくどうかしているわ。

ララ：（判然としないで）ええ，ちょっとどうかしてるわね。

ヤスミン：（心配して慌てているように見えて）そうよ。

他者の立場に立って考えるための質問

- ララにとって，このやりとりはどんなものでしたか？
  答え：落ち着かない，困ったやりとり
- ララはヤスミンのことをどう感じていると思いますか。
  答え：防御的なっている，やましいことがあるように見える，うわさが間違っていることを証明しようと一生懸命になっている
- ララや話を聞いている他のみんなは，うわさを信じているでしょうか？
  答え：みんなはうわさが本当だと信じているかもしれない，ヤスミンは動揺していて，防御的で，やましいことがあるように見える

社会的場面でのエピソード　あなた自身のうわさを広める（良い例）

次のエピソードは，DVDにある"あなた自身のうわさを流す際の適切な方法"についてのロールプレイの台本です。

ヤスミン：（落ち着いて）どうしよう，ララ。私がベンのことを好きになったといううわさを聞いたことある？

ララ：ええ，聞いたわ！

ヤスミン：（何気なく）誰がそんなことを信じるのかしら？

ララ：誰が信じているのかわからないわ。ばかよね。

ヤスミン：（驚いてみせて）本当にばかげてるわね。どうしてそんなことを気にするのかしら？
ララ：（同意して）わからないわ。誰が気にするのかな。
ヤスミン：（無関心のようにみせて）つまらないよね。もっと話すべきことを見つけるべきよ。
ララ：本当，そうね。
ヤスミン：（驚いてみせて）なんてくだらないの。
ララ：本当ね！

他者の立場に立って考えるための質問

- ララにとって，このやりとりはどんなものでしたか？
  - 答え：心地よく，面白みのあるもの
- ララはヤスミンのことをどう感じていると思いますか？
  - 答え：いつも通り普通，防御的でない，やましいこともない
- ララや話を聞いている他のみんなは，うわさを信じるでしょうか？
  - 答え：おそらくみんなはうわさを信じないか，元のうわさを広めたいと思わないだろう

思春期・青年期の子どもたちや保護者のためのエクササイズ

10代の若者や青年は，保護者と一緒に，以下のエクササイズに取り組みましょう。

- 本章で概略を述べた作戦を使って，うわさを信じたり，気にしたりする人に驚いてみせることを保護者と一緒に練習します。
  - うわさやゴシップに対処する方法を，復習することから始めましょう
  - うわさやゴシップを信じたり気にしていたりする人に驚いてみせる練習をしましょう
- 今のお子さんの状況に関係があれば，人がうわさを信じていたり気にしたりしているのを，（これはめったに起こらないことですが）友だちを相手に驚いてみせる練習をしましょう。
  - うわさの標的になったとき，この作戦を使う方法を復習するためにFriend Makerモバイルアプリを使うとよいでしょう
- 本章で概略を述べたステップを使って，保護者と一緒にあなた自身のうわさを流す練習をしましょう。
  - うわさやゴシップに対処する作戦を復習することから始めましょう
  - あなた自身のうわさを広めるためのステップを練習しましょう
- あなたの状況に関連しているようであれば，信頼できる友人と一緒に，他人が偶然耳にするような場面で，あなた自身のうわさを広めるステップを順番に従って練習しましょう。

−うわさの標的になったときにこの作戦を使う方法を復習するために，FriendMakerモバイルアプリを使うとよいでしょう

第⓭章
暴力的ないじめを避ける

　UCLAのPEERSクリニックでの保護者セッションで，いじめ，とりわけ暴力的ないじめほど感情的になってしまう話題はありません。当然のことですが，私たちがこの話題を取り上げると，保護者は身をすくめて心配そうな様子を見せます。これはもちろん，保護者の担う最も重要な役割の一つが，子どもの安全を確認し，守ることだからです。良識ある保護者であれば，自分の子どもがいじめられていることを我慢したり許したりしようと思わないはずです。

　10代から青年期に当たるあなたのお子さんも，いじめられていたことがあるかもしれません。もしそうであれば，まるで自分の手が縛られているかのように，子どもを痛みと恐怖のなかから救い出せなくて，時折イライラしたり，無力感を感じたりするでしょう。保護者は，いじめという行為にどう耐えていけばいいのかわからず，怒りと苛立ちを感じているとたびたび話されます。よくあることですが，保護者は，自分の子どもが直面しているに違いない痛みと恐怖を想像して，悲しみ傷ついているのです。学校に行き，管理職に「問題を解決してくれ」と頼んでいますが，たいていは「事態を好転させる」といううわべの約束をされるだけです。そこで一部の保護者は，自分の子どもが恐怖や不安を感じることなく，幸福かつ健康的な生活を送るために安全を確保してほしいと願って，転校させたり，ホームスクーリングを始めたり，その他さまざまな代替手段を選んだりします。私たちもそう願っています。あなたのお子さん，そしてすべての10代の若者や青年も，安全であってほしいと思います。それこそが本章の，より広く言えば本書の目的なのです。

　思春期には高い頻度でいじめが起こっているので，メディアがそれを最近の問題として取り上げるのも，なんら不思議なことではありません。そのせいで，私たちは学校でのいじめに関する話をたくさん聞かされるし，それが自分の子どもにも起こりうる，という動揺が生じます。いじめの結果として，うつや不安の症状，孤独感や低い自己肯定感，薬物乱用や学力低下などが起こりえます。希死念慮や自殺企図，あらゆる親にとっての最悪の事態や，最も驚かされる残酷な形で犠牲となることも，10代の若者や青年の間で起こるいじめから派生するものです。

　学校で，いじめ被害を受けることが驚くほどたくさんあるということと，これらの残酷な結果をふまえ，多くの学校が迅速な対応をしてきました。たくさんのいじめ防止キャンペーンが行われ，反差別運動を通して寛容さの重要性が訴えられてきました。たしかに，これらのいじめ防止運動は生徒たちにポジティブなメッセージを送り，彼らの優しさや寛容さを育むのに役立ちましたが，完全にいじめをなくすことができるという考えは非現実的です（受け入れ難いことですが）。多くのいじめへの関心が，いじめの加害者や学校からいじめを根絶する活動に集中されていますが，いじめの被害者や彼ら自身の力によって，いかにいじめの衝撃を減らすかということに注目している活動は少ないのです。

　私たちが校内で，いじめが起こらない場を作ろうと努力しつづけていることと同様に，10代の

若者や青年にいじめに対応できる役立つ戦略を身につけてもらうことも，また重要です。本書の第Ⅲ部では，友だちから拒絶されたときの対処法を提供しています。それは，生態学的に有効なスキル——研究に裏づけられ，また友だちからの拒絶をうまく食い止めてきた10代の若者や青年によって活用されてきたスキルを使うものです。私たちはこれまで，からかい（言葉によるいじめ）への対処法，サイバーいじめ（インターネット上でのいじめ）への対処法，そしてうわさ話や陰口への対処法などに焦点を当ててきました。皆さんと，そのお子さんである10代の若者や青年にとって，暴力的ないじめ・言葉によるいじめ・ネットいじめ・うわさや陰口というのは，それぞれ別のものなのだと認識していることが重要です。なぜなら，いじめに対処する方法は，いじめの種類ごとにそれぞれ全く違うからです。本章では，4番目の暴力的いじめへの対処法に焦点を当てます。このいじめは，おそらく最も激しい社会的な攻撃の形です。

定義によると，暴力によるいじめとは，誰かの体や所有物を傷つける意図的なすべての行為のことです。教室で紙くずを投げつける行為から，ホールで誰かを転ばせること，ロッカーに押し込めること，また蹴る・叩く・押す・拳で殴るなどのより激しい暴力まで含まれます。また，暴力的いじめには，盗み・私物に落書きすること・持ち物を破損させること，なども含まれます。

これまでの章の内容と同様，以下に説明されているスキルは，ありふれた暴力的いじめへの対処法ではありません。むしろ，社会的スキルの高い10代の若者や青年が使っている，暴力によるいじめの被害を減らすための，効果的な方略を提示します。

> 暴力的いじめとは，誰かの体や所有物を傷つける意図的なすべての行為のことである。

暴力的いじめへの対処法

10代の若者や青年が暴力的いじめにあったとき，その対処法として最もよく勧められることは何か考えてみましょう。PEERSで出会った10代の若者や青年によれば，彼らが暴力的いじめに直面したとき，年上の大人に告げるか，やり返すことを勧められるというのです。たしかに，暴力的にひどい攻撃を受けていたり，長期的に続くいじめを受けていたりする場合は，援助してくれる大人や権威のある人物にいじめのことを告げることが，効果的な方略になるでしょう。しかし，紙くずをぶつけたり，転ばせたり，閉じ込めたりといったような，より程度の弱いいじめに関しては，それを告げ口しても，問題を防ぐ効果はあまりないかもしれません。もし，紙くずを投げつけられることを告げ口したらどうなるでしょうか？　いじめっ子が叱られ，その結果仕返ししてやろうと思い，ますます事態が深刻化するかもしれません。もちろん，いじめっ子に対して「やり返す」という対処法を取った場合も，傷つく結果となったり，トラブルに巻き込まれたり，友人や先生などの管理者から悪く思われたりすることさえあります。その代わり，程度の弱い暴力的いじめに直面した際，10代の若者や青年は，次に紹介する方略を試してみるとよいでしょう。その方略は，このようなタイプの社会的攻撃の被害をなくしたり，減らしたりします。

✪ いじめっ子を避けよう

　暴力的いじめへの最も効果的な対処法のひとつは，いじめっ子を避けることです。これは，いじめっ子の手が届く範囲にいないようにすることと，いじめっ子と同じ時間に同じ場所でいないようにするということです。例えば，いじめっ子がランチルームの特定の場所をうろうろするとわかっているなら，その場所を避ける，などの取り組みです。もしいじめっ子のロッカーが特定の廊下にあるなら，その廊下は通らないようにするとよいでしょう。もしいじめっ子が校内のある場所をうろつくのを好むなら，可能な限りその場所には行かないようにします。いじめっ子の行動範囲やよく行く場所を避けることで，いじめのターゲットになることを回避しやすくなります。換言すると，いじめっ子もあなたのお子さんを見つけられなければいじめたりはしない，ということです。

> いじめっ子も，あなたの子どもを見つけられなければ，いじめることはない。

✪ いじめっ子がそばにいるときは，目立たないようにおとなしくしよう

　友だちから拒絶されてしまう10代の若者や青年がやってしまいがちな間違いに，自ら近くにいるいじめっ子の注意を引いてしまうということがあります。いじめっ子が近くにいるときに冗談を言ったり，ふざけたふるまいをしたりすると，その存在が強く印象に残り，いじめのターゲットにしたくなります。注意を引くのではなく，「いじめっ子が近くにいるときは，目立たないようにおとなしくする」と彼らにアドバイスするのは，暴力的いじめを避ける効果的な方略です。もし目立たないように，なおかつ相手に気づかれないようにしていると，いじめの標的にはされにくいのです。言い換えれば，いじめっ子もあなたのお子さんに気づかなければ，あまりいじめようという気持ちにはなりません。

> いじめっ子は，あなたのお子さんに気づかなければ，あまりいじめようという気持ちにならない。

✪ いじめっ子を挑発しないように

　どんな時でも，いじめっ子を挑発するようなことも避けなければなりません。もちろん，これはいじめっ子をからかったり，バカにしたり，苛立たせたり，恥をかかせたりしてはいけないということです。いじめっ子は，もし苛立ったり恥をかいたりするようなことがあると，強い怒りから暴力で反撃してきます。つまり，10代の若者や青年は，いじめっ子を苛立たせたり，恥をかかせたりするような挑発するべきでないということです。これには第10章で述べたような，からかいへの言い返しも含まれます。「なんなりと」「はぁ，それで？」「何が言いたいの？」などといったからかいへの対処法は，しばしばその言葉を向けられた人を嫌な気持ちにさせます。そこで，暴力的いじめに対して（また言葉によるいじめに対

> 暴力的いじめに対して（また言葉によるいじめに対しても）は，事態の悪化や相手の攻撃を回避するために，言い返す言葉を使うことは控える。

しても）は，事態の悪化や相手の攻撃を回避するために，言い返す言葉を使うことは控えます。代わりに，本章で紹介している暴力的いじめへの対処法を実践するように，子どもを助けてあげるとよいでしょう。

✪いじめっ子を取り締まらない

　社会性に課題がある10代の若者や青年は，他人のルール違反や過失を指摘する，第3章で取り締まり（Policing）と呼んだ行為をよくします。この社交上の失敗により友だちから拒絶されるようになるという問題がありますが，それとはまた別に，この行為を粗暴ないじめっ子に対して行うと暴力的な攻撃を受けることになるかもしれません。このため，いじめっ子（あるいはその友だち）のささいな違反について告げ口をすることは，明らかにお勧めできません。これは，もしいじめっ子が授業中に友だちにメモを渡し，その行為が許されるようなものではなかったとしても，それを先生に伝えるのはあなたのお子さんの仕事ではないということです。もしいじめっ子が試験でカンニングをしていても，それを教授に伝えるのはあなたのお子さんの役割ではありません。もしいじめる人間が仕事に遅刻しても，それを上司に伝える責任はあなたのお子さんにはありません。クラスメイトや同僚や友だちの違反を指摘するのは，あなたのお子さんの責務でも業務でもないのです。このような指摘をすれば，その子の友人グループ内での評判は下がりますが，それだけでなく，人によっては暴力的いじめを誘発してしまうかもしれないのです。

　取り締まりをしないというルールには，ひとつ，明らかな例外があります。それは，いじめっ子が学校や職場に凶器を持ってきたり，「暴行を加えるぞ」と言って脅してきたりしたときです。このような場合にはすぐ，強い立場にいる人に報告しましょう。例えば，学校の先生，教授，上司などです。しかしこのとき，いじめっ子に自分が伝えたことを知られたくないので，友人や同僚には話さないよう慎重にしておくことがきわめて重要です。ばれるといじめっ子がやり返してきて，苦境に立たされることになります。

> 取り締まる行為を粗暴ないじめっ子に対して行うと，暴力的な攻撃を受けることになるかもしれない。

✪いじめっ子と仲良くなろうとしないように

　社会性に課題のある10代の若者や青年が犯しがちな社会的ミスは，いじめっ子と仲良くしようとすることです。この方略はめったにうまくいかず，その代わり標的にされてさらなる攻撃を受けることになるので，かなりまずいやり方と言えます。しかし，仲間はずれにされている10代の若者や青年の多くが，いじめっ子と仲良くするという無駄な試みをしてしまいます。おそらく彼らは，機転をきかせれば相手に勝てるとか，自身の優れた知性によって相手を惹き付けたり魅了したりできると思っているのでしょう。これをするとたいていは，さらに利用されたり攻撃されたりします。この行動によって，自分たちと相手の違いが目立ってしまい，周りに注目され，より一層きついいじめを受けてしまう人もいます。またいじめっ子に利用される人もいます。そういう人たちは多分，いじめっ子と仲良くなれたと思っているのですが，一方で相手に主導権を握

られて，いいように扱われてしまうのです。いじめっ子による他者の利用は，さまざまな形を取って表れます。経済的搾取（お金を取る）や，物質的搾取（物を取る），行動面での搾取（いじめられっ子に特定の行動をさせる），感情面での搾取（気持ちをかき乱すような遊びをする・ウソをついて騙す），また，おぞましいことですが，性的搾取（性交渉を求める）といったものまであります。明らかに，あなたが自分の子どもを守るために最優先でやらなければいけないことは，このような行為から彼らを守ることです。効果的な方法のひとつは，彼らがいじめっ子と友だちになろうとしていないかしっかり確認することです。

> 仲間はずれにされている10代の若者や青年の多くが，いじめっ子と仲良くするという無駄な試みをしている。

☞ ソーシャルコーチへのヒント（社会性の指導のコツ） 社会性に課題を抱えている10代の若者や青年のなかには，いじめっ子との間で生まれた「友情」というものは得てして「いいように操られる」あるいは「搾取される」という結果につながるものだと認識している人もいます。しかし，なかには「いじめっ子の思惑なんて不純なものだ」という意見に抵抗感を示す人たちもいるでしょう。もしあなたのお子さんがお人好しで，危なっかしいほど社会的に未成熟で，利用されることを友情と誤解するようであれば，あなたは第2章での論議——よい友だちの特徴と，友だちとして受け入れられているかの見分け方——を読み返すとよいでしょう。それを読めば，他人を利用してくるような友人関係には，公平さとか，責任とか，義理とかいったものが欠落しているのだということがわかるでしょう。そのような事実に直面させることは酷かもしれませんが，あなたは子どもに，「友だち関係は選択である」ということを優しく思い出させるべきです。よい友だち関係を選ぶこともあれば，悪い友だち関係を選んでしまうこともあります。あなたのお子さんは周囲の人たち全員と友だちになる必要などありませんし，また周囲の人たち全員があなたのお子さんと友だちになる必要もないのです。ある相手との友だち関係は，悪い選択なのかもしれませんし，その他の（よりよい）選択だってあるのです。

✪ 他の人と行動を共にしよう

前の章で次のような問いかけをしました。「いじめっ子が注目するのは，どのような人ですか？ 一人でいる人ですか，あるいはグループに属している人ですか？」と。答えはもちろん，一人でいる人です。なぜなら彼らは簡単に標的にできそうに見えるからです。もしあなたのお子さんが一人でいたら，それは無防備な状態にあるということ，そして誰も守ってくれたり力を貸してくれたりしないということを覚えていますか。いじめっ子は一人の人間は弱いということをよくわかっていて，孤立している人や仲間はずれにされている人を頻繁にターゲットにします。このため，暴力的いじめに対処する最も効果的な方法のひとつは，単純に，他人と一緒に行動することだと言えます。つまり，暴力的いじめを受けた経験があるなら，一人で昼食を取ったり，一人で教室に向かったり，一人で登下校したりしないほうがいいということです。一方で，昼食は友だちと取り（あるいは，ただの知人とでもいいです），友だちと一緒に教室に向かい，同級生や兄弟姉妹と一緒に登下校するのは，暴力的いじめを避ける効果的な方法となるでしょう。なぜなら，

周りに人がいると、その人が自分を守ってくれる可能性が高いため、いじめっ子も標的にしようとは思いにくくなるからです。

✪ いじめっ子が周囲にいるときは、権威のある人の近くにいよう

　暴力的いじめを避ける他の方法としては、いじめっ子が周りにいるとき、大人あるいは権威のある人たちの近くにいる、というものがあります。たいていのいじめっ子は、自分を厳しくしつけたり叱ったりするような権威のある人たちの前でも暴力的いじめをするほど元気がいいわけでもないので、この方法は効果的と言えます。このため、大人あるいは権威のある人のそばに立っているか座っているかするだけで、いじめっ子の動きを一時的に封じることができます。特にあなたのお子さんが学校で食堂の監視員と話さなければいけなかったり、教室まで学校の警備員と一緒に行かなければいけなかったりするわけではありません。単に、周りにいじめっ子がいるそのときに、暴力的な攻撃を受けるのを避けるため、権威のある人の近くにいればいいというだけのことです。

> たいていのいじめっ子は、自分を厳しくしつけたり叱ったりするような権威のある人たちの前でも暴力的いじめをするほど元気がいいわけでもない。

✪ 危ないときは、助けてくれる大人に頼ろう

　最後に伝えたいのは、暴力的な傷害・攻撃を受ける恐れがある場合、助けてくれる大人に頼ることも絶対に重要であるということです。このことは、いじめが広がって慢性化して、これまでに挙げてきた方法が役立たない場合にも当てはまります。あなたのお子さんが受けている暴力的いじめ、あるいはあらゆる種類のいじめを終わらせるためには、保護者や家族の力を借りること、また学校や会社の職員の力を借りること、そのどちらもが重要なステップとなります。嫌がらせやいじめは許してはならないのです。そして、このように困難な社会的場面に対処する効果的な方略を身につけ、ときには他者の手助けを借りるということもできると、あなたのお子さんは、このような難しくて怖い経験を減らし、なくすことさえも、うまくできるようになるでしょう。

> 暴力的な傷害・攻撃を受ける恐れがある場合、助けてくれる大人に頼ることも絶対に重要である。

☞ ソーシャルコーチへのヒント（社会性の指導のコツ）　ここまでに挙げてきたものは、暴力的いじめを上手く減らし、あるいはなくすことができてきた10代の若者や青年が使っている対応方法です。読み進めているうちに気づかれたかもしれませんが、本章ではいじめに関する感情的な辛さは深く扱わず、これからいじめられることのないよう、とりわけいじめに対して何ができるかという面をとりわけ重視してきました。PEERSでは、大部分の社交上の課題に対して、同じように取り組んでいます。私たちも、いじめによって生じる感情面の苦痛を重視してはいますが、単に痛みを分かち合ったり、「あなたは一人じゃない」と伝えたりしても、あなたやあなたのお子さんがこの問題から解放されるわけではないことを知っています。たしかに我々はあなたと苦痛

を分かち合いますし，あなたが決して一人ではないことも事実です。しかし私たちはそのような方法よりも，保護者がこのいじめという問題に対してより積極的なアプローチを取り，このような障壁を乗り越えるスキルを自分の子どもに習得させることにエネルギーを向けてほしいと願っています。皆さんは保護者であると同時に，チアリーダーでもあると考えてください。子どもが不安を克服し，いじめから抜け出してより力強く生きていけるよう応援するチアリーダーなのです。

ラリーのサクセスストーリー
——目立たないようにおとなしくする

　仲間うちでのいじめのなかで，暴力的いじめ——一番悪質なものとしては傷害行為や暴力による脅しも含まれる——は，おそらく人の不安を強く煽るものです。自分の安全を脅かされなければならない人はいません。社会性に課題を多く抱えている10代の若者や青年もそうです。ラリーという，自閉スペクトラム症（ASD）の診断を受けた16歳の少年も決して例外ではありません。長い間いじめにあっていました。

　PEERSに来る前，ラリーは小さな私立学校の普通学級に在籍していました。両親が小規模なクラスに入ることを望んだのです。彼は勉強の面では優れていましたが，人との関わりはうまくいきませんでした。両親によると，小規模なクラスには長所とともに短所もあって，それが彼の周りとの違いを浮き彫りにしてしまいました。彼の母は「彼のなじめる場所がなかったんです」と語りました。「彼は毎日のようにいじめられ，脅され，そして時々，殴られたり罵倒されたりしました。どのように周りに合わせればよいかわからない，というだけの理由で。私たちは彼に合った場所を探し，転校させました」。暴力的な脅しやその他の困難があったにもかかわらず，ラリーは奇跡的にも，前向きな気持ちを保っていました。ラリーの母は語りました。「その時点では，彼の楽天的な性格が偉大な才能として発揮されていました。どれほど学校での日々が過酷であっても，彼は毎朝幸せそうに起きて，これまでに起きたあらゆる出来事を受け入れ，新鮮な気持ちで生活をやり直そうとしていました」。しかし彼の楽観主義にも限界がありました。「やがて彼は，どんどんコンピュータに依存するようになりました」と彼の母は語りました。「家から出ようとしなくなり，スポーツをしなくなって，学校の活動にも参加しなくなりました。友だちは一人もいませんでした。彼は『友だちはいなくても気にならない』と話していましたが，私たちは彼が本当は気にしていることを知っていました。彼は，それがどれほど些細なものであったとしても，うまくいくためのきっかけと適切な方法を必要としていただけなのです」。両親が彼をPEERSに連れてきたのは，このときでした。

　ラリーは熱心な生徒でした。スポンジが水を吸うように，あらゆる新しい方略を身につけていきました。グループメンバーのお手本となり，彼はとても真剣にプログラムを受け，他のメンバーにも同じような真剣さを求めました。いじめに関する授業では強い好奇心と穏やかに自分のことを振り返りながら話を聴いていました。その様子は，まるで彼の頭のなかで回っている車輪が見えるかのようでした。毎週彼は，学んだスキルを実践してみた結果を非常に事細かに報告してくれました。PEERS参加者の模範生で，熱意と前向きな気持ちをもって，つねに与えられた課題を

完遂していました。当然のことながら，スキルをとてもきちんと身につけていきました。

　ラリーは今，暴力的いじめの標的になることもなく，やたら多くの友だちを作って武装する必要もなく，真のサクセスストーリーを歩んでいます。一人の立派な男性となった彼について，母親は「彼は今や，昔とはずいぶんイメージが変わりました。昔と変わらないのは，彼が『かつての』人生におけるすべての不運と立ち向かうために，何とか手放さないでいた素晴らしいポジティブ精神です。彼は，つらい時間に耐えるとはどういうこと知っていますし，そのおかげで今は親元を離れてくらすこともできています」と話しています。ラリーは今19歳で，家から遠く離れた大学に通い，幸福な新生活を送っています。彼のこれまでの人生にまとわりついていた亡霊は，過去のものとなりました。そんな彼を誇らしく感じている母親は，次のようにも語っています。「彼は大学の最初の学期が終わったとき，『お母さん，僕は数日間のキャンプにも行けない子どもだったのに，こんな遠くの大学に通えるようになったんだよ』と言って笑ったんです。今，彼は自分に自信をもっています。ええ，もっていいと思います！」。

　ラリーのサクセスストーリーは，ほかにもたくさんある例のひとつです。社会性に課題をもった彼は，もはやお人好しのいじめられっ子ではなく，自信を持った若者へと成長し，自分で社会に出て行こうとしています。もしあなたのお子さんがいじめを受けて恐怖と孤独の世界に追いやられているのなら，そしてもう決して逃げられないんじゃないかという恐怖に苛まれているのなら，ラリーの心を揺さぶられる希望と忍耐の物語を思い返してみてください。

暴力的いじめに対処する方略

思春期・青年期の子どもたちのための本章のまとめ

> ここからの内容は，10代の若者と青年の皆さんに読んでもらうためのものです。本章の短い要約が含まれています。

　後半の数章を通して，私たちはさまざまな種類のいじめについて論じてきました。例えば言葉でのからかい，インターネットによるいじめ，うわさやゴシップについてなどです。本章では暴力的いじめに焦点を当てました。暴力的いじめには，誰かがあなたに紙くずを投げつける，ホールで転ばせる，あなたの持ち物を盗んだり傷つけたりするといったものから，突いたり蹴ったり，叩いたり押したり，取っ組み合ったりといったような，より痛烈な暴力まで含まれます。暴力的いじめとその他のいじめの違いを理解しておくのは重要です。なぜなら，暴力的いじめに適用すべき対処法は，それ以外のいじめへの対処法と全然違うものだからです。

　いじめについて気持ちを落ち着けて話すのはとても難しいのはわかりますし，多くの10代の若者や青年がいじめに苦しめられていることはよく知られています。もしかしたらあなたもそのなかの一人かもしれません。私たちがこれまで述べてきているように，あなたは一人ではありません。数えきれないほどの10代の若者や青年が，何の罪もなくいじめの被害者となり，無防備で守ってくれる人がいないと感じているのはよくあることです。それは望ましいことではありませんし，だからこそ私たちが皆さんを助けるためにここにい

るのです。乱暴にされたり利用されたりすることがいかに惨めに感じられるのかわかっていますが、そのことについて論じるつもりはありません。その代わりに、これからあまりいじめられないようにするために、何ができるかということに焦点を当てます。もしあなたが、いじめられてどのように感じたかを誰かに聴いてほしいという思いを抱えているのなら、まずその気持ちについて、あなたの保護者やその他の信頼できる大人に話してみるとよいでしょう。

　暴力的いじめに対処する具体的な方法についてお話する前に、まずはあなたがこれまでに言われてきたことについて考えてみましょう。たいていの大人は、10代の若者や青年たちに、暴力的いじめを受けたときは何をしろと言うでしょうか？　普通は「誰か（例えば先生など）に言うように」とか「やり返せ」とか言われますよね。たしかに、あなたがとても危険な状況に追いやられていたり、いじめの程度がひどすぎてあなただけでは対処しようがなかったりする場合、「誰かに言う」というのはいい選択です。けれど、もし、教室で誰かに紙くずをぶつけられただけ、というときに大人に告げ口したら、どういう問題が起こってしまうでしょうか？　たしかに紙くずをぶつけるのはたちの悪い行為ですし、決して許されていいようなことではありませんが、もしそのことを先生あるいはその他の大人に告げ口した場合、おそらくいじめっ子は叱られ、その結果あなたに仕返ししたいと思うかもしれません。そうなると状況はさらに悪くなってしまいます。ではやり返したらどうでしょうか？　相手は傷つき、あなたは叱られ、あなたの評価が悪くなることさえあるかもしれません。このため私たちは、告げ口したりやり返したりするのとは違う方法を示したいと思います。以下に挙げる方法は、暴力的いじめを軽減させたり、あるいはなくしたりしてきた10代の若者や青年が実践してきたものです。

いじめっ子を避けよう

　暴力的いじめへの対処法として最も効果的な方略は、いじめっ子を避けることです。これはつまり、いじめっ子が手の届かない範囲にいるということです。例えば、もしいじめっ子が食堂の特定の場所に現れるのであれば、その場所を避けます。いじめっ子のロッカーが特定の廊下にあるなら、その廊下は歩かないようにします。また、もしいじめっ子が校内の特定の場所を好んでうろつくなら、可能な限りその場所に行かないようにします。いじめっ子は、あなたを見つけられなければ、いじめることはできないのです。

いじめっ子が近くにいるときは，目立たないように大人しくしよう

　いじめっ子が近くにいる時に彼らの気を引くようなことをして失敗をしてしまう若者たちもいます。彼らは、いじめっ子が近くにいるときに冗談を言ったり、ふざけたりして注目を集め、いじめっ子に自分の存在を知らせてしまうのです。いじめっ子が近くにいるときは、相手の注意を引きつけるのではなく、控え目な態度を取り、相手に気づかれないようにすることが必要です。いじめっ子があなたの存在に気づかなければ、あなたをいじめようとはなかなか思わないものです。

いじめっ子を挑発しないように

　いじめっ子を挑発することもしないようにしましょう。これはつまり，いかなる状況であっても，いじめっ子をからかったりバカにしたり，怒らせたり恥をかかせたりしてはいけないということです。いじめっ子を苛立たせたり恥をかかせたりすると，彼らは挑発されたと感じ，暴力を使って反撃してすることがよくあります。このため，ことばでのからかいへの対処法として学んできた方略——例えば，「なんなりと」「はぁ，それで？」「何が言いたいの？」などといってあしらう方法は，相手が暴力をふるいそうな場合は絶対に使わない方がいいです。なぜなら，この方法はいじめっ子に恥をかかせ，その結果あなたが傷つけられるかもしれないからです。

いじめっ子を取り締まろうとしないように

　10代の若者や青年がやってしまいがちな他の失敗として，いじめっ子を取り締まるというものがあります。「取り締まる」というのは，他人の間違いを指摘するということです。誰も間違いを指摘されることは好みませんし，ましてやいじめっ子は特にそうです。他人を取り締まろうとすると，いじめや暴力的攻撃の標的になりやすくなります。このため，ちょっとした失敗や規則違反をあげつらってはいけません。これはつまり，いじめっ子がクラスの中で調和を乱すような行為をしても，試験でカンニングをしても，仕事に遅刻しても，それを告げ口するのはあなたの仕事ではないということです。あなたに告げ口をする義務は全くありませんし，それをすると，いじめっ子があなたに仕返ししようと思うので，単にあなたが困ることになります。しかし，もしいじめっ子が学校や職場に凶器を持ってきていたり，「暴行を加えるぞ」と言って脅してきたりしたら，それは別の話になってきます。そのような場合は，あなたは誰か権威のある人——例えば学校の先生や上司——にそのことを伝えるべきです。ただし仕返しされないように，自分が伝えたということをいじめっ子に知られないように注意しましょう。

いじめっ子と仲良くなろうとしないように

　その他によくある失敗として，いじめっ子と仲良くなろうとするというものがあります。これはかなりまずい方法です。というのも，それをするとたいてい相手の注意を引いてしまうだけで，いじめっ子から搾取・利用されやすくなるからです。友だちのようにふるまういじめっ子もいるかもしれませんが，そういう人は実際にはあなたを利用しようとしたり，あるいはあなたから何か奪おうとしたりしているだけです。いじめっ子がよい友だちになるということは，まずほとんどないと言っていいでしょう。このため，いじめっ子と仲良くなろうとするという間違いをしてはいけません。うまくいかないだけでなく，おそらく事態を悪化させるばかりでしょう。そのうえ，いじめっ子と一緒に行動しているというだけで，あなたの悪評が広がってしまうかもしれません。

他の人と行動を共にしよう

　ネットいじめについて論じた際，私たちが次のような質問をしたのを覚えていますか。「いじめっ子がいじめる相手として選ぶのは，一人でいる人でしょうか，グループのなかにいる人でしょうか？」。答えはもちろん前者です。一人でいる人は標的にしやすいので，いじめっ子はそのような人に目をつけたがるのです。もしあなたが一人でいると，無防備で弱く見えます。このため一層いじめられやすくなります。しかし，もし他人と行動を共にしていれば守ってくれる人たちがいるので，いじめられにくくなります。このため，もしいじめにあうのを避けたければ，昼食は友人（ただの知人でもいいです）と一緒にとり，友だちと一緒に教室まで行き，登下校は同級生か兄弟姉妹と一緒にするなどの工夫をするとよいでしょう。他人と行動を共にすることは，暴力的いじめを避けるうえで最も効果的な方法のひとつです。

いじめっ子が周囲にいるときは，権威のある人の近くにいよう

　暴力的いじめを避けるその他の有効な方法として，いじめっ子が周りにいるときは，大人か，権威のある人物の近くにいるというものがあります。たいていのいじめっ子は，自分を罰するかもしれない人が近くにいるときには悪事を働こうとはしないので，これはよい方法なのです。大人や権威のある人の近くに，立っているか座っているかするだけで，当分の間はいじめっ子を遠ざけることができるでしょう。これは何も，学校で食堂の監視員と話さなければいけないとか，あるいは教室まで学校の警備員と一緒に行かなければいけないという意味ではありません。単に，周りにいじめっ子がいるそのときに，暴力的な攻撃を受けるのを避けるため，権威のある人の近くにいればいいというだけのことです。

危ないときは，助けてくれる大人に頼ろう

　もしあなたがかなり危険な状態に陥っていたり，あるいはこれまでに挙げてきたような対処法が通用しなかったりするときでも，助けてくれる大人に頼って暴力的いじめに対処するという最終手段があります。これはつまり，ひどい暴力的攻撃を受けていると感じるなら，親・先生・教授・上司・その他あなたが信用できる協力的な大人に，そのことを伝えるべきだということです。または，もし暴力的いじめが永遠に続くように感じられ，これまでに述べてきたいろいろな方略が役に立たないように思えたら，それはさらなる助けを得るよい機会です。人に助けを求めることを恥だと思う必要はありません。誰でも折に触れて，人の助けを必要とします。まさに，もしおどされるなどして自分がとても危ない状況になっていると感じたり，どうやってもいじめを解決できそうになく，とにかく止めるのを助けてほしいと感じているのであれば，待っていてはいけません。すぐに助けを求めましょう。そして，自分は決して一人ではないのだということを思い出しましょう！

思春期・青年期の子どもたちや保護者のためのエクササイズ

10代の若者と青年の皆さんは，保護者と一緒に以下のエクササイズをしましょう。

・本章で述べてきた肉体的いじめへの対処法に関する情報を，保護者と一緒に復習しましょう。
  − あなたやあなたの知っている人が，肉体的いじめにあったことがないか，保護者と話し合いましょう
  − あなたやあなたの知っている人が，肉体的いじめを効果的に防ぐために今使っている（あるいは今後使えそうな）方法をいくつか考えてみましょう

第❶4章
悪い評判を変えること

　過去に仲間から拒絶された経験がある多くの10代の若者や青年には，悪い評判がつきまといます。厄介なことに，この悪い評判のせいで新たな友だちを作ることや，友情を維持するのが困難になります。UCLAのPEERSクリニックでの経験では，一部の保護者は評判（reputation）という言葉を使うと，気分を悪くされます。これは（米国では）評判という言葉が，薬物の使用や性的にふしだらであるというイメージを連想させるからです。こういった連想は，保護者が10代だった頃は事実だったのかもしれません。しかし評判という言葉は今ではより広い意味をもつようになっているので，若い世代の子どもにとっては，特定の人に対して集団が抱く一般的な意見や印象といった意味合いも含まれています。さらに評判とは，個人がもつ特性，特徴，趣味や能力も意味します。そして評判には，良い評判と悪い評判があります。過去に友だちから拒絶されたことのある若者は，評判が悪いことが多いです。また，社会的に周りから無視されてきた子たちは，評判そのものがないのかもしれません。

　10代の若者や青年にとって，誰と親しくしているかで，その評判が変わることがよくあるのは厄介なことでしょう。そのため，悪い評判をもつ子と親しくなると自分の評判も悪くなるのではと心配して，たいていそういう子とは仲良くなろうとしません。つまり，もしあなたのお子さんに悪い評判があれば，その評判が消えるまでは，新しい友だちを作ったり，交友関係を維持したりするのは難しくなります。

> もしあなたのお子さんに悪い評判があれば，その評判が消えるまでは，新しい友だちを作ったり，交友関係を維持したりするのはより難しい。

　お子さんが自分の悪い評判から抜け出すのを助ける方法を見つけるなんて，非現実的な挑戦だと思われるかもしれません。お子さんを悪い評判から何とか解放してあげたい，あるいは最初からやり直せるよう手助けをしたいというのが，共通した皆さんの思いです。さあ，あなたは，自分の子どもを悪い評判から助けようとする保護者の多くが，どういった行動に出ると思いますか？子ども思いの優しい保護者の多くは，その子を転校させることで解決しようとするのです。もしかしたら，あなたにも同じ経験があるのかもしれません。子どもが学校を変えれば，その子が新しく再スタートできるという考えです。残念ながら，実際には，転校してもその子の悪い評判がついてまわることが多いのです。おそらく転校先の地域の生徒が，前の学校の生徒を知っているのでしょう。こういった場合，またたく間にうわさが広がり，それまでの評判はついてまわるのです。また，転校しても問題が解決しないもうひとつの理由として，最初の場所でうわさが立った原因がその子のふるまいにある場合，転校先でも問題となる行動を繰り返してしまうことが挙げられます。彼らは，同級生の過ちを取り締まったり，会話の際に一人でしゃべりつづけたりする悪い癖をもっているのかもしれません。あなたのお子さんも，似たようなことをするという評

判があるかもしれませんね。もしそうであれば，お子さんと話し合い，悪い癖を改善しなければ，たとえ学校や職場を変えたとしても，また似たような悪い評判が立つことになります。こういった場合，単に学校や職場を変えることで悪い評判から逃れようとするのは，効果的な解決法ではありません。まずは，その子の悪い評判のもとになっている行動を変えましょう。その方法については，第13章にあります。別のステップとしては，自分を受け入れてくれる，共通の興味をもった友だちがいる場を見つけることです。これはだいぶ前に戻って，第2章を参考にしてください。そして次のステップは，本章が焦点を当てている，現在本人が通っている学校や職場で悪い評判を変えることです。

> 単に学校や職場を変えることで悪い評判から逃れようとするのは，効果的な解決法ではない。

まずはじめに，お子さんにどんな評判があるのかを知る必要があります。ほとんどの10代の若者や青年が（周りから完全に無視されているのでなければ）何らかの評判を同級生や同僚からもたれています。たとえ恥ずかしがり屋な子や控えめな子であったとしても，少なくとも"恥ずかしがり屋"や"控えめ"であるといった評判が存在するでしょう。もちろん，この2つはどちらも悪い評判ではありません。仲間から拒絶されている子どもは，よく悪い評判があるので，それが周囲の人と友だちになることや，交友関係を維持するのを阻害しています。だから，もしあなたのお子さんがそういった悪い評判に思い悩んでいるのなら，少なくともその悪い評判が消えるまでは，お子さんを仲間外れにしている人間関係から離れて，その集団の外で友だちを作ることをサポートしてあげることがきわめて重要です。第2章を読んでから，あなたがすでにこういった行動ができているとよいのですが，もしお子さんに悪い評判があるのか，まだわからない場合は，第2章に記載されている，「お子さんの評判を理解し見極める」という質問にもう一度答えてみてください。

慎重に考慮したうえで，お子さんが悪い評判に悩まされていると判断したとしても，絶望しないでください。お子さんを助けるために，できることがあります。これから紹介する悪い評判を変えることに成功した10代の若者や青年が使っている，生態学的に有効な対処法が大いに役に立つでしょう。悪い評判を変えるというのは，時間と忍耐を要する長いプロセスです。ですから，少なくともその悪い評判が落ち着くまでの間，あなたは，お子さんを思い悩ませる集団から遠ざけ，その集団の外で適切な友だちを作る手助けをしましょう。第2章に，課外活動や趣味を通して友だちを作るやり方が，詳細に記載されているのを思い出してください。お子さんに悪い評判がある場合は，友だちになってくれる人は，お子さんのことを知らない離れた地域で見つかる可能性があります。

あなたが保護者としてできることを一通り理解できたと思います。では具体的な対処法を説明する前に，一度深呼吸しましょう。これまで本章で述べてきた，仲間からの拒絶，いじめといった話題と同様，悪い評判というテーマも，保護者にとって感情的になりやすいものです。誰でも，自分の子どもが疎外されている，嫌われているかもしれないなんて想像したくはありません。あなたはお子さんが本人もそう求めているように，周囲から受け入れられ，プラス評価されることを願っています。また，周囲の人にお子さんがもつ素晴らしい面に目を向け，個々の違いを拒絶

するのでなく認めてほしいと願っています。周りの人にあなたの息子や娘のことを，あなたがするように気にかけてほしいと思っているのです。私たちも同じ思いです。この章の焦点は，お子さんが直面するかもしれない大きな壁となる社会的な困難のひとつである悪い評判を，皆さんが乗り越えるための手助けをすることにあります。辛く苦しいことであるように聞こえるかもしれませんが，そのようにとらえる必要はありません。たしかに，悪い評判を変えることは簡単ではなく，時間もかかります。しかし，必ず変えられるのです。クリニックに訪れる家族を通して，数えきれないほどの成功例を私たちは見てきました。例えば，マイケルには他者を非難しすぎるという悪い評判がありました。彼の母親は彼に，弁論部（彼が他者を批判できた唯一の居場所）に入ることを強く勧めました。彼はそこで何人かの新しい友だちを作り，彼の政治や討論への情熱が次第に学生自治会への立候補につながり，学級代表となったのです！　ミシェルもまた，悪い評判に打ち勝った一人です。彼女は，いつも一方的に自分の興味がある話をするという癖から悪い評判がありました。しかし，ミシェルがアニメ部に入るのを保護者が手助けした後，彼女はそこで新しい友だちを作りました。アニメ部にいる子どもたちは，ミシェルが大いに関心を抱いていた情報を，好んで交換しようとしてきました。そして，彼女のコミックやアニメに対する情熱は，彼女をグラフィックデザイナーとして成功させただけでなく，自称アニメオタクが集うコミック・コンベンションという新たな社会的世界を切り開いたのです。2人の例は，何が可能かをほんの少し紹介したにすぎません。

悪い評判を変えるためのステップ

これから紹介するのは，悪い評判を変えることに成功した子どもたちが使ったステップです。

1. 目立たないように大人しくする

悪い評判を変えるための最初の一歩は，目立たないようにすることです。これはあなたのお子さんがしばらく自分への注意を引かないように大人しくすることです。目立たないようにしている間は，お子さんが自分のもつ悪い評判を自然消滅させる機会を作る，冷却期間だと考えてください。このステップの間は，周りの視界から外れて注意を引くような行動を避けてください。正しくやれば，お子さんの同級生や同僚は，この段階で少しずつゆっくりと悪い評判を忘れていきます。

> 目立たないように大人しくしている間は，お子さんが自分のもつ悪い評判を自然消滅させる機会を作る，冷却期間だと考える。

このステップは単純であるかのように思われますが，目立たないように大人しくしている期間にたいへんな苦労をする10代の若者や青年もいます。悪い評判に悩んでいる人の多くは（意識的に，または無意識的に），同年代の仲間たちが変だと感じ，反感を買うような社会的行動を取ることがあります。具体的には，ずっと話しつづけて話題を独占しようとする，集団での会話に入るときに突然会話を遮る，不適切な冗談を言う，またはその他の変な行動や社会的に受け入れがたい行動を取るといったことです。もしあなたのお子さんが自分のもつ評判を変えようとしている

なら，こういった行動をすぐに止め，しばらくの間，控えめにしていることが重要です。一部の若者にとっては，こういった行動の修正は難しいかもしれません。目立たないようにする期間がどれくらい必要であるかは，その個人によって異なります。しかし通常，少なくとも数カ月はかかるでしょう。学校の夏休みは集団になって交流する機会が少ないので，目立たなくするのに適した時期かもしれません。学校がある時期は，一学期程度が十分な期間でしょう。しかし目立たなくする期間は，その子がもつ評判の程度と直結しているため，その評判がひどければひどいほど，評判が落ち着くまでにより時間がかかります。

また，目立たないように大人しくしている期間に，先ほど説明した行動や癖を直すのは難しい場合があります。しかしもし，その子の目標が友だちを作り，交友関係を維持することであれば，挑戦しようと勇気づけることが必要です。もしその行動が社会性の違いによるものなら，その子がみんなからの注目を避けるのは難しくなりますが，より適切な行動を身につけるために，本書に記載されているソーシャルスキルを身につけることが役立つでしょう。

2．みんなに合わせよう

お子さんが目立たないように大人しくしている間，みんなに合わせることも必要です。"みんなに合わせる"というのは，集団がもつ社会的基準に対抗するのではなく，従うということです。お子さんがみんなに合わせているときは，周りに馴染もうとしているので，不自然に目立ってはいけません。もしお子さんが否定的な方法で注意を引くような行動を取っていると気づいたら，その行動を止めさせてください。このことを理解するために，次の3つの例を見てみましょう。

> お子さんがみんなに合わせているときは，周りに馴染もうとしているので，不自然に目立ってはいけない。

- 制服を着ることは絶対的な校則ではないのに，毎日制服を着てくる10代の男の子を想像してください。この行動は，周囲から否定的な注目を引き，戸惑う言葉をかけられることにつながってしまいます。もし彼が評判を変えようとしているのであれば，あまり一般的でない行動は止めさせなければなりません。もし周囲の人たちが毎日あなたの服装のことを話題にしているとしたら，"目立たないように大人しくする"ことは難しいからです。
- 何の前触れもなく，自分が好きなテレビ番組の台詞や冗談を繰り返し言う癖がある10代の女の子を想像してください。彼女の評判を変えるには，同級生から厳しく責め立てられるような，こういった行動も必ず止めなければなりません。目立たないようにしつづけるためには，否定的な注目を浴びてはいけないのです。
- 不潔な若い成人男性を想像してください。彼はお風呂にも入らず，消臭スプレーも付けないため，いつも悪臭を放っています。もし彼が冷却期間に自分の評判を変えたいのであれば，不潔と非難されるふるまいも，変えなければなりません。

☞ **ソーシャルコーチへのヒント（社会性の指導のコツ）** 目立たないように大人しくすることと同じように，このステップは社会的な違いがある10代の若者や青年には難しいかもしれません。

もしお子さんが，悪い評価を助長していると思われる行動を変えられないときは，お子さんの悪い評価を知っている人たちがいない地域で友だちを作る手助けをする必要があるでしょう。しかし，もしお子さんが自分の行動を変えられそうであり，自分のもつ評判を変えたいと願うなら，みんなに合わせて，集団に馴染むことは必要不可欠でしょう。

☞ **ソーシャルコーチへのヒント（社会性の指導のコツ）** もしお子さんが，自分の悪い評価を助長しているかもしれない行動を変えたくない，または他の人が自分をどう思っているかを気にしていない場合は，無理に上記のステップをさせる方法はありません。不満に感じられるかもしれませんが，お子さん自身が，周囲の人からどう自分が見られているのかを変えたいと思うことが，このステップの効果が現れる必要条件なのです。

3．見た目を変えよう

　目立たないように大人しくするという期間を終え，みんなに合わせ，悪い評価を助長しているかもしれない変わった行動を止めた後，次のステップは変化を周りに示すために，お子さんの見た目を劇的に変化させることです。このステップの目的は，お子さんに再度みんなの注意を戻すことです。ただし，あなたがお子さんの悪い評判はなくなったと確信できるまでは行うべきではありません。

　見た目を変えるというのは，イメージチェンジと同義であると考えていいでしょう。イメージチェンジとは，個人の見た目を変化させて，新しいイメージを反映させることです。UCLAのPEERSクリニックでの経験では，自分の評判を変えることに成功した10代の若者や青年たちは，新しい髪形にしたり，普段は着ない服を着たり，新しいメガネ，またはコンタクトにしてみたり，女の子なら化粧をしたり，そして体重を落としたり，もっと健康な体を目指して鍛えたりというように，さまざまな方法で見た目を変えていました。このステップでは，たいてい保護者や家族からの助けが必要になります。ですので，あなたは，お子さんを助ける一番いい方法を考え，肯定的な注目を周囲から得るためには，どういった感じでお子さんの見た目を変えればよいのかを検討しなければなりません。しかしここで注意しなければならないのは，お子さんが見た目を変えるときには，新しい外観が学校や職場の社会的基準（雰囲気）に合ったものにするということです。見た目を変化させる目的は，周囲に馴染むことであって，奇妙な方法で目立つことではないのです。

> 見た目を変えるというのは，イメージチェンジと同義であると考えてよい。イメージチェンジとは，個人の見た目を変化させて，その個人の新しいイメージを形として反映させることである。

　なぜこのステップが重要かというと，冷却期間の後（みんながお子さんの悪い評判のことを，もう忘れたと期待できるとき），その子が周囲からの注意を取り戻すには，何か肯定的で劇的なことが起こらなければならないからです。注意を取り戻すことで，周囲にお子さんが変わったことを知らせる機会を作ることが必要なのです。外見を変えることで，中身も何か変わったと印象づけます。つまり，「みんながもっていた私に対する悪い印象はもう本当ではない。なぜなら，そん

> 外見を変えることで，その子の中身も何か変わったと印象づける。つまり，「みんなが持っていた私に対する悪い印象はもう本当ではない。なぜなら，そんなものはもう存在しないから」というメッセージを周囲に送る。

なものはもう存在しないから」というメッセージを周囲に送るのです。お子さんの新しい外見は，その子の新たな内面を形として映し出しているのです。

評判を変えるためには，その子の見た目を変化させる必要があるという重要性を強調するために，以前挙げた3つの例を思い出してください。あの子たち3人が，数カ月をかけて身をひそめる期間を無事終えたとします。その数カ月間彼らは，同じ制服を毎日着ない，お気に入りのテレビ番組の台詞を言わない，お風呂にきちんと入り消臭剤を使うことで清潔さを保つなどし，集団に自分を合わせたとします。そして今，彼らはそれぞれ，見た目を劇的に変化させることで周囲からの注目を取り戻し，自分が変わったことを知らせたいとします。きっと彼らは，新しい髪形，古いメガネをもっとかっこいいフレームのものに代えたり，新しい洋服を着たりすることで，新たな自分を表現したいと思うでしょう。仲間がその変化に気づいたら，どういった行動に出ると思いますか？ 社交性のある多く10代の若者や青年は，周囲に対する関心が強いため，誰かに変化があると必ず気づきます。そのため，誰かが見た目を変えたとわかったとたんに，特にいろいろ知りたがる人たちが近づいてきて，その変化について意見を言います。なぜ彼らがこういったことをするかというと，彼らは好奇心が強い性格で，つねに他の人たちが話している内容や，自分が知らない情報を把握しておきたいのです。こういった人たちは変化があった人を見つけると何と言うでしょうか？ きっと，その子の新しい外見について話すことから始めるでしょう。もし見た目の変化がうまくいっていれば，その変化を褒めるでしょう。このとき，その子に以前あった悪い評判についても発言すると思います。例えば，下記のようなことを話すかもしれません。

- 「やあ！ 新しい服買ったんだ〜。たしか以前は毎日同じ服を着てたよね。あれちょっと変だったけど，今の服，君に似合ってるよ」。
- 「そのスタイルいいね。何か変わったみたい。いつもファミリーガイ（アメリカのテレビ番組）の台詞を言ってたの覚えてる？ あれはおかしかったよ」。
- 「うわ，すごいね。君，清潔になったね。髪とか洗ってるみたいだし。昔は本当に臭かったけど，今はいい感じだよ」。

もちろん，これらのほめ言葉は明らかに皮肉であり，誰でもこういった発言には，自然と自分を守りたい，擁護したいと思うものです。しかしお子さんが自分の過去の評判のことを言われたときにどう反応するかで，本当にその評判をうまく変えられるか，それともここで成功のチャンスを潰すかが決まるのです。したがって，次のステップ4が特に重要となります。

4．過去の評判を受け止める

お子さんが自分の見た目を変えることで肯定的な注目を集めた後は，自分の過去の評判に対す

るどんな発言であっても，それを受け止めることが大切です。皮肉を含んだほめ言葉，つまり表面上はほめ言葉なのですが，その意図は侮辱である発言は（意識的に発言している場合と無意識的にしている場合がある），この時期によく見られます。お子さんが，こういった悪い評判に関する発言を浴びせられたとき（たとえそれが皮肉を含んだほめ言葉であっても），お子さんはその発言を受け止めることが必要です。これは，そのような否定的な発言に同意しなければならないとうことではありません。その代わり，そのように周囲から自分は思われていたこともあったと認め，でも今は変わったのだとはっきりと伝えることです。次のような返答をするとよいでしょう。

- 「そうだね。昔はそうだったけど，今は違うから」。
- 「みんなが僕のことをそう思ってたのは知ってるけど，今の僕は少し違うから」。
- 「あ～，そういえばそういうこと聞いたことあるな。でも今は違うから」。

　お子さんが自分のもつ過去の評判を受け止めることで，本当に変わったことを周囲に示すことができるのです。過去の評判を受け止めることの重要性を考えるために，以前例に挙げた3人の子どもたちが，「いや，僕はそんなんじゃなかった。君は僕のことを知らなかっただけだよ」と言うような正反対の反応をしたらどうなるか，考えてみましょう。周囲の人たちはどう思うでしょうか？　きっと彼らは，その子が少し見た目を変えただけで，中身は何も変わってないと思うのではないでしょうか。個人が自分のもつ過去の評判を否定したり認めなかったりすると，自分を守っているようで，何も変わっていないように周囲からとらえられるのです。しかし，こういった評判が過去にあったことを認め，でも今は違うということを周囲に伝えることで，自分の新しい印象に信憑性をもたせることができ，結果的には新しい評判につながるのです。

> お子さんが自分の持つ過去の評判を受け止めることで，本当に変わったことを周囲に示すことができる。

5. 自分を受け入れてくれるグループを見つけよう

　目立たないように大人しくし，みんなに合わせ，見た目も変え，過去の自分の評判を受けいれるという長い期間を終えたら，次のステップは自分を受け入れてくれるグループを見つけることです。これはお子さんが，学校で一番人気者や職場でかっこいい人たちと友だちになるということではありません。お子さんを本当に友だちとして受け入れてくれるグループを見つけるのに，適したチャンスがその時だという意味です。誰かに悪い評判があるとき，周囲の人もその人の影響で自分に悪い評判が立つことを恐れ，その人を避けようとすることを思い出してください。お子さんが過去の評判から脱することに成功した今，悪い評判を助長していた行動を控え，社会的に受け入れられる行動を続けているはずです。ですので，お子さんは自分を受け入れてくれる友だちを見つけやすい状態になっているのです。もちろん，最も合う本人を受け入れてくれそうなグループは，共通の興味をもった人たちでしょう。お子さんに合った友だちを見つける方法は，さま

> もちろん，最も合う自分を受け入れてくれそうなグループは，共通の興味をもった人たちである。

ざまな提案が記載されている第2章を参考にしてください。

☞ ソーシャルコーチへのヒント（社会性の指導のコツ） もしあなたのお子さんが，悪い評判に悩まされていると感じるのであれば，悪い評判を変化させるステップがわかった今，目標に向かってこの長いプロセスをお子さんとともに始めましょう。この変化には，保護者であるあなたの支えが絶対に必要です。対人関係に苦手さを抱えたお子さんにとって評判を変えることは，その子一人の努力ではできないものなので，必ず誰かの支援が必要です。UCLAのPEERSクリニックに通っていた家族のなかには，兄弟，従兄弟，家族の友だち，そして買い物相談員（一部の大手デパートでは，こういったサービスが無料で行われています）といった人までも含んだ，支援者リストを作成している家族もいました。

その子の個性はどうなるの？

　私の経験から，多くの家族がこの章で示されている情報に感謝し，お子さんの評判を変えるプロセスの支援を早く始めたいという気持ちになるということをお伝えしておきたいと思います。というのも，こういった情報を快く受け入れてくれない家族もあるのも事実です。この章で紹介した方法に対する批判で最も多いのは（お子さんたちからの批判というよりも，保護者の方からの批判であることが多いです），"みんなに合わせよう"と"見た目を変えよう"という2つのステップに関するものです。これらの批判は，自分の子どもの個性を尊重するという考えからきています。

　専門的に言うと，個性とは自分自身の興味や目標をもち，自己を表現しながらも，他者から区別される自由な状態を示します。たしかに個性は，自分が何者であるかという自己概念の要素であり，パーソナリティを表す重要な特徴です。しかし，もしそれが他者と友だちになることや交友関係を続けていくことを妨げているとすれば，その個性を維持していくかは難しい選択をしなければならないかもしれません。もし友だちを作り，その友情を維持することがお子さんの一番の願いであるなら，この章で書かれているステップに従い，自分を変えようとするでしょう。しかし逆に，もしお子さんの一番の望みが自分の個性を維持することなら，自分自身を変えることは躊躇するでしょう。どちらにせよ，悪い評判を変えるステップに挑戦するかどうかは個人の選択で，誰からも強制されるものではありません。保護者であるあなたの好みがどうとか，自分の子どもには何がよいと思っているかにかかわらず，これらのステップを実践するかどうかは，この本に載っているすべてのスキル同様，お子さん自身の選択なのです。

> 保護者であるあなたの好みがどうとか，自分の子どもには何がよいと思っているかにかかわらず，これらのステップを実践するかどうかは，この本に載っているすべてのスキル同様，お子さん自身の選択である。

焦らない──このステップは少し時間が必要です

　本章で説明しているステップは，ある程度単純に見えるかもしれませんが，自分の評判を変え

ることは単純でも簡単でもありません。大きな努力を要する，長いプロセスなのです。つまり，あなたとお子さんは，このプロセスに耐える心の準備をしておくべきなのです。また，たくさんの変化を起こすには人一倍の努力が必要になるので，あなた自身が一生懸命お子さんを助けてあげる覚悟も必要になるでしょう。しかし，もし本章に書かれているステップに従い，この本で紹介されている他のスキルを使えば，周囲からの評判を変え，お子さんが最終的には価値ある友情を築く大きなチャンスにつながるのです。

サクセスストーリー――チャンドラは自分の評判を変える

　社会的な課題を抱える多くの10代の若者や青年は，悪い評判に困らされていますが，それは彼らが社会的なまちがいをしている結果だということがよくあります。また，仲間を取り締まったり，会話を独占しようとしたり，不適切な冗談を言ったりしているのかもしれません。また，他者の会話に突然入ってきたり，あるいは個人的な興味の話題に固執しているかもしれません。悪い評判の原因が何であろうと，一度悪い評判が立ってしまうと，たいていその悪い評判から逃れるのはほとんど不可能だと思えます。友だち作りが苦手だった12歳のチャンドラもそうでした。彼女は私たちのクリニックに来る以前に社交不安障害と診断されました。母親によると「チャンドラは電話をすることやレストランで食べ物を注文することもできず，家族以外の人と会話を続けることもできなかったの。いつも周りに合わせようと苦労している姿は本当に辛かった」という状態でした。また，チャンドラは社交不安障害だけでなく，周囲からの悪い評判にも悩まされていました。彼女は少し変わった行動をとることで知られていたので，残念ながら友だちになろうとする同級生は，ほとんどいなかったのです。そんな様子を心配した家族が，チャンドラをクリニックに連れてきたのです。

　「このクリニックのプログラムを受けている間，チャンドラは子どもたちと電話で話すという練習を強制されて，会話の仕方を学んだの。このときまで私は，多くの子どもたちにとって会話の仕方を学ぶことは，まるで外国語を学ぶようなものだと知らなかった。チャンドラはプログラムを通して，たくさんのレッスンと経験を積み，家族以外の人とも会話ができるようになったわ」と母親は説明しました。チャンドラは時間とともにソーシャルスキルを身につけていきましたが，それでも悪い評判から逃れるのは困難でした。悪い評判は，まるで新しい友だちを作るのを遮る見えない壁のように立ちふさがり，チャンドラの行く先々について回る影のようでした。そして彼女は母親の力を借り，「チャンドラは新しい自分になる覚悟を決め，別人になって高校に入学することにしたわ。それは，PEERSで習ったひとつのレッスンよ」。母親はそのときの様子を「あの子は髪型も変えて，新しい服を買い，そして大学のゴルフ部，水泳部，カラーガード部といった部活動にも入ったのよ」と説明します。そして母親は誇らしげに思い出しました。「チャンドラはカラーガードのバンド合宿で，必要な新しい仲間たちと『情報交換』する機会が何度もあったって言ってたわ。彼女がその話をしてくれたとき，実際に『情報交換』っていう言葉を使ったの。『情報交換』はPEERSで習った別のレッスンだったのよ」。PEERSを終えて3年後，チャンドラはとうとう過去の評判から解放されたのです。母親はその様子を振り返ってこう言いました。「チャンドラは高校に入ってから，すばらしい変化を遂げたの。たくさんの友だちを作り，今は積極的

に社交的な生活を楽しんでいて，彼女の人生は180度変わったわ」。

　このような成功は，チャンドラの母親のような努力と献身があってこそ可能なのです。最初のステップは，友だち作りのスキルと仲間からの拒否に対処していくスキルを学ぶことです。そして次のステップは，そのスキルを実際に使っていくことです。あなたのように，子ども思いの保護者なしでは，チャンドラのような変化は，現実とならず，単なる願いで終わってしまうのです。もしあなたもお子さんの評判が心配なら，この章に載っているステップを，そしてこの本に載っているその他のステップも実践してみてください。そうすればあなたも，あなた自身のサクセスストーリーを楽しむことができるでしょう。

悪い評判を変えるためのステップ

思春期・青年期の子どもたちのための本章のまとめ

> 次の内容は10代の若者や青年が読むために書かれており，悪い評判を変えるためのステップが簡潔にまとめられています。

　友情を築くうえで，ひとつの厳しい社会的障壁が，悪い評判です。評判が広まっている，周囲の人たちはあなたに会う前に，すでにあなたのことを知っているということになります。評判は，ときに現実のあなたと違う悪い内容であることがあります。その評判をもった子どもは友だちを作り，その関係を維持することが難しくなるので，とても悔しい思いをすることになります。もしあなたにこのようなことが起こったら，その評判を変えるステップを実践してみてください。この章はそのために書かれています。

　あなたの評判を変えるステップを説明する前に，まずは，あなたが同年代の仲間に受け入れられているかどうかを考える必要があります。もし自分が受け入れられているかわからない場合は，第2章に戻って表2-2を見てください。そこに，社会的グループから自分が受け入れられているかどうかを判断するサインが載っています。もし友だちになりたいと思っているグループから受け入れられてないと感じても，心配しないでください。自分の評判があまりよくないせいで，（特に自分のことを公平に見てもらえていないと感じる場合）集団から自分が外れているかもしれないと感じるのは辛いですね。もしあなたが，将来周りの人が自分のことをどう見るかを変えようとすることに関心があるなら，よい知らせがあります。自分の持つ評判をうまく変えることができた10代の若者や青年が使ったステップを解き明かすことができたということです。このステップをやり遂げるには時間がかかります。そして，保護者や信頼できる大人からの支援も必要になってくるでしょう。でもあなたが，これまでにこの本で紹介された戦略を使って，辛抱強く努力を続ければ，よいスタートが切れる可能性が大です！　もし興味があれば，この章を読みましょう。そして必ず順番通りにステップを踏んでください。

1. 目立たないように大人しくする

　悪い評判を変えるための最初の一歩は，目立たないようにして大人しくすることです。こ

れはあなたが，周りの視線から外れ，しばらくの間，自分に多くの注意をひかないようにするということです。これは，自分の持つ悪い評判を自然消滅させているときの冷却期間のようなものだと考えてください。もしあなたがステップ通りに進めれば，周囲の人たちはあなたのことを少しの間忘れてしまうはずです。この期間はたいてい数カ月，ときには一学期間ほど，あるいはそれ以上かかることもあります。学校の夏休みは，目立たなくしているのに適した時期でしょう。夏休み明けは，たくさんの子どもがすっかり変わって，新しい気持ちで登校する時期でもあります。あなたがいつ目立たないように大人しくしようとしたとしても，友だちを作ることや人と関わろうとすることを完全にやめるということはしないでください。その代わりに，あなたの悪い評判を知らない人たちと友だちになることを試みてください。あなたの評判を知らない，またはそんな事を一切気にしない人たちがいる地域のクラブや社会活動に参加してみるといいかもしれません。

2. 仲間に合わせよう

　目立たないように大人しくしながら，あなたは仲間に合わせる必要があります。"仲間に合わせる"というのは，可能なら，変わった方法で他の人たちから浮いてしまうことはあまりしないということです。代わりに，できるかぎり周囲に馴染むようにするとよいでしょう。例えば，もしあなたが周囲の人たちからかけられた戸惑わされる言葉に目を向けてみたら，みんなが自分をあることでからかっていると気づいたとします。その場合，それはもしかしたらあなたが周囲に馴染むために取り組まなければならないことなのかもしれません。もちろん，そうするかどうかは，すべてあなた次第です。あなたがどうふるまうか，どういった服を着るか，そしてどう自分を表現するかは，個人的な選択であり，完全にあなたが決めることなのです。だから，無理やり何かをさせられるようには思わないでください。私たちは単に，10代の若者や青年が自分の評判を変えるために使ったステップを紹介しているだけなのです。この本に載っているその他の情報と同様，与えられた情報をどう使用するかはあなた次第なのです。

3. 見た目を変えよう

　悪い評価を助長しているかもしれない変わった行動を止めて周りに合わせながら，目立たないようにする時期が終わった後は，自分の見た目を劇的に変化させることが，次のステップです。軽いイメージチェンジ以上に外見を変えることで，あなたが以前と違うのだと周囲に知らせるのです。どこか見た目を変えるだけで，人はあなたが何か変わったと気づくものなのです。みんなそんなあなたに気づき，再度あなたに注目するでしょう。私たちが支援した10代の若者や青年たちは，新しい髪形にしたり，普段は着ない服を着たり，新しいメガネ，またはコンタクトにしてみたり，女の子なら化粧をしたり，そして体重を落としたり，もっと健康な体を目指して鍛えたりというように，さまざまな方法で見た目も変化させていました。基本的に，このステップでは，保護者や家族からの助けが必要になるので，もしそういった支援をすでに受けているなら，心強いことです。外見を変えるのは，周囲の人たちが自分をどう見ているかを変化させる大切なプロセスなのです。しかし，ここで注意すべきは，あなたが見た目を変えるときには，あなたに対する評判を変え

たいと考えているグループに合わせる格好でなければいけないということです。そうでなければ、このステップは効果がなく、あなたは単に変な形で目立つことになり、結果的に自分の評判を変えることもできません。

4. 過去の評判を受け止める

　あなたが見た目を変えるとすぐ起こることのひとつは、同級生や同僚はその変化に気づき、あなたをチェックしはじめることでしょう。好奇心が強い人たちは、実際にあなたのところに来て、何が変わったのかを知ろうと質問しながら、あなたの変化についてコメントしはじめるでしょう。彼らは、いつも新しいことを把握しておきたいのです。多くの10代の若者や青年は、周囲の人たちが気づいていることや話題にしていることを知りたいものです。それが、つねにすべてを把握しておきたいという力になっているのです。だから、あなたが見た目を変えて現れた日には、彼らはすぐさまあなたに近づき、あなたのことを知ろうとするでしょう。彼らは、あなたの変わったことが何であれコメントするでしょう。しかしまた、あなたの過去の評判についても何か言う可能性があります。これは、皮肉を含んだほめ言葉のようなものです。例えば「おい、新しい服を買ったみたいだな。お前は毎日同じ服を着てたよな。あれは本当に変だったけど、今はいい感じになったじゃない？」と言うかもしれません。腹立たしい発言だと思いますが、このような発言にあなたがどう反応するかが、このステップの成功の鍵を握っているのです。防衛的になって、その考えが間違っていることを証明するのではなく、自分の過去の評判を受け止める必要があります。それは、彼らの意見に賛同しなさいと言っているわけではありません。そのように周囲から自分は思われていたこともあったけど、今は変わったのだと認めるというだけです。次のような返答をするとよいと思います。「そうだね。昔はそうだったけど、今は違うから」または、「みんなが僕のことをそう言ってたのは知ってるけど、今の僕は少し違うから」。あなたが反論せずに、みんながもっていた自分に対する過去の評判を受け止めることで、周囲の人たちはより一層あなたが本当に変わったのだと思うのです。ここでもしあなたが、「僕はそんなことしなかった」とか、「みんな僕を知らなかっただけだよ」というような返答をしてしまうと、周囲の人たちは、あなたは新しい髪型や服を着てきただけで、中身は変わってないと思ってしまいます。こうなってしまうと、あなたは自分の評判を変える絶好のチャンスを逃したことになります。その代わりに、過去の評判を受け止め、自分は彼らが想像していたような人ではないのだと示しましょう。

5. 自分を受け入れてくれるグループを見つけよう

　目立たないように大人しくする長い期間を終えたら、仲間に合わせ、見た目を変え、過去の自分の評判を受け止めます。次は、自分を受け入れてくれるグループを見つけることが、最後のステップとなります。これはあなたが、学校や職場で人気者のグループと仲良くなるということではありません。今やあなたは自分と共通の興味をもった人たちと友だちになりやすい状況にいるということです。もしあなたがどのグループに入ってみようかわからないときは、第2章に戻って、友だちになれる人がいる場を見つけるためのエクササイズを見てみましょう。

思春期・青年期の子どもたちや保護者のためのエクササイズ

10代の若者と青年の皆さんは，保護者と一緒に以下のエクササイズをしましょう。

・この章で紹介されている，評判を変えるためのステップについて，保護者の方と話し合ってみましょう。
　－自分のもつ評判を変えようとするか決めましょう
　－もしあなたが自分の評判を変えようと決めたら，保護者の方の力を借りて，この章に記載されているステップを実践しましょう
　　・あなたが目立たないように大人しくしている間は，あなたの評判を知らない，または，評判など気にしないような友だちがいる場所を探しましょう。新しいグループの人たちと会うときは，この本で学んだスキルを活用してください。保護者が助けてくれますよ！

おわりに
さあ前に進みましょう
友だちは最良の薬です

　本書の最終ページにたどりついた今，私は昔出会ったある保護者の言葉を思い出しています。それはPEERSのトレーニングの最後の日でした。友だちを作り，その関係をうまく続けていくことに悩みつづけていた思春期の少年の母親が，こんな話を聞かせてくれました。彼女の息子は，PEERSに来るまで長い間，不安神経症とうつの治療のための薬を飲みつづけていました。彼は精神科で処方された何種類もの薬を飲んできましたが，そのどれも，彼には大した効果があるようには思われませんでした。彼は，他の子どもと同じように行動できること，また友だちができることを願っていましたが，どうすればよいのかわからなかったのです。「息子はうまくできない自分を責め，もう無理だと諦めかけていました。しかし，ついに成功しました！　彼はなんとか数人の友だちを作ることができたのです。すると突然，不安やうつの症状を克服できそうな気がしてきました。息子は，最後にこうはっきり言いました。『友だちは最良の薬だよ！』。私もその通りだなあという気持ちです」。

あなたにとって，このプログラムは効果がありましたか？

　ここまで読み進めるなかで，あなたとお子さんは，10代の若者向けに書かれた各章の要約を読み，本書の内容になじんできていることでしょう。というのも，あなたは各章のエクササイズに取り組みながら，一つひとつの方法を練習することで，友だち関係の種を成長させるために十分な時間をかけてきたからです。

　この本に書かれているガイドラインに従ってきた人たちは，お子さんが意味ある友だち関係を発展させていくための道をたどっていることに気づいていることでしょう。私たちは，本当に多くの若者やその家族が，このプログラムからたくさんのことを学んでいる様子を見てきています。あなたもその一人であると願っています。

　しかしながら本書のガイドラインに従ってきたものの，まだあまりうまくいかないという場合は，何がその壁になっているか考えてみましょう。

社会的にうまくやっていくための壁になりうること

　なぜ社会的な場面でうまくいかないか，その理由はいろいろありますが，UCLAのPEERSクリニックでの経験では，友だち作りとその関係を維持していくうえでのよくある障壁は，次のどれかに当てはまります。それは，仲間の間でよくない評判が広がっていること，友だちが見つかるかもしれない場を見つけることができていないこと，あるいは，社会的な交流をもつことへの本人の動機が弱いことなどです。

✪仲間の間によくない評判が広がっている場合

　第2章にある，仲間から拒否されているときの行動サインのことを思い出してみましょう。もしあなたのお子さんの悪い評判が広がっているなかで，この本に書かれているスキルを使ってその仲間に入ろうと試みているとしたら，友だちの選択の仕方がこのプログラムを使ってもうまくいかない理由でしょう。その場合は，第14章で書かれている，評判を変えるための生態学的に有効な方法について学び，なじんでおく必要があります。評判を変えるのは長い期間，時間と忍耐などを要するものですが，すべてのステップを踏んでこの変身プロセスに取り組み，お子さんが新しい友だちが見つかるかもしれない場所を探すサポートをしましょう。

✪友だちが見つかるかもしれない場を探すことが難しい場合

　この時点で社会的場面での成功がうまくいかない理由には，友だちが見つかるかもしれない場を探すことが難しいということがあります。あなたのお子さんが職場や学校で共通の興味をもつグループを見つけて，受け入れられているかどうかを考えましょう。そして，現在お子さんが所属している課外活動や趣味のグループが定期的に集まるものであるか（少なくとも週1回），また以下のような仲間が含まれているか検討しましょう。

- お子さんは受け入れられていますか
- 年齢が近いですか
- 発達段階は同じくらいですか
- 共通の興味をもっていますか
- お子さんの悪い評判を知っていますか（もし悪い評判がある場合）

　もし今所属しているグループに上記のようなメンバーがいなければ，第2章に戻って適切な友だちを探して選ぶための方法を復習しながら，友だちになる可能性のある人がいる場を見つけられるようにサポートしてあげましょう。お子さんによくない評判がある場合は，それが伝わっていない離れた地域のほうが探しやすいでしょう。

✪社会的な交流をする意欲が低い場合

　この本に書かれたツールを使うことに対してお子さん側の意欲が低い場合は，そのことが社会的な場面でうまくやっていくうえでの，もうひとつの障壁となっているかもしれません。「はじめに」でも書きましたが，友だち作りやその関係を維持していくために必要なスキルを学びたいと感じている10代の若者や青年は，本書の内容を通して多くのことを学ぶことができます。一方で，それほど動機付けがないお子さんの場合は，私たちの提供するツールから得られるものは少ないでしょう。残念なことに，保護者の助けてあげたいという強い思いにもかかわらず，本人にその気がないのに友だち作りや関係維持の手伝いをすることは，お互いにとって辛い戦いになってし

まいます。私たちは，10代の若者や青年が嫌々ながら私たちの提供するスキルを学んだり，練習したりすると，その経験が保護者にとってもかなりストレスがたまるものになる様子を見てきました。保護者は子どもたちが正しい行動をし，生き生きしている様子を見たいと思い，彼らの将来のことを案じています。皆さんは，子どもたちにとって友だちを作って，親しい関係になることがいかに大切かを知っていますし，お子さんがこれから先，そのような関係をもつことがないのではないかということも心配しているかもしれません。それがもどかしいことであるのと同様に，友だちは選択であるということを覚えておくことも大切です——あなたがすべての人と友だちになる必要もなければ，すべての人があなたと友だちになる必要もない，のでしたね。このことをもう少し大きくとらえれば，"友だちは選択するものなので，別の角度から考えると，あなたが誰かを選んだとしても必ずしも友だちにならなければいけないわけではない"とも言えるのです。このことを受け入れるのは少し難しいかもしれません。これは，もしお子さんが友だちを作ることや，その関係をうまく続けていくことに興味をもっていないとか，この本に書かれているスキルを使いたくないと思っていたとしても，結局それは彼ら自身の選択なのだということです。

保護者にとって，この選択は辛いことかもしれません。しかし，そのプロセスでのあなたの役割は，お子さんに友だち作りと関係維持に必要なスキルについての情報を提供することと，スキルの練習機会を与えることです。10代の若者や青年には，その情報を使って自分はどうするのか，またそのガイドラインに従うかどうか選ぶ自由があります。本書にある情報は，その精神にのっとって書かれています。社会的な場面で何が有効で，何が有効でないか，科学的な証拠に裏付けられた情報を，読者に淡々と提供することが私たち大人の役割です。それをどうするかは，子どもたちが決めることなのです。

もしあなたのお子さんが，これらのスキルを身につけることにやる気がなくて困っているとしたら，少なくとも知識としてもっていることだけでも力になると覚えておいてください。すぐには行動に移さないかもしれませんが，彼らが最初のステップを踏み，自分でやろうとするときには，役立つツールについての知識とサポートがあれば，取り組みやすくなるからです。

子どもは友だち作りについての考え方を変えるでしょうか？

UCLAのPEERSクリニックでは，私たちのプログラムに参加された方がトレーニングを受けて数カ月経った後どうされているか，時折，追跡調査をしています。10代の若者や青年についての長期間にわたるフォローアップ研究から，大多数の参加者はプログラム終了直後によい効果が見られただけでなく，その後数カ月，時に数年経っても，その改善効果が継続し，時に終わった直後よりもよくなっているという結果が出ていることがわかっています。PEERSは，基本的に終了後も効果が持続することを目指しているプログラムなのです（多くの場合，そのスキルが使えるように保護者による継続的な介入があります）が，その一方で，トレーニング直後にはそれほど大きな効果が見られないという家族もあります。このように最初はそれほどうまくいっていないという家族（たいていは10％以下の家族ですが）のうち多くケースで，最終的にはPEERSで学んだ方策を使って，その殻から抜け出しはじめていることがわかっています。私たちはこのタイプ

の若者グループのことを大器晩成型(レイトブーマー)と呼んでいますが,関わってきた家族のうち約5%がこれに当てはまります。このタイプはプログラムがすべて終わってから,その効果を発揮しはじめます。

現時点でお子さんがこれらのスキルを学んだり,使ったりすることに興味がない場合は,状況が変わって友だちを作る種が芽を出す準備が整う時期が来るまで,本書に書かれているツールや対策を使える機会を待つことをお薦めします。その時期が来たとき(近い将来訪れることを願っています),あなたはお子さんのソーシャルコーチの役割をする準備ができているので,その力強いサポートを得て,大器晩成型のお子さんも花を咲かせることができるでしょう。

さあ,前に進みましょう
思春期・青年期の子どもたちと保護者へのメッセージ

以下の情報は10代の若者や青年向けが読めるように,前に進むために覚えておいてもらいたいことが書かれています。

昔のことわざで言われているように,友だち以上に素敵な贈り物はありません。しかしながら,多くの社会性に課題のある10代の若者や青年たちは,友だちを作り,その関係を続けていくことがうまくいかず悩んでいます。私たちは本書を通じて,よりよい友だち関係を育て,維持していくために何が重要な要素なのかを知りました。友だちは選択であるということ,私たちはすべての人と友だちになる必要はないということ,またすべての人が私たちと友だちになる必要もないことを心に留めておくことは重要です。そのほかに,次のようなことも学びました。

・友だち関係は,共通の興味に基づいているということです。この共通の興味によって,私たちはおしゃべりをしたり,活動を一緒に楽しんだりすることができます。
・友だちを作り,その関係を維持していくには,情報交換することで共通の興味を見つけることが必要です。
・情報交換は,よい会話をしていることを示すひとつの方法であり,コミュニケーションの言語的・非言語的の両方の形があることを学びました。
・一対一の会話を始めるステップ,グループの会話に入るステップ,自分が会話に受け入れられているかどうかを判断するためのステップ,そして必要なときは会話から抜ける方法を知っておくことなどについて学びました。
・スポーツマンシップ,楽しい集まりをすること,より親しい友だち関係を築くための電子コミュニケーションツールの使い方などがわかりました。
・また,仲間との対立や拒否への対応方法や,友だち関係を大切にし,社会的にうまくやっていくために必要な対処法についても学びました。

この本が終わりに近づき,私たちは今,友だちと一緒に過ごした長い旅が終わるような気持ちになっています。さようならを言わなければならないけれど,これからもずっと連絡を取り合っていきたいと考えています。あなたが友だちを作り,その関係を続けて,社

会的な場面でずっとうまくやっていけるためのこれらの方策を学べていることを願っています。私たちのプログラムが提示したスキルによる恩恵すべてを，誰もが受けられるという保証はありませんが，一つひとつのガイドラインに注意深く従って，推奨されているソーシャルコーチングを受け，前向きに取り組む生徒であれば，これから友だちとのよい関係を築いていくことができるでしょう。将来にわたってこれらのスキルを使いつづけていくことで（サポートやソーシャルコーチングも受けながら），社会的な関係でとてもうまくやっていくことができるでしょう。これが，私たちがUCLA PEERSクリニックの研究を通じて発見したことです。私たちのプログラムを終了して1～5年を経過した家族は，友だち作りやその関係維持がうまくいっているだけでなく，多くの場合は，むしろより改善されていることもわかっています。この成功は，保護者と10代の若者や青年，双方の強力な協働作業によってもたらされたものであると考えています。だからこそ，あなたが保護者と一緒に取り組んだこれまでの経験はとても意味があるのです。そして，この本を読み終えても，学んだことを続けてください。

　いよいよ最後になりますが，しかし，本書に書かれている友だちを作り，そのよい関係を続けていくことが終わるわけではありません。あなたは人生の次章へと進むのです。今のあなたは，社会という世界を航海するための新しいツールをもっています。これらのツールは科学者から提供されたものですが，私たちのことは，あなたのパートナー，あるいは友人だと考えてください。私たちのプログラムは，友だち関係を育み，維持していくのに必要な基本的要素を明らかにするという科学的研究に基づいて作られました。あなたは今，新しい科学によってサポートされた生態学的に有効なソーシャルスキルを使うことによって，社会的な行動は抽象的なアートのようなものだという，時代遅れの概念によって書かれた本に終わりを告げました。そして，友だち作りとその維持に関する社会性発達について，科学に基づいて書かれた新しい本のページを開いています。これからあなたの人生の旅がどこへ向かうとしても，私たちの研究やサポートを活用して前に進んでいってくれることを，心から願っています。

文献

Altman, I., & Taylor, D.（1973）Social penetration : The development of interpersonal and relationships. New York : Hole, Rinehart & Winston.

Anckarsäter, H., Stahlberg, O., Larson, T., Hakansson, C., Jutblad, S.B., Niklasson, L., & Rastam, M.（2006）The impact of ADHD and autism spectrum disorders on temperament, character, and personality development. American Journal of Psychiatry, 163, 1239-1244.

Attwood, T.（2000）Strategies for improving the social integration of children with Asperger syndrome. Autism, 4, 85-100.

Atlwood, T.（2003）Frameworks for behavioral interventions. Child and Adolescent Psychiatric Clinics of North America, 12, 65-86.

Azmitia, M.（2002）Self, self-esteem, conflicts, and best friendships in early adolescence. In T.M. Brinthaupt（Ed.）Understanding early adolescent self and identity : Applications and interventions（pp.167-192）. Albany : State University of New York Press.

Banhill, G.P.（2007）Outcomes in adults with Asperger symdrome. Focus on Autism and Other Developmental Disabilities, 22, 116-126.

Barnhill, G.P., Cook, K.T., Tebbenkanmp, K., & Myles, B.S.（2002）The effectiveness of social skills intervention targeting nonverbal communication for adolescents with Asperger syndrome and related pervasive developmental delays. Focus on Autism and Other Developmental Disabilities, 17, 112-118.

Baron-Cohen, S.（1995）Mindblindness : An essay on autism and theory of mind. Cambridge, MA : MIT Press.

Baron-Cohen, S., Leslie, A., & Frith, U.（1985）Does the autistic child have a "theory of mind"? Cognition, 21, 37-46.

Barry, C.M., Madsen, S.D., Nelson, L.J., Carroll, J.S., & Badger, S.（2009）Friendship and romantic relationship qualities in emerging adulthood : Differential associations with identity development and achieved adulthood criteria. Journal of Adult Development, 16, 209-222.

Barry, T.D., Klinger, L.G., Lee, J.M., Palardy, N., Gilmore, T., & Bodin, S.D.（2003）Examining the effectiveness of an outpatient clinic-based social skills group for high functioning children with autism. Journal of Autism and Deyelopmental Disorders, 33, 685-701.

Baumeister, R.F., Zhang, L., & Vohs K.D.（2004）Gossip as cultural learning. Review of Generd Psychology, 8, 111-121.

Bauminger, N., & Kasari, C.（2000）Loneliness and friendship in high-functioning children with autism. Child Development, 71, 447-456.

Bauminger, N., Shulman, C., & Agam, G.（2003）Peer lnteraction and loneliness in high-functioning children with autism. Journal of Autism and Development Disorders, 33, 489-507.

Bauminger, N., Solomon, M., Acieger, A., Heung, K., Gazit, L., Brown, J., & Rogers, S.J.（2008）Children with autism and their friends : A multidimensional study in high-funclioning autism spectrum disorders. Journal of Abnormal Child Psychology, 36, 135-150.

Baxler, A.（1997）The power of friendship. Journal on Developmental Disabilities, 5-2, 112-117.

Beaumont, R., & Sofronoff, K.（2008）A multi-component social skins interventions for children with Asperger syndrome : The Junior Detective Training Program. Journal of Chlid Psychology and Psychiatry, 49, 743-753.

Berndt, T.J., Hawkins, J.A., & Jiao, Z.（1999）Influences of friends and friendships on adjustment to Junior high school. Merrill-Palmer Quarterly, 45, 13-41.

Bock, M.A.（2007）The impact of social-behavioral leaning strategy training on the social interaction skills of four students with Asperger symdrome. Focus on Autism and Other Developmental Disablilities, 22, 88-95.

Bordia, P., DiFonzo, N., Haines, R., & Chaseling, E.（2005）Rumors denials as persuasive messages : Effects of personal relevance, source, and message characteristics. Journal of Applied Social Psychology, 35, 1301-1331.

Boulton, M.J., & Underwood, K.（1992）Bully/victim problems among middle school children. British Journal of Educdtional Psychology, 62, 73-87.

Bowler, D.M., Gaigg, S.B., & Gardiner, J.M.（2008）Subjective organization in the free recall learning of adults with Asperger's syndrome. Journal of Autism and Developmental Disorders, 38, 104-113.

Brown, B.B., & Lohr, M.J.（1987）Peer-group affiliation and adolescent self-esteem : An integration of ego-identity and symbolic-interaction theories. Journal of Personality and Social Psychology, 52, 47-55.

Buhrmester, D.（1990）Intimacy of friendship, interpersonal competence, and adjustment during preadolescence and adolescence. Child Development, 61, 1101-1111.

Buhrmester, D., & Furman, W.（1987）The development of companionship and intimacy. Child Development, 58, 1101-1113.

Bukowski, W.M., Hoza, B., & Boivin, M.（1993）Popularity, friendship, and emotional adjustment during early adolescence. In B. Laursen（Vol. Ed.）New directions for child development : Close friendships in adolescence, no.60（pp.23-37）. SanFrancisco : Jossey-Bass.

Bukowski, W.M., Hoza, B., & Boivin, M.（1994）Measuring friendship quality during pre- and early adolescence : The development and psychometric properties of the Friendship Qualities Scale. Journal of Social and Personal Relationships, 11-3, 471-484.

Burack, J.A., Root, R., & Zigler, E. (1997) Inclusive education for students with autism : Reviewing ideological, empirical, and community considerations. In D.J. Cohen & F. Volkmar (Eds.) Handbook of autism and pervasive development disorders (pp.796-807). Hoboken,NJ : John Wiley & Sons.

Capps, L., Sigman, M., & Yirmija, N. (1996) Self-competence and emotional understanding in high-functioning children with aulism. In M.E. Hertzig & E.A. Farber (Vol. Eds.) Annual Progress in Child Psychology & Child Development (pp.260-279).

Carter, A.S., Davis, N.O., Klin, A., & Volkmar, F.R. (2005) Social development in autism. In F.R. Volkmar, R. Paul, A. Klin, & D. Cohen (Eds.) Handbook of autism and pervasive development dlsorders (pp.312-334). Hoboken, NJ : John Wiley & Sons.

Castorina, L.L., & Negri, L.M. (2011) The inclusion of siblings in social skills training groups for boys with Asperger syndrome. Journal of Autism and Developmental Disorders, 41, 73-81.

Cederlund, M., Hagberg, B., & Gillberg, C. (2010) Asperger syndrome in adolescent and young adult males. Interview, self- and parent assessment of social, emotional, and cognitive problems. Research in Developmental Disabilities, 31, 287-298.

Chang, Y.C., Laugeson, E.A., Gantman, A., Dillon, A.R., Ellingsen, R., & Frankel, F. (in press) Predicting treatment success in social skills training for adolescents with autism spectrum disorders : The UCLA PEERS program. Autism : The International Journal of Research and Practice.

Church, C., Alisanski, S., & Amanullah, S. (2000) The social, behavioral, and academic experiences of children with Asperger syndrome. Focus on Autism and Other Developmental Disabilities, 15, 12-20.

Coie, J.D., Dodge, K.A., & Kupersmidt, J.B. (1990) Peer group behavior and social status. In S.R. Asher & J.D. Coie (Eds.) Peer rejection in childhood (pp.17-59). New York : Cambridge University Press.

Coie, J.D., & Kupersmidt, J.B. (1983) A behavioral analysis of emerging social status. Child Development, 54, 1400-1416.

Coie, J., Terry, R., Lenox, K., Lochman, J., & Hyman, C. (1995) Childhood peer rejection and aggression as predictors of stable patterns of adolescent disorder. Development and Psychopathology, 7, 697-713.

Collins, W.A., & Madsen, S.D. (2006) Personal relationships in adolescence and early adulthood. In A. LVangelisti & D. Perlman (Eds.) The Cambridge handbook of personal relationships (pp.191-209). New York : Cambridge University Press.

Constantino, J.N., & Todd, R.D. (2005) Intergeneralional transmission of subthreshold autistic traits in the general population. Biological Psychiatry, 57, 655-660.

Crick, N.R., & Grotpeter, K. (1996) Children's treatment by peers : Victims of relational and overt aggression. Development and Psychopathology, 8, 367-380.

Crick, N.R., & Ladd, G.W. (1990) Children's perceptions of the outcomes of social stralegies : Do the ends juslify being mean? Developmental Psychology, 26, 612-620.

Croen, L.A., Grether, J.K., Hoogstrate, J., & Selvin, S. (2002) The changing prevalence of autism in California. Journal of Autism and Developmental Disorders, 32, 207-215.

DeRosier, M.E., & Marcus, S.R. (2005) Building friendships and combating bullying : Effecliveness of S.S. GRIN at one-year follow-up. Journal of Clinical Child and Adolescent Psychology, 24, 140-150.

Dodge, K.A., Schlundt, D.C., Schocken, I., & Delugach, J.D. (1983) Social competence and children's sociometric status : The role of peer group entry strategies. Merrill-Palmer Quarterly, 29, 309-336.

Elder, L.M., Calerino, L.C., Chao, J., Shacknai, D., De Simone, G. (2006) The efficacy of social skills treatment for children with Asperger syndrome. Education & Treatment of Children,29, 635-663.

Emerich, D.M., Creaghead, N.A., Grether, S.M., Murray, D., & Grasha, C. (2003) The comprehension of humorous materials by adolescents with high-functioning autism and Asperger's syndrome. Journal of Autism and Developmental Disorders, 33, 253-257.

Fraley, R., & Davis, K.E. (1997) Attachment formation and transfer in young adults' close friendships and romantic relationships. Personal Relationships, 4, 131-144.

Frankel, F. (1996) Good friends are hard to find : Help your child find, make, and keep friends. Los Angeles : Perspective Publishing.

Frankel, F., & Myatt, R. (2003) Children's friendship training. New York : Brunner-Rouledge.

Frankel, F., Myatt, R., Whilham, C., Gorospe, C., & Laugeson, E.A. (2010) A controlled study of parent-assisted children's friendship training with children having autism spectrum disorders. Journal of Autism and Developmental Disorders, 40, 827-842.

Frith, U. (2004) Emanuel Miller lecture : Confusions and controversies about Asperger syndrome. Journal of Child Psychology and Psychiatry, 45, 672-686.

Gantman, A., Kapp, S.K., Orenski, K., & Laugrson, E.A. (2011) Social skills training for young adults with high-functioning autism spectrum disorders : A randomized controlled pilot study. Journal of Autism and Developmental Disorders, 42-6, 1094-1103.

Gauze, C., Bukowski, W.M., Aquan-Assee, J., & Sippola, L.K. (1996) Interactions between family environment and friendship and associations with self-perceived well-being during early adolescence. Child Development, 67, 2201-2216.

George, T.P., & Hartmann, D.P. (1996) Friendship networks of unpopular, average, and popular children. Child Development, 67, 2301-2316.

Gerhardt, P.F., & Lainer, I. (2011) Addressing the needs of adolescents and adults with autism : A crisis on the horizon. Journal of Contemporary Psychotherapy, 41, 37-45.

Goldstein, A.P., & McGinnis, E. (2000) Skill streaming the adolescent : New strategies and perspective for teaching prosocial skills. Champaign, IL : Research Press.

Gralinski, J.H., & Kopp, C.（1993）Everyday rules for behavior : Mother's requests to young children. Developmental Psychology, 29, 573-584.

Gresham, F.M., Sugai, G., & Horner, R.H.（2001）Interpreting outcomes of social skills training for students with high-incidence disabilities. Exceptional Children, 67, 331-345.

Griffin, H.C., Griffin, L.W., Fitch, C.W., Albera, V., & Gingras, H.G.（2006）Educational in terventions for individuals with Asperger symdrome. Intervention in School and Clinic, 41, 150-155.

Hartup, W.W.（1993）Adolescents and their friends. In B. Laursen（Ed.）New directions for child development : Close friendships in adolescence, no.60（pp.3-22）. San Francisco : Jossey-Bass.

Hill, E.L.（2004）Executive dysfunction in autism. Trends in Cognitive Sciences, 8, 26-32.

Hillier, A., Fish, T., Coppert, P., & Beversdorf, D.Q.（2007）Outcomes of a social and vocational skills support group for adolescents and young adults on the autism spectrum. Focus on Autism and Other Developmental Disabilities, 22, 107-115.

Hodgdon, L.Q.（1995）Solving social behavioral problems through the use of visually supported communication. In K.A. Quill（Ed.）Theaching children with autism : Strategies to enhance communication and socialization（pp.265-286）. New York : Delmar.

Hodges, E., Boivin, M., Vitaro, F., & Bukowski, W.M.（1999）The power of friendship : Protection against an escalating cycle of peer victimization. Developmental Psychology, 35, 94-101.

Hodges, E., Malone, M.J., & Perry, D.G.（1997）Individual risk and social risk as interacting determinants of victimization in the peer group. Developmental Psychology, 33, 1032-1039.

Hodges, E.V.E., & Perry, D.G.（1999）Personal and interpersonal antecedents and consequences of victimization by peers. Journal of Perconality & Social Psychology, 76, 677-685.

Hollingshead, A.B.（1975）Four factor index of social status.（Available from P.O. Box 1965, Yale Station, New Haven, CT 06520, USA.）

Howlin, P.（2000）Outcome in adult life for more able individuals with autism or Asperger syndrome. Autism, 4, 63-83.

Howlin, P., & Goode, S.（1998）Outcome in adult life for people with autism, Asperger syndrome. In F. R. Volkmar（Ed.）Autism and pervasive development disorders（pp.209-241）. New York : Cambridge University Press.

Hume, K., Loflin, R., & Lantz, J.（2009）Increasing independence in autism spectrum disorders : A review of three focused interventions. Journal of Autism and Developmental Disorders, 39, 1329-1338.

Humphrey, N., & Symes, W.（2010）Perceptions of social support and experience of bullying among pupils with autismic spectrum disorders in mainstream secondary schools. European Journal of Special Needs Education, 25, 77-91.

Jennes-Coussens, M., Magill-Evans, J., & Koning, C.（2006）The quality of life of young men with Asperger syndrome : A brief report. Autism, 10, 511-524.

Johnson, S.A., Blaha, L.M., Houpt, J.W., & Townsend, J.T.（2010）Systems factorial technology provides new insighs on global-local in formation processing in autism spectrum disorders. Journal of Mathematical Psychology, 54, 53-72.

Kapp, S.K., Ganlman, A., & Laugeson, E.A.（2011）Transition to adulthood for high-functioning individuals with autism spectrum disorders. In M.R. Mohammadi（Ed.）A comprehensive book on autism spectrum disorders（pp.451-488）. Rijeka, Croatia : InTech.Available at www.zums.ac.ir/files/research/site/medical/Mental%20and%20Behavioural%20Disorders%20and%20 Diseases%20of%20the%20Nervous%20System/A_Comprehensive_Book_on_Autism_Spectrum_Disorders.pdf

Kasari, C., & Locke, J.（2011）Social skills interventions for children with autism spectrum disorders. In D.G. Amaral, G. Dawson, & D.H. Geschwind（Eds.）Autism spectrum disorders（pp.1156-1166）. New York : Oxford University Press.

Kerbel, D., & Grunwell, P.（1998a）A study of idiom comprehension in children with semantic-pragmatic difficulties. Part I : Task effects on the assessment of idiom comprehension in children. International Journal of Language & Communication Disorders, 33-1, 1-22.

Kerbel, D., & Grunwell, P.（1998b）A study of idiom comprehension in children with semantic-pragmatic difficulties. Part II : Between-groups results and discussion. International Journal of Language & Communication Disorders, 33-1, 23-44.

Klin, A.（2011）From Asperger to modern day. In D.G. Amaral, G. Dawson, & D.H. Geschwind（Eds.）Autism spectrum disorders（pp.44-59）. New York : Oxford University Press.

Klin, A., & Volkmar, F.R.（2003）Asperger syndrome : Diagnosis and external validity. Child and Adolescent Psychiatric Clinics of North America, 12, 1-13.

Klin, A., Volkmar, F.R., & Sparrow, S.S.（2000）Asperger syndrome. New York : Guilford Press.

Koegel, L.K., Koegel, R.L., Hurley, C., & Flea, W.D.（1992）Improving social skills and disruptive behavior in children with autism through self-management. Journal of Applied Behavior Analysis, 25, 341-353.

Koning, C., & Magill-Evans, J.（2001）Social and language skills in adolescent boys with Asperger syndrome. Autism, 5, 23-36.

Krasny, L., Williams, B.J., Provencal, S., & Ozonoff, S.（2003）Social skills interventions for the autism spectrum : Essential ingredients and a model curriculum. Child and Adolescent Psychiatry Clinics of North America, 12, 107-122.

Larson, R., & Richards, M.H.（1991）Daily companionship in late childhood and early adolescence : Changing developmental contexts. Child Development, 62, 284-300.

Lasgaard, M., Nielsen, A., Eriksen, M.E., & Goossens, L.（2009）Loneliness and social support in adolescent boys with autism spectrum disorders. Journal of Autism and Development Disorders, 40, 218-226.

Laugeson, E.A., Ellingsen, R., Sanderson, J., Tucci, L., & Bates, S.（2012）The ABC's of teaching social skills of adolescents with autism spectrum disorders in the classroom : The UCLA PEERS program. Manuscript submitted for publication.

Laugeson, E.A., & Frankel, F. (2010) Social skills for teenagers with developmental and autism spectrum disorders : The PEERS treatment manual. New York : Routledge.

Laugeson, E.A., Frankel, F., Gantman, A., Dillon, A.R., & Mogil, C. (2012) Evidence-based social skills training for adolescents with autism spectrum disorders : The UCLA PEERS program. Journal of Autism and Developmental Disorders, 42-6, 1025-1036.

Laugeson, E.A., Frankel, F., Mogil, C., & Dillon, A.R. (2009) Parent-assisted social skills training to improve friendships in teens with autism spectrum disorders. Journal of Autism and Developmental Disorders, 39, 596-606.

Laugeson, E.A., Paler, B., Frankel, F., & O'Connor, M. (2011) Project Good Buddies trainer workbook. Atlanta : US Department of Health and Human Services, Centers for Disease Control and Prevention.

Laugeson, E.A., Paler, B., Schonfeld, A., Frankel, F., Carpenter, E.M., & O'Connor, M. (2007) Adaptation of the Children's Friendship Training program fof children with fetal alcohol spectrum disorders. Child & Family Behavior Therapy, 29-3, 57-69.

Laursen, B., & Koplas, A.L. (1995) What's important about important conflicts? Adolescents' perceptions of daily disagreements. Merrill-Palmer Quarterly, 41, 536-553.

Little, L. (2001) Peer victimization of children with Asperger spectrum disorders. Journal of the American Academy of Child & Adolescent Psychiatry, 40, 995.

Mandelberg, J., Frankel, F., Gorospe, C., Cunningham, T.D., & Laugeson, E.A. (in press) Long-term outcomes of parent-assisted Children's Friendship Training for children with autism spectrum disorders. Journal of Mental Health Research in Intellectual Disabilities.

Mandelberg, J., Laugeson, E.A., Cunningham, T.D., Ellingsen, R., Bates, S., & Frankel, F. (in press) Long-term treatment outcomes for parent-assisted social skills training for adolescents with autism spectrum disorders : The UCLA PEERS program. Autism : The International Journal of Research and Practice, Special Issue on Evidence-Based Treatments for Autism Spectrum Disorders.

Marriage, K.J., Cordon, V., & Brand, L. (1995) A social skills group for boys with Asperger's syndrome. Australian & New Zealand Journal of Psychiatry, 29, 58-62.

Matson, J.L. (2007) Determining treatmen outcome in early intervention programs for autism spectrum disorders : A critical analysis of measurement issues in learning-based interventions. Research in Developmental Disabilities, 28, 207-218.

Matson, J.L., Matson, M.L., & Rivet, T.T. (2007) Social-skills treatments for children with autism spectrum disorders : An overview. Behavior Modification, 31, 682-707.

McGuire, K.D., & Weisz, J.R. (1982) Social cognition and behavior correlates of preadolescent chumship. Child Development, 53, 1478-1484.

McKenzie, R., Evans, J.S., & Handler, S.J. (2010) Conditional reasoning in autism : Activation and integration of knowledge and belief. Developmental Psychology, 46, 391-403.

Mehzabin, P., & Stokes, M.A. (2011) Self-assessed sexuality in young adults with high-functioning autism. Research in Autism Spectrum Disorder, 5, 614-621.

Mesibov, G.B. (1984) Social skills training with verbal autistic adolescents and adults : A program model. Journal of Autism and Developmental Disorders, 14, 395-404.

Mesibov, G.B., & Stephens, J. (1990) Perceptions of popularity among a group of high-functioning adults with autism. Journal of Autism and Developmental Disorders, 20, 33-43.

Miller, P.M., & Ingham, J.G. (1976) Friends, confidants and symptoms. Social Psychiatry, 11, 51-58.

Morrison, L., Kamps, D., Garcia, J., & Parker, D. (2001) Peer mediation and monitoring srategies to improve initioations and social skills for students with autism. Journal of Positive Bebdvior Interventions, 3, 237-250.

Müller, E., Schuler, A., & Yates, G.B. (2008) Social challenges and supports from the perspective or individuals with Asperger syndrome and other autism spectrum disabilities. Autism, 12, 173-190.

Murray, D.S., Ruble, L.A., Willis, H., & Molloy, C.A. (2009) Parent and teacher report of social skills in children with autism spectrum disorders. Language, Speech and Hearing Services in Schools, 40, 109-115.

Nelson, J., & Aboud, F.E. (1985) The resolution of social conflict between friends. Child Development, 56, 1009-1017.

Newcomb, A.F., & Bagwell, C.L. (1995) Children's friendship relations. A meta-analytic review. Psychological Bulletin, 117, 306-347.

Newcomb, A.F., Bukowski, W.M., & Pattee, L. (1993) Children's peer relations : Meta-analytic review of popular, rejected, neglected, controversial, and average sociometric status. Psychological Bulletin, 113, 99-128.

Newman, B., Reinecke, D.R., & Meinberg, D.L. (2000) Self-management of varied responding in three students with autism. Behavioral Interventions, 15, 145-151.

O'Connor, A.B., & Healy, O. (2010) Long-term post-intensive behavioral intervention outcomes for five children with autism spectrum disorder. Research in Autism Spectrum Disorders, 4, 594-604.

O'Connor, M.J., Frankel, F., Paler, B., Schonfeld, A.M., Carpenter, E., Laugeson, E., & Marquardt, R. (2006) A controlled social skills training for children with fatal alcohol spectrum disorders. Journal of Consulting and Clinical Psychology, 74-4, 639-648.

O'Connor, M., Laugeson, E.A., Mogil, C., Lowe, E., Welch-Torres, K., Keil, V., & Paler, B. (2012) Translation of an evidence-based social skills intervention for children with prenalal alcohol exposure in a community mental health setting. Alcoholism : Clinical and Experimental Research, 36-1, 141-152.

Olweus, D. (1993) Bullies on the playground : The role of victimization. In C.H. Hart (Ed.) Children on playgrounds (pp.45-128). Albany : State University of New York Press.

Orsmond, G.L., Krauss, M.W., & Selzter, M.M. (2004) Peer relationships and social and recreational activities among adolescents and adults with autism. Journal of Autism and Developmental Disorders, 34, 245-256.

Ozonoff, S., & Miller, J.N. (1995) Teaching theory of mind : A new approach to social skills training for individuals with autism. Journal of Autism and Developmental Disorders, 25, 415-433.

Parker, J.G., & Asher, S.R. (1993) Friendship and friendship quality in middle childhood : Links with peer group acceptance and feelings of loneliness and social dissatisfaction. Developmental Psychology, 29, 611-621.

Parker, J., Rubin, K., Price, J., & de Rosier, M. (1995) Peer relationships, child development, and adjustment. In D. Cicchetti & D. Cohen (Eds.) Developmental psychopathology : Risk, disorder, and adaptation (Vol.2, pp.96-161). Hoboken, NJ : John Wiley & Sons.

Perry, D.G., Kusel, S.J., & Perry, L.C. (1988) Victims of aggression. Developmental Psychology, 24, 807-814.

Perry, D.G., Williard, J.C., & Perry, L.C. (1990) Peer perceptions of the consequences that victimized children provide aggressors. Child Developmenal, 61, 1310-1325.

Phillips, C.A., Rolls, S., Rouse, A., & Griffiths, M.D. (1995) Home video game playing in school children : A study of incidence and patterns of play. Journal of Adolescence, 18, 687-691.

Putallaz, M., & Gottman, J.M. (1981) An interactional model of children's entry into peer groups. Child Development, 52, 986-994.

Rao, P.A., Beidel, D.C., & Murray, M.J. (2008) Social skills interventions for children with Asperger's syndrome of high-functioning autism : A review and recommendations. Journal of Autism and Developmental Disorders, 38, 353-361.

Rapin, I. (1999) Appropriate investigations for clinical care versus research in children with autism. Brain & Development, 21, 152-156.

Reichow, B., & Volkmar, F.R. (2010) Social skills intervenyions for individuals with autism : Evaluation for evidence-based practices within a best evidences synthesis framework. Journal of Autism and Developmental Disorders, 40, 149-166.

Remington, A., Swettenham, J., Campbell, R., & Coleman, M. (2009) Selective attention and perceptual load in autism spectrum disorder. Psychological Science, 20, 1388-1393.

Riggio, R. (1989) Assessment of basic social skills. Journal of Personality and Social Psychology, 51, 649-660.

Rubin, Z., & Sloman, J. (1984) How parents influence their children's friendships. In M. Lewis (Ed.) Beyond the dyad (pp.223-250). New York : Plenum.

Sansosti, F.J., & Powell-Smith, K.A. (2006) Using social stories to improve the social behavior of children with Asperger syndrome. Journal of Positive Behavior Intervention, 8, 43-57.

Schopler, E., Mesibov, G.B., & Kunce, L.J. (1998) Asperger's Syndrome of high-functioning autism? New York : Plenum Press.

Shantz, D.W. (1986) Conflict, aggression and peer status : An observational study. Child Development, 57, 1322-1332.

Shattuck, P., Seltzer, M., Greenberg, M.M., Orsmond, G.I., Bolt, D., Kring, S., et al. (2007) Change in autism symptoms and maladaptive behaviors in adolescents and adults with an autism spectrum disorder. Journal of Autism and Developmental Disorders, 37, 1735-1747.

Shtayermann, O. (2007) Peer victimization in adolescents and young adults diagnosed with Asperger's syndrome : A link to depressive symptomatology, anxiety symptomatoogy and suicidal ideation. Issues in Comprehensive Pediatric Nursing, 30, 87-107.

Sigman, M., & Ruskin, E. (1999) Continuity and change in the social competence of children with autism, Down syndrome, and developmental delays. Monographs of the Sociey for Research in Child Development, 64, 114.

Smith, T., Scahill, L., Dawson, G., Guthrie, D., Lord, C., Odom, S., et al. (2007) Designing research studies on psychosocial interventions in autism. Journal of Autism and Developmental Disorders, 37, 354-366.

Solomon, M., Goodlin-Jones, B., & Anders, T.F. (2004) A social adjustment enhancement intervention for high-functionlng autism, Asperger's syndrome, and pervasive developmental disorder NOS. Journal of Autism & Developmental Disabilities, 34-6, 649-668.

Spek, A.A., Scholte, E.M., & Van Berckelaer-Onnes, I.A. (2010) Theory of mind in adults wilh HFA and Asperger syndrome. Journal of Autism and Developmental Disorders, 40, 280-289.

Starr, E., Szatmari, P., Bryson, S., & Zwaigenbaum, L. (2003) Stability and change among high-functioning children with pervasive developmental disorders : A 2-year outcome study. Journal of Autism and Developmental Disorders, 33, 15-22.

Sterling, L., Dawson, G., Estes, A., & Greenson, J. (2008) Characteristics associated with presence of depressive symptoms in adults with autism spectrum disorders. Journal of Autism and Developmental Disorders, 38, 1011-1018.

Stokes, M., Newton, N., & Kaur, A. (2007) Stalking, and social and romantic functioning among adolescents and adults with aulism spectrum disorders. Journal of Autism and Developmental Disorders, 37, 1969-1986.

Sullivan, A., & Caterino, L.C. (2008) Addressing the sexuality and sex education of individuals with autism spectrum disorders. Education and Treatment of Children, 31, 381-394.

Tantam, D. (2003) The challenge of adolescents and adults with Asperger syndrome. Child and Adolescent Psychiatric Clinics of North America, 12, 143-163.

Taylor, J.L., & Seltzner, M.M. (2010) Changes in autism behavioral phenotype during the transitions to adulthood. Journal of Autism and Developmental Disorders, 40, 1431-1446.

Thurlow, C., & McKay, S. (2003) Profiling "new" communication technologies in adolescence. Journal of Language and Social Psychology, 22, 94-1031.

Travis, L.L., & Sigman, M.（1998）Social deficits and interpersonal relationships in autism. Mental Retardation and Developmental Disabilities Reseach Reviews, 4, 65-72.

Tse, J., Strulovitch, J., Tagalakis, V., Meng, L., & Fombonne, E.（2007）Social skills training for adolescents with Asperger syndrome and high-functioning autism. Journal of Autism and Developmental Diosorders, 37, 1960-1968.

Turner-Brown, L.M., Perry, T.D., Dichter, G.S., Bodfish, J.W., & Penn, D.L.（2008）Brief report : Feasibility of social cognition and interaction training for adults with high-functioning autism. Journal of Autim and Developmental Disorders, 38, 1777-1784.

Van Bourgondien, M.E., & Mesibov, G.B.（1987）Humor in high-functioning autistic adults. Journal of Autism and Developmental Disorders, 17, 417-424.

Volkmar, F.R., & Klin, A.（1998）Asperger syndrome and nonverbal learning disabilities. In E. Schopler, G.B. Mesibov, & L.J. Kunce（Eds.）Asperger syndrome of high-functioning autisme?（pp.107-121）. New York : Plenum Press.

Warm, T.R.（1997）The role of teasing in development and vice versa. Journal of Developmental Behavioral Pediatrics, 18, 97-101.

Webb, B.J., Miller, S.P., Pierce, T.B., Strawser, S., & Jones, P.（2004）Effects of social skills instruction for high-functioning adolescents with autism spectrum disorders. Focus on Autism and Other Developmental Disabilities, 19, 53-62.

Weiss, M.J., & Harris, S.L.（2001）Teaching social skills to people with autism. Behavior Modifcation, 25-5, 785-802.

Wentzel, K.R., Barry, C.M., & Caldwell, K.A.（2004）Friendships in middle school : Influences on motivation and school adjustment. Journal of Educational Psychology, 96, 195-203.

White, S.W.（2011）Social Skills training for children with Asperger syndrome and high-functioning autism. New York : Guilford Press.

White, S.W., Koenig, K., & Scahill, L.（2007）Social skills development in children with autism spectrum disorders : A review of the intervention research. Journal of Autism and Developmental Disorders, 37, 1858-1868.

White, S.W., Koenig, K., & Scahill, L.（2010）Group social skills instruction for adolescents with high-functioning autism spectrum disorders. Focus on Autism and Other Developmental Disabilities, 25, 209-219.

White, S.W., & Robertson-Nay, R.（2009）Anxiety, social deficits, and loneliness in youth with autism spectrum disorders. Journal of Autism and Developmental Disorders, 39, 1006-1013.

Whitehouse, A.J., Durkin, K., Jaquet, E., & Ziatas, K.（2009）Friendship, loneliness and depression in adolescents with Asperger's syndrome. Journal of Adolescence, 32, 309-322.

Wing, L.（1983）Social and interpersonal needs. In E. Schopler, & G. Mesibov（Eds.）Autism in adolescents and adults（pp.337-354）. New York : Plenum Press.

Winter, M.（2003）Asperger syndrome : What teachers need to know. London : Jessica Kingsley.

Wood, J.J., Drahota, A., Sze, K., Har, K., Chiu, A., & Langer, D.A.（2009）Cognitive behavioral therapy for anxiety in children with autism spectrum disorders : A randomized, conlrolled trial. Journal of Child Psychology and Psychiatry, 50, 224-234.

Wood, J.J., Drahota, A., Sze, K., Van Dyke, M., Decker, K., Fujii, C., Bahng, C., Renno, P., Hwang, W., & Spiker, M.（2009）Effects of cognitive behavioral therapy. on parent reported autism symptoms in school-aged children with high-functioning autism. Journal of Autism & Developmental Disabilities, 39, 1608-1612.

Woodward, L.J., & Fergusson, D.M.（2000）Childhood peer relationship problems and later risks of educational under-achievement and unemployment. Journal of Child Psychology and Psychiatry, 41, 191-201.

訳者一覧
(50音順)

稲田尚子	帝京大学文学部心理学科	[第11・14章]
小倉加奈子	東京大学大学院教育学研究科	[第9章]
小倉正義	成仁病院こころの発達支援室	[第6章]
片桐正敏	北海道教育大学旭川校	[第7章]
川本龍平	那覇少年鑑別所法務技官	[第11・14章]
黒田美保	名古屋学芸大学ヒューマンケア学部	[第9・13章]
高岡佑壮	東京大学大学院教育学研究科臨床心理学コース	[第13章]
浜田 恵	名古屋学芸大学ヒューマンケア学部	[第8章]
松本かおり	金沢工業大学大学院心理科学研究科	[第10章]
明翫光宜	中京大学心理学部	[第3・4章]
山根隆宏	神戸大学大学院人間発達環境学研究科	[第5・12章]

● 監訳者略歴

辻井正次 （つじい・まさつぐ）

中京大学現代社会学部教授。
名古屋大学大学院教育学研究科博士後期課程満期退学。
日本小児精神神経学会理事，日本発達障害学会評議員。内閣府障害者政策委員会委員，厚生労働省障害児支援の在り方に関する検討会委員，障害児通所支援に関するガイドライン策定検討会委員等。

主著 『発達障害のある子どもたちの家庭と学校』（単著・遠見書房），『特別支援教育で始まる楽しい学校生活の創り方』（単著・河出書房新社），『楽しい毎日を送るためのスキル―発達障害ある子のステップアップ・トレーニング』（編著・日本評論社），『特別支援教育 実践のコツ―発達障害のある子の〈苦手〉を〈得意〉にする』（編著・金子書房），『日本版感覚プロファイル』（監修・日本文化科学社），『日本版 Vineland-II 適応行動尺度』（監修・日本文化科学社），『発達障害児者支援とアセスメントのガイドライン』（監修・金子書房），『発達障害のある子どもができることを伸ばす！―思春期編』（監修・日東書院），『発達障害のある子どもができることを伸ばす！―幼児編』（監修・日東書院），『発達障害のある子どもができることを伸ばす！―学童編』（監修・日東書院）ほか多数。

山田智子 （やまだ・ともこ）

臨床心理士，特別支援教育士。UCLA PEERS Certified Provider（Adolescent & School based program）。京都教育大学非常勤講師。サンタクララ大学大学院（米国カリフォルニア州）でカウンセリング心理学専攻修士号取得。大阪大学大学院 大阪大学・金沢大学・浜松医科大学・千葉大学・福井大学：連合小児発達学研究科（博士後期課程）単位取得満期退学。
小学校教員を 11 年間勤めた後，アメリカに留学。現地校でスクールカウンセラーインターン終了。帰国後から現在まで，大阪府内の小・中・高等学校のスクールカウンセラー，教育センターにて教育相談員として勤務。

主著 『アセスメントと支援の方法』，『子どもを育てる連携プレー』，『子どもが使えるセルフ・ヘルプ』，『高機能自閉症・アスペルガーの子どもへのサポート＆指導事例集』，『ADHD の子どもへのサポート＆指導事例集』，『LD の子どもへのサポート＆事例集』（以上，学事出版），『学級経営 16 のポイント』（大学図書出版）。

［序文／はじめに／謝辞／著者について／第 1・2 章／おわりに］

友だち作りの科学
社会性に課題のある思春期・青年期のためのSSTガイドブック

初　刷	………………………………………………………………	2017年4月15日
四　刷	………………………………………………………………	2024年2月10日
著　者	………………………………………………………………	エリザベス・A・ローガソン
監訳者	………………………………………………………………	辻井正次・山田智子
発行者	………………………………………………………………	立石正信
発行所	………………………………………………………………	株式会社 金剛出版　〒112-0005 東京都文京区水道1-5-16
		電話03-3815-6661　振替00120-6-34848
装　幀	………………………………………………………………	岩瀬聡
印刷・製本	………………………………………………………………	シナノ印刷

ISBN978-4-7724-1554-5　C3011　©2017　Printed in Japan

好評既刊

Ψ 金剛出版　〒112-0005 東京都文京区水道1-5-16　Tel. 03-3815-6661　Fax. 03-3818-6848
e-mail eigyo@kongoshuppan.co.jp　URL https://www.kongoshuppan.co.jp/

友だち作りのSST
自閉スペクトラム症と社会性に課題のある思春期のための
PEERSトレーナーマニュアル

［著］エリザベス・A・ローガソン　フレッド・フランクル
［監訳］山田智子　大井学　三浦優生

友だちはほしいけれど不安やこだわりで前に進めなくなってしまう，思春期の複雑な対人関係を前に立ちすくんでしまう……発達障害の特性のなかでも人との関係に課題を抱えている子どもたちに，友だち作りのソーシャルスキルを提供するPEERS。ひとつひとつ課題をクリアするように設計された全14セッションをトレーナーといっしょにこなしていけば，学んだことを学校でもすぐに応用できるトレーナーマニュアル！　　　　定価4,180円

PEERS 友だち作りのSST 学校版
指導者マニュアル

［著］エリザベス・A・ローガソン
［訳］山田智子

自閉スペクトラム特性のなかでも人との関係に課題を抱える思春期の子どもたちに，友だちと上手に付き合うためのスキルを提供する，アメリカUCLA発のプログラムPEERS。子どもと保護者で共に取り組む全16セッションで，楽しく会話する方法，会話に入る／抜ける方法，電話・ネット・SNSの使い方，自分に合った友達の見つけ方，ユーモアの適切な使い方，友だちと一緒に楽しく遊ぶ方法，思いのすれ違いへの対応方法を学んでいく。学校現場に特化した，友だち作りが身につく実践マニュアル。　定価4,620円

価格は10%税込です。